CEDYRN CANRIF

Crefydd a Chymdeithas
yng Nghymru'r Ugeinfed Ganrif

D. DENSIL MORGAN

GWASG PRIFYSGOL CYMRU
CAERDYDD
2001

Cedwir pob hawl. Ni cheir atgynhyrchu unrhyw ran o'r cyhoeddiad hwn na'i gadw mewn cyfundrefn adferadwy na'i drosglwyddo mewn unrhyw ddull na thrwy unrhyw gyfrwng electronig, mecanyddol, ffotogopïo, recordio, nac fel arall, heb ganiatâd ymlaen llaw gan Wasg Prifysgol Cymru, 6 Stryd Gwennyth, Caerdydd CF24 4YD.
Gwefan: www.cymru.ac.uk/gwasg

ISBN 0–7083–1720–0

Mae cofnod catalogio'r gyfrol hon ar gael gan y Llyfrgell Brydeinig.

Gwnaethpwyd pob ymdrech i ddod o hyd i berchnogion hawlfraint y lluniau a ddefnyddir yn y gyfrol hon, ond yn achos ymholiad dylid cysylltu â'r cyhoeddwyr.

Cyhoeddir gyda chymorth ariannol Cyngor Llyfrau Cymru.

Datganwyd gan D. Densil Morgan ei hawl foesol i gael ei gydnabod yn awdur y gwaith hwn yn unol â'r Ddeddf Hawlfraint, Dyluniadau a Phatentau 1988.

Cysodwyd yng Ngwasg Prifysgol Cymru
Argraffwyd yng Nghymru gan Wasg Dinefwr, Llandybïe

Cyflwynedig i'r ddau Ddonald,

DONALD ALLCHIN

a

DONALD MEEK

Cynnwys

Rhestr lluniau

Cydnabyddiaeth

Hoffwn ddiolch i'r canlynol am eu cymorth wrth i mi baratoi'r ysgrifau sydd yn y gyfrol hon: y Brawd William Nicol a'i gydaelodau yng Nghymuned yr Atgyfodiad, Mirfield; Miss Einwen Jones, Glyn Ceiriog; y Parchedigion John Rice Rowlands ac Idwal Wynne Jones; Mr John I. Daniel; y ddiweddar Mrs Mair Oswy Davies; Mrs Rosemarie Davies; Owain Pennar; yr Athro J. Gwyn Griffiths; y Dr Isaac Thomas; Mr Dafydd Ap-Thomas; Dr Gwynfor Evans; Dr Geoffrey F. Nuttall; yr Athro Gwilym H. Jones a Dr Geraint Tudur; staff Llyfrgell Genedlaethol Cymru a staff llyfrgell ac archif Prifysgol Cymru, Bangor. Ymddangosodd fersiynau cynharach o rai o'r ysgrifau yn *Cylchgrawn Llyfrgell Genedlaethol Cymru, Trafodion Anrhydeddus Gymdeithas y Cymmrodorion, Y Traethodydd* ac *Yr Aradr* a diolchaf i'r golygyddion am eu caniatâd parod i'w hatgynhyrchu yma. Traddodwyd peth o'r drydedd bennod fel Darlith Goffa Frank Price Jones 1997 a rhan o'r bedwaredd fel Darlith Flynyddol Coleg y Bedyddwyr, Bangor, 1996. Hoffwn ddiolch i Gyngor Llyfrau Cymru am ei nawdd ac i Wasg Prifysgol Cymru am ymgymryd â'r cyhoeddi. Bu Susan Jenkins, Liz Powell, Ruth Dennis-Jones a Llion Pryderi Roberts yn hael eu cymorth wrth i'r broses fynd yn ei blaen.

Cyflwynir y gwaith i ddau gyfaill i mi, y naill yn Sgotyn a'r llall yn Sais, sy'n fawr eu gofal am les Cristionogaeth Gymraeg.

D. Densil Morgan
Awst 2001

Byrfoddau

LLGC – Llyfrgell Genedlaethol Cymru.

PCB – Prifysgol Cymru, Bangor.

Morgan, *Seiliau* – D. Densil Morgan, *Torri'r Seiliau Sicr: Detholiad o Ysgrifau J. E. Daniel ynghyd â Rhagymadrodd* (Llandysul, 1993).

Morgan, *Span* – D. Densil Morgan, *The Span of the Cross: Christian Religion and Society in Wales, 1914–2000* (Cardiff, 1999).

Rhagymadrodd

Canrif gyda'r mwyaf enbyd a fu erioed oedd yr ugeinfed ganrif. Beth bynnag am heulwen optimistaidd Oes Victoria, chwalwyd delfrydiaeth yn deilchion rhwng 1914 a 1918 ar feysydd gwaed Ffrainc a Gwlad Belg ac erys grym yng nghwpled Hedd Wyn o hyd:

> Gwae fi fy myw mewn oes mor ddreng
> A Duw ar drai ar orwel pell.[1]

Byd newydd, dieithr oedd yr un y dychwelodd cenhedlaeth y Rhyfel Mawr iddo ac fel y dywedodd Lewis Valentine ar y pryd, ni allai dyn na dewin ragweld i ba gyfeiriad roedd y byd hwnnw yn mynd. Dirwasgiad economaidd a chyni llym a groesawodd y genhedlaeth glwyfedig honno adref, a rhyfel byd arall ymhen y rhawg – a hwnnw'n ganlyniad, yn rhannol beth bynnag, i wrthdaro ideolegol rhwng grymusterau politicaidd y chwith a'r dde. Gyda'r holocost, y bomiau atomig a droes Hiroshima a Nagasaki'n llwch, a gwareiddiad Ewrop megis yn derfynol friw, holai pobl a fu dwthwn fel y dwthwn hwn. Cefnlen felly oedd i ddrama gynhyrfus hanes Cymru rhwng 1914 a 1945.

Canolog i'r profiad Cymreig yn y cyfnod hwn oedd crefydd. Gwlad Gristionogol oedd Cymru yn 1914, beth bynnag am amwysedd y term, ac arhosodd yn Gristionogol er gwaethaf effaith gynyddol y seciwlareiddio mawr a oedd eisoes ar gerdded. Roedd y capeli'n ffyniannus o hyd, yr Eglwys yng Nghymru yn annisgwyl iachus yn dilyn helynt y datgysylltu a Christionogaeth eto'n rym ffurfiannol ym mywydau lluoedd mawr o bobl. Nid y lleiaf o gymwynasau'r ffydd oedd ysbrydoli pobl o sylwedd ac athrylith i fod yn lladmeryddion iddi hi ac yn arweinwyr yn eu cenhedlaeth. Cofnodir cyfraniad rhai ohonynt yn y gyfrol hon. Er bod cryn fwlch rhwng crefydda confensiynol a disgyblaeth ysbrydol unigolion prin, rhai a godwyd o blith y bobl oedd y rhain a chan mwyaf yn eithaf cynrychioliadol ohonynt. Roedd eu bywydau'n ddrych, mewn gwirionedd, o ffydd a phrofiad dosbarth helaeth o Gymry hanner cyntaf yr ugeinfed ganrif.

O blith y lliaws o themâu a ddaeth i'r amlwg yn hanes crefydd a chymdeithas Cymru'r ugeinfed ganrif, rhai yn unig a gaiff eu crybwyll yn y penodau hyn. Un thema na ellir, ac ni fynnir, ei han-wybyddu yw effaith y Rhyfel Mawr. Bu'r rhyfel yn ganolog ym mhrofiad Cynddelw Williams, Timothy Rees a Lewis Valentine fel ei gilydd, a dengys amrywiaeth eu hymatebion hwy i'r alanastra fod digon o wytnwch yn y ffydd nid yn unig i oroesi'r heldrin ond i gael ei phuro a'i pherffeithio ganddi hefyd. Perthynas crefydd â milwriaeth, natur y cyswllt rhwng yr ysbryd a grym, cyfiawnder cynhenid yr achos Prydeinig, cwestiynau oesol ynghylch ystyr a dioddefaint dyn, daeth y cwbl i'r golwg ar y Somme ac yn Passchendeale a'u harchwilio'n onest ac yn fanwl. Os collodd lliaws eu ffydd ym modolaeth Duw a daioni dyn, cafodd eraill olwg newydd ar realiti'r Gwaredwr a'u hysbrydoli gan eu profiadau ar faes y gad i greu byd gwell. Peth ffôl yw gor-symleiddio effaith y rhyfel ar y genhedlaeth honno. Peth arall a ddaeth i'r golwg yng ngweinidogaeth y tri hyn oedd sut orau i ymateb i'r seciwlareiddio a oedd eisoes ar waith. Byddai Cymru wedi ymseciwlareiddio beth bynnag, pe na bai'r rhyfel wedi bod. Yr hyn a wnaeth 1914–18 oedd cynnig terfyn cyfleus rhwng cyfnod crefyddol a chyfnod cynyddol ôl-grefyddol yn ei hanes.

Cymru, ei chyflwr a'i thynged, dyna thema arall sy'n clymu'r penodau hyn ynghyd. Os andwywyd y dystiolaeth Gristionogol gan y pegynu milain a diangen rhwng capel ac eglwys o oddeutu 1890 hyd at weithredu'r Ddeddf Ddatgysylltu yn 1920, bu a wnelo llawer o'r dadlau â diffinio'n cenedligrwydd. Fel 'cenedl o Ymneilltuwyr' a ddylai Cymru ganiatáu i'r eglwys Anglicanaidd leiafrifol glymu'r mwyafrif wrth gyfundrefn wladol ganolog, ac fel 'Cymru'r ffydd' onid oedd yr eglwys wladol honno'n barhad dilys o hen eglwys y Brythoniaid gynt a oedd yn hŷn na Lloegr na'r un wladwriaeth Seisnig? I rai beth bynnag, nid dadleuon rhwng Prydeinwyr a gwladgarwyr oedd y dadleuon hyn, ond anghytun-deb ynghylch sut orau i ddehongli gwladgarwch oddi mewn i'r gyfundrefn Brydeinig a oedd eisoes yn bod. O dan wleidydda ystrywgar y datgysylltu, roedd dadleuon golau ac anrhydeddus ynghylch hanfod cenedligrwydd a natur y berthynas rhwng eglwys a'i phobl. Os oedd Timothy Rees yn cynrychioli'r safbwynt eglwysig traddodiadol cyn y datgysylltu, ni chafodd yr Eglwys newydd yng Nghymru yn ei blynyddoedd ffurfiannol gywirach mab nag ef. Ond unoliaethwr oedd Rees; cenedlaetholwyr politicaidd digymrodedd oedd Lewis Valentine a J. E. Daniel. Yr hyn sy'n eu clymu hwy ill tri ynghyd yw'r 'Tân yn Llŷn'. Beth bynnag am effaith y brotest honno ar dde Cymru ddiwydiannol, i'r rheini o blith y Cymry Cymraeg a oedd yn fawr eu gofid am barhad y genedl a thynged yr iaith, roedd y peth yn allweddol. Mater o reidrwydd ac o anrhydedd oedd amddiffyn buddiannau'r genedl yn wyneb gormes a militariaeth. Bu a wnelo'r cymhelliad crefyddol lawer iawn â hynny hefyd.

Yr efengyl, wrth gwrs, oedd sylfaen ffydd a thystiolaeth pob un o gedyrn y gyfrol hon. Nid peth bychan yn natblygiad deallusol Cymru'r ugeinfed ganrif oedd dehongli hanfod yr efengyl honno. Os y ddiwinyddiaeth ryddfrydol a gipiodd ddychymyg y genhedlaeth ddisglair o arweinyddion Ymneilltuol a ddaeth i'r maes ar ddechrau'r ganrif, erbyn y 1930au daeth gwendidau'u cyfundrefn yn gynyddol i'r golwg, a mawr fu'r ymchwil am ddehongliad newydd a mwy boddhaol o ystyr y ffydd. Yr angen, fel ym mhob oes, oedd ffyddlondeb di-wyro i'r datguddiad gwreiddiol yng Nghrist a chymhwysiad ohono i gymhlethdod y byd a oedd ohoni ar y pryd. Daeth Timothy Rees o hyd i hyn yn nhraddodiad cyfoethog y gatholigiaeth efengylaidd a bwysodd barhad rhwng y neges apostolaidd â ffurf litwrgïaidd ac esgobol yr eglwys ar hyd y canrifoedd. Gan adfywiad Protestannaidd y cyfandir, ac yng ngwaith Karl Barth yn anad neb, y daeth Lewis Valentine, J. E. Daniel ac Ivor Oswy Davies o hyd i'r hyn a alwodd Valentine yn 'briffordd fawr athrawiaeth iachus a diwinyddiaeth gadarn'. Barth oedd y mwyaf o ddiwinyddion yr ugeinfed ganrif a chlod ac nid anghlod i bregethwyr Cymru oedd iddynt ymgodymu'n gynnar â swmp ei gyfraniad. Bu'r pwyslais beiblaidd ac efengylaidd a ddeilliodd o hyn yn gymorth sylweddol i'r pulpud Ymneilltuol ddatgan ei neges mewn ffordd gadarn ac awdurdodol pan oedd popeth megis yn bygwth mynd ar chwâl.

Pontio'r chwalfa a wnaeth gweinidogaeth hirfaith Lewis Valentine a gyrfaoedd disglair Pennar Davies ac R. Tudur Jones. Os y Rhyfel Mawr a fu'n drobwynt i'r genhedlaeth gynt, eu moldio gan y digwyddiadau o bobtu i'r Ail Ryfel Byd a gafodd y dynion iau. O 1945 ymlaen dechreuodd y newidiadau cymdeithasol, diwylliannol a chrefyddol a oedd eisoes ar gerdded gyflymu'n ddirfawr ac erbyn chwarter olaf y ganrif roedd graddfa'r newid yn ddigon i godi pendro ar y cryfaf. Valentine, yn anad neb, a welodd argyfwng Ymneilltuaeth gliriaf a dadansoddi'i achosion yn fwyaf treiddgar a chafodd fyw i weld y gwerthoedd ymddangosiadol di-sigl y magwyd ef ynddynt yn niwedd Oes Victoria yn chwalu'n deilchion o'i gwmpas ac yntau'n analluog i wneud dim ynglŷn â'r peth. Mae holl nodweddion trasiedi Roegaidd yn y stori honno. Ond y ddau ddiwinydd Annibynnol, Pennar Davies a Tudur Jones (bu eraill yn ddiau), a gafodd sefyll ar y mur a chyhoeddi gair proffwydol pan oedd pobl Dduw yng Nghymru yn cael eu caethgludo i Fabilon y fateroliaeth fawr.

Roedd Pennar a Tudur ymhlith yr Annibynwyr mwyaf a gododd Cymru erioed: ychydig a oedd gyfysgwydd â hwy ac mae'n anodd meddwl am neb a oedd fwy o ddyddiau John Penri ymlaen. Clod nid bychan i Gristionogaeth yng Nghymru a'r eglwysi Ymneilltuol oedd iddynt fagu dau o'r fath allu, ymroddiad a gweledigaeth. Ar un wedd yr oeddent yn wahanol iawn i'w gilydd, y naill yn Belagydd a'r llall yn Awstinydd, un yn gyfrinydd (i bob pwrpas) a'i ysbrydolrwydd yn canoli ar undeb dychmyglawn â'r Iesu hanesyddol, a ffydd y llall yn gadarn yn yr arfaeth dragwyddol a'r Gair. Er iddo rannu llawer iawn o'u hargyhoeddiadau, cam â chymhlethdod ac amlochredd athrylith Pennar fyddai'i ddosbarthu'n daclus gyda'r hen ryddfrydwyr diwinyddol, a cham â'r ddau fyddai ceisio cymathu'u syniadaeth ynghyd â chreu synthesis ohonynt.[2] Erys hygrededd tystiolaeth y naill fel y llall a hynny er gwaethaf cydymdeimlad pendant yr awdur hwn ag Awstiniaeth Bangor rhagor na Phelagiaeth Abertawe. Yr hyn sy'n eu clymu yw cyneddfau deallusol eithriadol, meistrolaeth fawr ar eu disgyblaethau ac, yn bwysicach efallai, diddordeb ysol yng Nghymru a'i thynged, yn nyfodol achos Crist yn y byd ac yng ngrym bywydol yr Ysbryd Glân. Dyma'r union bethau fydd eu hangen ar y Gymru newydd a'r mileniwm newydd bellach yn ffaith.

Fel sydd wedi'i awgrymu eisoes, mae'r gyfrol hon wedi'i llunio o safbwynt arbennig. Uniongrededd clasurol yr eglwys yn ôl credoau Nicea a Chalcedon fel y'i ailfynegwyd gan Ddiwygwyr Protestannaidd yr unfed ganrif ar bymtheg a'i ddehongli o'r newydd i'n cyfnod ni gan Karl Barth yn bennaf, dyna'r safon a ddefnyddiais i dafoli'r cedyrn dilynol. Un o ddatblygiadau mwyaf cynhyrfus y blynyddoedd diwethaf yw'r ailgloriannu cadarnhaol sy'n digwydd ar waith Karl Barth a'r ymgais i ddod i delerau gwirioneddol â'i feddwl, nid lleiaf gan do iau o ysgolheigion efengylaidd, yn Ddiwygiedig ac yn Anglicanaidd.[3] Daeth yn amlwg bellach na ellir cyhuddo Barth fel a wnaed gan yr apolegydd Calfinaidd Van Til fwy na chenhedlaeth yn ôl naill ai o fympwyedd feiblaidd neu o neo-ryddfrydiaeth ddirfodol. Sawdl Achil Van Til oedd ei resymoliaeth, ei awydd i brofi dilysrwydd ffydd gan ddefnyddio norm sydd y tu hwnt i ffydd ei hun, sef rhesymeg ddynol yn seiliedig ar destun beiblaidd di-wall. Gan i Barth ymwrthod â holl ragdybiaethau'r sgolastigiaeth hon a mynnu, fel y gwnaeth Anselm ac Athanasius o'i flaen, fod y datguddiad y tystir iddo yn yr Ysgrythurau Sanctaidd yn ei ddilysu'i *hun* a hynny oherwydd natur drwyadl wrthrychol yr Ysbryd Glân, gall lefaru'n rymus i genhedlaeth a welodd ddadfeiliad rhesymoliaeth yn ei gweddau rhyddfrydol *a* cheidwadol. Mae'r ffaith i Barth dynnu ei ysbrydiaeth oddi wrth gonsenswys cyfoethog ffydd yr eglwys yn ei chanrifoedd cynnar yn ei wneud yn ffigur hynod ecwmenaidd ac yn dra pherthnasol ar gyfer yr unfed ganrif ar hugain. Mae ôl yr ailgloriannu hyn ar y gyfrol hon.

Wedi dweud hynny nid yw'r rhai nad effeithiwyd arnynt gan y dadeni neo-Galfinaidd hwn heb eu rhinweddau ychwaith, fel y dengys (gobeithio) y penodau ar Timothy Rees a Pennar Davies. A gellir yn rhwydd fod wedi dewis ffigyrau eraill y mae eu cyfraniad at Gristionogaeth yr ugeinfed ganrif wedi bod yr un mor arwyddocaol â'r rhai a gofnodir ar y tudalennau sy'n dilyn. O'r ochr geidwadol, yn efengylaidd ac yn babyddol, mae enwau Martyn Lloyd-Jones, Francis Mostyn neu Michael McGrath yn amlwg iawn tra bo rhyddfrydwyr Anghydffurfiol megis Gwili, D. Miall Edwards ac yn ddiweddarach E. Tegla Davies neu D. Eirwyn Morgan (er na fynnwn arddel eu rhyddfrydiaeth hwy) yn haeddu'n sylw a'n parch. Gwendid mwy creiddiol na hynny yw'r ffaith nad oes menyw wedi'i rhestru ymhlith y cedyrn hyn. Gwarchodfa i wrywod fu arweinyddiaeth grefyddol ar hyd yr ugeinfed ganrif a disgyblaeth a neilltuwyd i ddynion fu diwinyddiaeth, at ei gilydd, hyd yn hyn. Gan ystyried cyfraniad allweddol merched i'n crefydd, mae mawr angen i rywun fynd ati ar fyrder i lunio hanes Cristionogaeth yng Nghymru o safbwynt merch.

Ac efallai bod yna wendid arall y dylwn ei gydnabod ar y dechrau. Gwelodd yr ugeinfed ganrif chwalfa ysbrydol enfawr, yr hyn a alwodd Bobi Jones mewn un gerdd nodedig yn 'Ddinistr Jerwsalem', pan wynebodd y grefydd sefydliadol argyfwng gyda'r dwysaf yn ei hanes erioed:

> . . . Ni liciwn
> Etholedigaeth mwyach, ac mae dosbarth y chwiorydd
> Yn grac wrth Bawl. Daeth crac yn y wal
> A chrac yn y to. Rŷm yn grac wrth y crac
> Yn y llawr lle mae'r twll, y twll y cwympasom i'w gôl.[4]

Rhybudd rhag bod yn esmwyth yn Seion yw'r gân, rhag crefydda'n gysurus tra bo Rhufain yn llosgi. A diau fod yr ergyd yn haeddiannol a'r cyhuddiad yn erbyn crefyddwyr Cymru (neu rai ohonom) yn gwbl deg. Os dangosais ormod o gydymdeimlad â'r arweinwyr hynny a fynnent gynnal eu tystiolaeth heb gefnu ar y sefydliad crefyddol, ac os bûm yn rhy oddefgar tuag at y gyfundrefn a'i chynheiliad cymrodeddus a dof, gwn hefyd fod yna hollt rhwng ffydd ac anghrediniaeth na all lledneisrwydd y diwinydd academig nac arferion a defodau crefydd allanol fyth mo'i phontio. Yr unig feddyginiaeth yw edifeirwch.

[1] Hedd Wyn, 'Rhyfel', *Cerddi'r Bugail* (Wrecsam, 1931), t.1.
[2] Cf. D. Densil Morgan, 'Pelagius and a twentieth century Augustine: the contrasting visions of Pennar Davies and R. Tudur Jones', *International Congregational Journal* 1 (2001), 41–54.
[3] Gw. Bruce McCormack, *Karl Barth's Critically Realistic Dialectical Theology* (Oxford, 1995); Trevor Hart, *Regarding Karl Barth* (Carlisle, 1998); George Hunsinger, *Disruptive Grace: Studies in the Theology of Karl Barth* (Grand Rapids, 2000); John Webster (gol.), *The Cambridge Companion to Karl Barth* (Cambridge, 2000); ac idem. *Karl Barth* yn y gyfres 'Outstanding Christian Thinkers' (London, 2001).
[4] Bobi Jones, 'Dinistr Jerwsalem', *Allor Wydn* (Llandybïe, 1971), tt.67–70 (70).

D. Cynddelw Williams

Ffydd yn y ffosydd:
D. Cynddelw Williams (1870–1942)

Ar wahân i'r cadfridogion, ni chafodd nemor un dosbarth ei feirniadu'n halltach yn sgil y Rhyfel Byd Cyntaf na'r caplaniaid. Gan gychwyn gydag atgofion C. E. Montague *Disenchantment* yn 1922, aeth yn gonfensiwn ymhlith llenorion Saesneg i gyhuddo'r caplaniaid milwrol o dwymyn ryfel, jingoistiaeth, anysbrydolrwydd ac yn aml anfoesoldeb, gyda'r pechodau hyn yn cael eu dwysáu gan ddos go helaeth o lwfrdra. Pan gyhoeddodd Robert Graves ei glasur o hunangofiant *Goodbye To All That* yn 1929, troes y beirniadu'n fustlaidd: 'For the Anglican regimental chaplains we had little respect', meddai. 'If they had shown one-tenth of the courage, endurance, and other human qualities that the regimental doctors showed, we agreed, the British Expeditionary Force might well have started a religious revival.'[1] I Siegfried Sassoon, yntau fel Graves yn swyddog yng nghatrawd y Ffiwsilwyr Cymreig, creaduriaid pathetig yn hytrach na gwrthun oedd y caplaniaid: 'I remember listening to an emotional padre who was painfully aware that he could do nothing except stand about and feel sympathetic', meddai yn ei *Memoirs of an Infantry Officer* (1930). 'The consolations of the Church of England weren't much in demand at an Advanced Dressing Station.'[2] Nid eironi ond chwerwedd, fodd bynnag, a gafwyd yn y dyddiaduron a luniwyd ganddo yn ystod y Rhyfel Mawr ei hun. Mynnai mai meddwon oedd y caplaniaid, yn hunangyfiawn, yn ffug-sanctaidd ac yn ddall i'r cabledd anghydnaws o annog bwtsiera yn enw Tywysog Tangnefedd.[3] Pan aeth y Cymro Frank Richards ati i restru'i atgofion yntau o fywyd yn y ffosydd – brodor o Blaina, Mynwy, ydoedd, ac yn wahanol i'r ddau uchod yn filwr cyffredin – yr un oedd y cyweirnod a drawodd. Llwfrdra, bydolrwydd a hunanoldeb oedd prif nodweddion rhelyw'r caplaniaid; ni haeddent ddim ond dirmyg oddi ar law y milwyr proffesiynol yn enwedig.[4]

Er mor boblogaidd y daeth y darlun hwn, mae'n anodd gwybod pa mor gywir ydoedd mewn gwirionedd. Mewn gweithiau a gyhoeddwyd yn fwy diweddar, pwysleisir cyfraniad cadarnhaol y caplaniaid yn wyneb anawsterau dybryd. Er cyfaddef fod rhai gwael yn eu plith, fel y ceir ymhlith proffeswyr crefydd ym mhob oes, rhoddwyd mwy o sylw i ddewrder y caplaniaid, eu hymroddiad i'w pobl ac i'w gwaith, gan nodi fod y gorau ohonynt wedi ennyn edmygedd y milwyr yn bur gyffredinol.[5] Roedd y ffaith i wŷr fel Theodore Hardy, John Groser, Neville Talbot, Philip 'Tubby' Clayton a Geoffrey Studdert-Kennedy ymhlith llu o rai eraill gael eu hanrhydeddu am ddewrder ar faes y gad, yn ddigon i ddangos nad llwfrgwn oedd yr holl gaplaniaid beth bynnag. Edmygwyd hwy hefyd am ddiffuantrwydd eu crefydd ac am eu hawydd i gynnig gobaith a chysur mewn amgylchiadau a oedd yn aml yn gwbl enbyd.

Hyd yn hyn ychydig a wyddom am effaith gweinidogaeth y caplaniaid Cymreig a Chymraeg ar faes y gad.[6] Ar wahân i Frank Richards a oedd ei hun yn ddi-Gymraeg, Saeson oedd y llenorion a gofnododd eu hargraffiadau o gamwri'r caplaniaid. Er i Graves, Sassoon a Richards wasanaethu ymhlith Cymry yng Nghatrawd y Ffiwsilwyr, i'r Bataliwn Cyntaf a'r Ail y perthynent, sef y ddau fataliwn o filwyr proffesiynol yn y gatrawd.[7] Caplaniaid proffesiynol oedd y rhai y daethant hwy ar eu traws, gellid tybio, yn Anglicanaidd o ran enwad ac yn Saeson o ran gwaed. Nid oedd y dosbarth hwn o filwyr clerigol yn amddifad o rinweddau bid siŵr, ond mae'n ddiddorol sylwi mai'r rhai hynny a ymrestrodd gyda'r dynion ar ôl 1914 gan wasanaethu ym myddin Kitchener a'r bataliynau newydd sy'n cael eu canmol gan lenorion diweddarach. Roedd Ll. Wyn Griffith, er enghraifft, fel Graves a Sassoon, yn swyddog yn y Ffiwsilwyr Cymreig, ond yn wahanol iddynt hwy, i'r 15fed Bataliwn, yn fataliwn o wirfoddolwyr o Gymry Llundain, y perthynai. Yn *Up to Mametz*, sy'n adrodd ei argraffiadau ef am fywyd milwr yn y rhyfel, un cyfeiriad yn unig sydd ganddo at waith y caplaniaid, a hwnnw'n gyfeiriad canmoliaethus. Er i 'old Evans the padre' eisoes golli un mab ar y maes, parhau i weinidogaethu yn ddirwgnach a wnaeth, gan wynebu peryglon y llinell ysgwydd yn ysgwydd â'r milwyr cyffredin. 'There's a man for you Griff', meddai ei bartner: 'If I come through this

ıloody business, I'd like to go to that man's church.'[8] Darlun
hamantaidd sydd ganddo o waith y caplan hwn, a allai'n
hwydd fod wedi troi'n sentimental oni bai am y ffaith fod
ına sail ffeithiol i'r hanes. Ymunodd y Parchedig Peter Jones
Roberts, gweinidog gyda'r Wesleaid ym Mangor, â'r 38fed
Adran (Cymru) – 'Byddin Lloyd George' – yn gynnar yn 1915
ı'i anfon i Ffrainc. Roedd yn 51 oed ar y pryd. Roedd dau o'i
eibion eisoes yn y fyddin, Glyn yn 9fed Bataliwn y Ffiwsilwyr
Cymreig ac Aubrey yn y 16eg Bataliwn o'r un gatrawd. Cyn
diwedd y flwyddyn byddai Iori, y trydydd mab, yn ymuno â'i
rodyr a'u tad fel swyddog yn 17eg Bataliwn y Ffiwsilwyr. Felly
rbyn 1916 roedd pedwar aelod o'r un teulu yn gwasanaethu ar
aes y gad yn Ffrainc. Ym Mehefin y flwyddyn honno cyhoedd-
vyd y newyddion prudd fod Glyn, y brawd hynaf, wedi'i ladd
ın La Boiselle ym Mrwydr y Somme. Er gwaethaf ei ofid, bwrw
mlaen â'i waith a wnaeth y tad gan greu argraff ddofn ar Wyn
Griffith a oedd hefyd yno yr un pryd.[9] 'Going to bury other
ıeople's boys he said, since he couldn't find his own boy's grave
ıo pray over', meddai cyfaill Griffith yn y gyfrol.[10] Pan welodd y
eulu, wedi cyhoeddi *Up To Mametz*, gyfeiriad at 'old Evans the
ıadre', holwyd yr awdur ynghylch y cymeriad hwn:

Yes, Peter Jones Roberts was the padre [meddai Wyn Griffith wrth
eu hateb], and a better man never lived . . . Looking back at it all
now, I am more convinced than ever that his sincerity, in small
things as in great, was the secret of his tremendous influence over
everybody. By this I mean – and I hope you will not misunderstand
me – that he made no attempt whatever to imitate the conventional
(and useless) padres in their heartiness and 'I am one of you, damn
it, pass the whisky' sort of pose. He was what he was, a 'gweinidog'
in khaki, convinced that his mission in all that madness was to stand
for better things, unashamedly, reminding us by his very presence
that the things and thoughts that had influenced us for good in our
childhood were still valid and authentic and everlastingly 'there'.[11]

) ystyried yr hanes uchod, ac eraill tebyg iddynt, gellid tybio i
ai caplaniaid beth bynnag ddwyn clod i'w proffes a thystio i
ealiti amgenach na grym a gwallgofrwydd uffern y ffosydd.

Ei yrfa

Ymhlith y caplaniaid Cymraeg a wasanaethodd yn Ffrainc rhwng 1914 a 1918, yr un a wnaeth yr argraff ddyfnaf ar fywydau'i gyfoeswyr oedd y Parchedig David Cynddelw Williams, gweinidog eglwys Saron, Pen-y-groes, Arfon. Brodor o Aberystwyth oedd David Williams – dechreuodd arddel yr enw Cynddelw pan oedd yn fyfyriwr – a aned ar 21 Mehefin 1870 yn fab i argraffydd o'r dref. Yn y Tabernacl, o dan weinidogaeth yr hybarch Thomas Levi, yr addolai'r teulu, ond wedi marw'r tad symud i Lundain a wnaethant, ac yno, yn eglwys Charing Cross, y dechreuodd David bregethu. Dychwelodd i Aberystwyth yn 1896 gan raddio ymhen tair blynedd o Goleg y Brifysgol mewn Cymraeg a Hebraeg. Wedi cyrsiau diwinyddol yn Nhrefeca ac Aberystwyth drachefn, ordeiniwyd ef yn Sasiwn Llangefni, 1902, a'i sefydlu'n weinidog yn Nyffryn Nantlle.

Gŵr unplyg a bugail gofalus oedd Cynddelw Williams, ac enillodd barch ei braidd yn fuan. 'Gwnaeth waith mawr', meddid amdano, 'gan roi pwyslais mawr ar wedd ysbrydol y gwaith Derbyniodd yr eglwys fendithion lawer yn Niwygiad 1904–5, a phrofodd eu gweinidog yn arweinydd diogel iddynt yn y cyfnod hyfryd hwnnw.'[12] Roedd yn ŵr o dduwioldeb dwfn, ac yn hysbys hefyd am ei bwyll a'i ddoethineb, ac am bedair blynedd ar ddeg bu'n ddiwyd ym mhob agwedd ar waith y weinidogaeth. Ond gyda chyhoeddi rhyfel yn Awst 1914 teimlodd mai gyda'r milwyr yr oedd ei le. Ymrestrodd yn yr hydref hwnnw gyda 10fed Bataliwn y Ffiwsilwyr Cymreig, ac am y chwe blynedd nesaf gwasanaethodd ym Mhrydain ac yn Ffrainc.

Ni wnaeth nemor neb fwy na Chynddelw Williams i weini cysur yr efengyl i'r milwyr yn yr amgylchiadau mwyaf enbydus posibl. 'Yn ystod blynyddoedd y Rhyfel Mawr y cyflawnodd yn ddiau, waith mawr ei fywyd', meddid. 'Ar gyfrif ei wroldeb, ei dynerwch, ei gymwynasau di-rif, ac yn arbennig ei dduw ioldeb diamheuol, coleddai y bechgyn o Gymru . . . y parch a'r serch dyfnaf tuag ato.'[13] Ceir cyfle isod i sylwi ar natur ei weinidogaeth yn Ffrainc a'i heffaith ar fywydau'r milwyr Wedi'r drin dychwelyd i Sir Gaernarfon a wnaeth, yn weinidog ar eglwysi Presbyteraidd Maenan, Penmaen-mawr, ynghyd â'i capel Saesneg, a Jerusalem, Llanfairfechan, ac ymddeol o'i ofalaeth i Landudno, cartref ei wraig, yn 1930. 'Nid ymwthiai

ac ni chlywid ei lef yn yr heolydd', meddid amdano, 'ond
ou'n ddiwyd mewn tystiolaeth bersonol i'w Waredwr, ac
ymdrechodd lawer i ddwyn eraill i'w garu Ef drwy ymddiddan
oersonol â hwy.'[14] Gŵr diymhongar ydoedd, yn gyfeillgar a
chwrtais, yn addurn i'w broffes ac yn gwbl ymroddedig i'w
waith. 'Nid oedd gan ein diweddar frawd . . . yr awydd lleiaf am
wyddi a chymeradwyaeth dynion',[15] ffaith sy'n esbonio pam y
liflannodd o sylw'r cyhoedd, a'i Gyfundeb, mor llwyr ar ôl y
Rhyfel Mawr. Bu'n llywydd Henaduriaeth Arfon am gyfnod, yn
ysgrifennydd Cyfarfod Dosbarth Bangor am 14 mlynedd, ac ar
ol symud i Landudno yn ffyddlon yng ngweithgareddau
Henaduriaeth Dyffryn Conwy. Cadwodd ei gysylltiad â chyn-
ilwyr y rhyfel drwy weithredu fel caplan cangen Llandudno o
Toc H'.[16] Bu farw ar 22 Rhagfyr 1942 yn 72 oed, a'i gladdu ym
mynwent Sant Tudno ar ben y Gogarth.

Trysor anhysbys

Un o drysorau anhysbys llên rhyfel Gymraeg yw'r dyddiadur
  gadwodd Cynddelw Williams yn cofnodi'i brofiadau yn
  ffosydd. Yn 380 tudalen o hyd, mewn llawysgrif daclus,
darllenadwy a mân, mae'n disgrifio'r cwbl a welwyd ganddo
hwng ei baratoadau at ymrestru ym mis Medi 1914 a'i ddych-
veliad olaf o wersyll y fyddin ym mis Medi 1919. Dyna, yn
diau, un o'r darluniau llawnaf a mwyaf trawiadol a feddwn o
ywyd Cymro yn y Rhyfel Mawr.[17] Mae hefyd yn ddogfen
nhepgor i'r sawl a fyn ddeall natur yr ymateb crefyddol i
lanas y rhyfel hwnnw.
  Mae hanes y dyddiadur yn cychwyn ar 12 Medi 1914.
Roeddwn wedi bod 13eg mlynedd ym Mhen-y-groes, o fewn
nis', meddai, 'pryd y torrodd y rhyfel allan yn nechreu Awst
914. Teimlwn ddiddordeb mawr yn yr hanes o'r cychwyniad.
'an y cynhaliwyd cyfarfod i annog ymrestriad, yn y Drill Hall,
osodwyd arnaf i gefnogi cynigiad o eiddo'r Parch. T. C.
Villiams MA' (t.313).[18] Gweinidog y Capel Mawr, Porthaethwy,
edd Thomas Charles Williams, ac ynghyd â John Williams,
Brynsiencyn, ef oedd pregethwr mwyaf poblogaidd y Methodist-
iid Calfinaidd yng ngogledd Cymru. Fel John Williams roedd yn
yfaill i Lloyd George, yn sicr o gyfiawnder achos Prydain, ac yn

frwd iawn dros yr ymgyrch ymrestru yn enwedig yn y misoedd cyntaf hynny yn 1914.[19] 'Cyffrowyd llawer ar fy meddwl' gan araith T. C. Williams, meddai Cynddelw, a'r canlyniad oedd iddo wneud cais i ymrestru fel caplan ym 'Myddin Lloyd George', y fyddin newydd Gymreig a sefydlwyd yn fuan wedi cyhoeddi rhyfel ym mis Medi 1914.[20] Derbyniwyd ef heb ormod o drafferth, a'i yrru i bencadlys y 76th Infantry Brigade yn Bournemouth lle cyrhaeddodd ar 23 Tachwedd.

Y peth cyntaf a wnaeth yn Bournemouth oedd trefnu gwasanaethau crefyddol rheolaidd ar gyfer y milwyr Cymreig, aelodau 10fed Bataliwn y Ffiwsilwyr Cymreig, 10fed Bataliwn y Gatrawd Gymreig a 6ed Bataliwn Ystlyswyr De Cymru. Daeth tua chant ynghyd i oedfa'r nos a gynhaliwyd mewn sinema leol. Ffurfiwyd côr yn cynnwys aelodau 10fed Bataliwn y Ffiwsilwyr, a gwasanaetha'r 'singing Welshmen' yn aml yn eglwysi'r dref ar y nos Suliau trwy gydol y gaeaf hwnw. Ymwelwyd â'r milwyr adeg y Nadolig, ac ar Ŵyl Dewi 1915, gan y Parchedig Peter Hughes Griffiths, gweinidog poblogaidd capel Charing Cross, a bu ef, a Morgan Griffith, bugail eglwys Wilton Square, Llundain, a oedd yn gyd-fyfyriwr â Cynddelw yn Aberystwyth, yn gefnogol i'w ymdrechion yn y gwersyll o hynny ymlaen. Rhan yn unig o'r gwaith oedd pregethu, trefnu oedfaon a chynnal dosbarthiadau beiblaidd. Aeth yr amser mwyaf o ddigon mewn cyfathrach â'r milwyr er mwyn ennill eu hymddiriedaeth, ond yn wahanol i rai caplaniaid eraill nid anghofiai fyth mai gweinidog ydoedd a chanddo waith neilltuol i'w wneud a safonau arbennig i'w cadw. Mae'r dyddiadur yn frith o gyfeiriadau at fywyd yn y gwersyll, ond yr hyn a bwysai drymaf ar ei feddwl oedd lles ysbrydol y dynion. Nid ef oedd yr unig efengylydd yn eu plith. 'Nos Fercher, Rhagfyr 23ain, bûm yn bresennol mewn cyfarfod yn y Cranmer Hall, pryd y gwasanaethwyd gan un o'r brodyr Jeffreys, o'r Deheudir. Daeth un milwr ieuainc yn mlaen ar y diwedd, ac aeth allan wedi tystio ei fod wedi ei achub' (t.327).[21] Unig sylw Cynddelw oedd 'Gobeithiwn hynny'!

Difrifolwyd pawb gan y rhyfel a bu mynych sôn, yn ystod y misoedd cyntaf, am bosibilrwydd diwygiad crefyddol. Roedd ysbryd dwys, disgwylgar yn y wlad, a hynod oedd y gefnogaeth i oedfaon cyhoeddus a chyfarfodydd gweddi. Adlewyrchir hyn gan sgwrs a gafodd Cynddelw ag un Preifat Lewis, Cymro o dde Cymru, a oedd wedi'i yrru yn ôl o Ffrainc wedi'i glwyfo. 'Pan y

;ofynais ai gwir ydoedd fod pawb yn gweddïo yn y ffosydd – 'dalia'i eu bod nhw", meddai, "beth arall wnaech chi a dynion 'n marw o bob tu'" (t.329). Beth bynnag am gywirdeb y sylw ıwn, ni chafwyd y diwygiad disgwyliedig ond roedd y Caplan Villiams yn fwy sicr nag erioed fod ganddo waith pwysig i'w vneud ymhlith y milwyr ar faes y gad. Roedd y pum mis yn 3ournemouth yn rhai prysur dros ben iddo a'i wasanaeth mhlith y milwyr yn ddiflino. 'Yr oedd rhan bwysig o'm gwaith n Bournemouth yn gyfansoddedig mewn ymddiddanion ›ersonol â'r bechgyn', meddai (t.335). 'Ac eithro ychydig iawn › nifer', gair da sydd ganddo amdanynt. Roedd y cwlwm hyngddo â'r gwirfoddolwyr Cymreig eisoes yn tynhau.

Rhwng 30 Ebrill a 28 Mai 1915 bu'n ymarfer, gyda'r batliynau Cymreig eraill a oedd yn Bournemouth, mewn gwersyll rall yn Romsey, Caint. Cafodd hamdden tra oedd yno i mweld â Chaergaint, Salisbury ac Abaty Romsey a chael ei sbrydoli, am y tro cyntaf, gan rai o ysblanderau esthetaidd Loegr wledig. Cryn ysgydwad oedd hyn i biwritan o Fethodist 'alfinaidd Cymraeg: 'Mewn ymweliadau fel yma yn ystod y hwe mis diwethaf daeth un i ddeall mwy ar y swyn sydd yn erthyn i hen eglwysydd' (t.341). Symudwyd y Cymry i bentref ›diham ar 29 Mai, ac oddi yno, ymhen pum niwrnod, i'r anolfan filwrol yn Aldershot gerllaw. Er iddo fwynhau amddena, ni allai lai na bod yn ddiwyd yn ei dasgau bugeiliol.

ddilema i gynifer o'r caplaniaid oedd penderfynu ai trwy mdebygu gymaint fyth â'r milwyr ag oedd bosibl, neu trwy ros ar wahân a chanoli ar y wedd ysbrydol yn unig, oedd y 'ordd fwyaf effeithiol o'u gwasanaethu. Roedd difrifoldeb aturiol Cynddelw a'i ymwybyddiaeth o bwysigrwydd ei waith ı ei osod ar wahân beth bynnag, ond mynnai hefyd fod mor ʏmwynasgar fyth ag oedd modd. 'Credaf fod y ddelfryd o fod ı bob peth i bawb, fel yr achubid rhai, wedi bod yn nod mwy ʒu lai ymwybodol gennyf o'r diwrnod y'm cofrestrwyd yn y ddin' (t.345), meddai, gan adleisio strategaeth yr Apostol aul. Lled effeithiol oedd y strategaeth, gellid tybio, gan i tua au gant fynychu'i oedfaon ar y Sul er mai tua hanner dwsin yn ıig a ddeuai i'w ddosbarthiadau beiblaidd wythnosol.

Maes y gad

Ac yntau wedi bod yn Aldershot am tua phythefnos, daeth y wŷs ddisgwyliedig iddo fynd i faes y gad. Ar 21 Mehefin 1915 'diwrnod fy mhenblwydd, derbyniais bapurau er hwyluso fy mynediad gyda'r adran i Ffrainc' (t.349). Roedd yn 45 oed Roedd cryn dipyn o waith i'w wneud yn y gwersyll cyn mynd Cafodd gysuro'r llesg a chalonogi'r gweinion yno: 'Cof genny am un bachgen ieuainc yn ei waeledd yn wylo'n hidl, ac yi addef ei fod am fyned adref at ei fam' (t.351), meddai, tra cyfarfu hefyd 'a Chymro o'm hadran mewn cyflwr isel iawn o ran ei feddwl'. Wedi llawer o gysuro 'gwellhaodd, a bu gyda n yn Ffrainc. Fel yr oedd dydd y perygl yn agosau iddo, amlygai fwy o barodrwydd i wrando ar anogaethau crefydd' (t.355) Bugail manwl ydoedd, a'i nod cyson oedd cymell ffydd yn : dynion a gwasgu arnynt yr angen i ymgymodi â Duw. Blinde iddo oedd pechodau cyffredin y milwyr fel gor-yfed, mercheta : rhegi. 'Gresyn fod yn rhaid tystio fod nifer o'r bechgyn yn y 11eg RWF yn dwyn arwyddion ymyfed, a rhai ohonynt yi chwil feddw' (ibid.), meddai. Roedd Deheuwyr 8fed Bataliwn y Ystlyswyr yn fwy anrhydeddus yn hyn, yn ei farn! Ond yn fuai iawn sobrwyd pawb o orfod wynebu ar beryglon digymar ffosydd. Crynhowyd yn Aldershot erbyn yr haf filwyr o 19e Bataliwn y Ffiwsilwyr Cymreig, 12fed Bataliwn yr Ystlyswyr a 17eg a'r 18fed Bataliwn o'r Gatrawd Gymreig yn ogystal â' adrannau a fu yno ynghynt. 'Peth newydd i mi oedd cae cynnifer o swyddogion Cymreig ynghyd' (t.357), meddai. Wedi gysylltu â'r 77 Field Ambulance a oedd yn perthyn i'w fataliw ei hun, cafodd symud i Southampton ddiwedd mis Medi hwylio am Ffrainc.

Croesodd i Le Havre yn yr *Empress Queen* dros nos rhwn 26 a 27 Medi 1915. Symudwyd yr adran i dref Bailleul, ac a 29 Medi 'dechreuais ar waith y gwnes i lawer o honno tra bûr yn Ffrainc, sef censro llythyrau' (t.367). Cynhaliodd ei oedf Gymraeg gyntaf ym Merris ar y Sul canlynol. Daeth 12 ynghyd i'r awyr agored, ac yn syth wedyn daeth galwad ar i'v adran fynd i'r gad. Y nod a osodwyd i'r 10fed Bataliwn oed cyrchu 'Hill 60'. Rhan oedd hyn o ymgyrch gyntaf Ypre Roedd cael caplan Ymneilltuol yn y rheng flaen yn pe penbleth i'r uwchswyddogion. 'Ar fater myn'd i'r ffosyd

doedd y staff captain ddim yn glir ar safle caplaniaid yng
ighlyn â hyn. Pan euthum drachefn i'r Headquarters addawodd
Cadfridog anfon i'r Division am hyn, oddiyno daeth yr
tebiad, y dylid cefnogi caplaniaid i fyned' (t.357). Digwyddodd
iyn ar 16 Hydref. Ymhen tridiau cafodd fynd i'r llinell. 'Y
ioson hon [19 Hydref] euthum i fyny gyda'r Transport, a
hefais fy mhrofiad cyntaf o'r gwarchffosydd' (t.377).

Trwy gydol y misoedd nesaf yn ôl ac ymlaen o'r *base* i'r
fosydd oedd hanes Cynddelw Williams, gan weini ar y dynion
irau y gallai. Gorfu iddo wynebu ar anawsterau cwbl newydd.
Profais innau drwy fy ymweliad yn gynnar yr anhawsder o
dweyd am grefydd pan y mae poen y corph yn myn'd a
hymmaint o'r meddwl' (t.377), meddai. Tristwch yng nghanol
ristwch oedd achlysur ei angladd cyntaf ar *salient* Ypres.
aethwyd un o'r bechgyn gan gyd-filwr a oedd yntau'n feddw
r *methylated spirits*. Trannoeth ei gladdu dienyddiwyd y
·oseddwr a diolchodd Cynddelw mai'r caplan Anglicanaidd a
edd â gofal yr ail angladd hwnnw (t.308). Dyna'r math o
rofiadau na freuddwydiodd amdanynt pan oedd yn weinidog
m Mhen-y-groes. Nid dibris ganddo, serch hynny, oedd cynnal
ifonau gwedduster er gwaethaf y dioddef a'r lladd. Roedd yr
iith gwrs, aflednais a chableddus a ddefnyddid gan filwyr
10fed Bataliwn yn ei anesmwytho, ac fel rhan o'i ymgyrch yn
herbyn rhoes flwch ar fwrdd y *mess* a chael gan ei gyd-
vyddogion gyfrannu ceiniog iddo am bob rheg a ddefnyddient.
r i safon yr iaith godi, methiant, braidd, oedd ei ymdrech: 'Ar
13eg o'r mis [Tachwedd], prynwyd primus stove at wasanaeth
company mess gan mwyaf drwy arian y rhegu!' (t.310).

Nid dwys oedd pob profiad yn ystod y misoedd hyn. Cafodd
id yn ddyfarnwr mewn gêm bêl-droed rhwng y milwyr a'r
COs yn y ganolfan y Tachwedd hwnnw, ac ef oedd ceidwad
gôl mewn gornest rhwng yr NCOs a'r swyddogion: 'Y
vyddogion ennillodd 2 goals to nil!' (t.310). Ond er gwaethaf
: ysgafnder angenrheidiol hwn ar dro, ni allai ffoi rhag
ifrifoldeb yr amgylchiadau a phwysigrwydd ei dasg ei hun.
·aliai i gynnal oedfaon yn gyson trwy'r gaeaf ac mae tipyn o
in am wasanaethau mewn ysguboriau, cytiau ac yn yr awyr
gored. 'Y dull arferol o gynnal y cyfarfodydd yma oedd canu
iwer o emynau, ac i minnau gymeryd fy nghyfle i ddarllen rhai
Inodau, i fyned i weddi a dweyd gair o genadwri' (t.300).

Roedd y canu os rhywbeth yn bwysicach na'r anerchiad, a'
emynau yn gysylltiad effeithiol â'r hen fywyd a'r gwerthoedd
ysbrydol a oedd ynghlwm ag ef. Cafodd ei galonogi'n union
gyrchol o dro i dro: 'Ar ddiwedd y gwasanaeth Seisnig, 9am
daeth milwr ataf gan ddweyd ei fod wedi rhoddi ei hun o'
newydd i'r Arglwydd Iesu pan fu yn y gwarchffosydd' (t.310)
Er mor anodd oedd mesur llwyddiant y caplaniaid ar faes y gad
roedd digon o dystiolaeth fod rhai, o leiaf, yn cael eu gorfodi
ystyried y cwestiynau sylfaenol. 'Dadganodd amryw o fechgyr
eu hawydd am gael eu hystyried yn aelodau o'u gwahanol
eglwysi tua'r adeg yma', meddai. 'Hawdd oedd canfod fod
difrifwch yr amgylchiadau yn pwyso ar feddyliau aml rai o
honynt' (t.308).

Brwydr Ypres

Wedi treulio dros fis yn y ffosydd ac yn eu hymyl, symudodd
fyny at y llinell danio ar 3 Rhagfyr 1915. Roedd y llaid yno
enbyd, meddai, a dim ond pum llath ar hugain oedd rhwng
dynion a'r llinell Almaenig. Mynd er mwyn gweini ar y milwyr
wnaeth. Cynhaliodd gyfarfod mewn *dug-out* yno. Deheuwyr
oedd aelodau ei gynulleidfa, tua 30 ohonynt, ac yn gantorior
rhagorol: 'Llawn dyddordeb oedd ymweliad o'r fath â
bechgyn yn anghysur y gwarchffosydd. Edrychid gan y bechgyr
ar y gelyn fel yn cynnwys 3 dosbarth: y Prwssiaid, allan ar
waed, y Saxoniaid fel gelynion tyner, a'r Bavariaid yn rhywbet
yn y canol rhwng y ddau' (t.228). Parhaodd brwydr gynta
Ypres hyd at ddiwedd Tachwedd, ond ni symudodd Cynddel
Williams o'r cylch tan ddiwedd Ionawr 1916 pan gafodd dder
niwrnod o seibiant a dychwelyd i'w hen gartref yn Aberystwytl
 Erbyn 6 Chwefror roedd y caplan yn ôl yn Ffrainc a der
niwrnod yn ddiweddarach adroddodd am symudiadau'i adrai
'Y noson hon [16 Chwefror], tua 6.15, cychwynai ein bataliw
am y ffosydd; i hyn y'n galwyd yn ein hôl [o'r gwersyll] ga
fod y gelyn ar ôl ein hymadawiad wedi dyfod i mewn. Erby
nos trannoeth yr oedd 20 wedi eu lladd a 50 wedi eu clwyf
(t.282). Gwnaeth erchylldra'r sefyllfa argraff ddofn arn
'Hynny o weddillion gasglwyd o un llanc ieuanc o Sir Fflint
meddai, 'fe'u claddwyd gerllaw y ffos. Cofnodir geiriau o eidd

Pte. W. Williams, Cilan, ac yntau'n cael ei gario ymaith ar stretcher, "Deydwch wrth mam mod i wedi gwneyd fy ngoreu"' (t.280). Roedd yr ymladd yn drwm trwy weddill Chwefror ac i mewn i fis Mawrth – 'Gellir casglu oddiwrth yr uchod fod ein bechgyn wedi myned trwy amseroedd enbyd' (t.276), meddai – ac ar y 13 Mawrth cyrhaeddodd rhodd annisgwyl o gartref: 'Trwy garedigrwydd Mr Edward Jones, Bournemouth, daeth 7000 o Woodbine Cigarettes i'm llaw, oddiwrth y "Drapers' Record". Buont yn wasanaethgar iawn i'w rhannu i'r bechgyn, a rhanwyd rhai o honynt o dan amgylchiadau a wnai i'r gwrthsmygwr mwyaf aiddgar foddloni i'r peth' (t.272). Roedd amgylchiadau'r rhyfel wedi tymheru rhywfaint ar biwritaniaeth Cynddelw, ond nid gormod ychwaith: 'Arferwn ystyried fy hun yn wrth-ysmygwr, a thueddaf i fod felly o hyd: ond er mor anghyson yr ymddengys y peth, addeddaf fy mod yn falch iawn o fod wedi medru estyn sipynau bychain o sigarets bychain i'r bechgyn yn y gwarchffosydd' (ibid.). Roedd sicrhau di-ddanwch y bechgyn yn drech yn yr achos hwn na'r safonau parchusrwydd a moes a brisiai mor fawr. Roedd un peth yn amlwg; ni ddeuai dim rhyngddo â chyflawni'i ddyletswydd tuag at ei braidd. Lladdwyd un ohonynt, Lifftenant William Hughes, ar 2 Mawrth, ond ni ddaethpwyd o hyd i'w gorff tan 14 Mawrth a hynny yn ymyl twll ffrwydryn yn nhir neb. 'Yr oedd y swyddog yma yn un hoffus iawn gan ei gydswyddogion', meddai Cynddelw, a'r noswaith honno mynnodd fynd, gyda thri arall, y tu hwnt i'r weiren bigog er mwyn ei gladdu. 'Trafferth enbyd a gefais i gyrraedd y fangre. Tueddai fy nhraed i dd'od allan o hyd o'r thigh boots wrth geisio eu codi o'r llaid fel mai llafurus iawn oedd y symud. Pan oedd y star shells i fyny rhaid oedd i ni sefyll yn llonydd yn yr unman, neu fe'n canfyddid gan y gelyn' (ibid.). Er mor annymunol yr amgylch-iadau claddwyd y corff yn barchus, ac wedi cynnal oedfa fer dychwelodd y parti trwy'r peryglon, y llaid a'r anialwch gan gyrraedd yn ôl tua hanner nos. Enghraifft dda oedd hyn o wroldeb y caplan a'i ymroddiad i'r bechyn yn ei ofal.

Rhai o'r ymladdfeydd yn rhagflaenu ail frwydr Ypres oedd y rhain ac roedd yn gwbl amlwg fod Cynddelw, ynghyd â gweddill y dynion, mewn peryglon enbyd ar hyd yr adeg. Sonia'n fynych, ond yn gwbl ddidaro, am ffrwydron yn disgyn yn ei ymyl, am fwledi'n chwibanu heibio ac am enbydrwydd y sefyllfa'n

gyffredinol. Ar 29 Mawrth, ac yntau erbyn hyn yn ôl yn y
gwersyll, 'dechreuais ar gynnal Evening Prayers yn y Reading
Room . . . Credaf fod llawer o'r bechgyn wedi eu difrifoli tua'r
adeg yma yn ngwyneb yr amgylchiadau' (t.278), meddai.
Ddeuddydd wedyn cyhoeddwyd ei adroddiad cyntaf o faes y gad
yn *Y Goleuad*: 'Yr ydym oll wedi cael profiad, yn arbenig yn yr
wythnosau diweddaf yma', ysgrifennodd, 'y bydd yr adgof am
dano yn aros gyda ni tra byddom byw'. Disgrifio'i argraffiadau
am fywyd ymhlith milwyr 10fed Bataliwn y Ffiwsilwyr Cymreig
yn ystod y chwe mis y buont yn Ffrainc a wnaeth. Soniai am eu
dewrder a'u dyfalbarhad, ac am natur ei weinidogaeth iddynt
'Mae ein braint yn fawr o gael arwain meddwl y bechgyn at Un
sydd yn abl i'w cadw.' Esboniodd y drefn a arferwyd ar y maes, y
symud mynych o'r gwersyll i'r ffosydd ac yn ôl, 'mae o bedwar i
chwe diwrnod yn ddigon o amser i fod mewn ffos', meddai, ac
adroddai am rai o'r pethau a ddaeth i'w ran. 'Cawsai nofelydd
ddefnyddiau gwerthfawr pe cawsai'r profiad a gaed gennym nos
Wener yr wythnos honno [sef wythnos Gŵyl Dewi] yn myned
fyny, ar noson ddrycinog, trwy bentref a thref faluredig i feddw
cynnal gwasanaeth claddu.' Roedd oedfaon y Sul yn parhau
deued a ddeuai: 'Echdoe, dydd Sabboth, pan yn cynnal ein
gwasanaeth o fewn y gwersyll, wele'r pelenau drosodd. Daliwyd
ati tra y caniateid i ni. Bu raid terfynu heb ganu, ond nid heb
weddi.' Yn nodweddiadol ohono, galwad i weddi oedd gan
Cynddelw Williams ar droed ei lith gan alw ar ei ddarllenwyr '
weddïo nes y rhydd ein Duw trugarog derfyn ar y rhyfel blin
yma'. Roedd ei ffydd yn ngallu Duw a'r alwad i ymateb iddo yn
gyfan er gwaethaf yr alanastra amgylchynol. 'Efe fedr', meddai
'ac fe wna pan y'ch ceir chwi a minnau, mewn ysbryd cywir, yn
galw o'r maes'.[22]

Y Somme

Disgrifiadol yn bennaf yw'r dyddiadur gyda'r awdur yn adrodd
yr hyn a welodd yn hytrach na chofnodi ei deimladau a'i gyflw
ei hun. Mae'n ddewisach gan Cynddelw beidio â sôn amdano'
hun ac ni ddywedir gair am na chefndir na theulu. Caniatawyd
leave iddo rhwng 19 Mehefin a 3 Gorffennaf 1916 – roedd a
frwydr Ypres wedi dod i ben ddiwedd mis Mai – a syndod yw

darllen cyfeiriad yn y dyddiadur at ei briodas! Fe'i priodwyd
ddiwedd mis Mai â Miss Margaret Jones, unig ferch W. H.
ones, Bryn-mor, Llandudno, a oedd yn flaenor yng nghapel
Seilo yn y dref. Dywedwyd mai 'gwraig o gynheddfau meddyliol
ryfion' ydoedd, ac un a fu'n gymar delfrydol iddo yn y
weinidogaeth wedi hynny.[23] Prin y cawsant gyfle i dreulio'u mis
mêl cyn galw Cynddelw yn ôl i Ffrainc 'gyda'r bwriad o ymuno
'n yr ymgyrch oedd wedi cychwyn ar y cyntaf o Orphennaf'
t.252). Cyfeirio at frwydr y Somme a wna, a thrwy weddill y
nis cafodd fod yn y ffosydd: yn y *Breslau Trench*, y *Montauban
Trench*, ac wedyn y *Crucifix Trench*. Bu'r ymladd yng nghwar
Montauban, 19–20 Gorffennaf, yn enbyd, ac er nad oedd a
wnelo'i adran â'r gyflafan a fu ym Mametz ar y 12fed o'r mis,
an aeth heibio'r fan ymhen ychydig, a hithau'n ddydd Sul,
enderfynodd gynnal gwasanaeth yno. Oedfa brudd a difrifol
doedd; 'Ymhen tridiau wedyn, tystiai un sergeant wrthyf am yr
rgyhoeddiad dwys y bu odditano ar ôl y cyfarfod hwn' (t.244).
  O Mametz aeth cwmni Cynddelw i Merincourt l'abbé a
Cornoy gan gyrraedd, erbyn canol Awst, y *Basement Trench*.
Dyma fel y disgrifiodd un o'r golygfeydd yno:

Y prydnawn hwnnw [16 Awst] cafodd ein transport ei belenu ar y
Stanley Dump a lladdwyd dau o'n bechgyn sef Preifats Harry
Hughes a Morris Williams. Profiad arbennig oedd yr un o fyned i
lawr y track gyda'r nos a gweled beth oedd wedi digwydd. Pasiwn
rai cyrph ar y ffordd, a gwelais amryw o ddynion a mulod yn
lladdedig ar y dump, a phawb byw wedi cilio i'w llochesau. Dyna
ddarlun pur lyth'renol o gerdded i lawr glyn cysgod angeu. (t.238)

rbyn hynny roedd adroddiad arall o'i eiddo wedi ymddangos
n *Y Goleuad*. Roedd deg mis, bellach, wedi mynd heibio oddi ar
Gymry 10fed Bataliwn y Ffiwsilwyr fod yn Ffrainc a mawr fu'r
od iddynt am eu gwaith: 'Er mor anghyson ydyw milwriaeth
Christionogaeth, y mae ysbryd y Cymro yn filwrol; a chan
d yn rhaid i'n gwlad fod wedi cymeryd ei rhan yn yr Armaged-
on bresenol, y mae y Cymro yn gwneyd cystal milwr a
aynrychiolydd unrhyw genedl dan yr haul', meddai. Adroddai'r
anes am rai o'i brofiadau. Soniai am un Sul yn arbennig:
anhawdd iawn oedd sylweddoli fod Sabbath wedi gwawrio
'nom pan y daeth. Cawsom wasanaeth gyda'r hwyr, a da

gennym i ni fod wedi ei gael, waeth dyna'r Sabbath diweddaf
ar y ddaear i tua hanner y nifer oedd yn bresennol.' Nid difyrru'r
darllenwyr oedd amcan ei lithoedd ond eu hannog i chwarae
eu rhan gartref: 'Credwn mai ein hamcan pennaf wrth nodi
difrifwch yr amgylchiadau allan yma ydyw, erfyn ar ddarllenwyr
crefyddol "Y Goleuad" gartref i wneyd eu rhan mewn cyfeiriad
neillduol.' Galwad i weddi oedd ganddo eto, 'sef i bawb sydd yn
cydnabod enw yr Arglwydd i alw arno, i erfyn arno i ddwyn
ben Ei amcanion daionus, nid trwy ryfel, nid trwy lu, ac nid trwy
nerth, ond fel y mae wedi arfer gyda'n cenedl ni yn y gorphenol
trwy ei Ysbryd, trwy ddiwygiad grymus eto'.[24]

Er mor enbyd oedd rhai o'r amgylchiadau, fe gafwyd peth
cyfle i ymlacio. Gwahanol, braidd, i syniad y rhelyw oedd dull
Cynddelw o ymlacio!: 'Awst 31ain, derbyniais oddiwrth fy
mhriod, bedwaredd gyfrol Dr J. Cynddylan Jones, a darllenai
hi gyda boddhad' (t.232).[25] Cafodd gysur mawr trwy ddarllen a
myfyrio: 'Anfonwyd i mi aml lyfr o nodwedd llyfr defosiwn, y
hyn gynorthwyodd, mae'n ddiau, i gadw fy ysbryd yn hynod
iraidd yng nghanol dylanwadau materol a milwriaethol y cylch
yr ymdrown ynddo' (ibid.). Er mor annwyl oedd y milwyr yn e
olwg, yn enwedig ar ôl iddynt gyd-ddioddef gymaint ar
Somme, ni fynnai anghofio am funud mai cennad Crist yn eu
plith ydoedd. 'Wrth edrych yn ôl', meddai, 'mae fy nghydwybod
yn dawel iawn o ran unrhyw ymollyngod o'm tu i wamalrwydd
neu rialtwch y cwmni y bum ynddo o bryd i bryd' (t.226). Y
caplaniaid mwyaf effeithiol ar faes y gad oedd y rheini a wrth
ododd ymuniaethu â'r dynion yn eu bydolrwydd ond
ddangosodd, trwy fuchedd lân ac esiampl deilwng, ragoriaet
ffordd Crist. Gellid tybio nad ymffrostio a wnaeth ond mynes
ffaith pan gofnododd: 'Mae gennyf le i gasglu fod fy esiampl
wedi bod yn help i ambell un' (ibid.).

Cafodd ddychwelyd i Gymru am seibiant ar 4 Hydref, ac ar e
ffordd o'i hen gartref yn Aberystwyth i gartref ei wraig y
Llandudno, ymwelodd â'i hen ofalaeth yn Nyffryn Nantlle
Cyhoeddwyd iddo bregethu yno dros y Sul, 15 Hydref, a'r Llu
dilynol, sef yr Ŵyl Ddiolchgarwch. Cafodd ef, 'ein hanwyl gyr
weinidog a'i briod hawddgar', ei drin yno fel brenin, ac mae'
tinc sydd i'w glywed yn yr adroddiad yn dyst i'r parch a ffynna
ato ymhlith yr hen aelodau: 'Y mae Mr Cynddelw Williams, er
agos i flwyddyn a hanner yng nghanol peryglon y rhyfel, ond d

ɔedd gennym ei weled yn edrych mor dda yng nghanol y cwbl.'[26]
Pylai prysurdeb maes y gad yn ymyl prysurdeb y ddeuddydd
ɨynny: pedair oedfa ar y Sul, pedair eto drannoeth a rhygddynt
ɣmweliadau â'r cleifion a'r profedigaethus. 'Tyrrai tadau,
ɨamau, brodyr a chwiorydd o wahanol ranau y sir i'w weled, ac
 ymholi am eu rhai anwyl ar faes y gad.' Anrhegwyd y pâr
ɔriod â silffoedd llyfrau 'ac yng nghyfarfod prydnawn ddydd
Llun . . . cyflwynwyd hwy yn y portread ohonynt (gan nad
ɔeddent wedi cyrhaedd)'! Oedfa 'offrwm diolch llawen i Dduw
ɨm Ei amddiffyniad dros Ei anwyl was' oedd yr oedfa honno, ac
ɣmhlith y siaradwyr faer Pwllheli a oedd wedi dod yno'n
ɨnswydd i fynegi gwerthfawrogiad y bechgyn lleol a oedd yn
ɨilwyr yn Ffrainc:

Difynai o lythyrau ac adroddiadau bechgyn ei ardal, yn dadgan eu
hedmygedd o'u caplan. Nid llechu o gwmpas y 'base' y bydd Capten
Williams, meddent. Na, lle bynag y bydd y bechgyn, yno y bydd
yntau, yn diddanu ac ymgeleddu.

Wrth gydnabod y gwerthfawrogiad, yr un oedd ei apêl:

Siaradodd yn ddwys am erchyllterau y rhyfel; cwynai yn dost am yr
anhawsterau di-angenrhaid a oedd ar ffordd ei waith . . . Credai yn
ddiysgog yn y posibilrwydd o ddyfodol gwyn a gogoneddus, os
dewisa y wlad a'r gwledydd ei gael, ond nid yn ddi-amod, – drwy
blygu, drwy ymostwng, drwy ystyried y wialen a phwy a'i
hordeiniodd. Erfyniai yn daer am weddi yr eglwys.[27]

Y Groes Filwrol

Ymhen deuddydd roedd Cynddelw wedi ffarwelio â'i wraig, a
ɔhan gyrhaeddodd faes y gad drachefn, roedd brwydr y Somme
ɨn dirwyn yn waedlyd araf tua'i therfyn. Ailymunodd â'i adran
ɨr 18 Hydref yn Abbeville gan wasanaethu yn y ganolfan trin
ɨlwyfau yno. Dyna lle arhosodd am weddill y mis er iddo fentro,
ɨr 3 Tachwedd, 'drosodd gyda'r Dr. yn gweled y Tanks yn
Beausant. Roedd yno 12 o honynt. Buom yn edrych i mewn i un
ɔ honynt' (t.220). Ond nid oedd hyn ond paratoad at symudiad
ɨwaedlyd olaf y frwydr yn ymyl pentref Serre. Dyna lle

dechreuodd y gyflafan dri mis a hanner ynghynt ac yno, ymhen pythefnos arall wedi colledion Prydeinig o 410,000, y byddai'n gorffen, a'i herchyllterau erbyn hynny yn seriedig yn annileadwy ar gof Ewrop. Ar noswaith 13 Tachwedd y cychwynnodd Cynddelw, yng nghwmni'r meddyg, am y llinell: 'Rhaid oedd myned yn wyliadwrus, megis o "shell hole" i "shell hole"' (t.216). Buasai'r brwydro'n ffyrnig ac ymhlith y golygfeydd prudd a welodd oedd cyrff tri chyd-swyddog o'i adran a chyrff eu *orderlies* yn eu hymyl.

Golygfa arall argraphodd ei hun arnaf [meddai] oedd dyfod ar draws 5 neu 6 o fechgyn mewn shellhole, a 2 ohonynt a thestamentau yn eu llaw. Yr oeddent yn ymdrin ar [*sic*] ryw wirionedd ysgrythurol mewn llecyn llawn perygl: buasai codi yn syth i fyny yr ddigon i ddwyn arnynt dan y gelyn (ibid.).

Pan gyhoeddwyd ei ddisgrifiad o weithgareddau'r noswaith honno a'r bore trannoeth yn *Y Goleuad* maes o law, dyma a ddywedodd:

Aeth [y milwyr] yn eu blaen trwy warchffosydd y gelyn mewn dul mor wrol ag a groniclwyd ar gof-lyfr unrhyw gatrawd filwrol erioed Bechgyn fagwyd yn Ysgolion Sabbothol Cymru, ac heb erioed feddwl y gelwid arnynt i ryfela, roddodd eu bywydau i lawr yn blygeiniol y bore hwnw, yn ebyrth ewyllysgar dros eu gwlad.[28]

Ond nid y milwyr yn unig oedd mewn perygl. Roedd y ffrwydron yn disgyn o'i ddeutu yntau, a'r bwledi'n chwyrlïo heibio ac wrth arwain parti claddu ymhen ychydig fe'i bomiwyd gan awyren Almaenig. Mynnodd fynd ymlaen â'r claddu, ac 'fel cabden ar y llong, fi oedd yr olaf i adael y fangre wedi ceisio gwneyd trefn uwch man fechan eu bedd ar ôl y gwasanaeth a gynhaliwyd' (t.214). Yr un weithred neilltuol o'i eiddo i ennyn cymeradwyaeth oedd arwain *stretcher party* trwy ddwy filltir o ffosydd a thros filltir o dir agored yn llygad y gelyn, 'a'r holl lwybr yn llawn perygl' (ibid.). Digwyddodd hyn ar ddiwrnod olaf brwydr y Somme. Trannoeth, ar 15 Tachwedd, cymeradwywyd Cynddelw Williams am Groes Filwrol.

Llain o 30 milltir o hyd a saith milltir o led, yn estyn o bentref Serre yn y gogledd at dref Chaulnes yn y de, dyna a enillwyd gan

yddinoedd Prydain a Ffrainc wedi tri mis o ymladd. Yn ogystal
â'r 410,000 o golledion Prydeinig, roedd 150,000 o Ffrancwyr
wedi'u lladd ac felly hefyd hanner miliwn o Almaenwyr.[29] Wedi
torri amddiffyniad yr Almaenwyr, a'u hysbryd am y tro, gorff-
wysodd y milwyr Prydeinig, ac ymhen mis, ar 21 Rhagfyr, hys-
byswyd Cynddelw fod yr awdurdodau wedi dyfarnu iddo'r
anrhydedd. Roedd y Nadolig yn ymyl, ac ar ôl gweithgareddau'r
25 Rhagfyr, yn oedfa ac yn ginio, 'galwyd arnaf gan y C.O. i
ddrodd sut y bu i mi enill yr M.C. Rhoddodd hyn achlysur i mi
briodoli unrhyw wroldeb a ddangoswyd i'm ffydd yn y Gofalwr
mawr, a theimlwn yn falch o gael rhoddi y dystiolaeth' (t.206).
Cafodd ei urddo gan y Brenin Siôr V mewn arwisgiad ym
Mhalas Buckingham ar 17 Chwefror, ac er mor ddiymhongar
oedd Cynddelw Williams, ni allai gelu pa mor falch y teimlai ar
yr achlysur: 'Ysgydwodd y brenin law â mi, a dywedodd wrthyf
"I am glad to give you the Military Cross"' (t.198).

Arras

Leave estynedig a gafodd y tro hwn, o 8–23 Chwefror, a'i
threulio yn Llundain, Aberystwyth a Llandudno, ond yn fuan
iawn roedd yn ôl wrth ei ddyletswyddau ar faes y gad. Dyfynnai
o lythyr a ysgrifennodd un o'r milwyr adref at ei rieni yn
disgrifio oedfa gymun a gynhaliwyd gan Cynddelw ar fore Sul
25 Mawrth 1917:

It was held in an old French barn, but nevertheless had it been a
cathedral, it would never have been more beautiful, for the Spirit of
God was present without a doubt. You were as if carried away from
the world and its sound of guns and war and lifted to some unseen
elevated plane. Father, the hour spent in that old French barn I shall
never forget, and I thanked my Heavenly Father for his great
blessings of a Christian home upbringing. (t.192)

Ymhen pythefnos roedd y llanc wedi'i ladd.
Nid dyletswyddau ysbrydol oedd yr unig rai a ddaeth i'w ran;
cafodd weithredu, yn bur anfoddog ar 29 Mawrth, fel cofnodwr
amser mewn gornest baffio! 'Prin y teimlwn yn dawel yn fy
meddwl i fod yn hyrwyddo gornest o'r fath; ac oddiwrth yr

ychydig gysylltiad fu rhyngof a'r cyfryw beth, ni thybiaf y gall**a**
yn y dyfodol cefnogi ymarferiadau yn y cyfeiriad hwn' (t.190).
Fe bwyswyd arno unwaith yn rhagor i drefnu gornest baffio
ond dywedodd yn derfynol ar y 28 Mehefin dilynol na wnâi'**r**
peth byth eto. Gan iddo borthi'r anifeilaidd mewn dyn meddai
'nid yw'r ffurf yma o ymarferiad yn perthyn i'r bywy**d**
Cristnogol'(t.176). Symudodd Cynddelw, ynghyd â gweddil **e**
adran, i gylch Arras ar 6 Ebrill er paratoi at y frwydr a fyddai'**r**
dechrau yno ymhen tridiau. 'Yr oedd y twrf pan y cychwynno**n**
ymaith yn aruthrol' (t.188), meddai. Er iddo wasanaethu yn **y**
ganolfan trin clwyfau trwy gydol wythnos gyntaf y frwydr, fe'
harbedwyd rhag gorfod aros tan ei diwedd gan grafiad hoelen **a**
gafodd ar wyn ei lygad pan oedd yn ymweld ag un o'r *dugouts*
Fe'i gyrrwyd, ac yntau'n bur anfodlon mynd, yn ôl i ysbyty yn
Mhrydain er mwyn gwella, gan aros yno am dair wythnos, o 1**8**
Ebrill tan 7 Mai. Pan gyrhaeddodd yn ôl roedd gwaethaf **y**
frwydr wedi pasio, a mwy o hamdden ar gyfer cyflawni **e**
weinidogaeth yn bwyllog. Dyma a gofnododd ar gyfer Dyd**d**
Llun 28 Mai:

> Cawsom gyfarfod gweddi yn y cae, a thua 15 yn bresennol. Yr oed**d**
> hwn o dan dipyn o enneiniad, a dau o'r bechgyn â thinc y Diwygia**d**
> i'w deimlo arnynt. Wedi'r drafts diweddaf daeth gobaith am fwy **o**
> barodrwydd mewn cymeryd rhan gyhoeddus nag o'r blaen. (t.182)

Rhywbeth tebyg oedd ei adroddiad ddiwrnod olaf mis Mehefi**n**

> Cawsom gyfarfod gweddi dymunol y noson hon mewn man agore**d**
> iawn er dipyn yn neilltuol o'r gwersyll, a chaed seiat ddymunol ar ôl
> Anghofiodd un o'r bechgyn lle yr oedd gan iddo yng nghwrs **e**
> anerchiad ddweyd 'Wel frodyr a chwiorydd'. Hawdd gwel'd ei fo**d**
> yn un o blant y seiat. Tua 20 oedd yn bresennol. Llawer gwell oed**d**
> gennyf gael y cyfarfod hwn na cadw'r amser yn y boxing contests, f**e**
> y'm disgwylid. (t.174)

Ac yntau wedi bod yn Ffrainc am bron i ddwy flynedd, ac yn**g**
nghanol rhai o'r brwydro ffyrnicaf yno, pan ddaeth cynnig **a**
7 Gorffennaf 1917 iddo ddychwelyd i Gymru, tueddwyd ef i'**v**
dderbyn. Roedd yn ŵr priod ac yn tynnu am ei hanner cant **a**
'[th]eimlais fy mod i'm cyfiawnhau yn cydsynio' (t.174). Tua'

cyfnod hwn y lluniodd ei adroddiad olaf o Ffrainc ar gyfer
Y Goleuad, a gwelir ynddo gymaint o argraff yr oedd ei gyfnod
yn y ffosydd wedi'i adael arno. Roedd y cwlwm rhyngddo a'r
bechgyn wedi tynhau'n arw: 'Yr ydym wedi dod yn falchach
nag erioed o'n cenedl ar ôl y profiad allan yma', meddai. Yna
disgrifia rai o'r pethau y bu'n ymwneud â hwy yn ystod yr
wythnosau cynt:

Nos Sadwrn, pan wedi un-ar-ddeg o'r gloch, yr oeddem yn
cychwyn gyda swyddog ac orderly, i feddwl rhoddi tro am y
bechgyn. Ni oddefid mynd yn ystod y dydd. Pan yn agosau at un
nifer o'r adran, yn ddisymwth torrodd y gelyn allan i danio yn y
dull mwyaf ffyrnig ar y warchffos. Pe wedi gwneud hynny rhai
eiliadau yn ddiweddarach, buasem ynddo. Fel yr oedd, rhedeg
ohono oedd ein doethineb, a hynny wnaed. Cawsom o hyd i ddarn
o ffos, ac oddiyno buom am hanner awr yn gwylio arddangosfa
arbennig o lid y gelyn, wedi cymeryd ei ddychryn gan rywbeth neu
gilydd. Disgynai ambell ddarn o belen o'n cwmpas, ond
cyrhaeddwyd yn ôl yn ddiogel. Erys y dydd canlynol, y Saboth, yn
hir yn ein cof. Cafwyd tri chyfarfod yn ystod y dydd i lawr ym
mherfeddion y ddaear. Daeth nifer da o'r bechgyn gaed o gwmpas
yr Headquarters i'r oedfa bore a hwyr, a chaed dosbarth o tuag
wyth yn y prydnawn. Addolwyd yr Arglwydd mewn llawer teml
wych y Saboth hwnnw, ond credwn na ddiystyrodd Efe y mawl
ddyrchafodd o ddyfnder y ddaear ar faes y gad yr un diwrnod.
Y noson honno, yr oeddem yn claddu dau o'r bechgyn laddwyd
yn ystod bombardment y noson cynt. Ni fu cynulleidfa mwy
defosiynol yn un man yn ystod y dydd na'r un safai yn y tywyllwch
o gwmpas y ddau fedd agored. Dan deimlad dwys y cyd-
adroddwyd Gweddi'r Arglwydd yno, a hithau yn ganol nos.[30]

Cafwyd gwasanaethau yn y gwersyll gyda'r hwyr ar bob noson
yr wythnos ddilynol. 'Nid anfynych y caed gan rai o'r bechgyn
ddweyd gair o'u profiad.' Ni allai Cynddelw lai na chanmol
rhelyw'r milwyr: 'Mae ôl gwaith capelydd yr hen wlad yn amlwg
ar aml un o'r bechgyn sydd y dyddiau yma wyneb yn wyneb ag
angau', meddai. 'Nis gallwn ddeall neb a bleidiai ryfel, wedi bod
yn dyst o'r ffolineb a'r galanastra ganfyddir yng nghymdog-
aethau y brwydrau, pe bai modd o gwbl ei osgoi. Ond gan fod
rhyfel, da cael arwyddion sicr fod Duw yn medru cysuro a
nerthu: a bod yr oll, er pob dirgelwch, dan Ei lywodraethiad
Ef.'[31] Nid pawb, ac nid pob Cristion ychwaith, a fyddai'n

ymagweddu tuag at y rhyfel yn y termau hyn, ond roedd yr
argyhoeddiad fod rhaid wrth ryfel mewn byd syrthiedig er
mwyn gwarchod buddiannau'r da, a bod llywodraeth Duw a'i
ofal ar waith yng nghanol yr alanastra i gyd, yn ddigon i
gadarnhau hyder Cynddelw a rhoi iddo'r nerth i barhau.

Cinmel a gwersylloedd eraill

Rhyw baratoi at fynd tua thre y bu am weddill yr haf a rhwng
gweini y tu ôl i'r llinell ac ymweld â'r ffosydd cafodd beth
hamdden i ymddiwyllio, ond diwylliant y piwritan oedd ei
ddiwylliant hyd yn oed yno. 'Cefais gyfle da y boreuau nesaf i
ddarllen', meddai ar 6 Awst 1917. 'Darllenais Trollope's "Orley
Farm", a Thomas Hardy's "Two on a Tower" a "Jude the
Obscure". Cododd y wedd annedwydd ar fywyd osodid allan yn
yr olaf awydd ymgysegriad newydd ynof' (t.168). Ddiwedd
Hydref ydoedd pan ffarweliodd, o'r diwedd, â Ffrainc. Cyn-
haliwyd cwrdd ymadawol ar ei gyfer ar nos Sul, 28 Hydref gyda
llawer, ynghyd â phennaeth ei adran, yn bresennol:

> Pan ddaeth yn adeg i mi ymadael â'r 10 RWF [meddai] dipyn o
> bryder oedd yn fy meddiannu. Yr oeddwn wedi dod i garu y
> bechgyn yn angerddol, a dangosent hwythau ymlyniad cywir wrthyf
> innau. Ond tybiaf ar gyfrif fy oed, ac wedi bod yn ymarferol ar hyd y
> cyfnod maith o ddwy flynedd a mis mewn cysylltiad â'r front line
> Division, a'r 'strain' felly yn go fawr, fy mod i'm cyfiawnhau yn
> derbyn y cysyniad a ddaeth oddiwrth ysgrifennydd Bwrdd Milwyr a
> Morwyr ein Cyfundeb i dd'od i Kinmel Park . . . Perthyn i mi
> gydnabod fod daioni yr Arglwydd wedi bod yn fawr tuag ataf yn
> Ffrainc: gwelais Ei law fawr yn eglur ar adegau; ar gyfrif fy
> mhrofiad dylai fod fy ymddiried yn llwyr ynddo dros weddill fy
> nyddiau ar y ddaear. (t.152)

Ac felly y terfynodd yr adeg fwyaf cynhyrfus ym mywyd y
Parchedig D. Cynddelw Williams.

Wedi cyfnod o *leave,* dechreuodd ar ei waith newydd yn yr
orsaf filwrol yng Nghinmel, Sir y Fflint, ar 8 Tachwedd 1917
ond buan y sylweddolodd y newid byd. Cwynodd, mewn llythyr
yn *Y Goleuad* ym mis Ionawr 1918, am y difrawder crefyddol a
nodweddai'r milwyr yno: 'Fe fydd y caplaniaid yn ceisio cael

rhai i fynychu cyfarfodydd crefyddol yn yr ystafelloedd cyfleus a chynnes sydd ganddynt o fewn y gwersyll', meddai, ond 'ychydig yw'r nifer geir i ddod'.[32] A dyna a fyddai'r stori o hynny ymlaen. Misoedd pryderus, aflwyddiannus oedd y rhain iddo, ac yn gymaint siom wedi bodlonrwydd eironig ei flynyddoedd ar y llinell. Waeth pa mor ddiwyd y bu, ni fedrai ddenu trwch y milwyr yno i mewn i'r oedfaon na chael ganddynt ystyried her y ffydd. I efengylydd brwd achosai hyn benbleth mawr. Deunaw oed oedd mwyafrif y milwyr yno, 'dyna oed ag y mae ein heglwysi yn gyffredin wedi teimlo anhawsder ar ba fodd i gael dylanwad arnynt' (t.132). Methiant oedd ei ymgais ef i ddylanwadu arnynt, beth bynnag. Nid nad oedd bodlonrwydd i'w gael ychwaith, ond mewn cyfeiriadau eraill erbyn hyn. 'Wedi dyfod i mewn y nos', meddai, 'byddai fy mhriod a minnau yn gwneyd llawer at ddiwyllio meddyliau'n gilydd: darllen gyfran o ryw lyfr clasurol yn Gymraeg ac yn Saesneg braidd bob nos. Dysgwyd gennym Gywydd y Farn Fawr. Treiliom gryn amser gyda'r Ffrancaeg' (t.130). Nid pob caplan milwrol a'i wraig, fel Siôn a Siân o bobtu'r tân, a fyddai'n treulio'u nosweithiau fel hyn, bid siŵr!

Erbyn Tachwedd 1918 cyhoeddwyd bod y rhyfel ar ben. Yn hytrach na dychwelyd i'r weinidogaeth fugeiliol yn syth, dewisodd Cynddelw aros yn y fyddin am ennyd gan barhau â'i waith yno. Bu'n gaplan mewn gwersyll yn Shoreham-on-Sea, Sussex, i gychwyn. Cyfnod ysgafn oedd hwn, yn ddigon difyrrus ar un olwg ond yn lled ddi-fudd hefyd. Cafodd gyfle, o leiaf, i flasu gweinidogaeth rhai o hoelion wyth y pulpud Ymneilltuol Saesneg ar y pryd. Bu'n gwrando ar yr Annibynnwr ffasiynol Rhondda Williams yn Brighton ar 9 Chwefror 1919, ond prin oedd ei werthfawrogiad ohono: 'Cawsom wasanaeth a llawer o urddas ynddo: gofidiwn na bai'r weinidogaeth yn fwy efengylaidd ei thôn' (t.120), meddai.[33] Pan glywodd ef eilwaith ym mis Ebrill cafodd Cynddelw ei gythruddo ganddo: 'Yr oedd ei draethiad yn fwy o nodwedd araith wleidyddol eithafol nag efengyl Iesu Grist. Ni allasai ofyn am fendith arfau Prydain yn y frwydr a fu ond awgrymai fod amgylchiadau yn bosibl y gallasai ddweud "God bless Revolution"' (t.112). O Shoreham symudwyd ef i Chatham ym mis Mehefin, ac yno y bu tan iddo fynd i Aldershot drachefn ddiwedd Hydref. Ond yr un oedd ei anhawster trwy gydol 1919. 'Gellir cydnabod hefyd mai gwaith anhawdd fu ein gwaith yn mhlith y bechgyn deunaw oed ar hyd yr amser', ysgrifennodd ar 23 Mawrth. 'Gyda rhai eithriadau ychydig oedd y duedd i fanteisio ar gyfleusterau crefyddol yn eu mysg' (t.114). Sôn am Gymry y mae yma, aelodau o gatrodau Ystlyswyr De Cymru a'r Gatrawd Gymreig, ac erbyn mis Hydref roedd yr ymdeimlad o flinder, methiant a siom bron yn ei lethu. Gorfu iddo ysgrifennu fwy nag unwaith yn ystod y cyfnod olaf yn Aldershot: 'Ni ddaeth neb i'r oedfa' (t.86). I ŵr a welodd ddynion yn ymateb i gynnig y ffydd ar faes y gad, chwerw yn ddiau oedd y difaterwch hwn. Ac yntau wedi cael addewidion am bresenoldeb mewn cyfarfod ar noswaith 11 Gorffennaf, ni ddaeth neb wedyn. 'Teimlwn yn bur siomedig gyda'r bechgyn y noson hon', meddai (ibid.).

Roedd ymwared, fodd bynnag, erbyn hynny wrth law. Ar 20 Awst daeth cais gan bwyllgor bugeiliol eglwys Jerusalem, Penmaen-mawr, yn gofyn caniatâd i roi ei enw gerbron fel ei gweinidog. Cydsyniodd â'r cais, ac ymhen ychydig daeth iddo'r alwad swyddogol. Daeth ei gyfnod fel caplan milwrol i ben ar 5 Medi 1919, ac fel hyn yn ddisymwth y terfyna'r dyddiadur: 'Bore Llun 6 Medi gadawn Aldershot gyda'r tren 8.50. Teimlais ryddhad arbenig tra yn teithio tuag adre, er yn gofidio gadael y bechgyn heb gyfleusderau Cymraeg ar eu cyfer' (t.48). Felly er gwaethaf ei siom a'i rwystredigaethau roedd Cynddelw Williams, yn gwbl nodweddiadol, yn dal i ymdeimlo â'i gyfrifoldeb tuag at y milwyr a adawodd ar ôl.

Teyrngedau

Talwyd teyrngedau i Cynddelw er yn gynnar yn y rhyfel. Gwelwyd eisoes ddiffuantrwydd y parch a deimlwyd tuag ato gan bobl ei ofalaeth yn Nyffryn Nantlle a'r meddwl uchel a fu gan ei gyfeillion cyfundebol ohono adeg ei farw yn 1942. Nid llai oedd yr argraff a wnaeth ar y milwyr y bu'n ymwneud â hwy yn y gwersylloedd gartref ac yn ymyl llinellau'r gad. Y dystiolaeth gynharaf o hyn yw llythyr gan Tudor G. Williams o Lanfairfechan, milwr yn y Gatrawd Gymreig, a ymddangosodd yn *Y Goleuad* ym mis Medi 1915. Sonnir ynddo 'am y gwaith mawr y mae yr annwyl Barch. D. Cynddelw Williams, BA, Penygroes, wedi ei wneud ac yn parhau i'w wneud yn mhlith y milwyr Cymreig yn Lloegr'. Cyfnod Aldershot oedd hyn, yn fuan cyn gadael am Ffrainc am y tro cyntaf. 'Mewn aml le cafodd wynebu llu mawr o anawsderau, ond ymladdodd i gael y llaw uchaf ar y cyfryw. A thrwy hynny y mae wedi cadw sŵn crefydd yr aelwyd yn dôn byw ym mechgyn yr hen wlad', meddir. Roedd yr ymdeimlad o berygl yn fyw iawn ymhlith y milwyr, gellid tybio, gan i'r llythyrwr gloi ei lith trwy ddweud: 'Os collwn ein bywyd yn y frwydr hon, ni chollwn ein sêl dros ein crefydd, a fe sicrha y cyfryw fywyd llawer uwch yn y dyfodol',[34] a Cynddelw a gafodd y clod am feithrin y sêl hon.

Y cyfeiriad cyntaf, hyd y gwyddys, at waith Cynddelw ar faes y gad yw hwnnw yn nyddiadur rhyfel David Evans, chwarelwr o Ddeiniolen, a glwyfwyd yng Nghoed Delville ar y Somme yng Ngorffennaf 1916. Dychwelodd y caplan o Gymru yn ŵr priod, fel y cofir, ar 13 Gorffennaf, a'i gael ei hun yn gweini ar filwyr ei adran yn y *Breslau Trench.* Roedd David Evans wedi cyrraedd Boulogne gydag 22ain Bataliwn y Ffiwsilwyr Cymreig ar Sul, 18 Mehefin, ac wedi cwblhau paratoadau ymladd yno trwy gydol gweddill y mis, ymunodd â'r 10fed adran, 'the most famous Batt 10th R.W.F.', yn ei wersyll y tu ôl i'r llinell ar Sadwrn, 1 Gorffennaf. Roedd eisoes wedi cyrraedd sŵn y brwydro, a martsio, ymarferiadau a pharatoi a aeth â'i fryd am yr wythnos a mwy nesaf. Byddai ffrwydron y gelyn yn ymyrryd â bywyd y gwersyll yn gyson, felly rhyddhad, o fath, oedd gadael am ffosydd blaen y gad ar nos Iau, 13 Gorffennaf, sef y noswaith y cyrhaeddodd Cynddelw yn ôl o Gymru. Ni chymerodd y caplan ddim amser i ailafael yn ei waith gan gynnal gwasanaeth, yn y ffos, ar y nos Sul ganlynol. Dyma a ddywed David Evans amdano:

Sunday July 16th . . . 6 p.m. N.[on] C.[onformist] Service in the trench = Chaplain D. Cynddelw Williams B.A. He followed us all the way through rough roads, scattered and muddy trenches, and at many times under heavy fire, and always doing all he could for us. Casualities [*sic*] which occur almost every day. He would be the first in the danger to attend the wounded. He has won his D.S.O. many times over through his silent duty and life sacrifice.[35]

Ni chafodd Cynddelw fod yn rhan o'r adran a ddewiswyd i gyrchu Coed Delville, yn ymyl Mametz, dridiau wedyn ond anelu, yn hytrach, am y *Crucifix Trench* oedd y gorchymyn a gafodd ef. O fynd i Delville efallai y cawsai drin David Evans a glwyfwyd yn ei fraich a'i forddwyd ar nos Fercher, 19 Gorffennaf wrth ymosod ar y gelyn. Mae'n bur debyg mai peth ffodus oedd iddo beidio â bod yno: roedd y colledion yno'n enbyd gydag anhrefn ymhob man. Anfonwyd Evans yn ôl i Brydain, beth bynnag, a dyna oedd diwedd y rhyfel iddo ef.

Un arall a ddaeth i gysylltiad â Cynddelw Williams yn Ffrainc oedd y Lifftenant Morgan Watcyn-Williams, Cymro di-Gymraeg o Abertawe ac yn fab i weinidog gyda'r Symudiad Ymosodol, cangen genhadol Saesneg y Methodistiaid Calfinaidd. Cyfeiria Cynddelw gyntaf ato yn ei ddyddiadur ar 6 Medi 1916 pan gyrhaeddodd Watcyn-Williams, yn swyddog ifanc, o Brydain. Buont lawer yng nghwmni'i gilydd wedi hyn, gyda'r ddau ohonynt yn ennill y Groes Filwrol am ddewrder ar y Somme. Dau annhebyg i'w gilydd oeddent, y dyn iau yn wyllt ei dymer, yn radicalaidd ei syniadau ac yn ymdeimlo'n fawr ag anghydnawsedd y rhyfel â Christnogaeth o unrhyw fath. 'In many things I was a consciencious objector in khaki', meddai.[36] Eto esiampl Cynddelw, ei ddewrder, ei dduwioldeb a'i ofal hynod dros fuddiannau'i fechgyn, oedd un o'r pethau a'i hysbrydolodd fwyaf ar faes y gad a chadarnhau ei alwad i'r weinidogaeth.

> I heard the padre constantly for twelve months, now in a ruined house, now in an orchard behind Arras with the apple tree in bloom, and again inside the walls of a little French school, and he had ever the same straightforward message – a Power greater than war, love stronger then death, and sacrifice the very gate of heaven. He was frank too, with a directness that could be disconcerting, even when it helped . . . Down on the Somme he won his M.C. All round Delville and Longueval and Guillemont the wounded came pouring in, but the padre never hesitated, and out among the falling shells and flying splinters carried on with the work of rescue.

Roedd yr argraff a adawodd Cynddelw ar y dynion yn hynod: 'I have seen strong men moved almost to tears as they spoke to him – his work was beyond all praise', meddai,[37] a phan aeth ati i lunio'i hunangofiant ymhen blynyddoedd, nid oedd y cof am y caplan wedi pallu. Dywedodd fel y byddai'n paratoi at y *church parades* rheolaidd ar y boreau Sul mor gydwybodol â phe bai'n paratoi at gynnal gwasanaeth yn y City Temple, prif addoldy

Ymneilltuol y deyrnas, ond mai yn y gwasanaethau gwirfoddol gyda'r hwyr y byddai'n disgleirio pan gâi'r cyfle i ymwneud â'r dynion mewn amgylchiadau mwy personol ac anffurfiol. Yn wahanol i rai o'r caplaniaid Anglicanaidd, ni fynnai gyf-iawnhau'r rhyfel na sôn amdano fel crwsâd; prin oedd y parch at glerigwyr a wnaeth hyn. 'Our own padres, both of them Presbyterians, spoke in terms of personal religion, saying very little about the war',[38] meddai Watcyn-Williams. Ond efallai'r darlun sy'n dangos Cynddelw ar ei fwyaf nodweddiadol yw hwn:

> The padre, Cynddelw Williams, was a thorough-going Calvinist. When we left the line for Courcelles he and I were delayed by some minor duties, so we followed the battalion by a short-cut over the top. As we struggled through shellholes and mud, a German battery dropped a few 'shorts' uncomfortably near, and grabbing his arm I pulled him with me into the trench. He took me to task for my lack of faith reproving my excitement. I really believe that any feeling of fear which came to him was purely instinctive, never receiving an ounce of support from his reason and will. His life was portioned out for him and he could face all its situations with equanimity.[39]

O holi Cynddelw ynghylch y gwahaniaeth rhwng y Galfiniaeth hon a'r math o dyngedfennaeth a oedd mor gyffredin ymhlith y milwyr digrefydd yn y ffosydd, 'he poured theology into me!', meddai.[40] Anghymeradwy i ryddfrydwyr diwinyddol fel Watcyn-Williams neu beidio, nid oedd modd gwadu effaith yr athrawiaeth hon ar fywyd ac ymarweddiad y caplan wrth iddo gyflawni'i orchwylion.

Brodor o Geinewydd, Sir Aberteifi, oedd E. Beynon Davies, yn fab i forwr a gychwynnodd fel gwas sifil i Lundain yn 1900. Ac yntau eisoes yn aelod o'r tiriogaethwyr, ymunodd yn Hydref 1914 â 15fed Bataliwn y Ffiwsilwyr Cymreig, bataliwn Cymry Llundain, ac fel lifftenant ac yna fel capten, ymladdodd yn Givenchy, Mametz a Chefn Pilken. Evan Mathias, brodor o Sir Frycheiniog ac yn weinidog capel Annibynwyr New Inn, Pont-y-pŵl, oedd ei gaplan, 'a gŵr tra amryddawn a chydwybodol' ydoedd, yn ôl y sôn. Ond mae'n amlwg mai Cynddelw Williams a ystyrid yn batrwm o'r caplan delfrydol: 'Roeddem eisoes wedi clywed am y gwaith godidog a wnaeth y Parch. Cynddelw Williams gyda'r 10th RWF ar y Somme', meddai, 'gwaith a gafodd ei gydnabod trwy ei anrhydeddu â'r Groes Filwrol'. Cyffelybodd ef â Studdert-Kennedy, caplan milwrol enwocaf a mwyaf poblogaidd Lloegr yn ystod y Rhyfel Mawr.[41]

Cannwyll yn goleuo

Beth bynnag am gwynion pobl fel Montague, Graves, Sassoon a Frank Richards yn erbyn caplaniaid milwrol y Rhyfel Byd Cyntaf, mae'n amlwg nad y darlun a baentiwyd ganddynt hwy yw'r unig ddarlun y gellid ei dynnu o waith gweinidogion ac offeiriaid Cristionogol ar faes y gad. O ddarllen y rhestrau o gaplaniaid a gyhoeddwyd ym mlwyddiaduron yr enwadau a llawlyfrau'r gwahanol esgobaethau Cymreig, ynghyd â'r cymeradwyaethau a enillwyd gan amryw ohonynt am ddewrder ar y maes, a'u cymharu â deunydd megis y llythyrau personol sydd wedi goroesi a'r adroddiadau mynych a gyhoeddwyd yn y wasg ar y pryd, mae'n amlwg fod yna werthfawrogiad diffuant i waith y caplaniaid ac edmygedd o'u hymroddiad a'u gwroldeb.[42] Cyfrinach y caplan effeithiol oedd ei lwyddiant (neu fel arall) i'w uniaethu'i hun â'r dynion yn eu hangenion a'u dioddefiadau trwy gadw digon o bellter oddi wrthynt rhag fforffedu'u parch. Fel gwas byddai'n rhaid iddo ennill ymddiriedaeth y milwyr trwy weini i'w rheidiau, ond fel gwas Crist roedd gofyn hefyd, o ran agwedd ac ymarweddiad, cadw ar wahân. Dirmygid y caplaniaid hynny a geisiai boblogrwydd trwy ymdebygu'n ormodol i'r dynion,[43] a ffieiddid y rhai a anogai greulonder a chasineb at y gelyn. Cyd-ddioddefwyr oedd y gelyn i fwyafrif y milwyr, truenusion a ddigwyddodd eu cael eu hunain yn y ffosydd draw: 'Ni feddyliasom', meddai Beynon Davies, 'y mwyafrif ohonom, am iawnderau y rhyfel ac ni theimlasem atgasedd at yr Almaenwr fel person; yn hytrach edmygem ef fel milwr a rhyfeddem at ei glyfrwch a'i ddycnwch'.[44] Roedd Cynddelw Williams yn ddi-fai yn yr holl bethau hyn. Er nad pasiffist mohono, ac roedd hynny'n wir am y rhan fwyaf o Gristionogion y cyfnod, nid da ganddo ryfel, a thrwy gydol yr amser cadwai ei ysbryd yn iraidd a phur.

Dywedwyd fwy nag unwaith mai effaith y Rhyfel Mawr yw'r seciwlareiddo carlamus a redodd trwy Ewrop o'r 1920au ymlaen, a lled awgrymir hefyd mai amharodrwydd yr eglwys i dystio'n ddigyfaddawd i efengyl Crist a barodd i'r werin gefnu arni yn nydd y prawf. Symleiddio enbyd ar sefyllfa gymhleth i'w rhyfeddu yw sylwadau o'r fath, ond pa mor haeddiannol bynnag yw'r cerydd, ni ddylid diystyru cyfraniad sylweddol rhai o'i gweision ychwaith. Ni fu neb ffyddlonach yn ei ddydd na D. Cynddelw Williams, ac eraill tebyg iddo. Yr oedd, fel y dywedwyd am un arall a dystiodd yn ffyddlon yn ei ddydd, fel cannwyll yn llosgi ac yn goleuo.

2

Olynydd y seintiau:
Timothy Rees (1874–1939)

Un o bethau tristaf hanes crefydd yng Nghymru ddiwedd Oes
Victoria a dechrau'r ugeinfed ganrif oedd y frwydr i ddat-
gysylltu'r Eglwys Anglicanaidd yng Nghymru. Roedd yr hyn
a ddechreuodd yn y 1870au yn anghytundeb dilys ynghylch
egwyddorion crefyddol – sef sut orau i ddehongli natur y
berthynas rhwng eglwys a gwladwriaeth – wedi troi erbyn troad
y ganrif yn ymgiprys milain ynghylch arian, statws a materion
tymhorol eraill. Nid heb achos y mynnodd R. Tudur Jones,
'Yn ei heffaith ar fywyd ysbrydol y genedl bu'r frwydr faith hon
yn drychineb mawr',[1] gan ychwanegu: 'Esgorodd ar gasineb a
bryntni a adawodd greithiau gleision ar fywyd ysbrydol
Cymru.'[2] Fel y dwysaodd y frwydr aeth yn fwyfwy anodd i
arweinwyr capel ac eglwys i gofio'r hyn a oedd yn eu huno
rhagor na'r hyn oedd yn eu cadw ar wahân, ac oherwydd
poethder yr ymladd methodd llawer ohonynt yn druenus yn eu
hymgais i warchod hygrededd y ffydd. Yn eu sêl ddallbleidiol
aeth capelwyr ac eglwyswyr fel ei gilydd i rysedd, a beth bynnag
oedd enillion dadwaddoli a datgysylltu yr hen gyfundrefn
eglwysig yn y pen draw, prin y gall neb amau fod y gost yn un
eithriadol o ddrud. O ystyried y cefndir hwn, pery bywyd a
gyrfa'r Esgob Timothy Rees yn gryn ryfeddod o hyd.

Gwreiddiau

Fel cynifer o blant arfordir Sir Aberteifi, roedd ar y mwyaf
o heli'r môr yng ngwythiennau Timothy Rees. Fe'i ganed ar
15 Awst 1874 yn y Llain, Llanbadarn Trefeglwys, yn blentyn
ieuengaf y Capten David Rees, a Catherine, ei wraig. An-
nibynwyr oeddent o ran ymlyniad crefyddol, ac yn aelodau sel-
og yng nghapel Nebo, Cross Inn, heb fod nepell o gartref y
teulu. Dilynodd David John, y brawd hynaf, ei dad i'r môr ac

*Timothy Rees, gyda chaniatâd caredig yr Eglwys yng Nghymru
a Deon a Chabidwl Eglwys Gadeiriol Llandaf.*

yn 24 oed, yn 1884, daeth yn gapten llong ei hun, fel y gwnaeth Steven, y trydydd brawd, ymhen ychydig. Priododd Catherine, eu chwaer (a enwyd ar ôl eu mam) â'r Parchedig J. D. Thomas, gweinidog Nebo a Llan-non, ac fel Annibynwyr y parhaent. Fel ei dad, bu'r Capten David John Rees yn flaenor yng nghapel Nebo am lawer o'i oes (bu farw yn 1934), ac ychydig cyn ei farw annhymig yn 1898 codwyd y Capten Steven Rees yntau'n ddiacon. Ond roedd ganddynt frawd arall, John Lambert, a aned yn 1862 ac a fynnodd dorri ei gŵys ei hun, ac ef, yn hytrach na'r lleill, a gafodd fywyd a ymdebygai fwyaf i eiddo cyw melyn olaf teulu'r Llain.

Yn hytrach na bod yn forwr, dewisodd John ddilyn gyrfa a gyplysai addysgu, gweinidogaethu a'r genhadaeth dramor. Roedd cysylltiad rhwng Coleg Annibynwyr Sir Gaerhirfryn ac Owens College a ddaeth yn rhan o Brifysgol Manceinion, ac yno yr aeth rywbryd yn y 1880au gan raddio'n B.Sc. Ac yntau wedi'i addysgu bellach yn wyddonydd, ymrestrodd yn genhadwr dan nawdd cymdeithas genhadol Americanaidd ac ymadawodd am Shanghai gan fwriadu dysgu mewn ysgol Gristionogol yno. Ond tra oedd yn Tseina daeth tro ar ei argyhoeddiadau crefyddol. Ni ŵyr neb bellach beth a achosodd y cyfnewidiad, ond roedd Timothy yntau, a oedd 12 mlynedd yn iau nag ef, wedi ymwrthod erbyn hyn â'r etifeddiaeth Ymneilltuol a throi yn Eglwyswr, a'r argraff a gawn yw bod hyn wedi cadarnhau'r anesmwythyd â'r gyfundrefn Anghydffurfiol a deimlasai John Lambert eisoes, a'i dywys yn derfynol i'r gorlan eglwysig. Fe'i gwelwyd erbyn 1896 yn ceisio urddau yn esgobaeth Anglicanaidd Shanghai. Trosglwyddodd ei deyrngarwch o'r gymdeithas Americanaidd i'r SPG, y Gymdeithas er Taenu'r Efengyl, sef y fwyaf 'catholig' o gymdeithasau cenhadol Eglwys Loegr, ac yn 1897 fe'i hordeiniwyd yn ddiacon ac yna'n offeiriad yng nghadeirlan Shanghai. Ac yno y bu tan iddo ddychwelyd i Gymru yn 1906 pan benodwyd ef yn rheithor plwyf Llanddowror yn esgobaeth Tyddewi, swydd a gadwodd am weddill ei oes. Offeiriad Anglicanaidd yn nhraddodiad yr hen ucheleglwyswyr fu'r Canon Ganghellor John Lambert Rees, fel y dengys ei gyfrolau defosiynol megis y *Llawlyfr Gweddi* (1917), *Llawlyfr Gweddi Deuluol* (1926) a *Gweddi a Gwasanaeth* (1938), ac yn ôl awgrymiadau cynnil a gawn fan hyn a thraw, bu'n gyfaill ac yn gefn i Timothy trwy gydol ei rawd.

Addysgwyd y mab ieuengaf yn ysgol elfennol Cross Inn, yn ysgol T. Z. Jones yn Aberaeron ac yna yn Ysgol Ardwyn, Aberystwyth, gan fwriadu ymgymhwyso i fod yn feddyg. Aeth â'i docyn gydag ef o gapel Nebo i Aberystwyth, a daeth yn aelod cyflawn yng nghapel Seion yn Baker Street. Ond yna daeth tro ar fyd. Ymhen blynyddoedd, wrth lunio bywgraffiad ei frawd, disgrifiodd John Lambert y tro hwnnw fel hyn:

> When Timothy Rees was between sixteen and seventeen years of age a complete change took place in the direction of his life. He suddenly decided that he would give up the idea of being a doctor and become a clergyman. He did not disclose the reason for this change until he was on his death-bed a few days before the end of his life. The divisions in Nonconformity and its lack of historic continuity made him decide to seek for Orders in the ancient Church of the land.[3]

Beth bynnag am yr haeriad hwn, mae'n anodd iawn credu fod y paragraff uchod yn dweud y gwir yn gyflawn. Er mai Annibynwyr oedd y teulu i gyd, fel y gwelwyd, gwnaeth John Lambert ei orau i orchuddio'r ymlyniad Ymneilltuol traddodiadol a phwysleisio i'r eithaf gysylltiadau'r tylwyth â'r Eglwys. Mynnai fod ei rieni yn Annibynwyr trwy ddamwain yn hytrach na thrwy argyhoeddiad, ac iddynt fynychu capel Nebo am nad oedd eglwys y plwyf yn ddigon cyfleus, a'r un o blith ei gyndadau y soniai fwyaf amdano wrth adrodd hanes ei frawd oedd y Parchedig Timothy Evans, a gefnodd ar y weinidogaeth Annibynnol yng nghapel y Plough, Aberhonddu, ganol y bedwaredd ganrif ar bymtheg, a dod yn gurad yn Llanddewibrefi. Ni ddywed ddim am y ffaith mai diaconiaid gyda'r Annibynwyr oedd ei ddau frawd a'i dad, fod ei chwaer yn briod â gweinidog Annibynnol, fod Timothy wedi ei fedyddio a'i dderbyn yn gyflawn aelod yng nghapel Nebo cyn trosglwyddo i Baker Street, a'i fod wedi ystyried ar un adeg gyflawni gweinidogaeth ymhlith yr Annibynwyr! Er ei fod yntau, John Lambert, yn Shanghai pan fwriodd Timothy ei goelbren gyda'r Eglwys, yr awgrym cyson yw bod y ddau mewn cysylltiad parhaol â'i gilydd a dichon yn dylanwadu ar ei gilydd yn eu symudiad tuag at Anglicaniaeth. Ac nid ar ei wely angau y datgelodd Timothy am y tro cyntaf gyfrinion ei dröedigaeth, does bosibl. Roedd yr hen anesmwythyd gydag Anghydffurfiaeth wedi troi'n adwaith ag arlliw euogrwydd arno, a'r gwir yw bod cryn dipyn mwy o stamp y capel ar y ddau ohonynt nag y mynnai Lambert gyfaddef.

Bid a fo am hynny, does dim rhaid amau fod y rheswm a rydd y brawd hŷn am y cyfnewidiad yn ddigon dilys. Un o nod-weddion amlycaf hanes crefydd traean olaf y bedwaredd ganrif ar bymtheg oedd yr adnewyddiad ymhlith deiliaid yr eglwys sefydledig yng Nghymru a hynny, yn aml iawn, ar draul Ang-hydffurfiaeth, ac ymhlith y prif resymau am gynnydd Anglican-iaeth oedd gwedduster ei haddoliad, gwrthrychedd clasurol ei chredo yn sylfaenedig ar y Llyfr Gweddi Cyffredin, a'r elfennau o sagrafennaeth a chatholigaeth a oedd yn gymaint gwrthbwynt i Air-ganolrwydd y capeli Anghydffurfiol.[4] I'r sawl a ddyheant am grefydd a gynhwysai gyfanrwydd, hynafiaeth a pharhad, deuai Anglicaniaeth, yn enwedig yn ei gwedd litwrgïaidd 'uchel', yn fwyfwy deniadol. P'run ai siarad drosto'i hun neu dros ei frawd a wnaeth John Lambert Rees, neu'n fwyaf tebygol dros y ddau ohonynt, yn y peth hwn, gellid tybio iddo ddweud calon y gwir. A'r canlyniad oedd i gapel Nebo fod ar ei golled i'r Eglwys ac i'r offeiriadaeth Anglicanaidd ennill doniau a fyddai, fel arall, wedi cael eu sianelu i mewn i'r weinidogaeth Ymneilltuol. Ond fel y gwelir yn y man, nid colled i gyd oedd hyn.

Coleg Dewi Sant

Ac yntau bellach wedi penderfynu o blaid yr offeiriadaeth, trosglwyddodd Timothy o Ysgol Ardwyn i'r ysgol ragbaratoawl a berthynai i Goleg Dewi Sant yn Llanbedr Pont Steffan er mwyn cwblhau ei addysg uwchradd. Yn ogystal â dysgu elfennau Groeg i fynd â'r Lladin a oedd ganddo yn barod, cafodd ei baratoi yno ar gyfer bedydd esgob gan William Harrison Davey, hanesydd eglwysig ac ysgolhaig Testament Newydd a fu'n Is-Brifathro Coleg Dewi Sant er 1872 ac a ddeuai, maes o law, yn ddeon Llandaf. Gellid bod yn sicr iddo gael ei drwytho'n bur drylwyr yn y ffydd Anglicanaidd gan yr hyfforddiant hwnnw. Roedd y coleg ei hun, pan gyr-haeddodd Timothy yno yn 1893, wedi gwasanaethu'r Eglwysyng Nghymru am dros 60 o flynyddoedd, ac o'i gymharu â'r coleg prifysgol newydd yn Aberystwyth, roedd yn hynafol, yn urddasol ac yn uchel ei fri. Yn wahanol i'r coleg cenedlaethol, na allai wneud dim namyn paratoi myfyrwyr ar gyfer graddau allanol Prifysgol Llundain, roedd gan goleg Llanbedr ei siarter ac felly'r hawl i ddarparu ei raddau ei hun, ac roedd y cysylltiad rhyngddo a chyfundrefn hen brifysgolion Rhydychen a Chaer-grawnt yn ychwanegu at ei statws academaidd. Ac os cuddiodd Ymneilltuaeth boblogaidd y dydd y seciwlariaeth a oedd yn hanfodol i gyfundrefn Aberystwyth a'r colegau cenedlaethol eraill, roedd seiliau, gwead a bywyd Llanbedr Pont Steffan yn ddigamsyniol Gristionogol. Gyda John Owen, deon Llanelwy, newydd ei benodi'n brifathro, roedd hi'n argoeli'n gyfnod cyn-hyrfus yn hanes y coleg a'r Eglwys Anglicanaidd yng Nghymru fel ei gilydd.

Ar wahân i A. G. Edwards, esgob Llanelwy, Owen oedd prif hyrwyddwr yr ymgyrch i amddiffyn y pedair esgobaeth Gymreig rhag cael eu datgysylltu oddi wrth y wladwriaeth a'u hollti oddi wrth Eglwys Loegr. Wedi hanu o deulu Cymraeg uniaith ym Mhenrhyn Llŷn, cefnodd Owen ar ei gynhysgaeth Fethodistaidd a throi (fel Timothy Rees yntau) yn Eglwyswr trwyadl. Wedi graddio yn Rhydychen, priodi'n ddoeth a cheisio urddau fel diacon ac offeiriad, dringodd yr ysgol yrfaol yn gyflym gan ddod yn athro coleg (yn Llanbedr), yn brifathro ysgol fonedd (Llanymddyfri), ac yn ddeon Llanelwy, cyn dychwelyd i Goleg Dewi Sant yn hydref 1892 yn olynydd i'r cyn-brifathro Charles Gresford Edmondes. Ni chawsai'r gwr teulu 28 oed hwn brofiad plwyf erioed, a'i athrylith fel gwein-yddwr yn fwy na'i fedrusrwydd fel addysgwr hyd yn oed, a sicrhaodd ei lwyddiant y tu mewn i'r gyfundrefn Anglicanaidd yng Nghymru. Cryfder Owen oedd ei egni dihysbydd, ei ymroddiad mawr i'w waith, a'i ymlyniad di-wyro wrth ei ar-gyhoeddiadau ceidwadol: roedd yn esgobaethwr digyfaddawd, yn apolegydd medrus i'r sefydliad eglwysig ac yn amddiffynnwr *par excellence* i'r *status quo*. Nid oedd amheuaeth am ei natur uchelgeisiol, a'r ffordd orau i'w meithrin oedd trwy ymwrthod hyd y gallai â'i gefndir gwladaidd, tlawd, ac ymdebygu orau y gallai i'r Saeson uchelwrol. Y canlyniad oedd i'r gwerinwr o Lŷn droi'n Dori rhonc a fynnai warchod hyd yr eithaf y drefn hierarchaidd a fodolai ar y pryd. Os daeth Edwards yn brif lad-merydd cyhoeddus yr ymgyrch ddatgysylltu, Owen, ei lifftenant ffyddlon, a ddaeth yn brif strategydd y groesgad.

'Life', meddai hanesydd Coleg Llanbedr wrth gofnodi gweithgareddau 1892, 'was rather unexciting'.[5] Os felly, poethodd pethau'n ddirfawr gyda dyfodiad y prifathro newydd, ac erbyn cyrraedd Timothy Rees y sesiwn dilynol, ni allai'r myfyrwyr osgoi dylanwadau'r drin. Roedd y carfanu didostur rhwng eglwyswr a chapelwr a wnaeth gymaint i andwyo'r dystiolaeth Gristionogol am ddwy genhedlaeth a mwy bellach ar gerdded, a cheir peth tystiolaeth (fel y gwelir yn y man) fod y llanc o'r Cross Inn yn frwd, ar y dechrau, o blaid syniadaeth ymosodol wrth-Ymneilltuol y prifathro a'i blaid. Am ei edmygedd ohono nid oes amheuaeth, ac ymhen blynyddoedd roedd yr atgof o'r argraff a wnaeth Owen arno yn iraidd o hyd.

What students felt instinctively about the Principal [meddai] was that he possessed, unmistakably, the quality of greatness. There was about him a robustness of character, coupled with a keenness of intellect, that rendered him an outstanding personality without any regard to his official position
. . . The students noted too . . . the quality which Charles Kingsley had characterized as the blessed habit of intensity . . . This, combined with his vitality, gave him a power which reached every department of the College. Its impact was felt by all the students. It impressed the keen and terrified the slackers. Even to see him striding across the quad on his way to lectures, with his cap askew and his gown awry and the inevitable pile of books stacked under his arm, was like watching an army going over the top.[6]

O gofio fel y byddai agweddau aeddfed Rees ynghylch diwinyddiaeth ac eglwysyddiaeth, cenhadaeth gymdeithasol yr Eglwys a'i pherthynas ag iaith a diwylliant Cymru, heb sôn am gwestiwn datgysylltu, wedi newid mor drwyadl ymhen y rhawg, mae'r sylwadau hyn yn werthfawr iawn. Ond beth bynnag am y gwahaniaethau a fyddai'n datblygu rhyngddynt, byddai ei edmygedd o bersonoliaeth ei brifathro a'i rinweddau yn parhau.

Darllen am radd mewn diwinyddiaeth a wnaeth Rees, a chael ei hyfforddi'n bennaf felly gan y Parchedig Edmund Tyrrell Green, a fu'n ddarlithydd yn y pwnc nes ei ddyrchafu i'r gadair ddiwinyddiaeth yn 1896. Beth bynnag am yr argraff a wnaeth Coleg Llanbedr a'i athrawon arno, mwy o lawer oedd yr ôl a

adawyd gan Goleg Mihangel, Aberdâr, lle'r aeth wedi iddo
raddio er mwyn dysgu crefft bugeilio eneidiau.

Coleg Mihangel

Roedd yr adnewyddiad ysbrydol a oedd wedi effeithio'r Eglwys
Anglicanaidd ers dwy genhedlaeth a mwy wedi deffro'i
harweinwyr i'r angen am hyfforddiant bugeiliol ar gyfer
ei darpar offeiriaid er mwyn cydbwyso'r hyfforddiant acad-
emaidd a gynigiwyd gan yr hen brifysgolion ac, yng Nghymru,
gan Goleg Dewi Sant. Ffrwyth hyn oedd sefydlu'r colegau
diwinyddol, yng Nghaerfuddai (Chichester) a Wells yn 1840, ac
yna yn Cuddesdon y tu allan i Rydychen, Caerlwytgoed
(Litchfield), Caersallog (Salisbury), a mannau eraill yn y blyn-
yddoedd dilynol. Nid hyd 1892 y cyrhaeddodd y datblygiad
hwn Gymru, pan noddodd y Fonesig Olivia Emma Talbot,
un o deulu Manseliaid Margam, goleg diwinyddol Tractaraidd
ei naws yn esgobaeth boblog Llandaf. Nid pawb a gymer-
adwyodd y symudiad hwn. Roedd gwŷr y prifysgolion yn credu
fod popeth a oedd ei angen ar gyw-glerigwr ar gael eisoes yn
eu cwricwlwm hwythau, tra oedd yr esgobion, at ei gilydd,
yn ddrwgdybus iawn o naws mynachaidd, amhrotestannaidd y
sefydliadau newydd. Roedd esgob Llandaf, Richard Lewis, yn
eithriad yn hyn o beth. Yn ŵr a raddiodd o Rydychen, gwerth-
fawrogai bwyslais ucheleglwysig y Tractariaid, sef disgyblion
John Henry Newman, John Keble, Edward Bouverie Pusey ac
eraill o blith 'Mudiad Rhydychen', a fu'n lefeinio'r eglwys
sefydliadol â'r athrawiaethau 'catholig' er canol y 1830au.
Gwreiddiasai Tractariaeth esgobaeth Llandaf, a'r 'ddefodaeth'
a ddaeth yn ei sgil, yn y triongl rhwng Margam, Caerdydd ac
Aberdâr, a phan gynigiodd Olivia Talbot, a'i chwaer Emily
Charlotte, nawdd ariannol helaeth i sefydlu coleg uchel-
eglwysig y tu mewn i'r ardal, roedd yr esgob yn frwd ei
gefnogaeth.

Agorodd Coleg Mihangel, Aberdâr, ei ddrysau ar Ŵyl Dewi
1892 a'r gŵr a benodwyd yn warden cyntaf arno oedd H. R.
Johnson, un o chwe churad y plwyf prysur, poblog a thra
chatholig lle roedd y coleg wedi'i leoli. Yn frodor o Ynys Wyth
ac yn raddedig o Brifysgol Caer-grawnt, fe'i hyfforddwyd ar

gyfer yr offeiriadaeth yn Cuddesdon a'i ddenu oddi yno i Gwm
Cynon 15 mlynedd ynghynt gan ficer Tractaraidd y plwyf,
Wynne Jones. Roedd apêl y plwyfi mawr diwydiannol i'i
offeiriaid Eingl-Gatholig yn gyfareddol; roedd y syniad d
genhadu ymhlith teuluoedd dosbarth gweithiol a'u gwreiddid
yn nirgelion cyfundrefn sagrafennaidd yr eglwys yn un hynod
ramantaidd i genedlaethau o glerigwyr delfrydgar, cysurus eu
byd. Arddelai 'y Tad' Johnson holl ragdybiaethau'r Eingl-
Gatholigion: asgetigiaeth yr offeiriadaeth ddibriod, pwyslais
mawr ar gyffes, gollyngdod a sagrafen penyd, cred yn
mhresenoldeb 'real' Crist yn elfennau'r Ewcharist a'r offeren fel
gweithred ddirprwyol gyda'r offeiriad yn cymuno ar ran ei
blwyfolion. Roedd ei ddefosiwn i'r ysbrydoledd hwn yn ddwfn,
ei hunanddisgyblaeth yn amlwg, a hyn a foldiodd fywyd y coleg
am genhedlaeth a mwy. Fframwaith yr addysg oedd yr 'oriau'
mynachaidd: preim, sext a chwmplin, ond talwyd gwrogaeth i
Anglicaniaeth glasurol trwy ychwanegu atynt y weddi foreol a'i
gosber. Nid hyfforddiant academaidd a roddywd ond yr
hytrach hyfforddiant bugeiliol: sut i bregethu, sut i arwain
addoliad, sut i drafod problemau ysbrydol plwyfolion ac yn
bennaf oll, sut i feithrin y bywyd ysbrydol. A phan gyrhaeddodd
Timothy Rees ym mis Medi 1896 fe'i swynwyd yn lân. Dyma
her ysbrydol y gallai ymateb iddo a sagrafennaeth a oedd yn
apelio i rywbeth dwfn, dwfn yn ei gyfansoddiad. Yn H. R
Johnson, a'i frawd William Percival Johnson, archddeacon
Nyasa yn Affrica (a oedd yn Aberdâr trwy gydol y flwyddyr
1896–7 ac a gafodd ddylanwad hynod arno), cafodd ddau a
oedd yn ymgorffori holl rinweddau y mynaich gynt y tu mewn
i genhadaeth a chyd-destun yr Eglwys Anglicanaidd gyfoes
Roedd y dyn ifanc o'r Cross Inn wedi darganfod ei le.

Bywyd Plwyf

Ac yntau wedi'i ysbrydoli gan ddelfrydiaeth y defosiwn Eingl-
Gatholig, roedd Timothy yn barod ar gyfer anturiaeth bywyd
offeiriad. Roedd plwyf Aberpennar yn ffinio â phlwyf Aberdâr
a'r ddau blwyf fel ei gilydd yn ferw o weithgareddau. Roedd
gan y ficer, y Parchedig Benjamin Lloyd, staff o chwe churad
yn gofalu am filoedd o blwyfolion mewn ardal yr oedd e

phoblogaeth yn tyfu ar garlam, ac yn 1897 gwahoddwyd Rees i ymuno â'r tîm. Fe'i hordeiniwyd yn ddiacon yng nghadeirlan Llandaf gan yr Esgob Richard Lewis ar 19 Rhagfyr a chychwynnodd ar ei waith yn syth. Mae'r darlun a dynnwyd ohono tua'r adeg hon yn dangos gŵr ifanc, 23 oed, yn drwsiadus ei wedd ac yn ddwys ei drem sy'n batrwm o'r offeiriad Eingl-Gatholig. Wele ŵr â gofal eneidiau yn pwyso'n drwm arno. Roedd mwy na digon o gyfle i ymarfer â'i ddoniau yng ngwaith y plwyf, yn enwedig fel cenhadwr a phlannwr eglwysi – agorwyd chwe eglwys newydd oddi mewn i'r plwyf rhwng 1884 a 1901 – i wasanaethu poblogaeth gymysg ac amrywiol o ran cefndir, llawer ohonynt yn fewnfudwyr o Swydd Wilts a Gwlad yr Haf ond y mwyafrif yn Gymry wedi cyrraedd o siroedd gwledig y gorllewin.

Daeth yn amlwg iawn o'r dechrau fod gan Timothy allu mawr i gyfathrebu'r ffydd a chyflwyno'r efengyl mewn dull effeithiol a deniadol dros ben. Nid yr Eingl-Gatholigion ond yr offeiriaid efengylaidd oedd fwyaf brwd dros bregethu fel cyfrwng achub eneidiau. Esgobaeth efengylaidd oedd Llandaf er dyddiau'r Esgob Ollivant, a phregethu deinamig efengyleiddwyr fel John Griffith, rheithor Merthyr Tydfil, Canon William Evans, Rhymni, John Griffiths, ficer Castell-nedd ac archddeacon Llandaf yn ddiweddarach, a'r Canon William Lewis, ficer Ystradyfodwg, a roes fywyd newydd yn yr eglwys sefydliadol yng nghymoedd Morgannwg a Gwent yn ail hanner y bedwaredd ganrif ar bymtheg.[7] Nid ar y sacrament ond ar y Gair yr oedd pwyslais yr efengyleiddwyr; nid ar ailenedigaeth trwy fedydd ond ar gyfiawnhad trwy ffydd; nid yr allor ond y pulpud oedd canolbwynt eu byd, ac roedd arferion ac athrawiaethau amhrotestannaidd yr Eingl-Gatholigion yn wrthun ganddynt. Eithriadau y tu mewn i'r esgobaeth oedd plwyfi catholig megis Aberafan ac Aberdâr, ac roedd y math o ddefosiwn a hyrwyddwyd yng Ngholeg Mihangel yn cael ei ddrwgdybio ar y gorau. Newydd-deb Timothy Rees oedd iddo bregethu fel efengyleiddiwr tra ymagweddai ym mhob peth arall fel offeiriad Eingl-Gatholig. Meddai yn 1905, blwyddyn diwygiad Evan Roberts,

It has taken us nearly half a century to discover that a man may be a Catholic and an Evangelical too. And not only that, we are discovering, or beginning to discover, that the Catholic is very high

and very dry when he is devoid of all Evangelical fervour, and the
Evangelical is very narrow and very shallow when divorced from the
Catholic order. We are now beginning to discover that these two
things can co-exist side by side, not only in the same Church but in
the same Churchman'.[8]

Nid dros nos y daeth ef o hyd i'r cyfuniad hwn. Roedd cyfaredd
'y Tad' Johnson a William Percival, ei frawd, arno o hyd, a
chatholig ydoedd o ran athrawiaeth a defosiwn. Ond roedd ei
fagwraeth ymysg yr Ymneilltuwyr wedi ei ddysgu ynghylch
gwerth pregethu a'i gefndir iseleglwysig Protestannaidd yn Sir
Aberteifi yn rhybudd yn erbyn y perygl i ddefodaeth droi'n
fursenaidd a chatholigrwydd droi'n ffurfioldeb gwag. 'Nid wyf
yn credu i mi erioed wrando ar neb oedd yn fwy medrus ar
gymhwyso athrawiaeth Eglwysig uchel ag athrawiaeth Efengyl-
aidd', meddai'r Canon Griffith Thomas amdano ymhen
blynyddoedd. 'Yn hyn, yn ogystal â'i ddawn fel siaradwr, y mae
ei gryfder.'[9] Blynyddoedd ei brentisiaeth yn Aberpennar a roes
fin ar y ddawn hon, a magu iddo'r argyhoeddiad fod y Grist-
ionogaeth gyflawn yn gyfuniad o'r sylwedd efengylaidd a'r
cyfanrwydd catholig.

Dyrchafwyd Timothy Rees yn offeiriad yng nghadeirlan
Llandaf ar 18 Rhagfyr 1898, ac ar ôl pedair blynedd o waith
plwyf, penodwyd ef i swydd yng Ngholeg Mihangel, Aberdâr
fel caplan a thiwtor Cymraeg. Ynghyd â H. R. Johnson a'
is-warden, y Parchedig Henry Joseph Ridellsall, ef oedd trydydd
aelod y staff. Yn ogystal â dysgu Cymraeg i ddarpar-bregethwyr
perffeithio'u sgiliau llafar a chynnig iddynt gynghorion ysbrydol
cafodd gyfleoedd mynych i annerch, pregethu a chynnal cenad-
aethau oddi mewn i'r esgobaeth. Dangosodd y ffaith i'w
wasanaeth fod yn dderbyniol ym mhlwyfi efengylaidd fel
Rhymni, ac iddo groesawu pob agwedd gadarnhaol yn niwygiad
Evan Roberts, 1904–5, fod y gatholigiaeth efengylaidd a
fyddai'n gymaint nodwedd ohono ar hyd gweddill ei yrfa wedi
tyfu'n argyhoeddiad sefydlog.

Ond roedd argyhoeddiadau eraill yn dechrau cyniwair ynddo
hefyd. Roedd yr ucheleglwysyddiaeth Dractaraidd, geidwadol a
gothig a wnaeth gymaint argraff arno yn 1897 bellach wedi
ildio'i gwendidau. Mewn cyfnod o gyfnewidiadau cymdeithasol
a deallusol mawr, roedd apêl absoliwt yr Oesoedd Canol yn

ymddangos yn simplistig ac yn amherthnasol. A beth am gynnwys cymdeithasol yr efengyl? Gwyddai Timothy fod Cristionogaeth gyflawn yn cynnwys iachawdwriaeth dymhorol yn ogystal ag ysbrydol a bod iddi oblygiadau i gymdeithas yn ogystal ag i'r unigolyn. Crisialwyd ei anesmwythyd trwy bori yng ngweithiau nid hwyrach y mwyaf o ddiwinyddion Anglicanaidd y cyfnod, yr Esgob Charles Gore.

Mirfield a Charles Gore

Fel pennaeth Pusey House rhwng 1884 a 1893, canolfan yr Eingl-Gatholigion yn ninas a Phrifysgol Rhydychen, llwyddodd Gore i gyfuno'r athrawiaethau Tractaraidd â dealltwriaeth helaeth o weithiau'r Tadau Eglwysig Cynnar, radicaliaeth gymdeithasol ac agwedd gadarnhaol tuag at y feirniadaeth feiblaidd ddiweddaraf. Gyda chyhoeddi'r gyfrol *Lux Mundi* (1889) a olygwyd gan Gore, daeth yn amlwg fod oes newydd yn hanes diwinyddiaeth Anglicanaidd wedi gwawrio. Yn hytrach nag ymwrthod â'r tueddiadau mwyaf cyfoes mewn athroniaeth a beirniadaeth feiblaidd fel y gwnaeth y genhedlaeth gyntaf o Dractariaid a'u holynwyr, creodd Gore a'i gyfeillion synthesis rhwng y ffydd Eingl-Gatholig a'r datblygiadau deallusol a chymdeithasol diweddaraf. Nid oedd rhaid dewis rhwng athrawiaeth y creu ac esblygiad yr hil ddynol am y gallai Duw fod wedi cyflawni'i waith creadigol trwy gyfrwng proses esblygiad. Yn yr un modd nid oedd rhaid arddel y syniad o ysbrydoliaeth eiriol yr ysgrythurau am fod awduron y Beibl, o dan gyfarwyddyd Duw, wedi defnyddio'u galluoedd amherffaith i gyfryngu'n effeithiol y datguddiad dwyfol.

Os creodd y syniadau hyn anesmwythyd ymhlith y to hyn o Dractariaid, a gynrychiolwyd yn Aberdâr gan H. A. Johnson ac eraill, mwy dadleuol fyth oedd radicaliaeth gymdeithasol Gore. Gwelodd blwyddyn cyhoeddi *Lux Mundi* sefydlu'r Christian Social Union, cymdeithas Anglicanaidd er hyrwyddo cyfiawnder cymdeithasol, gyda chyfaill pennaf Gore, Henry Scott Holland, yn llywydd arni. Roedd y genhedlaeth iau o Eingl-Gatholigion yn galw ar yr eglwys i ymwrthod â'i pheitistiaeth geidwadol er mwyn cymhwyso'r athrawiaethau catholig at broblemau cymdeithasol a gwleidyddol dwys y cyfnod, a gwneud safiad pendant o blaid y tlawd. Yn ôl D. J. Jones, deon Llandaf a rhagflaenydd Timothy Rees fel caplan Coleg Mihangel, 'Nid oedd [y warden] yn gartrefol gyda "Criticism" a "Sociology" dyddiau diweddar Mudiad Rhydychen',[10] ond roedd Rees, o dan y dylanwadau hyn, yn cael ei dynnu fwyfwy tua'r cyfeiriad radicalaidd. O tua dechrau'r ganrif byddai'i gatholigiaeth efengylaidd yn ymdoddi â synthesis *Lux Mundi* a'r 'gatholigiaeth ryddfrydol' i greu cyfuniad newydd, ac ar y tir hwn y byddai Timothy Rees yn sefyll am weddill ei oes.

Yn ystod y bedwaredd ganrif ar bymtheg ac yn sgil yr adfywiad ucheleglwysig, blodeuodd cymunedau crefyddol y tu mewn i'r Eglwys Anglicanaidd.[11] Ymhlith yr olaf ohonynt oedd Cymuned yr Atgyfodiad, a sefydlwyd yn Pusey House, yn 1892, cyn symud (*via* pentref Radley y tu allan i Rydychen lle bu Gore, am ysbaid fer, yn berson plwyf) i Mirfield, Sir Gaerefrog, chwe blynedd yn ddiweddarach. Gweledigaeth Gore oedd hon eto, ac ef a benodwyd yn bennaeth arni. Cymuned o glerigwyr di-briod ydoedd, a ddilynai reol grefyddol a chyfrannu eu henillion i bwrs cyffredin. Nid llwon oes oedd ganddynt ond rhai a adnewyddwyd yn flynyddol. Yn wahanol i gymaint o gymunedau mynachaidd eraill, nid sefydliad caeedig oedd Mirfield ond un cwbl agored ac yn benderfynol o chwarae ei ran yn gyflawn yng ngweithgareddau canolog Eglwys Loegr. Roedd Timothy Rees eisoes yn aelod o Gymdeithas yr Atgyfodiad, cymdeithas o offeiriaid a sefydlwyd gan Gore yn 1887 er mwyn meithrin y ddisgyblaeth ysbrydol a'i chymhwyso at faterion cymdeithasol y dydd, ond daeth yn fwyfwy awyddus i fyw'r bywyd cymunedol ac ymuno â'r frawdoliaeth yng ngogledd Lloegr. Felly yn haf 1905, ysgrifennodd at Walter Frere, a ddaeth yn bennaeth wedi i Gore gael ei benodi'n ganon trigiannol yn Abaty Westminster, gan geisio lle yn eu plith ac fe'i derbyniwyd.

Gadawodd Goleg Mihangel ddiwedd 1905 ac ymrestru yn Mirfield fel aelod-ar-brawf yn Ionawr 1906. 'He left home, land, nation and the service of his dearly loved Church for which he had risked so much', meddai Richard Barnes, a fyddai'n gydymaith iddo yno am y chwarter canrif nesaf, 'to live intimately with men who were strangers to him, and in surroundings differing much from those native to him. He made the decision quickly and firmly'.[12] Roedd y bywyd defosiynol, er yn llym, wrth ei fodd: gweddi foreol am saith, yna preim a'r offeren cyn

precwast; ters yn dilyn ac yna gyfnod o dawelwch i ddarllen a
nyfyrio tan sext a chinio; roedd saib tan amser te, yna nawn, a
ldilynwyd gan ail gyfnod o ddarllen a myfyrio, gosber am saith,
na swper, gyda'r diwrnod yn cael ei gwblhau gyda chwmplin am
hwarter i ddeg y nos. Ond ynghyd â hyn ceid cwmnïaeth dau
ldwsin o ddynion ifainc galluog a duwiol, rhai ohonynt ymhlith y
lisgleiriaf yn eu cenhedlaeth,[13] oll wedi'u hysbrydoli gan yr
wydd i ysgwyddo'r ddisgyblaeth ysbrydol yng nghyd-destun
ymuned ffydd.

Ar un olwg roedd Timothy yn gryn eithriad yn eu plith. Yn
verinwr o Gymro, yn ŵr a raddiodd o Lanbedr, ac yn gwbl
yfarwydd â bywyd y dosbarth gweithiol yng nghymoedd de
Cymru; hwythau yn Saeson dosbarth canol ac uwch – roedd
Gore yn aristocrat, yn nai i Iarll Arran ac yn fab i Iarlles Kerry –
vedi eu haddysgu mewn ysgolion bonedd ac yn Rhydychen a
Chaer-grawnt, a'u hymrwymiad wrth y gweithwyr yn theoretig
n hytrach na phrofiadol. Os ymdeimlodd â'r cymhlethdod
sraddoldeb roedd llawer o Gymry wedi'i brofi mewn sefyll-
aoedd o'r fath, ni adawodd unrhyw gofnod amdano ac nid
mddengys i neb sylwi arno, ac ni themtiwyd mohono – yn
vahanol i rai o'i gyd-glerigwyr Cymreig – i ymwadu â'i wreiddiau
ac i ymddiheuro am ei dras.

Derbyniwyd Timothy yn gyflawn aelod o Gymuned yr
Atgyfodiad yng Ngorffennaf 1907 yng nghanol cyfnod gyda'r
nwyaf helbulus yn ei hanes. Yn cael ei drwgdybio gan
Brotestaniaid am ei chatholigiaeth, yn cael ei hamau gan y
efydliad eglwysig am ei radicaliaeth gymdeithasol ac yn cael ei
eirniadu gan y Torïaid am ei hymlyniad cynyddol wrth wleid-
ddiaeth y Church Socialist League a'r Blaid Lafur newydd,
laeth cymuned Mirfield yn ffocws ar gyfer pob symudiad
laengar a dadleuol y tu mewn i Eglwys Loegr ar y pryd. Ond
id y pethau hyn aeth â bryd y Cymro ifanc ond yn hytrach
fengylu a chenhadu. Roedd y brodyr yn rhydd i ddilyn gorch-
vylion y tu allan i Mirfield, ond roedd disgwyl iddynt ddych-
velyd yn gyson a bod yn bresennol ar gyfer yr encil blynyddol
'r cyfarfodydd chwarterol o'r cabidwl. Roedd Eglwys Loegr yn
i hystyried ei hun yn y cyfnod hwn yn eglwys ar gyfer yr ymer-
draeth gyfan, roedd gorwelion y gymuned yn fyd-eang, ac
oedd Timothy yn gwbl gartrefol gyda hyn. Yn fab ac yn frawd i
apteiniaid llong a oedd yn hen gyfarwydd â'r parthau mwyaf

pellennig, yn frawd i un a fu'n genhadwr yn Tseina ac yn
ddyledus o hyd i esiampl a duwioldeb Archddeacon Johnson o
Nyasa, ymatebodd yn syth i'r cyfle i gynrychioli'r Gymuned
mewn cenadaethau tramor, ddwywaith yn Seland Newydd ac
yna yng Nghanada.

Cenhadu tramor

Parodd y daith gyntaf chwe mis, rhwng Gorffennaf a Rhagfyr
1910. Cadwodd mewn cysylltiad â'r brodyr trwy lythyrau, a
chyhoeddwyd rhai ohonynt yng nghylchgrawn Mirfield, *The
Community of the Resurrection Quarterly.* Mae'r disgrifiadau o'r
daith yn ddiddorol, y bywyd ar fwrdd y llong, yr ymweliadau â
mannau megis Tenerife ar y ffordd ac yna'r gweithgareddau
wedi cyrraedd Seland Newydd. Wrth adrodd yn ôl ar 27
Gorffennaf, ysgrifennodd Charles Fitzgerald, ei gydymaith, fel
y cyflawnodd Timothy ei weinidogaeth ar y môr:

> Last Sunday was a delightful day. We had mass at 7–0 and 8–0, at
> 11–0 Mattins, Litany and sermon; at 3–0 children, at 6–30 sing song
> and short addresses in 3rd class when I spoke, and at 8–0 a rousing
> mission service in the 2nd saloon, when T.R. simply held us all
> rivetted. The saloon was filled with men for the most part.[14]

Wedi iddynt gyrraedd pen eu taith gwahanodd y ddau, gydag
un yn mynd i un cyfeiriad a'r llall yn mynd ar hyd ffordd arall.
Ymwelodd Rees â Hamilton, tua 50 milltir i'r de o Auckland,
ddechrau mis Hydref, a dechrau ar ei waith: 'The people were
keen, and I think good work was done.'[15] Symudodd i
Gisbourne yn esgobaeth Warapu gan aros gyda'r archddeacon,
gŵr o'r enw Williams, a'i wraig, a phregethu i'r Maoriaid, cyn
symud ymlaen i blwyf Palmerston yn esgobaeth Wellington:
'I went for two or three rides with the vicar of Hamilton',
cofnododd ar 6 Hydref, 'I am used to riding – road riding –
from a boy, but I found it rather difficult out here, as all the
horses are taught to canter and not to trot. I had to learn to
stick in my saddle'.[16] Wedi cyrraedd Christchurch ar 10
Tachwedd, cynhaliodd ddwy genhadaeth, y naill yn Leeston a'r
llall yn Lyttleton. Cafodd gwmnïaeth cenhadwr lleyg o'r enw

Joe Harris: 'Joe is a capital chap, an old miner, a thorough Catholic and a socialist',[17] cyfuniad a fyddai wedi bod wrth fodd calon y brodyr yn ôl ym Mirfield. Yn wahanol i'r mannau cynt, roedd hwn yn dalcen caled a gwelodd Timothy batrwm a ddeuai'n gyfarwydd yng Nghymru maes o law: 'The working man as a rule stands entirely aloof. The church stands for vested interests in their minds and is a middle-class organization. They regard dissenting chapels in very much the same light'.[18] Ond cafodd ei wasanaeth ei werthfawrogi ac mewn rhai lleoedd bu'r genhadaeth yn llwyddiant digamsyniol. Yn ôl ficer Palmerston:

> To say the mission was a success beyond expectation gives a poor idea of what it accomplished. It was a succession of spiritual miracles . . . The great power of the mission lay in the wonderful way in which, acting with and through the missioner, the Holy Spirit strengthened the faithful, deepened the habitual churchgoer, awakened the spiritual life of the formal Christian, taught the meaning and power of sin to all, led the sinner to Jesus Christ for cleansing and grace, and taught the power of prayer to all.[19]

Os oedd manylion yr athrawiaeth yn gatholig, roedd y dulliau, a'r effeithiau, yn drwyadl efengylaidd gyda phechaduriaid yn cael eu hachub a'r eglwysi yn cael eu hadnewyddu.

Dychwelodd i Seland Newydd ddwy flynedd yn ddiweddarach, ac roedd yn falch iawn o fynd yn ôl. 'A country must be small if you are to take it into your heart', meddai ar 23 Mai 1913. 'Canada is just a huge problem; India is a distant planet; South Africa a hinterland, but New Zealand is a home.'[20] Ymwelodd â Dunedin, Leeston a Lyttleton drachefn gan daro heibio'r tro hwn wersyll ar gyfer gwahanglwyfion. Ymhlith y cleifion roedd un o'r brodorion cynhenid a oedd, er yn rhydd i fynd adref, yn mynnu aros yn y lle: 'The Maori prefers to remain on the island to look after another leper who is blind and helpless and to whom he is deeply attached. I just talked with the three poor creatures with a table between us, and said a prayer with them.'[21] Aeth i Gisbourne unwaith eto, ac aros gydag Archddeacon a Mrs Williams, cyn symud ymlaen ganol fis Tachwedd i Hamilton yn esgobaeth Auckland: 'I was here three years ago. I don't think Charles (Fitzgerald) or myself get the crowds that used to come to the mission services three years ago.'[22]

Nid cynt ag y cwblhaodd ei ddyletswyddau a dychwelyd, erbyn y Nadolig, i Mirfield, roedd Rees ar fwrdd llong unwaith eto ac anelu, y tro hwn, am Ganada. Ymhlith uchafbwyntiau taith gwanwyn 1914 oedd cenhadaeth deng niwrnod yn eglwys Sant Cuthbert, Winnipeg, un arall yn Fort William, cyn iddo gyrraedd Eglwys Sant Thomas, Toronto, ar gyfer yr Wythnos Fawr. 'I was glad of his company', meddai ficer Sant Cuthbert, 'for I was struggling hard to teach the Catholic Faith and was encountering considerable opposition',[23] ond roedd yr argraff a adawodd yn Fort William yn llai ysbrydol ddwys. Meddai un a fu'n gofalu amdano: 'During that time I had the pleasure of entertaining Father Rees at my house, where he was able to relax and enjoy a good cigar'![24]

Pregethu a chenhadu, cymeradwyo'r ffydd i'r rhai a oedd ar ymylon yr eglwys neu'r tu hwnt iddi, oedd pennaf ddiddordeb a dawn Timothy Rees erbyn hyn. Nid rhywbeth i gecru yn ei chylch oedd catholigiaeth ond rhywbeth i adeiladu arni fel sail a rhagdybiaeth ei dystiolaeth a'i ffydd. Er bod lle i rywrai ddadlau o blaid y dehongliad ucheleglwysig o Gristionogaeth, ac ar brydiau i herio'r Protestaniaid a'r Anghydffurfwyr ynghylch seiliau eu credo hwy, ni theimlodd mai dyna oedd ei swydd-ogaeth ef. Eingl-Gatholig eirenig, ac eglwyswr eirenig oedd Timothy at ei gilydd, ond roedd hi'n amhosibl, serch hynny, anwybyddu'n llwyr y poethaf o ddadleuon crefyddol y dydd. Ymhlith y mwyaf cecrus ar y pryd oedd honno ynghylch datgysylltu'r Eglwys Anglicanaidd yng Nghymru.

Datgysylltiad

Teitl yr ysgrif gynharaf o'i eiddo i ymddangos yng nghylchgrawn chwarterol Cymuned yr Atgyfodiad oedd 'The Church in Wales'. Fe'i cyhoeddwyd yn 1911 pan oedd yr ymdrech hirfaith ac andwyol i ddatgysylltu a dadwaddoli'r pedair esgobaeth Gymreig yn tynnu tua'i therfyn. Roedd y comisiwn brenhinol ar gyflwr crefydd yng Nghymru a sefydlwyd yn 1906 er mwyn paratoi'r ffordd at ddatgysylltu wedi cwblhau'i waith a chyhoeddi ei adroddiad – sy'n fwyn-glawdd digymar ar gyfer ein gwybodaeth am sefyllfa crefydd y cyfnod. Gyda llywodraeth Ryddfrydol wrth y llyw, gwyddai

>awb fod datgysylltaid erbyn hyn yn anorfod: 'It is within the
:nowledge of all that it is the intention of the present
;overnment', meddai Rees, 'before many more full moons will
>e seen from the heights of Snowdon, to pass into law a bill for
he disestablishment and disendowment of the Church in
Vales'.[25] Un o'r pethau diddorol yn yr ymdriniaeth hon yw'r
arn a fynegir nid am ddatgysylltiad fel y cyfryw, ond am
ldatgysylltiad yng Nghymru. Roedd Charles Gore o blaid
gwyddor datgysylltu. Yn wahanol i'r Eglwyswyr confensiynol,
c yn wahanol i gynheiliaid Cymreig y sefydliad Anglicanaidd
negis A. G. Edwards, esgob Llanelwy, a John Owen, esgob
'yddewi, ffieiddiodd Erastiaeth gan gredu fod y cysylltiad â'r
vladwriaeth wedi cymrodeddu statws ysbrydol yr eglwys ac
ndwyo'i thystiolaeth Gristionogol yn ddirfawr. Roedd
'imothy Rees wedi symud yn bur bell, yn ddaearyddol ac
n syniadol, oddi wrth ddylanwad ei brifathro yng ngholeg
Llanbedr gynt, ac mewn dirfawr gydymdeimlad erbyn hyn â
afbwynt Gore. Ond oherwydd natur y cynllun presennol,
oedd yn ddigymrodedd ei wrthwynebiad i fesur y llywodraeth.

Churchmen who support the principle of disestablishment do so, as
a rule, on the supposition that disestablishment would secure for the
Church greater freedom of action . . . But it is to be noted that Mr
Asquith's Bill, so far from securing liberty to the Church in Wales,
proposes to reduce it to a state of greater servility and impotence
than even the most rampant Erastianism ever contemplated.[26]

'n wahanol i esgobaethau Lloegr, roedd yr esgobaethau
Cymreig yn rhai tlawd a byddai'r dadwaddoli yn eu di-
ysbyddu'n llwyr o bob cyfoeth, ond ar yr un pryd roedd eu
wyddiant cenhadol a bugeiliol yn rhagori ar weddill esgob-
ethau dwy dalaith Caerefrog a Chaer-gaint – byddai 8.3 y cant
'r boblogaeth yn cymuno yn yr eglwysi plwyf Cymreig adeg y
asg o'u cymharu â 7.8 y cant yn Lloegr. 'Why', felly, 'in the
ame of justice and reason, is it that the four dioceses that can
1ow the best record that are singled out for attack?'[27]
Os oedd ei farn am ddatgysylltu yn ddiddorol, mwy byth
edd ei ddealltwriaeth o natur cenedligrwydd Cymru. Fel
weddill yr Eglwyswyr Cymreig, unoliaethwr oedd Rees,[28] ac
noliaethwr go bybyr hefyd. Fel nad oedd rhithyn o wahaniaeth

yn weinyddol ac yn wladwriaethol rhwng Cymru a Lloegr, felly
hefyd rhwng yr Eglwys yng Nghymru ac Eglwys Loegr. 'Long
before the civil union between England and Wales became an
accomplished fact (1536)', meddai, 'the Welsh dioceses together
with the English ones had formed one organic whole'.[29] Byddai
wedi bod yr un mor ddilys, yn ei dyb, sôn am Eglwys Cymru yn
Lloegr na sôn am Eglwys Loegr yng Nghymru: un eglwys
ydoedd, oddi mewn i un wladwriaeth, un deyrnas ac un ym-
erodraeth. Roedd yn ddirmygus o unrhyw genedlaetholdeb a
gynigiodd gyfundrefn weinyddol ar wahân i Gymru: 'As to the
Welsh nationalists' idea of a Welsh national Church', meddai,
'it can only be compared to the idea of a Welsh national navy
on Bala Lake to protect Wales – after Home Rule for Wales has
become an accomplished fact!'[30]

Ond eto, doedd dim amheuaeth am ei wladgarwch, a'i sêl
ddiffuant o blaid Cymru, ei hiaith a'i harwahanrwydd. 'No one
is more anxious than the present writer to claim for Wales the
status of a nation',[31] meddai, ond iaith, diwylliant a'r rhin-
weddau cymdogol a faged yn y bröydd Cymraeg oedd nodau
amgen y cenedligrwydd hwnnw: 'The boundary lines of Welsh
nationality are linguistic rather than geographical.' Nid dadlau
dros unffurfiaeth a wnaeth Timothy, ac yn sicr gwrthododd y
syniad o oruchafiaeth y Saesneg, ond mynnai mai'r Gymraeg a'r
nodweddion cenedlaethol a darddodd ohoni oedd gwir gyf-
raniad y Cymry i'r byd ac nid unrhyw gyfundrefn weinyddol,
boed yn wleidyddol neu yn eglwysig: 'Because of these national
characteristics the Welsh Church has a contribution – and a
contribution of immense value to offer towards the fullness and
completeness of the Catholic Church.'[32] Cymro catholig oedd
Timothy Rees, yn gynnyrch yr eglwys esgobol yng Nghymru, yr
eglwys a fu'n barhad o'r hen eglwys Geltaidd ac a gadwodd ei
hunaniaeth ymhlith y Cymry er gwaethaf ei huniad â Chaer-
gaint, ac a oedd mewn dirfawr berygl o gael ei hysbeilio a'i
distrywio nid gan Loegr fel y cyfryw, ond gan seciwlariaeth
filwriaethus y gwleidyddion cyfoes. 'Never has the Church in
Wales been officered by a better staff of clergy than it possesses
today', meddai: 'never has there been a more glorious
opportunity for spiritual work. It almost breaks the hearts of
many of the best clergy to have to turn aside from direct spiritual
work in order to repel the attacks of the despoiler'.[33]

Fel y digwyddodd nid ysbeiliwyd yr Eglwys, ac roedd
Anglicaniaeth Gymreig mewn cyflwr iachach ar ôl 1920
pan weithredwyd y Ddeddf Ddatgysylltu a chreu yr Eglwys
yng Nghymru – o'i gwrthgyferbynnu ag Eglwys Loegr yng
Nghymru – nag ydoedd yn 1911 pan ysgrifennodd Timothy y
geiriau hyn. Ond yn y cyfamser daeth rhyfel a oedd yn enbytach
na phob brwydr eglwysig, a'i harwyddocâd i Gristionogaeth yn
ddwysach na dim a gafwyd erioed o'r blaen.

Y rhyfel

Er gwaethaf ei radicaliaeth gymdeithasol a'i sosialaeth, nid
oedd pasiffistiaeth yn gydnaws â thraddodiad Mirfield, ac
ymunodd llawer o'r aelodau â'r lluoedd arfog fel caplaniaid,
Timothy yn eu plith.[34] Fe'i comisiynwyd yn hwyr yn 1914 a'i
anfon am hyfforddiant yn Weymouth i blith milwyr o gatrodau
Swydd Dorset a Swydd Wilts, Swydd Northants a'r Royal
Scots: 'I find that there are over 400 Welsh lads in the Dorsets,
60 of them from my old parish!', ysgrifennodd ar 14 Ionawr
1915. 'It would suit me and them admirably if I took them over,
but they have their Chaplain already and it will not do to move
him.'[35] Fe'i rhoddwyd i weithio ymhlith bechgyn Swydd Wilts a
daeth i wybod ar fyrder am soffistigeiddrwydd strategaeth y
cadfridogion: 'The Wilts. who are here will not go out to the
front as battalions. What happens is that small "drafts" are
being constantly sent out to replace "wastage" at the front.'[36]
Wedi misoedd o hyfforddiant, fe'i gyrrwyd i'r Dwyrain Canol i
wasanaethu ar fwrdd llong ysbyty a oedd yn rhan o ymgyrch
Gallipoli. Cafodd gyfle i wladychu ym Mae Sulva yn haf 1915,
ac ymweld â'i gydymaith Frederick King a fu yno yng nghanol
yr ymladd a'r lladd:

There was 'nothing doing' very much in the way of fighting that day
[meddai'n jocôs] except occasional shells dropping down from
Turkish guns. Of course they are constantly potting at each other in
the advance trenches, and the snipers snipe, and the battleships
blaze away at the Turkish positions. So they are just marking time,
and there's 'nothin' doin'.[37]

Ar derfyn yr ymgyrch fe'i hanfonwyd i'r Aifft a'i drosglwyddo c
Gatrawd Swydd Wilts i'r 8fed Bataliwn y Duke of Wellington':
(West Riding) Regiment. Golygai hyn ei fod bellach ymhlith
gwŷr ifainc o ardal Mirfield, Wakefield, Bradford a Dewesbury
rhai y byddai wedi bod yn gyfarwydd â'u cefndir, er gwaethaf y
pellter dosbarth a diwylliant a fodolai rhwng mynachod y
Gymuned a'r gymdogaeth y trigent ynddi.[38] Fel y Cardi aral
hwnnw Cynddelw Williams, ymddengys fod Timothy yn dra
effeithiol fel caplan, ac roedd ei ddisgrifiadau o weinidogaethu
ymhlith y milwyr yn ddigon tebyg: 'We have had splendic
services on the two Sunday nights that I have been here'
meddai, gan ysgrifennu o lannau Suez yng ngwanwyn 1916:

> I have asked those who were disposed to come to an after-meeting in
> the Church Hut; and it was a really moving sight to see some fifty o1
> sixty fellows kneeling down in the semi-darkness of the room at the
> 'prayer meeting'. About forty of them came up for crosses.[39]

Y frawddeg olaf a fynegodd hyd y gwahaniaeth rhwng y dul
Eingl-Gatholig o weini cysur ysbrydol a'r dull Ymneilltuol.

Ar ôl dathlu'r Groglith a'r Pasg yn yr Aifft gydag Ewcharist
gosber, a bore trannoeth fedydd esgob ar gyfer pump ar hugair
o'r milwyr gyda'r Esgob Price o Fukien yn gweinyddu, fe'
symudwyd drachefn i Ffrainc y tro hwn a phrofi, fel Cynddelw
a Lewis Valentine, o erchylltra brwydr y Somme. 'We are
having a quiet time on this part of the Front at present, but the
distant rumbling of the battle of the Somme is ever with us'
meddai, o Thiepval, ar 15 Awst 1916.

> Last Sunday I had a narrow escape twice. In the morning I thought I
> should have to stop the celebration because shells were bursting
> uncomfortably near . . . but nothing happened; and in the evening
> after a delightful little service in one of the support trenches, the
> nose-cap of a shrapnel shell dropped on the spot exactly *one minute*
> after the service was over. Of course such escapes occur a hundred
> times a day out here.[40]

Fis yn ddiweddarach gallai edrych yn ôl a sylweddoli iddo gae
rhai o brofiadau mwyaf ei fywyd: 'I have been through stirring
times during the last few days.'[41] Wedi'i osod i weini mewn safle
meddygol, soniodd am yr ymosod a'r gwrth-ymosod a'r bomiau

n disgyn fel glaw o'i amgylch a'r cwbl yn crafu'i nerfau. 'What
,oes to one's heart is to see the lads one had grown to love
nown down, the lads one had prepared for confirmation and
vhose confessions one had heard.'[42] Ymhen mis arall, ar 12
Hydref, mynegodd fel yr oedd y cynnwrf yn parhau, a thalodd
leyrnged annwyl iawn i'r bechgyn ifainc y cafodd yr anrhydedd
'u gwasanaethu:

These Yorkshire battalions have behaved splendidly. Give me a
Brigade of typical Yorkshire lads – all sturdy fellows of 5ft.5in. or
so, from 'Oodersfield and Lädes and those districts, and I'll back
them against the Prussian Guards any day. In fact, during the recent
operations, they have proved their superiority over the best German
troops.[43]

Roedd tystiolaeth eraill am ddycnwch a dewrder Timothy Rees
n y ffosydd yn ategu'r argraff a geir o ddarllen y llythyrau
.chod. Ei brif gyd-weithiwr yn yr Aifft ac yna yn Ffrainc a
Gwlad Belg oedd y Tad Frederick King, y cyntaf o blith brodyr
Mirfield i ymuno â'r lluoedd, ac uwch-gaplan Catrawd Swydd
Efrog.[44] Mae'r darlun a dynnodd y Sais o'r Cymro yn rhoi
olwg drawiadol o'r argraff a adawodd ar eraill: 'Timothy is
ow in charge of my old Brigade and is doing splendidly',
meddai ar 21 Awst 1916:

He has won all hearts and I think is much happier in the work than
he was on the Hospital Ship. He certainly looks much fitter. I wish
you could see him setting out to visit his men in the trenches with his
cheery face peeping out from under the shelter of a shrapnel-proof
helmet and his anti-gas helmet slung over his shoulder. If only we
were allowed cameras here I would send you a splendid snapshot of
him.[45]

'ebyg oedd yr argraff a adawodd ar un o swyddogion y
.ataliwn, y Capten L. Shaw a fu yntau, fel King, yn Thiepval ar
Somme:

I met him in the trenches. And from that day on I was always
meeting him in the trenches. Where the men were, there he liked to
be. I can see him now rounding a traverse; his broad, sturdy form;
his round, clear, calm face that was always ready to break into a
quiet smile is a memory that I and hundreds more can never forget.[46]

Fel Cynddelw Williams, ei uniaethu ei hun â'r dynion a
wnâi Rees heb golli'i urddas na'r pellter hwnnw a oedd
yn angenrheidiol er mwyn iddo gyflawni'i ddyletswyddau'n
effeithiol. Bu yn y ffosydd, yn y tyllau bom a llaid tir neb yn
barhaus, yn ceisio'r cleifion, yn claddu'r meirw ac yn cynnal
y byw: 'Constantly sniped at, always in danger, in acute
discomfort, he worked unceasingly to ease the lot of the
wounded. No wonder he was twice mentioned in dispatches and
received the Military Cross.'[47] Wedi brwydr y Somme arhosodd
yn Ffrainc a symud i Wlad Belg, i Lys yn 1917, yna i Messine
ac erbyn diwedd y flwyddyn i Passchendaele. Cafodd gynnal
oedfa gymun, mewn ffos, tua chanllath a hanner o linell y gelyn
'Twelve mud and chalk-stained men equipped and armed for
battle knelt on that night to partake of Holy Communion.'[48] I'
Capten Shaw, roedd yn brofiad bythgofiadwy:

> The two candles of the Padre's improvised altar cast a warm but
> eerie glow on the gleaming chalk sides of the dug-out. Above could
> be heard the muffled shells bursting in the distance. The staccato
> stutter of machine guns came down the dug-out shaft; but listening
> to the Padre's voice for a while the war seemed far away.[49]

Cyfrinach Timothy, yn nhyb y sylwebyddion hyn, oedd e
ddewrder a'i ddiffuantrwydd ysbrydol: 'He was not a grea
talker. He was not of "the man of the world" type',[50] meddid
amdano, ond yn hytrach roedd yn offeiriad diymhongar ac yn
Gristion cydwybodol. Ni ddywedodd lawer yn ei lythyrau adre
am effaith yr ymladd arno na datgelu gormod o'i deimladau
mewnol ar y pryd, ond cofnododd ei ymateb i'r ymladd yn e
waith creadigol, sef ei emynau. Yn ôl yr uniongrededd glasuro
un anhyboen yw Duw, y Creawdwr sydd y tu hwnt i deim
ladrwydd, na ellid effeithio arno gan brofedigaethau dynol
Cydnabyddir erbyn hyn fod mwy o sawr athroniaeth y Groeg
iaid ar y syniad hwn na thystiolaeth y Beibl, ond ar y pryd roedd
sylwadau Timothy Rees yn flaengar iawn:

> God is love: and He enfoldeth
>   All the world in his embrace;
> With secure grasp He holdeth
>   Every child of every race.

And when human hearts are breaking
  Under sorrow's iron rod,
The same sorrow, the same aching,
  Wrings with pain the heart of God.[51]

'ma mae Duw, er yn sofran ar ei greadigaeth, hefyd yn trigo
nddi ac yn cyd-deimlo'n reddfol â phoen ei blant. Ef yw'r Duw
ioddefus sy'n ei fynegi'i hun mewn gwendid ac ing. Mewn
myn trawiadol arall, 'O Crucified Redeemer', sonia fel mae'r
oen, y dioddefaint a'r anghyfiawnder a brofir gan eraill yn
reithiau parhaus ar galon y Crist byw sy'n ei ddatgelu'i hun
ng ngwedd y sawl a gafodd gam:

The groaning of creation
  Wrung out by pain and care;
The moaning of the million hearts
  That break in dumb despair.
O Crucified Redeemer,
  These are Thy cries of pain!
O may they thrill our selfish hearts,
  Till love come in to reign.[52]

oedd y ddiwinyddiaeth hon ymhell o Eingl-Gatholigiaeth
róc Coleg Mihangel gynt ac yn lled fentrus yn ôl canonau
wy rhyddfrydig Charles Gore a *Lux Mundi* hyd yn oed. Ond
allai Timothy wadu'i brofiad, ac roedd y profiad hwnnw wedi
gor ei lygaid i weld rhai agweddau ar yr efengyl a oedd yn
uddiedig i eneidiau mwy tywyll eu golygon.

Mirfield drachefn

r ddiwedd 1917, yn dilyn brwydr Passchendaele, cafodd
imothy ei drosglwyddo o'r ffrynt i'r gwaith llai cynhyrfus ond
wy anodd o weini mewn ysbyty i'r sawl a oedd yn dioddef o
lefydau gwenerol. Ni wyddys fawr ddim am y gwaith na'r
yfnod hwn fwy nag iddo barhau yno am dros flwyddyn ac iddo
dael y gwasanaeth milwrol yng ngwanwyn 1919. Nid cynt nag
dychwelodd i Mirfield, dewiswyd ef gan y brodyr yn warden
r hostel i fyfyrwyr diwinyddol yn Leeds. Sefydlwyd coleg yn

1903 i hyfforddi ymgeiswyr am yr offeiriadaeth ym Mirfield, yn rhannu tir y 'Tŷ' neu'r fynachlog ac yn cael ei redeg gan aelodau'r Gymuned; roedd y coleg (wrth reswm) yn y tradd odiad Eingl-Gatholig ac yn rhannu holl ethos y Gymuned Roedd trefniant rhwng y coleg a'r Yorkshire College, a ddaetl maes o law yn Brifysgol Leeds, i'r ymgeiswyr nad oeddent eisoe yn raddedigion i ymrestru ar gyfer cyrsiau gradd yno cyn dychwelyd i Mirfield i orffen eu hyfforddiant bugeiliol. At diben hwn agorwyd hostel yn Leeds yn 1904, ac i'r wardeiniaetl honno y penodwyd Timothy.

Ar ôl gwasanaethu yno am dair blynedd, daeth yr alwad iddo symud o Leeds i Mirfield ei hun i ddod yn bennaeth ar y coleg Ymatebodd i'r ddwy alwad trwy ymdeimlad o ddyletswydd yn hytrach nag o lawenydd mawr. Aethai bron i 15 mlynedd heibio er iddo adael Coleg Mihangel a chwmnïaeth pobl ifainc, ac e gwaethaf ei hyfforddiant academaidd gwyddai nad ysgolhaig o fath yn y byd mohono. 'In dealing with students', medda Lambert Rees, ei frawd, mewn tôn ymddiheuriadol (a chlo gyrnog) braidd, 'it must always be remembered that Timoth was doing his best on a work of which he was well aware that i was not that he was most fitted to do'.[53] Er yn hapus mewn pulpud ac yn gysurus ymhlith brodyr y Gymuned, roedd haen swildod yn ei gadw rhag bod yn gartrefol gyda phobl a oedd erbyn hyn, yn genhedlaeth gyfan a mwy yn iau nag ef. Ac roedd ei brofiadau ar faes y gad a'i waith bugeiliol ymhlith pobl a ymyl yr eglwys neu ymhell y tu hwnt iddi, yn ei wneud yn lle ddiamynedd â'r mân broblemau a oedd yn faterion bywyd ac angau i fwy nag ychydig o ddynion ifainc. Pan ddaeth myfyriwr Ambrose Reeves (a fyddai'n dod yn adnabyddus ymhen blynyddoedd fel archesgob Capetown) ato yn 1924 yn fawr ei ofid am ddisgwyliadau litwrgïaidd rhodresgar rhai o' gyd-fyfyrwyr, 'Just take as much as you like' oedd atel Timothy.[54] Prin oedd ei gydymdeimlad erbyn hyn naill ai â rhwysg y math mwyaf ffwslyd o Eingl-Gatholigiaeth nac ag anaeddfedrwydd adolesent rhai o'r efrydwyr a oedd dan ei ofal

Gwyddai pawb am ei garedigrwydd ac ni amheuai neb e dduwioldeb, ond swildod ac nid hwyrach diffyg hyder sy'n nodweddu'r cyfnod hwn yn ei hanes. Ac eto roedd ei lwyddiant fel pennaeth yn ddiamheuol. 'The two outstanding Principals o these years', meddai Alan Wilkinson, 'were Timothy Rees

1922–8), the fervent Welsh missioner who had rescued the
college out of a post-war crisis, and the shy, courteous, and
austere Thomas Hannay (1933–40) who became Bishop of
Argyll and the Isles'.[55] Cyfeirio a wna Wilkinson at gynllun
Timothy gyda chymorth W. T. Hand, a oedd yn berson plwyf
yn Norfolk, i ddarparu hyfforddiant rhagbaratoawl rhad i
geiswyr tlawd. Cynigiodd Hand dywys y gwŷr ifainc hyd at
atricwleiddio yn y brifysgol, a thrwy hyn sicrhawyd llif cyson o
fyfyrwyr ar gyfer y coleg yn ystod y 1920au. Timothy hefyd
oedd y tu ôl i apêl flynyddol trwy gyfrwng y *Church Times* a
ododd filoedd ar gyfer y coffrau. O feddwl am fethiant diar-
ebol Timothy i gadw gofal ar ei ffynonellau ariannol ei hun,
oedd hyn yn gryn wyrth, ond dyna hi, Cardi ydoedd wedi'r
wbl! Cododd rhif y myfyrwyr o 44 yn 1923 i 91 yn 1928 ac
oedd y coleg, erbyn hynny, yn ariannol iach. Ond serch y
wyddiannau hyn, blynyddoedd o benyd oedd y rhain yn ei
anes.

Ysbrydolrwydd

Mynegir syniadaeth Timothy ynghylch natur galwedigaeth y
arpar-offeiriad mewn papur a gyhoeddwyd yn ei flwyddyn olaf
el pennaeth y coleg. Nid peth sy'n dibynnu ar yr emosiwn mo'r
lwad i weinidogaethu, meddai, ond peth sy'n hawlio ymateb
an y deall, yr ewyllys a chymaint o brofion allanol ag sy'n
osibl. Nid peth cyfrin mohoni ychwaith o angenrheidrwydd,
nd peth a all gael ei gyfryngu gan fagwraeth, hyfforddiant a
hymhelliad rhieni ac athrawon hyd yn oed. Ac nid rhyw alwad
wchraddol mo'r alwad i'r weinidogaeth neu'r fugeiliaeth
glwysig, ond un alwad ymhlith llu o rai eraill sydd yr un mor
geilltuol er iddynt arwain at yrfaoedd mwy seciwlar eu naws. Os
wyllys Duw sy'n arwain dyn i fod yn esgob Llundain neu'n
lisman yn iawngyfeirio'r drafnidiaeth o flaen Palas Fulham,
nae'r naill yr un mor ysbrydol ddilys a'r llall. Ac yn aml iawn
id yr unigolyn ei hun sydd fwyaf cymwys i farnu dilysrwydd yr
lwad, ond eraill: 'Every boy born into the world is a potential
riest; and generally other people are better judges of a lad's
tness for the ministry than the lad himself.'[56] Mae'n ddiddorol
ylwi iddo fynnu fod gorgrefyddoldeb cynnar yn aml iawn yn

anghymhwyso dynion ifainc ar gyfer y gwaith, ac yn anno
diffyg diddordeb ym materion cyffredin y byd cyfoes. Pobl
gyfansoddiad ysbrydol, seicolegol a chorfforol iach fyddai
fwyaf tebygol o lwyddo yn y weinidogaeth, a rhai heb fo
arnynt ofn gwaith caled. Mae'r sylwadau sobr a chall hyn fe
petaent yn gorchuddio gormod o brofiadau anffodus yn
nghwmni *primadonnas* mursennaidd a fu'n bla ar y weinidog
aeth erioed, nid lleiaf ymhlith yr Eingl-Gatholigion. Er gwaeth
af ei ymroddiad i'r gwaith, roedd ef yn falch bob amser o ga
ysbaid i ffwrdd oddi wrth ei ddyletswyddau yn y coleg.

Daeth yr ysbeidiau hynny'n bennaf yn y gwahoddiadau
ddeuai ato'n gyson i gynnal cenadaethau ac encilfeydd ar gyfe
clerigwyr a chynulleidfaoedd eglwysig. Fel pregethwr yr ystyria
ei hun o hyd, a gwyddai fod ganddo ddawn i wneud y gwaith
Soniai'n gyson, gan ddyfynnu Charles Kingsley, am 'the blesse
habit of intensity', a gwyddai ei fod mewn perygl, wrth wneu
tasgau nad oedd yn gydnaws â'i anian, i'w sêl ysbrydo
ddiffodd. 'We are familiar enough with the opposite habi
of slackness', meddai, 'and whether seen in the priest sayin
his prayers, or in the plumber repairing the bath, it is equall
unpleasing.'[57] Ond os oedd y gwaith o redeg coleg yn ddifla
ganddo, wrth arwain encil a chenhadaeth teimlai ei fod y
gwneud yr hyn y'i galwyd i'w gyflawni.

> In the experience of every soul [meddai], there are days when th
> vision is dim, when the higher motives that impel the soul onwar
> and upward . . . fail to stimulate, when the blessed habit of intensit
> ceases for the time to operate . . . The only way out of thos
> enervating, compromising, anaemic moments is to remind oneself c
> the supreme importance of 'now'.[58]

Wrth atgoffa eraill mai 'heddiw yw dydd iachawdwriaeth
teimlai ei fod yn cynnau tân ar aelwyd ei galon ei hun.

Cynhaliodd genadaethau yng Nghymru ac yn Lloegr yn ysto
y blynyddoedd hyn. Treuliodd fis Awst 1923 yng Nghricieth
chymaint oedd ei ddylanwad yno erbyn y diwedd nes i'r eglwy
newydd, Eglwys Deiniol Sant, droi yn fath o ganolfan genhado
Cafodd effeithiau tebyg ym Môn ac ym Morgannwg, gyd
phlwyfolion gwledig Llangadwaladr a gwŷr y gweithiau y
Nhreforus boblog, yn ymateb yr un mor gadarnhaol i'w daer
ineb ysbrydol ac i apêl ei neges.[59] Roedd cael bod yn ôl yn

Nghymru wrth fodd ei galon, a gweinidogaethu trwy'r Gymraeg
'n amheuthun ganddo. Nid heb achos y crynhôdd y Canon
Griffith Thomas (a oedd yn ficer Treforus adeg y genhadaeth)
deimladau Timothy trwy ddyfynnu 'Hiraethgân' yr hen
offeiriad llengar Tegid:

> Meddyliaf i am Gymru lon,
>   Ei dynion a'i mynyddoedd;
> Ac nid anghofiaf nos a dydd
>   Ei threfydd a'i dyffrynnoedd.
>
> Ni byddaf ddedwydd yn fy myw,
>   Mae'm bron yn wiw gan hiraeth
> Wrth feddwl beunydd am fy ngwlad –
>   Hen wlad fy ngenedigaeth.

Roedd blynyddoedd yr alltudiaeth yn nhawch Sir Gaerefrog
wedi gadael eu hôl a'r awydd i ddychwelyd adref ar adegau yn
llethol. Prin y gwyddai Timothy y deuai yn ôl maes o law nid i
gynnal cenhadaeth ond i wisgo meitr esgob. Ond roedd hynny
eto i ddod.

Taro dau nodyn a wnâi Timothy adeg ei genadaethau: yr apêl
efengylaidd ar i'w wrandawyr ymaflyd yn yr iachawdwriaeth
drostynt eu hunain, ac yna y cymhelliad at sancteiddrwydd, ar i
aelodau eglwysig fyw bywydau a oedd yn deilwng o'u proffes.
Wrth drafod hanesion y Dioddefaint yn yr efengylau, meddai:

> The explanations, and the comments, and the doctrines of the
> atoning Blood and of the divine forgiveness put forth triumphantly
> by the Apostles after Pentecost, devoutly embraced and transmitted
> by the Church throughout the ages, and accepted joyfully today by
> the believing soul, are repeated in all their convincing power in the
> innermost being of the worshipper by the voice divine, 'I died for thy
> sins, and rose again for thy justification; believe in Me!'[60]

Wrth drafod pechodau parchus aelodau eglwysig, gallai fod yn
ddeifiol. Yr hyn a fyddai'n damnio cymaint o 'Gristionogion
da' oedd nid eu camweddau llachar, dramatig ond y pechodau
cysurus: bydolrwydd, mân genfigennu, drwgdymer, anwiredd,
diffyg ystyriaeth o deimladau ac enw da pobl eraill ac ymgaledu
yn erbyn anghenion cyd-ddyn. 'The spiritual life of the normal
Christian should be essentially a life of growth', meddai. 'But it

is a disquieting fact that vast numbers of Christian people no
only cease to grow but cease even to expect to grow.'[61] Y
wahanol i eraill o frodyr y Gymuned ym Mirfield, cymharo
fach oedd diddordeb Timothy ym manylion y ddiwinyddiaetl
asgetig ac yng ngweithiau rhai o'r cyfrinwyr enwog, a hynn
oherwydd natur ymarferol ei ysbrydolrwydd. Nid profiada
ysbrydol a theimladau dwys oedd yn bwysig ganddo, one
adnewyddiad buchedd ac ufudd-dod gweithredol i Grist
Crynhôdd yr argyhoeddiadau hyn yn un o'i emynau:

> Gad in ddilyn buchedd newydd:
> > Clyw, O Arglwydd lef dy blant
> A ymrwymodd yn eu bedydd
> > I gasáu pob cnawdol chwant;
> Bywyd newydd, glân, diragrith,
> > Guddiwyd gyda Christ yn Nuw,
> Bywyd dyf dan wlith dy fendith –
> > Dyna'r bywyd gad in fyw . . .

> Gad in ddilyn buchedd newydd
> > Gan anghofio'r pethau fu:
> Adnewyddu'r undeb beunydd
> > Rhyngom, Arglwydd, â thydi:
> Byw mewn undeb â'th holl deulu,
> > Byw i ogoneddu Duw:
> Byw yn llewyrch dy oleuni –
> > Dyna'r bywyd gad in fyw.[62]

Nid oedd amheuaeth fod y difrifoldeb ysbrydol a gymhellir y
yr emyn ac a welwyd yn ei fuchedd yn creu argraff ar e
wrandawyr. Un o'r rhai a elwodd ar ei weinidogaeth ar yr ade
hon oedd Raymond Raynes a oedd yn gurad mewn eglwy
Eingl-Gatholig yn Bury, Sir Gaerhirfryn. Ymwelodd â Mirfiel
am y tro cyntaf ym mis Hydref 1927 ar gyfer encil esgobaethol
a Timothy oedd yn arwain. Y bywyd ysbrydol oedd y testun, a'
alwad i gysegru'r cwbl i Dduw oedd byrdwn ei neges. 'Th
Christian faith involves us in the venturesome abandonment t
God – staking everything upon Him and His promises', meddai
ac os dyma a fynnai Duw gan ei bobl, mwy byth oed
ymrwymiad ei offeiriad ger ei fron, 'We must continually
rekindle our sense of devotion',[63] meddai'r gennad. Ymher

·lwyddyn roedd Raines wedi cefnu ar waith ei blwyf, wedi ym-
·elodi â'r Gymuned a dechrau ar yrfa a fyddai'n ei arwain, maes
· law, i fod yn bennaeth ar yr urdd.[64]

Cenhadu drachefn

:r dirfawr ryddhad iddo, gollyngwyd Timothy o'i ddylet-
wyddau yn y coleg yn 1928 ac agorodd hyn y ffordd iddo roi ei
oll amser i'r gwaith cenhadol. A'i wadnau eisoes yn cosi,
matebodd yn frwd i gais esgob Colombo, Ceylon (Sri Lanka
rbyn hyn), i gynrychioli Cymuned yr Atgyfodiad trwy gynnal
yfres o genadaethau yno yn 1929. Cyrhaeddodd y wlad yn
ynnar ym mis Ionawr a chynhaliodd y gyntaf o'i ymgyrchoedd
n Eglwys Sant Michael, Colombo, rhwng 13 a 27 Ionawr.
·regethodd bob nos i dyrfaoedd helaeth o Saeson alltud,
seldirwyr a oedd wedi hen ymwladychu yno, ac i frodorion
ynhenid. Nid oedd amheuaeth, fodd bynnag, fod y genhadaeth
n gymaint o estyniad ar rym ac awdurdod yr Ymerodraeth
·rydeinig ag ydoedd o ymgais at ehangu terfynau Teyrnas
)duw. Lletyodd gyda Syr James a Lady Peiris, rhai o uchel-
wyddogion y drefedigaeth – 'Sir James had a very distinguished
·areer at Cambridge, he took two firsts in his Tripos, and was
·resident of the . . . Union',[65] nododd y cenhadwr, nid heb radd
· falchder, a chafodd ddefnyddio'u tŷ haf yn y mynyddoedd ar
·yfer ymlacio yn nes ymlaen. Ond bid a fo am wedd drefedig-
ethol yr ymweliad, rhoes o'i orau i'r gwaith. Yn ôl un a'i
lywodd:

> He preached from a small platform at the chancel gates; he spoke
> clearly, simply, easily, fluently, without a note to help him; always in
> language intelligible to all his hearers, on occasions with real
> eloquence . . . Evening after evening the church was full, and on the
> three Sundays of the mission it was crowded.[66]

Vedi ysbaid yn y tŷ haf, roedd yn barod ar gyfer ei genhadaeth
esaf a gynhaliwyd ddiwedd Ionawr a dechrau Chwefror yn
:glwys Sant Paul, Kandy, yng nghanol y drefedigaeth, y tro
·wn. Y gwahaniaeth erbyn hyn oedd iddo fod ymhell o brif
·anolfan y Saeson alltud mewn ardal lle roedd Bwdistiaeth yn

gryf. Nid cynnal y gyfundrefn Anglicanaidd yn y trefedigaethau
pellennig oedd y nod mwyach, ond cymeradwyo Cristionogaeth
i bobl a oedd yn byw ymhlith deiliaid crefydd arall. 'I am having
some quite wonderful missions here', meddai, 'the response is
truly marvellous'.[67] Roedd cymaint yn mynychu'r oedfaon nes
gorfod eu gwasgu i mewn i'r eglwys, a phan agorwyd y drysau
ar derfyn y gwasanaethau, syrthio allan a wnaethant fel tatws o
sach. 'Last Sunday's congregation was just like that!', meddai.[6]
Roedd dwy genhadaeth arall i ddilyn, y naill yn Eglwys San
Paul, Colombo, rhwng 21 Chwefror a 5 Mawrth, a'r olaf, tua 70
milltir i lawr yr arfordir yn Eglwys yr Holl Saint, Galle, rhwng 8
a 19 Mawrth gan gyrraedd yr uchafbwynt ar Sul y Pasg: 'Easter
morning was a wonderful sight; the planters and their families
came in, some of them from a distance of 40 or 50 miles, and the
church was filled three times.'[69]

Cafodd yr argraff ffafriol a adawodd ar ei wrandawyr ei nodi
gan glerigwr ifanc yn ei ddyddiadur. Yn y cofnod am 16 Ionawr,
ysgrifennodd: 'Timothy Rees held us all spellbound; he is a
wonderful man, and an attractive personality.'[70] Ddiwrnod yn
ddiweddarach, nododd: 'Father Rees is a most attractive
personality, abrupt and persuasive,'[71] a thebyg oedd y cofnodion
am 21 a 27 Ionawr: 'Father Rees's voice was rather weak . . . but
he was simply *great*,'[72] ac eto 'the wonder of Father Rees'
preaching which almost overwhelmed us tonight . . . It left us
breathless.'[73] Parhaodd y Parchedig T. W. Gilbert i fynychu
cyfarfodydd y genhadaeth nesaf, yn Kandy, a'r un oedd ei
edmygedd o effeithiolrwydd pregethu'r Cymro. 'Dear Father
Rees . . . was magnificent', meddai ar 24 Chwefror, 'and I am
sure every one must feel better for his sermons'. Ddeuddydd
yn ddiweddarach ysgrifennodd: 'The man, of course, is very
attractive and simple and saintly', a nododd, drannoeth, gyf-
rinach llwyddiant y gennad: 'It is a wonderful gift (this power of
speaking) when, as with Father Rees, it is deeply genuine and
springs from an utter conviction of the love of God.'[74] Erbyn y
daith adref teimlai Rees fodlonrwydd yn ei waith. Roedd ef yn ôl
yn y tresi, yn cyflawni'r hyn yr oedd ef wedi'i alw i'w wneud, ac
yn hyderus fod Duw yn ei fendithio.

Nid cynt nag y cyrhaeddodd yn ôl, roedd wrthi eto yn
cymeradwyo'r efengyl ac yn cadarnhau'r ffyddloniaid. Roedd
Eglwys Ioan y Difinydd, Kennington, ymhlith eglwysi mwyaf

lewyrchus esgobaeth Southwark, i'r de o afon Tafwys yn Llundain. Trefnwyd cenhadaeth blwyfol fawreddog yno ar gyfer mis Tachwedd 1929, ac ar ôl ymweld â'r lle a chyfarfod y clerigwyr a'r gweithwyr eglwysig ar 5 Medi, dechreuodd ar y gwaith ymhen y mis. Cychwynnodd gydag uchel offeren ar Sul, 1 Tachwedd, ac yn dilyn hyn gorymdeithiodd cynulleidfa o ua 700 trwy'r strydoedd ar ôl y groes, yn canu emynau ac yn adrodd y litani, cyn dychwelyd i'r eglwys ar gyfer y fendith. Os pregethu'r efengyl er mwyn argyhoeddi'r sawl a oedd ar ymylon bywyd yr eglwys a wnaed ar y Suliau, adnewyddu llwon bedydd 'r addolwyr cyson oedd byrdwn ei waith yn ystod cyfarfodydd 'r wythnos. Gwrando cyffes a chynghori a aeth â'i fryd am ran helaethaf o'r 12 diwrnod, a'r alwad i ymgysegru oedd prif estun ei anerchiadau. Os cyd-weithwyr Duw oedd y ffyddlon-aid, golygai hyn lafur ac ymdrech ar eu rhan: 'Working with God includes our everyday work', meddai, 'some of it is rather dull'.[75] Ond yr hyn a fynnai Duw oedd creu pobl o'r newydd, a hynny trwy'r adnewyddiad grasol a oedd ar waith trwy'r agrafennau yng ngrym yr Ysbryd Glân. 'A better life is a very dull sort of affair; a new life is exhilarating, supernatural, sacramental life, in the light with God, and as a result outward conduct must improve'.[76] Buchedd lân ac ymarweddiad teilwng oedd priod ffrwyth y bywyd defosiynol.

Dychwelyd adref

Ac yntau'n 57 oed, ar derfyn chwarter canrif yng nghymdeithas a gwasanaeth Cymuned yr Atgyfodiad, daeth yr alwad iddo ddychwelyd i Gymru yn esgob Llandaf. Nid dyma'r tro cyntaf i enw Timothy Rees gael ei grybwyll ar gyfer cadair esgob yng Nghymru. Fe'i awgrymwyd yn gyntaf yn 1928 i olynu cyfnod byrhoedlog Daniel Davies ym Mangor, ond cafodd A. G. Edwards ei ffordd a phenodi C. H. Green, esgob Mynwy, yn ei le. Dewis ddyn yr archesgob ar gyfer Llandaf dair blynedd yn ddiweddarach oedd Garfield Hodder Williams (a ddaeth wedyn yn ddeon Manceinion), ond nid yr archesgob ond y coleg ethol a enillodd y dydd y tro hwn. Er gwaethaf poblogrwydd y dewis a'i addasrwydd amlwg ar gyfer y gwaith, roedd yr esgob etholedig yn gwbl annodweddiadol o uchel glerigwyr yr eglwys ddatgysylltedig. Roedd A. G. Edwards, esgob Llanelwy ac archesgob y dalaith, yn awtocrat gwrth-werinol ac anghymreig; roedd C. H. Green ym Mangor yn aristocrat o Dori ac yn uchel-eglwyswr ceidwadol iawn; roedd David Lewis Prosser yn Nhyddewi, Gilbert Cunningham Joyce ym Mynwy ac Edward Latham Bevan yn Abertawe ac Aberhonddu, beth bynnag am eu rhinweddau, oll yn cynrychioli'r dosbarth tiriog, Seisnig ac uchelwrol a heb fawr o ddealltwriaeth, waeth beth am gyd-ymdeimlad, â dyheadau'r werin bobl. Byddai gweld gwladwr o Gardi yn ymuno â'u rhengoedd yn creu sefyllfa bur angh-yfarwydd a dweud y lleiaf. Daeth y newid i'r golwg yng nghyfarfod nesaf y Corff Llywodraethol adeg y Pasg. 'Os ydoedd yr Esgob Watkin Williams fel awel o'r hen fyd', meddai un sylwebydd,

> yr oedd y Parch. Timothy Rees, esgob etholedig Llandaf, megis awel o'r byd newydd. Ar fore Iau galwodd yr Archesgob arno i draddodi gair i aelodau y Corff Llywodraethol. Nid wyf yn credu i neb erioed gael croesawiad mwy brwdfrydig nag ef pan esgynnodd ar y llwyfan . . . Pan y torrodd allan i siarad yn Gymraeg, gwefreiddiodd awyrgylch y neuadd. Yr oedd ei Gymraeg mor ystwyth â rhediad dwfr afon Ystwyth yn ei sir enedigol.[77]

Dyma'r tro cyntaf erioed i neb fentro annerch y Corff Llywodraethol yn Gymraeg ac ni feiddiai neb, gan gynnwys yr archesgob, ei rwystro. Crynhôdd yn ei anerchiad bob ar-gyhoeddiad oedd agosaf at ei galon:

> Y mae ein llinynnau ni Eglwyswyr Cymru wedi syrthio mewn lleoedd hyfryd. Y mae i ni etifeddiaeth deg. Nyni yw etifeddion y canrifoedd; nyni yw olynwyr Dewi Sant a Dyfrig a Theilo, a'r llu seintiau a fu yn harddu ffyrdd sancteiddrwydd ar fryniau a doldiroedd ein gwlad yn y dyddiau gynt. Yr ydym yn ymfalchïo yn hanes ein Heglwys, ac yn ymffrostio yn ei gorchestion. Y mae i ni etifeddiaeth deg.
>
> Ond rhaid i'r Eglwys heddiw brofi ei dwyfoldeb; rhaid i'r Eglwys heddiw brofi fod nerth bywyd annherfynol yn cylchredeg trwy ei gwythiennau drwy ddangos ei gallu i drawsffurfio cymeriadau, i gynhyrchu duwiolion, ac i efengyleiddio'r wlad.
>
> O am nerth o'r uchelder i ailsefydlu Eglwys Cymru yng nghalon gwerin ein gwlad, i ailennyn y dwyfol dân ar ei hallor, i goroni Crist

yn ben ar bob rhan ac adran o fywyd y genedl, ei bywyd cymdeithasol, ei bywyd diwylliannol, ei bywyd masnachol, ei bywyd addysgol! Dyma yw ystyr efengyleiddio. Duw a'n galluoga i wneud hynny.[78]

Argoelai hyn fod cryn chwyldroad ar droed, ac wrth longyfarch yr esgob newydd, meddai y *Church Times*, prif newyddiadur Anglicanaidd Lloegr: 'We think it is fair to say that it is quite certain that Fr Rees would not be the bishop-elect of Llandaff if the Welsh Church were not disestablished.'[79]

Cysegrwyd yr esgob newydd yng nghadeirlan Llanelwy ar 25 Ebrill 1931 a'i sefydlu yn Llandaf fis yn ddiweddarach ar 24 Mai. Os Saesneg oedd yr oedfa sefydlu yn y prynhawn, Cymraeg oedd oedfa'r nos gyda Timothy ei hun yn pregethu ar y comisiwn cenhadol ar derfyn efengyl Mathew: 'Wele yr ydwyf gyda chwi bob amser hyd ddiwedd y byd.' Ond yn ei anerchiad prynhawn y gosododd allan amcanion ei weinidogaeth yn fwyaf cyflawn. Yn un peth ni fynnodd anwybyddu'r enbydrwydd cymdeithasol a oedd yn llethu cymoedd Morgannwg ar y pryd. 'My heart goes out in sympathy to the broken lives and the broken hearts that are the result of this depression. Would God that I could do something to help. Would God that I could make some contribution to the solution of this crushing problem.'[80] Mynnai hefyd fod cenhadaeth ysbrydol yr eglwys yn cynnwys elfennau cymdeithasol a thymhorol.

Let us remember that Almighty God is just as interested in the doings of the Borough Council as in the doings of the Diocesan Conference; that He is just as interested in the problem of providing decent houses for people to live in as in the problem of providing decent churches for people to worship in.[81]

Nid bydolrwydd oedd y pwyslais hwn ond canlyniad anorfod ei gred feiblaidd yn athrawiaethau'r creu a'r ymgnawdoliad: 'There is nothing secular', meddai, 'but sin'.[82] Cyfrinach unrhyw lwyddiant a ddeuai i'w ran oedd nid ei alluoedd ei hun ond Duw ar waith ynddo:

I realize with a vividness that almost makes me shudder that the degree of success, or the degree of failure, that will attend my leadership as bishop of this diocese will depend entirely on the number of seconds during the twenty-four hours that I deliberately surrender myself to the leadership of the living Christ, now present and active in our midst.[83]

Roedd yr ymateb i weithgareddau'r dydd yn gadarnhaol iawn, ac ymdeimlad cyffredinol ar led fod yr Eglwys yng Nghymru yn wynebu ar gyfnod cynhyrfus newydd. Roedd ei gyfeillion yn Mirfield, er yn hiraethu am ei golli, yn ymwybodol o arwydd-ocâd y symudiad. 'The Community has lost for a time its finest mission preacher', meddai *Chronicle* y gymuned, 'but it would be difficult to think of anyone else in England or in the Principality itself so well endowed with the gifts and qualities needed for the extension of the Kingdom of God in South Wales'.[84] Yn ôl yr Ymneilltuwr y Parchedig J. Penry Thomas, ysgrifennydd Cyngor Eglwysi Rhyddion Caerdydd, roedd dyfodiad Timothy Rees i Landaf yn agor pennod newydd yn hanes yr Eglwys, 'the event marked a new epoch in the history of the Church in Wales'.[85]

Y fugeiliaeth newydd

Roedd tua 150 o blwyfi yn esgobaeth Llandaf a'r rheini yn cynnwys y boblogaeth ddwysaf yng Nghymru. Erbyn y 1930au roedd y dirwasgiad economaidd yn gafael yn dynn a'i effaith yn gwbl enbyd. Roedd pobl yn gadael cymoedd y Rhondda, Taf, Cynon a Garw yn eu degau o filoedd er mwyn chwilio am waith, gan adael y rhai ar ôl i ddioddef caledi ac anobaith mawr. O ran sêl, tymheredd ac argyhoeddiad ni allai Timothy adael pethau'n llonydd. Yn ogystal â phregethu, bugeilio a chynnal cenadaethau plwyfol dan nawdd yr Industrial Christian Fellowship, agorodd byrth y palas esgobol – a droes ei enw o fod yn 'Bishop's Palace' i 'Lys Esgob' – i bartïon o ddynion diwaith i'w bwydo a'u diddanu a chynnal cymdeithas â hwy. Sefydlodd Bwyllgor Diwydiannol Llandaf er mwyn dwyn cynlluniau ger bron i ddatrys peth ar y sefyllfa gymdeithasol ac ym mis Tachwedd 1935 arweiniodd ddirprwyaeth o glerigwyr, gweinidogion, diwydianwyr ac add-ysgwyr i Whitehall er mwyn cyfarfod â'r gweinidog llafur ond i fawr bwrpas; nid ymatebodd y llywodraeth i'w hapêl am gymorth, er i Ystad Ddiwydiannol Trefforest gael ei sefydlu yn ddiweddarach er mwyn cynnig gwaith amgenach y tu mewn i esgobaeth Llandaf na chynhyrchu dur a chodi glo.

Aeth y gwaith uniongyrchol grefyddol yn ei flaen er gwaethaf y cyni economaidd. Cysegrwyd eglwysi newydd yn Nhre-lai yng Nghaerdydd, Y Bargoed, Goetre yn ymyl Pen-y-bont ar Ogwr a'r Beddau, Llantrisant, a chafwyd cryn dipyn o ailadeiladu eglwysi gan ddefnyddio llafur y rhai a oedd allan o waith. Sefydlwyd Neuadd Teilo Sant yn hostel ar gyfer ymgeiswyr am urddau a oedd yn astudio yng ngholeg y brifysgol, Caerdydd, ac agorwyd cartref yn y ddinas fel lloches i famau dibriod. Ond er gwaethaf yr ymdrechion cymdeithasol a chenhadol roedd prif broblem ysbrydol y cyfnod yn parhau. Meddai, yn ei ofwy cyntaf i'w esgobaeth yn Ebrill 1934:

> I have been struck with the fact that a large number of the incumbents gave it as their considered view that the greatest obstacle that they have to contend with in their work for the kingdom is not active opposition or flagrant vice but the dread weight of sheer indifference.[86]

Er bod yr efengyl yn cael ei phregethu, y sagrafennau yn cael eu gweinyddu ac arfaeth Duw yn cael ei chyflawni, roedd materoliaeth, seciwlariaeth a thrachwant dynol yn cael y llaw uchaf a'r bobl yn mynd ar goll. Roedd nifer cymunwyr y Pasg yn yr esgobaethau Cymreig yn codi yn ystod y blynyddoedd hyn, ond gwyddai Timothy fod gwir ddisgyblaethdod yn gofyn mwy na mynychu achlysurol adeg y gwyliau mawr. Gofidiai mai'r prif rwystr i lwyddiant yr achos oedd 'the indifference to spiritual things that prevails in our parishes'.[87]

Os oedd yr esgobion eraill naill ai yn ddi-Gymraeg neu'n ddibris o'r iaith, roedd balchder esgob Llandaf yn y Gymraeg a'i llên yn eglur i bawb. Ac yntau bellach yn byw yng Nghymru roedd gymaint yn haws iddo barhau ei hen arfer o dalu ymweliad blynyddol â'r Eisteddfod Genedlaethol. Ymddiddorai'n fawr mewn barddoniaeth ac emynyddiaeth ac wrth rannu taith trên ag Elfed unwaith, adroddodd ddarnau helaeth o bryddest 'Gorsedd Gras' yr archdderwydd iddo o'i gof!

A oes ardal yn y famwlad, mynydd llwm neu ddyffryn bras
Lle na fu fel enfys Ebrill, olau addfwyn gorsedd gras.

Cedyrn ddiwygiadau Cymru, cedyrn gorsedd gras i gyd,
Rhai cyfarwydd iawn â'r Arglwydd, anwyliaid yr ysbrydol fyd.
Mae gweddïau hen weddïwyr fel angylion yn y gwynt,
Pwy a ŵyr sawl bendith heddiw sydd yn dod o'r amser gynt.[88]

Ffefryn arall oedd yr awdl 'Iesu' gan Golyddan, y gallai ei
hadrodd ar ei hyd. Urddwyd ef i Orsedd y Beirdd dan yr enw
'Teilo o Landaf' a phregethodd yn oedfa'r Eisteddfod yn
Aberafan 1932, Castell-nedd 1934 a Chaerdydd 1938. Roedd y
bregeth 'Trwy'r Oesau' a draddododd yng nghadeirlan Llandaf
ar Ŵyl Dewi 1937 yn fynegiant clir o'i ddelfrydau crefyddol a
gwlatgarol. Yn ôl ei arfer, tynnu ysbrydiaeth o hen hanes yr
eglwys a wna, o ddyddiau Dewi a Theilo hyd at adeg y mwyaf o
blith ei ragflaenwyr, yr Esgob William Morgan. Celtaidd a
Chatholig yw ei syniad am yr eglwys, yn gorff gweledig yn
cynnal defosiwn o flaen yr allor yn llannau aneirif y wlad. Ond
mae'r corff hwn yn addoli yn Gymraeg, Cymraeg y Gododdin
a'r Cynfeirdd i ddechrau, yna Cymraeg persain y Mabinogion a
Dafydd Ddu Hiraddug: 'Yr wyf yn hoffi meddwl am Owain
Glyndŵr a'i gydoeswyr yn puro eu meddwl a maethu eu henaid
trwy adrodd cywyddau duwiol Iolo Goch a Siôn Cent.'[89] Cymru
eglwysig yw Cymru Timothy Rees gyda mannau fel Llanbadarn
Fawr, Llanilltud Fawr, Clynnog Fawr a Thyddewi yn ganol-
bwyntiau iddi; roedd hyd yn oed ei diwygiadau crefyddol yn
rhai eglwysig:

> Dyna amser bendigedig oedd amser yr hen ddiwygiadau; amser yr
> hen seintiau; yr amser pan rodiai Duw ddaear Cymru mewn modd
> digamsyniol; pan rodiai Duw wastadeddau Dyfed gyda Dewi a
> Phadarn; pan rodiai ar hyd heolydd Bro Morgannwg gyda Theilo a
> Dyfrig; ar hyd traethau Môn gyda Seiriol a Chybi; ar hyd hen
> oleddau Arfon gyda Beuno a Deiniol.[90]

Gweledigaeth gyn-Brotestannaidd sydd yma, a phrin y byddai
Ymneilltuwyr yn gwbl gartrefol yn y Gymru hon. Beth bynnag
am ei rhamantiaeth a'r sentimentaleiddiwch sy'n ei handwyo, y
syndod yw bod esgob Anglicanaidd yn mynegi'r fath afael ar y
traddodiad diwylliannol Cymreig. Roedd hi'n dro mawr ar fyd
ac yn arwydd fod yr Eglwys yng Nghymru yn dechrau cymryd ei
swyddogaeth fel 'Hen Fam' cenedl y Cymry o ddifrif o'r diwedd.

Ond cenhadwr ac efengylydd oedd yr esgob yn anad dim, a'i
unig feddyginiaeth i'r genedl oedd iddi ddychwelyd at Dduw:

> Nid digon gweled ôl llaw Duw yn y gorffennol. Nid digon yw
> coleddu syniadau uniongred am Dduw. Rhaid gweled Duw; rhaid i
> bob un ar ei ben ei hun weled Duw; rhaid i bob un weled Duw yn ei
> rym yn gweithio heddiw. Rhaid i bob enaid dorri trwy syniadau am
> Dduw a dychmygion am Dduw, a phrofiadau a theimladau, rhaid
> iddo dreiddio trwy hyn oll at Dduw ei Hun, y Duw byw, cartref yr
> enaid . . . A Christ ei Hun yw'r ffordd – y ffordd adref, y ffordd i
> fynwes y Tad.[91]

Roedd yr angerdd efengylaidd hwn, heb sôn am y cenedlgarwch
amlwg, yn beth newydd ymhlith yr esgobion Cymreig.

Os newydd oedd y cenedlgarwch, rhyfeddol oedd ymateb
Timothy Rees i'r 'Tân yn Llŷn'. O ran ei wleidyddiaeth, unol-
iaethwr oedd yr esgob, ac fel Eglwyswr roedd ei holl reddf yn
erbyn radicaliaeth a phenboethni. Ni allai gefnogi gweithred
y Blaid Genedlaethol yn ceisio difrodi'r Ysgol Fomio ym
Mhenyberth, Llŷn, yn 1936, ond fel llawer yng Nghymru cyth-
ruddwyd ef gan ymateb y barnwr ym Mrawdlys Caernarfon a
drosglwyddodd yr achos i'r Old Bailey er mwyn sicrhau
carchariad Saunders Lewis a'i ddau gyd-genedlaetholwr. Roedd
y Barnwr Syr Wilfrid Poyer Lewis yn fab i'w ragflaenydd-ond-
un yn esgobaeth Llandaf, sef yr Esgob Richard Lewis, y gŵr a'i
hordeiniodd yn offeiriad dros 30 mlynedd ynghynt. Tra
arwyddocaol, felly, oedd y llythyr a ysgrifennodd i'r *Times* yn
dilyn carchariad y tri. Er yn mynegi eto ei anghytundeb â'r
weithred, meddai:

> A vast number of us in Wales . . . feel greatly concerned that these
> three distinguished and learned men should be treated as though
> they were common criminals. The three gentlemen imprisoned are
> neither criminals nor political propagandists . . .
>
> Many of us in Wales have an uneasy conscience in this whole
> matter because we cherish many of the ideals which the imprisoned
> men cherish, and our consciences will not be eased except by the
> release from prison of these three men.[92]

Roedd yn llythyr dewr a digyfaddawd a'i alwad am eu
rhyddhad yn ddigamsyniol. Syfrdanol, mewn gwirionedd, oedd

i esgob Anglicanaidd ysgrifennu fel hyn a'i agor ei hun i feirniadaeth lem. Ond roedd cyfiawnder yn y fantol ac ni allai wneud yn amgen.

Erbyn y 'Tân yn Llŷn' ac yn sicr erbyn iddo draddodi ei bregeth Gŵyl Dewi yn 1937 roedd iechyd Timothy yn dirywio. Rhoddasai ei hun yn ddiarbed i'w waith er ei benodi'n esgob chwe blynedd ynghynt, ac erbyn hyn roedd y straen yn dangos. Cafodd gyfres o byliau yn 1938 a'i gwanychodd yn ddirfawr a chyda dyfodiad y gaeaf gorfu iddo roi'r gorau i'w ddyletswyddau a'i gyfyngu'i hun i'w gartref. Bu farw, wedi cystudd hir, ar 29 Ebrill 1939 yn Llys Esgob, Llandaf, gyda'i frawd, y Canghellor John Lambert Rees, yn ei ymyl. Roedd yn 65 oed a'r galar am ei golli yn un eang iawn. Gwyddai'r craffaf oddi mewn i'r Eglwys yng Nghymru fod y cyfuniad o ddoniau a feddai yn unigryw ac ni ddeuai neb yrhawg i lenwi ei le. Preladiaid yn hytrach nag efengylwyr a gwŷr y bobl oedd ei gydesgobion, a phrelad prin ei ddoniau fyddai John Morgan, ei olynydd yn Llandaf. Ni châi Cymreictod cyhyrog ei adfer i'r fainc am flynyddoedd lawer. Roedd y freuddwyd o greu eglwys effeithiol ei chenhadaeth, ysbrydol ei naws, yn cynrychioli gwerthoedd gorau'r genedl ac mewn cytgord â dyheadau'r werin wedi'i cholli am y tro. Yn ôl Keble Talbot, pennaeth Cymuned yr Atgyfodiad ym Mirfield, a hen, hen gyfaill: 'Truly he was the most loveable of men . . . whose influence was the greater because it was so little calculated.'[93] Ni chafodd yr Eglwys ddatgysylltiedig yng Nghymru hyd hynny neb o gyffelyb ddoniau nac o weledigaeth mor ir.

Wales was dear to him beyond compare . . . From the beginning, I think, it released the springs of his emotions, and secured him the freedom and humanity, the steadiness and natural joyousness which the Catholic sense and outlook, awakened later, only amplified and fulfilled . . . The purple of the prelate was woven of the home-spun of his native land.[94]

Ef, meddid, oedd y pregethwr *par excellence* ac yn hynny roedd yn ffyddlon i'w fagwraeth Ymneilltuol yng nghapel Nebo gynt. A chydiad ei gryfder a chyfrinach ei apêl oedd y duwioldeb a feithrinodd ar hyd ei oes: 'There was, I think, a distinctive note which prevailed through all his preaching, as indeed it sounded most deeply in his own life. It was that of the reality, the greatness, the priority of God.'[95] Gellid cymhwyso ato yn gwbl briodol gwpled o eiddo Eben Fardd:

> Da wladwr duwiol ydoedd
> A gŵr i Dduw o'r gwraidd oedd.

3

Y proffwyd ymhlith y praidd:
Lewis Valentine (1893–1986)

Ym mis Medi 1936, cododd gweinidog o Landudno adroddiad o gylchgrawn a gyhoeddwyd ganrif ynghynt a'i gyhoeddi eilwaith, am fod yr hanes a gofnodwyd ynddo yn bwysig iawn yn ei olwg: 'Ar y 27 a'r 28 o Orphennaf 1836, agorwyd addoldy newydd o'r enw Bethesda perthynol i'r Bedyddwyr Neillduol, yn Llanddulas, Swydd Dinbych.' Lewis Valentine, wrth gwrs, oedd y gweinidog hwnnw, a mynnodd rannu â phobl ei ofalaeth y wefr a'r balchder a deimlodd wrth fesur ei ddyled i'r capel bach hwnnw:

> Gallwn ddywedyd llawer stori ddigrif amdano [meddai], am y dyn a dorrodd y cloc, am y botel frandi yn syrthio o gôt y pregethwr ar fore Sul, am yr anifeiliaid oedd yn rhoddi eu pennau trwy'r ffenestri bob Sul ac yn gwrando mor sobr ag unrhyw sant oedd yno, am yr ieir a gerddai i mewn ar ganol yr oedfa, am frawd i mi a ymguddiodd o dan y bwrdd yn y sêt fawr am ei fod wedi anghofio ei ddarn yn y cyfarfod ysgol, a mwy na dim am yr athrawon campus a gefais yn yr Ysgol Sul ac am y seiadau a'r cyrddau gweddi cynnes ac eneiniol oedd yno. Duw a fendithio yr hen achos bach – nid oes lecyn anwylach ar y ddaear i mi.[1]

Nid dyna'r unig dro iddo gyfeirio at ei fagwraeth yn y capel bach yn Llanddulas ond dro ar ôl tro ar hyd ei oes hir mynnodd sôn am y gwaddol ysbrydol a diwylliannol a dderbyniodd yno. 'Yno yr oedd cymdeithas gref o werinwyr Cymraeg syml', meddai o gadair llywyddiaeth Undeb Bedyddwyr Cymru yn 1962,

> oedd yn wir Gymdeithas y Saint, a phan fo'r diwinyddion yn traethu ar ystyr *Koinonia* y Testament Newydd, yr wyf yn gwybod i mi brofi ei gyfrinach yno. O fewn y gymdeithas honno y cefais bob cyffro mawr crefyddol; yno y cefais ymglywed â'm cyfrifoldeb i Dduw a'm creodd, i Grist fy Mhryniawdwr, i'm cyd-ddyn ac i'm cenedl. Yno,

Lewis Valentine,
gyda chaniatâd caredig Llyfrgell Genedlaethol Cymru.

er symled y gymdeithas, y daeth i mi yr alwad i bregethu'r Efengyl, ac i'r weinidogaeth Gristnogol.[2]

Mae Lewis Valentine y cenedlaetholwr, ymgeisydd seneddol cyntaf y Blaid Genedlaethol yn etholaeth Caernarfon yn 1929, yn dra hysbys i lawer, felly hefyd Valentine yr ymgyrchydd a'r protestiwr a losgodd, ynghyd â Saunders Lewis a D. J. Williams, yr Ysgol Fomio ym Mhenyberth, Llŷn, yn 1936 a threulio naw mis yn y carchar am wneud; Valentine y llenor coeth, lluniwr 'Dyddiadur Milwr' a pheth o ryddiaith lanaf yr ugeinfed ganrif; a Valentine yr emynydd, awdur y mwyaf poblogaidd o'n hemynau cenedlaethol cyfoes 'Dros Gymru'n gwlad, O Dad, dyrchafwn gri'. Ond nid mor hysbys yw ei gyfraniad fel pregethwr, gweinidog a diwinydd. Yn anad dim byd arall, pregethwr oedd Lewis Valentine, bugail praidd a phroffwyd Duw, un a fynnodd weld pob dim yng ngoleuni efengyl Iesu Grist a chysegru ei fywyd i sicrhau ffyniant Teyrnas Dduw ymhlith pobl ei ofal. Dyma ymgais, felly, i ddarlunio bywyd crefyddol Lewis Valentine yng nghyd-destun datblygiad Cristionogaeth Cymru'r ugeinfed ganrif.

Y proffwyd yn y ffwrn dân

Ganed Lewis Edward Valentine ar 1 Mehefin 1893 yn Llanddulas, Sir Ddinbych, yn fab i'r Parchedig Samuel Valentine (chwarelwr a oedd hefyd yn weinidog ordeiniedig gyda'r Bedyddwyr) a Mary, ei wraig. Roedd iddo dri brawd, Richard, Idwal a Stanley, a thair chwaer, Hannah, Nel a Lilian. Ef oedd yr hynaf ond un o'r plant. Fe'i haddysgwyd yn yr ysgol elfennol leol lle bu'n ddisgybl-athro am ddwy flynedd, ac yn dilyn cyfnod yn yr ysgol uwchradd ym Mae Colwyn, derbyniwyd ef yn 1913 i Goleg Prifysgol Gogledd Cymru, Bangor i astudio Cymraeg yn adran yr Athro John Morris-Jones a'r ieithoedd Semitig o dan yr Athro Thomas Witton Davies. Dechreuodd bregethu flwyddyn ynghynt gyda'r bwriad o'i gyflwyno'i hun yn ymgeisydd am y weinidogaeth. 'A chymdeithas y capel bach yr hyn ydoedd', meddai yn 1968, 'a phregethu yn cael ei fawrhau yno, yr oedd yn anochel i mi feddwl am ddim ond pregethu. Ni feddyliais erioed am ddim arall, a chredaf fod yr aelodau wedi fy nodi ar gyfer y weinidogaeth o'r cychwyn.'[3] Nid peth ffurfiol oedd y cymhelliad hwn ond argyhoeddiad a'i daliodd a'i gynnal trwy weddill ei oes.

> Y mae'n rhan o'm profiad wrth edrych yn ôl mai ychydig iawn o ran oedd gennyf mewn dewis dim, trefnedig oedd popeth o bwys, ac ymddengys i mi'n awr fod rhyw orfodaeth oddi allan arnaf. Felly gyda'r alwad i bregethu, nid myfi a geisiodd yr alwad, ond yr alwad a'm cafodd i.[4]

Yn fuan ar ôl cychwyn ar ei gwrs gradd ym Mangor dechreuodd y Rhyfel Mawr. Nid oes dim amheuaeth fod ei ymateb i'r rhyfel yn un cwbl nodweddiadol o'i gyfoeswyr, mai rhyfel cyfiawn ydoedd ac nad oedd gan Brydain ddewis ond amddiffyn Gwlad Belg rhag ymosodiad anesgusodol yr Almaen a oedd wedi ymlygru dan effaith yr ysbryd Prwsaidd. Roedd y ffaith fod y Dr John Clifford, yr hen radical o Ymneilltuwr Seisnig ac arwr teuluol, o blaid y rhyfel, felly hefyd y radical arall hwnnw o Fedyddiwr, David Lloyd George, y Prifathro Silas Morris o Goleg y Bedyddwyr ym Mangor, ac eilun mawr Lewis Valentine ei hun, sef yr Athro John Morris-Jones, yr un mor wresog o blaid y drin, yn tynghedu ei ymateb. Fel y 140 arall o fechgyn coleg Bangor allan o gyfanrif o 170,[5] ymunodd â'r Officers Training Corps gyda'r bwriad o symud ymlaen at gorfflu'r magnelwyr neu y Royal Garrison Artillery yr oedd myfyrwyr Bangor yn gysylltiedig ag ef. Ond pan wybu fod y Dr John Williams, Brynsiencyn, wedi trefnu i fyfyrwyr y colegau diwinyddol ymffurfio'n uned neilltuol o'r RAMC, dewisodd yn hytrach gael ei drosglwyddo iddi. Nid pasiffist ydoedd yn y cyfnod hwn, ac nid oedd ganddo unrhyw ymlyniad uwch na'r cyffredin at Gymru fel cenedl.

Yn ei 'Dyddiadur Milwr' mae Valentine yn disgrifio'i yrfa filwrol gyda manylder gafaelgar. Cafodd ei wysio i ymuno'n swyddogol â'r fyddin ar 8 Ionawr 1916 yn syth ar ôl pasio'r Ddeddf Gorfodaeth. Hysbysodd awdurdodau'r coleg o'r gorchymyn ac ymunodd yn swyddogol â'r RAMC, yn y Rhyl, ar 28 Ionawr. Ymhen diwrnod roedd ef, ynghyd ag eraill megis Cynan, Eliseus Howells a Currie Hughes, wedi cyrraedd Sheffield ar gyfer hyfforddiant ac ar ôl pythefnos fe'u symudwyd i'r gwersyll yn Llandrindod. Oddi yno aed ag ef i Aldershot ac ar 24 Medi 1916 roedd yn Southampton yn barod i gael ei gludo i Ffrainc. Mae fersiwn cyhoeddedig y 'Dyddiadur', a welodd olau dydd ar dudalennau *Seren Gomer* yn 1969–72, yn orffenedig ac yn gaboledig, yn waith llenyddol bwriadus a chain. Ond mae'r sylfaen a ddefnyddiodd ar ei gyfer, sef cyfres o ddyddiaduron poced bychain a lanwyd yn y fan a'r lle o 1916 ymlaen, yn rhoi golwg drawiadol ar gyflwr meddwl ac ysbryd y milwr ifanc 23 oed. Os ffrwyth hir fyfyrdod yw'r naill, ffrwyth profiad y munud yw'r llall; os oes tuedd yn y 'Dyddiadur' print i ddarllen argyhoeddiadau diweddarach i mewn i'r testunau cynnar, mae yn y dyddiaduron poced ddeunydd amrwd a fyddai'n arwain at argyhoeddiau aeddfed maes o law. Mae'r gweithiau llawysgrif, sydd ynghadw yn y Llyfrgell Genedlaethol, yn ddogfennau pwysig iawn er mwyn olrhain datblygiad ysbrydol a syniadol y Valentine ifanc.

Cyrhaeddodd Lewis Valentine Ffrainc ar 1 Hydref 1916. Mae'n sôn i ddechrau am ymgodymu â bywyd y gwersyll yn Rouen, am ei Sul cyntaf ar y cyfandir, am ei gyfeillion a'i gydnabod newydd ac am y ddisgyblaeth filwrol lem. Bu rhaid aros bythefnos cyn cael y gorchymyn i symud tuag at y ffrynt ac o'r fan honno mae'r disgrifiadau yn sobri a'i ysbryd yn dwysáu. Wedi cerdded trwy La Boisselle ar 21 Hydref cryn ysgydwad oedd dechrau dod o hyd i gyrff marw. 'We had a prayer meeting in the evening though in semi-darkness the divine presence illuminated the place', meddai.[6] O'r pryd hynny try'r dyddiaduron, yn rhannol beth bynnag, yn llên gyffesiadol. Yn ogystal â disgrifio yr hyn a welodd, mae'n cofnodi ei gyflwr mewnol ac yn nodi ei weddïau. 'The weather is hideous', meddai drannoeth, ac yna: 'To Thee O God, I commend my life . . . but "Thy will be done"' (ibid.). Ar 7 Tachwedd cafodd ddiwrnod segur: 'Carwn fyfyrio yn ddwfn ar fy nghyflwr ac ar y pethau tragwyddol', meddai (ibid.), a thros y Sul dilynol pan oedd yr Almaenwyr yn arbennig o brysur gyda'u sielio a'u bomio, cafodd fynychu dosbarth beiblaidd yn y prynhawn ac oedfa yn y nos: 'Our trust in God our Rock and Refuge', meddai, 'The dark future is in His hands therefore we are content' (ibid.). Erbyn y dydd Mercher roedd y gatrawd roedd ef yn gysylltiedig â hi wedi cyrraedd tref Beaumont Hamel yng nghymdogaeth Bapaume a chipio llu mawr o garcharorion. Wrth aros i fynd i'r llinell flaen unwaith eto ni chuddiodd ei ofnau rhag ei ddyddiadur: 'O God of mercy Thou hast promised thy presence to us in all circumstances and dangers. How sweet it is to be able to rely on thy promises. Thy will be done. If it be thy will protect me from harm for the sake of aching hearts at home' (ibid.). Atebwyd ei weddi. Cafodd ran ym muddugoliaeth ei gatrawd a chyfle i fyfyrio ymhellach ar gwestiynau oesol Duw, rhagluniaeth, dioddefaint a ffawd. 'Thoughts of home and dear ones ever inspire', ysgrifennodd ar 15 Tachwedd.

> If I return and I have no doubt on the matter but the utmost faith in God's protection. There are no accidents in God's world. The life of the faithful Christian is not a blind fatalism. Thou, O Christ my Saviour are ever with me, would that I could have more faith and trust. (ibid.)

Y Rhyfel Mawr, fel sydd wedi'i ddweud ganwaith, a ddadorchuddiodd ansicred oedd gafael y werin bobl ar hanfodion Cristionogaeth a pha mor aneffeithiol fu'r eglwys yn ei hymgais i hyrwyddo buddiannau'r ffydd. Beth bynnag am gywirdeb y dadansoddiad hwnnw,[7] does dim amheuaeth am effeithiolrwydd Samuel a Mary Valentine a'r gymdeithas fach eglwysig yn Llanddulas wrth drwytho'u mab yn sylwedd yr efengyl. Er i'w ffydd gael ei phrofi'n llym nid oes arlliw o anghrediniaeth ar ei ymateb i brofiadau maes y gad. Nid gweddïau ffurfiol mo'r rhain, ymarferiadau llenyddol neu ddeallusol, ond mynegiadau dwys, diffuant a phreifat o ysbryd-olrwydd real. Taflodd y rhyfel bopeth i'r pair: hen werthoedd, cyfundrefnau meddyliol ac argyhoeddiadau traddodiadol ynghylch daioni Duw a dioddefaint dyn; mewn gwirionedd roedd y peth yn argyfwng ffydd i lawer. Ond i'r sawl a oedd eisoes yn gredinwyr, ceir digon o dystiolaeth fod yr ymladd wedi cadarnhau'u ffydd a'i phuro yn hytrach na'i gwanhau neu'i distrywio.[8] O ran ffurfiant ysbrydol y pregethwr ifanc o Sir Ddinbych, roedd ei brofiadau rhyfel gystal addysg â dim a ddeuai iddo boed mewn coleg diwinyddol neu encilfa meudwy na sant.

Mae'n amlwg hefyd nad dadansoddi ei gyflwr ei hun yn unig a aeth â'i fryd yn ystod y misoedd cynnar hyn. Ceisiodd ystyried ymateb crefyddol ei gyd-filwyr i'r lladd a rhagweld natur cenhadaeth yr eglwysi, a'i genhadaeth ei hun petai Duw yn ei gadw'n ddiogel ar gyfer gweinidogaethu wedi i'r rhyfel ddod i ben. Arswydai rhag cwrsni rhai o'r milwyr, 'Rhyfyg a rhegfeydd a geir o'r rhan fwyaf', meddai ar 26 Hydref: 'Anodd yn wir yw dadansoddi eu hymddygiad at grefydd. Try rhai i amau cariad Duw. Dyfnha y drin a'r galanastra ffydd eraill yn Nuw. Cred llawer yngoruwchlywodraeth [*sic*] Duw ond ofnaf mai bach yw y nifer a ymddiriedant yng Nghrist.'[9] Ac nid eu diffyg crefydd yn unig a'i harswydodd ond eu hanfoesoldeb ac agwedd anfoddhaol y caplaniaid:

> Gwn fod lliaws o'r bechgyn yn mwynhau tai anfoesol yn nhrefi Ffrainc a rhifir y bechgyn a ddioddef oddi wrth venerial disease wrth y miloedd. Mawr yw cyfrifoldeb yr Eglwys a mwy eiddo gweinidogion a phregethwyr. Ymddangos y caplaniaid i mi heb feddu cydymdeimlad ar [*sic*] bechgyn. Ymchwyddo mae llawer ohonynt. I mi meddylient fwy am swyddi nag am y deyrnas. (ibid.)

Ni wnaeth hyn ond cadarnhau'r ymdeimlad o alwad gysegredig a bod rhwymedigaeth arno, pe câi fyw, i ddychwelyd er mwyn gwneud ei ran o blaid achos ei gyd-ddyn a Christ: 'I am seeking to make myself resourceful', meddai ar 13 Tachwedd 1916, 'to meet the many difficulties of the post war days. The peril in which the Church is is really great and something must be done to safeguard the future of Christianity in our islands' (ibid.).

Hyd yma Saesneg, gan mwyaf, oedd cyfrwng y dyddiadur. Er mai trwyadl Gymraeg fu cefndir Valentine a'i fagwraeth, doedd Cymru na'r Gymraeg ddim eto wedi dod yn faterion cydwybod iddo. 'The future of Christianity *in our islands*' oedd byrdwn ei ofid a'r Ymerodraeth Brydeinig oedd gwrthrych ei deyrngarwch o hyd. Ond tua diwedd 1916, ac yntau'n bell, bell o dir ei wlad, daeth cyfnewidfa drosto. 'Nid oes gennyf ddim i'w adrodd', meddai ar 3 Rhagfyr. 'Hiraeth dwys a feddianna fy enaid. Hiraeth am Dduw. Hiraeth am gartref a Chymru. Os dychwelaf dan nawdd Duw i'm gwlad, rhoddaf fy hun yn fwy llwyr i'w wasanaeth [*sic*]' (ibid.). A'r nodyn deublyg hwn, Duw a Chymru, a darawodd am weddill ei oes. O hynny ymlaen ceir llai a llai o Saesneg yn ei ddyddiaduron a mwy o gwestiynu cymhellion y rhyfel a'r gwladgarwch Prydeinig a'i gyrrodd i'r gad. 'Heddyw yw'r Nadolig', ysgrifennodd yn Abbeville ar 25 Rhagfyr, 'y Nadolig rhyfeddaf yn fy hanes. Carwn fod yng Nghymru heddyw. Amser yn unig a ddengys ai buddiol fu yr aberth' (ibid.). Nid yn unig ceir bod teyrngarwch i Gymru yn disodli ei deyrngarwch i Brydain Fawr ond caiff pasiffistiaeth ddisodli ei hen gred yng nghyfiawnder y rhyfel a phob rhyfel. 'Anwyled heddyw yw Cymru a Chymraeg i mi', meddai ar Ŵyl Dewi 1917. 'Bwriadaf, na gwn fod gan Dduw bethau mawr iti yw gyflawni [*sic*]. Ynot ti mae ysfa gynhenid am heddwch a drannoeth [*sic*] wedi'r drin cei ddyrchafu banner [*sic*] wen heddwch' (ibid.). Mae Valentine y cyw-bregethwr a'r myfyriwr disglair eisoes yn troi'n Valentine y proffwyd.

Er gwaethaf realaeth ei ffydd a'r nwyd proffwydol a afaelodd ynddo tua'r cyfnod hwn, roedd erchyllterau maes y gad yn dal i'w anesmwytho a'i drawmateiddio. Ar 16 Chwefror 1917, wedi cerdded tuag at y llinell ym Miraumont yn Ail Frwydr y Somme, disgrifiodd yr hyn a welodd: 'The barrage set up by our artillery was magnificent – it was weird' (ibid.). Roedd yr olygfa yn *Essex Trench* a *Regina Trench* yn arswydus, 'a veritable "valley of the shadow of death". It was indeed ghoulish. The march of the years can never dispel its wierdness from my mind. Its two sides were lined with dead, and this added to the wierdness of the place' (ibid.). Ar 4 Mawrth, wedi saib yn yr ymladd, ceisiodd gael trefn ar ei feddyliau:

It would be indeed difficult for me to chronicle my thoughts during this period. I have two extreme moods. At times I feel extraordinarily jubilant, at other times on the verge of madness. I would do something reckless. I would run madly over shell riddled ground in the danger zone. I would shout, scream and this apparently would give me relief. (ibid.)

Roedd eithafion yr hyn a welodd ac a brofodd yn rhwym o greu argraffiadau cyfnewidiol ar ddyn ifanc sensitif a deallus ond fe'i cadwyd rhag colli'i bwyll gan gadernid ei gymeriad a sadrwydd gwaelodol ei bersonoliaeth.

Serch y creithiau mewnol anorfod a ddeilliodd o'i brofiadau, nid anafwyd Lewis Valentine tan 23 Hydref 1917 pan anadlodd nwy gwenwynig wrth iddo weini ar glwyfedigion brwydr Passchendaele yng Ngwlad Belg. Y cwbl a allodd gofnodi yn ei ddyddiadur oedd: 'Y bore heddyw gasiwyd fi yn dost. Collais

fyn [*sic*] ngolwg a'm lleferydd.'[10] Ac mewn gwirionedd dyna
ddiwedd ar ei ryfel. Mae'n amlwg fod y cofnod moel yn cuddio
anaf tra difrifol, anaf y gwelodd in dda gyfeirio ato un tro
ymhen blynyddoedd: 'do', meddai, 'buom yn y rhyfel, gwelsom
ei huffern, cawsom ein clwyfo'n dost, buom am dri mis yn ddall,
buom am chwe mis heb wybod ai angau ai einioes oedd ein
tynged i fod'.[11] Fe'i gyrrwyd yn ôl i Brydain er mwyn gwella
mewn ysbytai milwrol a chanolfannau iacháu ac erbyn mis
Mawrth 1918, fe'i cafodd ei hun yn ddigon iach i wasanaethu yn
Belfast ac ymhen deufis symudwyd ef i Blackpool o fewn golwg
arfordir Sir Ddinbych a'i hoff Landdulas dros y dŵr. Roedd yn
Blackpool ar 11 Tachwedd pan gyhoeddwyd bod y rhyfel wedi
dod i ben. Erbyn hynny roedd y darpar-weinidog delfrytgar a
thra naïf a adawodd y coleg ym Mangor ddwy flynedd ynghynt
wedi hen dyfu i fyny. Roedd y ffydd a fu ganddo yn addewidion
y gwleidyddion wedi'i hen chwalu ac roedd yn llym ei feirn-
iadaeth ar Gristionogaeth gonfensiynol. Mewn llythyr di-
ddyddiad a yrrodd at gyfaill anhysbys pan oedd mewn ysbyty
milwrol yn gwella o'i glwyfau, mynegodd gymaint ei ddadrith
â'r sefyllfa:

> Dyddiau treisgar yw y rhain . . . Hyrddir y werin druan i angau
> ingol. 'Pa bryd, o Dduw', ebe llawer llanc heddyw . . . Collodd yr
> eglwys gyfle euraid i amddiffyn ei gallu ond gwyddost cystal a
> minnau i ragrith, budrelwa a hunangarwch ac aflendid yr eglwys
> barlysu ei nerth.[12]

Ac yna, ar 1 Rhagfyr 1918, meddai yn ei ddyddiadur:

> Nid yw'r Eglwys yn cyffro dim. Gwerthodd ei henaid a bu yn
> anffyddlon i'w delfrydau ar ddechreu y rhyfel ac nid yw mwyach
> namyn testun gwawd. A yw Dafydd bach o Gricieth ymhlith y
> 'treiswyr'. Ciwed uffernol yw ei gymheiriaid – gelynion gweriniaeth.
> Bydd rhaid iddo dalu'n ddrud am wthio etholiad ar y wlad cyn
> dychwelyd o'r milwyr.[13]

Daeth y dadrithiad yn sgil y ffaith fod eglwysi Cymru wedi bod
mor frwd eu cefnogaeth i'r rhyfel ar y dechrau ac i'r cyn-radical
Lloyd George fradychu pob egwyddor a fu'n gysegredig i'r
'Gydwybod Ymneilltuol' yn ystod y drin. Arwydd o'r newid

yd oedd ei benderfyniad i fwrw ei bleidlais yn erbyn y
Rhyddfrydwyr yn yr 'etholiad khaki' y mis hwnnw. 'Y ddoe',
meddai ar 19 Rhagfyr, 'rhois fy mhleidlais gyntaf i E. T. John,
elod Llafur dros Ddinbych' (ibid.). Roedd cyfaredd y 'Dewin'
wedi'i chwalu am byth. Fe'i 'dadfyddinwyd', chwedl yntau, ar
Ionawr 1919, a dychwelodd i Fangor gan obeithio graddio
m mis Mehefin, ond mae'n ymddangos, o dystiolaeth ei
ddyddiadur, fod cael bod yn ôl yn y 'Coleg ar y Bryn' yn creu
nwy o ddiflastod ynddo na gorfoledd. 'Profiad rhyfedd ydyw
profiad y dychwel yn ôl', meddai ar 14 Ebrill 1919, 'teimlaf fel
en ŵr mewn seiat plant . . . Prin y cofir y gorphenol, mae yn
yflym ddiflannu or [sic] meddwl fel cysgod mewn niwl y bore'
ibid.). Ond nid ei gyflwr ei hun oedd unig fater ei ofid ond
yflwr ei fyd hefyd: 'Nid yw ebyrth y pum mlynedd wedi deffro
awr ar y werin ond yn hytrach wedi creu ynddynt ysbryd digon
. . hunanol – ac nid oes yr un dewin a ŵyr i ble mae'r byd yma
n mynd' (ibid.). 'Yn y niwl yn ysbrydol o hyd', meddai ymhen
ythefnos, 'yn disgwyl am y wawr. Fy mhrofiad i yn gyffredin
r lliaws. Achos da i'r eglwys fod mor ddifraw a minnau megis
sgyrn sychion' (ibid.).

Y bugail newydd a'i braidd

r gwaethaf prudd-der melancolig y dyddiadur, yn ôl
/stiolaeth eraill roedd y ddwy flynedd a gafodd Lewis
alentine yn ôl ym Mangor yn rhai bywiog a chreadigol dros
en. Bu'n flaenllaw ym mywyd cymdeithasol y coleg a phen-
dwyd ef yn llywydd Cyngor y Myfyrwyr ar gyfer y sesiwn
cademaidd 1920–1. Graddiodd gydag anrhydedd yn y dos-
arth cyntaf mewn ieithoedd Semitig ym Mehefin 1919 ac roedd
wysau arno eisoes i ddilyn gyrfa academaidd. 'Cefais ymgom
ir a T.W.D. [Thomas Witton Davies, ei bennaeth adran]',
ododd ar 24 Ebrill. 'Mae'n awyddus imi gymryd ei le –
ibyna'n [sic] llwyr ar fy ngyrfa yma. Excelsior ynde [?] bellach'
bid.). Byddai Davies yn ymddeol ymhen y flwyddyn ac mae'n
nlwg iddo weld yn ei fyfyriwr ddeunydd academig ac nid
wyrach olynydd iddo yn y gadair yn y man. Ond roedd bryd
alentine ar y fugeiliaeth, er hwyrach y deuai cyfle iddo ymarfer
  weinidogaeth yn un o golegau diwinyddol ei enwad maes

o law: 'Duw a gysegra'm huchelgais ac a ro ras i mi fod o'i gwasanaeth uchaf im cyd-ddynion' (ibid.). Ac yntau wedi dechrau ar gwrs ymchwil ar Hebraeg Llyfr Job yn ôl cyfieithiad William Morgan a Richard Parry ar gyfer gradd uwch, derbyn-iodd alwad i fugeilio eglwys y Tabernacl, Llandudno, ac ordein-iwyd ef i gyflawn waith y weinidogaeth ddechrau'r flwyddyn ddilynol. 'He', meddai Witton Davies, 'is one of the ablest and most original pupils I have ever had at any college. I prophecy for Mr Valentine a mighty ministry of great power in the best sense.'[14] Pan gafodd ei MA gyda 'rhagoriaeth' ymhen ychydig, ymfalchïodd yr Athro ymhellach mai Valentine oedd y cyntaf o unrhyw un o golegau Prifysgol Cymru i gyflawni hynny o gamp.[15]

Aelodaeth y Tabernacl yn 1921 oedd 335. Er nad hi oedd eglwys fwyaf y Bedyddwyr yn Sir Gaernarfon, eto yn nhermau'r enwad yng ngogledd Cymru roedd hi'n sylweddol a heb fod ymhell o gynefin y gweinidog newydd yn Llanddulas. Roedd gan y gymdeithas yno'r enw o fod yn ymroddgar ac yn heddychlon. Mae gennym gofnod tra diddorol o yrfa Valentine yno, yn enwedig ei ddegawd cyntaf, trwy golofnau *Y Deyrnas*, y cylchgrawn blaengar a bywiog a gynhyrchodd ar gyfer ei ofalaeth. Roedd wedi'i argraffu'n ddestlus a darlungar, yn cynnwys newyddion am yr eglwys a'r enwad, deunydd difyr ar gyfer pob oedran ac wrth gwrs sylwadau ar gwrs y byd gan y gweinidog-olygydd ei hun.

> Dyma rhywbeth [*sic*] newydd sbon danlli [meddai yn y rhifyn cyntaf]. Ni wn am un eglwys Gymraeg arall a misolyn ganddi. Pa amcan sydd mewn golwg wrth gyhoeddi hwn? Yn bennaf oll creu diddordeb ym mywyd yr eglwys ac yn holl gyfarfodydd yr eglwys. Mae amcan arall gennym hefyd, sef ceisio cael gan ein pobl ieuainc ddarllen Cymraeg. Mae ein tynged ni fel eglwys a thynged y Gymraeg yn un.[16]

Nid damwain oedd y teitl ychwaith. *Y Deyrnas* oedd enw cylchgrawn radicalaidd y Prifathro Thomas Rees a gyhoeddwyd rhwng 1916 a 1919 yn nannedd gwrthwynebiad chwyrn i bledio achos pasiffistiaeth. Os Silas Morris, prifathro Coleg y Bedydd-wyr, Bangor, a gynrychiolodd werthoedd Valentine orau pan aeth i ryfela gyntaf, Thomas Rees, prifathro Coleg Bala-Bangor, coleg yr Annibynwyr drws nesaf, a ddaeth agosaf at ynegi ei syniadau pan ddaeth yn ôl dair blynedd yn ddiweddarach. Erlidiwyd Rees ar ddechrau'r rhyfel ar gyfrif ei afiad o blaid heddychiaeth ond erbyn y diwedd roedd hyd yn ned ei wrthwynebwyr yn barod i gyfaddef ei ddewrder a lilysrwydd ei farn. I Valentine a llawer o rai tebyg, roedd Thomas Rees yn ymgorfforiad o ysbryd y gwir broffwyd. Trwy ddewis yr enw *Y Deyrnas* roedd gweinidog y Tabernacl yn ei sod ei hun yn sgwâr yn olyniaeth ei arwr.

Fel y rhan fwyaf o weinidogion ifainc ei gyfnod, roedd Valentine yn frwd iawn o blaid y dehongliad cymdeithasol o styr y ffydd. Un o'r mudiadau a geisiodd greu rhywbeth adarnhaol o alanastra'r Rhyfel Mawr oedd COPEC, 'the Christian Conference on Politics, Economics and Citizenship' a gynhaliwyd yn Birmingham ym mis Ebrill 1924 o dan lywyddaeth William Temple, esgob Manceinion ar y pryd.[17] Prif argyhoeddiad COPEC, meddai Valentine, oedd 'mai'r ffydd Gristnogol o'i deall yn iawn a'i dilyn yn gyson y rydd [*sic*] y weledigaeth a'r gallu gofynnol i setlo problemau'r dydd'.[18] Os bodlonodd yr eglwys ar gyhoeddi iachawdwriaeth bersonol heb ei chymhwyso at faterion cyfoes, nid oedd gan yr eglwys ddewis mwyach ond datgan a datblygu efengyl gymdeithasol ar gyfer y byd. 'Yn ôl dysgeidiaeth a gwaith Iesu Grist', meddai, 'y mae'n rhaid i ni gredu yn angerddol yn *Nhadolaeth Duw*, ac felly ystyried dynoliaeth fel ei deulu Ef . . . Amcan COPEC ydyw ceisio cael dynion i edrych ar bopeth yng ngoleuni y Deyrnas.'[19]

Roedd y ddealltwriaeth o'r efengyl fel tadolaeth Duw a brawdoliaeth dyn a'r awydd i gymhwyso 'egwyddorion y Deyrnas' er mwyn datrys problemau'r dydd, yn nodweddiadol o'r ddiwinyddiaeth ryddfrydol a oedd mewn bri mawr ymhlith pregethwyr Ymneilltuol yn y 1920au. Yn wahanol i brofiad diwinyddion Protestannaidd y cyfandir, nid oedd y Rhyfel Mawr wedi datguddio gweddau tywyll y natur ddynol a'r amhosibilrwydd (oherwydd pechod radical dyn) i 'greu' Teyrnas Dduw ar y ddaear. I ddiwinyddion Bangor megis Thomas Rees, John Morgan Jones (Bala-Bangor) ac eraill, nid rhywbeth dirgel a ddeuai'n uniongyrchol oddi wrth Dduw ar derfyn hanes oedd Teyrnas Dduw ond ffrwyth yr ymdrech ddynol i greu trefn gyfiawn ar y ddaear. Gan fod y ffin rhwng dyn a Duw, yn ôl canonau'r ddiwinyddiaeth ryddfrydol, yn amwys a bod dyn yn ei

hanfod yn dda, roedd hi'n berffaith bosibl, o ymdrechu'n galed,
greu amodau'r Deyrnas ymhlith plant dynion. Er gwaetha
chwerwedd profiadau Valentine ar faes y gad, ni chwalod
brwydrau'r Somme a Passchendaele ei hyder ym mhotensia
daionus y ddynoliaeth. 'Ond ust', meddai o'i wely cystudd y
1917, 'glywi di swn y diwygiad mawr sydd ar fedr ysgubo ymait
yr aflendidau hyn. Y wawr ydyw – clywaf eisoes ei gwawl y
llosgi'm gruddiau.'[20] Y dasg a osododd y Valentine ifanc iddo
hun oedd cymhwyso'r egwyddorion Cristionogol yn ôl
dehongliad cymdeithasol, rhyddfrydol, a cheisio hwyluso budd
iannau'r Deyrnas ymhlith Bedyddwyr Llandudno: 'Ar linella
COPEC y mae'n hiechydwriaeth', meddai.[21]

Roedd yr un optimistiaeth wrth wraidd ei gymeradwyaeth
weinidogaeth Dick Sheppard a'i gyfrol boblogaidd *Th
Impatience of a Parson* (1927). Fel Valentine, roedd Sheppar
yn weinidog ar gynulleidfa, St Martin's in the Fields yn ymy
Sgwâr Trafalgar yng nghanol Llundain, yn heddychwr ac y
ddelfrydwr Cristionogol a oedd yn fawr ei ofal dros anffodusio
y ddaear. Trwy ddyfeisio athrawiaethau cymhleth a oedd y
fwrn ac yn farn ar y sawl a geisiodd godi'i groes a dilyn Crist
roedd yr eglwys yn ei farn wedi llygru neges syml y Gwaredw
ynghylch cariad diamod ei Dad. Y cwbl a oedd ei angen ar bob
oedd mynd heibio i rwysg yr allanolion ac ailddarganfo
gogoniant syml y Crist byw. Roedd rhamantiaeth ficer S
Martin's, ei neges gymdeithasol eirias a'i anniddigrwydd
chyflwr yr eglwys wrth fodd calon gweinidog y Tabernacl,
chafodd fod *The Impatience of a Parson* yn adlewyrchu'
berffaith ei deimladau a'i rwystredigaethau ei hun. 'The truth i
that Christendom refuses to take Jesus Christ seriously', dyf
ynnodd. 'It is devoted to him, but it does not know what to d
with him, and it does not believe that a religion founded upo
his Father God and his standards could meet the practica
demands of this very complicated world.'[22] Nid athrawiaet
oedd yr angen ond iawnweithredu; roedd mewn Cristionogaet
gymdeithasol, ymarferol y gallu o hyd i chwyldroi'r byd.

Daeth rhyddfrydiaeth ddiwinyddol Valentine i'r golw
ymhellach yn ei ymateb i weithred Sasiwn De Cymru o
Methodistiaid Calfinaidd o ddiarddel y Parchedig Tom Nefy
Williams o'r weinidogaeth yn 1928 am wrthod cydymffurfio â'
Gyffes Ffydd. Nid mân anghytundeb â safonau athrawiaeth

i gyfundeb oedd gan Williams ond ymwrthododd yn hytrach sylwedd ffydd draddodiadol yr eglwys: y Drindod, duwdod Crist, ei enedigaeth o forwyn a'i atgyfodiad, gwyrthiau'r Testament Newydd, person yr Ysbryd Glân ac yn y blaen.[23] Roedd sylwadau Valentine, nad oedd yn Fethodist Calfinaidd ac felly heb fod o dan ddisgyblaeth yr un gyffes ffydd, yn dra dadlennol. 'Yn ein tyb ni angen mawr eglwysi Cymru heddiw w gonestrwydd', meddai. 'Y mae ugeiniau o weinidogion yng Nghymru heddiw o'r un farn a chred â Thwm Nefyn, a hwythau mysg ein dynion gorau.'[24] Mae'n amlwg mai gyda Williams a'i yniadau roedd ef yn ochri.

Cadarnhawyd y farn hon gan ei sylwadau ymhen y mis nghylch methiant cyngor coleg ei enwad yng Nghaerdydd benodi'r Parchedig Herbert Morgan yn brifathro. 'Nid ysgolhaig mawr, ond pregethwr poblogaidd a etholwyd yn Brifathro newydd yng Ngholeg y Bedyddwyr yng Nghaerdydd, sef y Parch. Tom Phillips, Bloomsbury, Llundain', meddai. 'Y mae'n amlwg nad yw ein henwad ni yn prisio ysgolheictod a dysg, a dyna paham y gwrthodwyd y Parch. Herbert Morgan sy'n ysgolhaig mawr, ac yn foneddwr mawr.'[25] Yr hyn na ddywedodd oedd bod Morgan, a oedd ar staff adran allanol Coleg Prifysgol Cymru, Aberystwyth, yn rhyddfrydwr diwin-yddol pur flaengar a oedd yr un mor feirniadol o ddeongliadau traddodiadol y ffydd â Tom Nefyn.[26] Nid ysgolheictod Tom Phillips oedd yn ddiffygiol, gallem dybio, ond, ymhlith pethau eraill, ei draddodiadaeth athrawiaethol. I Valentine roedd yr hen ddeongliadau o'r ffydd yn cuddio pietistiaeth anneallus a cheidwadaeth gysurus nad oedd mewn cytgord â'r farn oleuedig ddiweddaraf na gwir angen yr awr. Nid oedd ganddo ddewis, felly, ond llefaru gyda llais proffwyd yn eu herbyn beth bynnag fyddai'r gost. 'Mae dydd chwareu hefo crefydd wedi mynd heibio', meddai:

> Nid yw o bwys pwy a ddigiwn wrth siarad yn blaen. Yr ydym yn credu mewn bod yn wyneb agored, ac ni a geisiwn fod yn fwy felly yn y dyfodol. Y mae dyddiau 'cadw'r ddysgl yn wastad' ar ben mor bell ag yr ydym ni yn y cwestiwn. Ni waeth gennym bellach am wg na gwen neb, ond UN, a rhaid bod yn ffyddlon i hwnnw, doed a ddelo.[27]

Anesmwythyd

Mae'n eithaf amlwg nad barn derfynol a sefydlog oedd gandd ynghylch yr athrawiaethau ond rhan o ymchwil gweinidog ifan am weledigaeth eglurach. Ceidwadol ac uniongred oedd ffydd bobl a'i magodd yn Llanddulas ac roedd duwioldeb dwfn Parchedig Samuel Valentine, a edmygai gymaint o hyd, y cydredeg â'r ddiwinyddiaeth efengylaidd glasurol. Ond i ŵr ifan disglair a oedd wedi'i drwytho yn y method beirniadol o drin y ysgrythurau, roedd rhaid wrth ddehongliad o Gristionogaeth oedd yn amgenach na'r hen uniongrededd lythrennol. Yn niffy dim byd creadigol arall, y ddiwinyddiaeth ryddfrydol oedd y unig ddewis credadwy a oedd ar gael ar y pryd. Ond eto, roedd e yn anghysurus yn gyffredinol ac adlewyrchwyd hyn yn ei ofid ar gyflwr ysbrydol ei enwad a'r eglwysi. 'Y mae llawer ohonon mewn penbleth am ddyfodol yr enwad Fedyddiedig [*sic*] meddai yn 1929, 'nid yw'n meddyliau'n esmwyth yn ei gylch',[28] thrachefn, wrth adrodd am weithgareddau Cymanfa Bedyddwy Arfon ymhen ychydig fisoedd:

> Trawyd nodyn difrifol yn y Gynhadledd am gyflwr ysbrydol ei heglwysi – eu marweidd-dra a'u diymadferthedd a'u cysgadrwydd, dangoswyd fod awydd a dyhead cryf ym mynwes llawer am we gwell byd ar grefydd. Yn bersonol ni welwn obaith am adferia buan. Y mae Cristnogion yn rhy ddychrynllyd o faterol a dihidi a'r eglwysi yn rhy farw a mud.[29]

Pa mor egnïol oedd ei bregethu a pha mor ymroddgar weinidogaeth, roedd hi'n amlwg erbyn diwedd y degawd fo gweinidog y Tabernacl yn eithaf anesmwyth ei fyd.

Aeth ati i drefnu ymgyrch ailgysegru ymhlith pobl ei ofal ya mis Medi 1929 gyda phum pregethwr yn cynnal cyfarfodydd e mwyn deffro'r difater a dyfnhau'r bywyd ysbrydol, ond prin, bồb golwg, fu'r ymateb parhaol. Ond nid clefyd a oedd y gyfyngedig i gynulleidfa'r Tabernacl, na'r canghennau yn Saler a Horeb, oedd hon o bell ffordd ond rhan o symudiad cyn deithasol a chrefyddol a oedd y tu hwnt i'r un ymgyrc genhadol ei droi yn ôl. 'Yr un gŵyn drist sydd o bob cwr o wlad', meddai ymhen blwyddyn, 'cynulleidfaoedd ein capeli y teneuo, crefyddwyr yn farw a difraw, yr eglwysi wedi dyrys

eb wybod i ba gyfeiriad i droi, ysfa am blesera yn difa
wyrgylch addoliad ac yn lladd pob awydd am addoli. Pa hyd, o
)duw, pa hyd?'[30]

Serch y cyfeiriadau hyn, byddai'n anghywir rhoi'r argraff fod
'alentine wedi dod i ben ei dennyn neu'n agos at roi'r gorau i'w
veinidogaeth mewn digalondid llwyr. Roedd yn hynod ei barch
mhlith ei bobl, ac roedd gwedd flodeuog ar fwy nag un agwedd
waith yr eglwys. 'Hanes cynnydd a llwyddiant ym mhob ystyr
ɪ hanes y flwyddyn ddiwethaf', meddai yn nechrau 1925, tra
ywedodd un o'i flaenoriaid, 'O'r dechreu hyd yn awr y mae
glwys y Tabernacl, o dan arweiniad ein gweinidog, wedi cyf-
ɪwni gwaith rhagorol dros ben gydag adrannau gwaith y
)eyrnas, ac nid y lleiaf o'r dylanwadau hyn ydyw'r pregethau
ryfion a geir, a'r traddodiad egniol ac effeithiol.'[31] Rhwng 1921
1926 bedyddiodd dros 70 o ieuenctid a rhif yr aelodaeth erbyn
926 oedd 355.

O fwrw golwg dros rifynnau'r *Deyrnas* yn ystod y
lynyddoedd hyn, efallai'r mai'r cyfraniad gloywaf a mwyaf
ylweddol yw'r golofn ddefosiwn. Er gwaethaf yr enciliad
sbrydol cyffredinol a'i ofidiau ynghylch marweidd-dra cref-
ddol, roedd hi'n amlwg fod rhywrai yn y Tabernacl yn awchu
m gael cyfarwyddyd yn y bywyd gweddigar. Canllaw ar gyfer
efosiwn oedd y golofn hon a gynhwysai fel arfer fyfyrdod ar
dnod neu baragraff o'r Beibl, gweddi a luniwyd gan y
weinidog ynghyd â dyfyniad gan un o feistri'r bywyd ysbrydol.
homas à Kempis, Morgan Llwyd ac Emrys ap Iwan oedd
ffefrynnau, ond cynhwysid ar adegau ddyfyniadau o bregeth-
ɪ Christmas Evans, Williams o'r Wern a John Williams,
rynsiencyn, a chyfieithiadau o sylwadau gan Fenelon, Ffransis
Assisi a Harry E. Fosdick ymhlith eraill. Roedd y catholig-
wydd hwn yn ddigon anghyfarwydd i Ymneilltuwyr Cymru ar
pryd ac yn fodd i ehangu gorwelion yn ogystal â dyfnhau
uwioldeb. Rhywiogrwydd eu Cymraeg, treiddgarwch · yr
sboniadaeth feiblaidd a chyfoeth ysbrydol y myfyrdodau eu
un oedd fwyaf trawiadol, a rhaid eu bod o fudd mawr i bwy
ynnag a fynnai'u defnyddio. Mae'r brawddegau wedi'u saernïo
r gyfer y glust yn fwy na'r llygad, ac mae'n amlwg mai'r bwriad
edd llefaru'r gweddïau wrth eu hoffrymu. O blith yr eng-
reifftiau na chynhwyswyd yn netholiad ysblennydd Idwal
Vynne Jones *Dyrchafwn Gri* (1994) oedd y rhain:

O Dad Tragwyddol a roddaist dy hun i blant dynion yng ngeni d'
Fab annwyl, Iesu Grist, gweddïwn am iddo gael ei eni hefyd yn ei
calonnau ninnau, fel y'n gwaredo oddi wrth ein pechodau, ac adfe
ynom ddelw ein Creawdwr i'r Hwn y byddo'r gogoniant yn oe
oesoedd. Amen.

O Arglwydd Dduw, diolchwn mai y galon ostyngedig ydyw d
drigfa di, a mawrygwn dy enw am i Ti ddatguddio dy hun yn
baban Iesu, ac am fod plant y byd wedi eu cysegru ynddo. Gwn
ninnau yn unplyg ein ffyrdd a'n cariad fel y profom lawenydd y
efengyl a guddiwyd rhag y doethion a'r rhai deallus, ac a ddat
guddiwyd i rai bychain. Gofynnwn hyn yn enw'r Hwn a wisgodd ei
cnawd ac a gynyddodd mewn doethineb ac mewn ffafr gyda Duw ;
dynion. Amen.[32]

Roedd y myfyrdodau hyn (sydd gan mwyaf yn helaethach (
lawer na'r ddwy enghraifft uchod) yn angor i Valentine yn ystoc
ansicrwydd diwedd y 1920au ac yn oleuni iddo ef ac i'r ffydd
loniaid ymhlith ei gynulleidfa mewn cyfnod digon tywyll. Ô
gweddïau ei dad sydd arnynt, a'r eiriolaeth a glywodd gymaint y
blentyn ac yn llanc gartref yn y ddyletswydd deuluol neu yn ;
cyfarfod gweddi yn Bethesda, Llanddulas. Sofraniaeth Duw, gra
achubol Crist a gogoniant unigryw ei berson yw'r llinell euraic
sy'n rhedeg trwyddynt, ac yn ogystal â'i glymu wrth etifeddiaetl
glasurol yr efengyl, roeddent yn arweiniad i'r ddiwinyddiaeth fw'
diogel y cafodd hyd iddi ymhen blynyddoedd i ddod.

Erbyn haf 1930 daeth i synhwyro fod angen sylfaen gadar
nach ar gyfer ei genadwri na chymell 'egwyddorion' ynghylch ';
Deyrnas'; roedd angen neges wrthrychol o du Duw ei hun
Roedd argoelion ar gyfandir Ewrop fod y neges hon eisoes y
cael ei hailddarganfod gan y dosbarth o ddiwinyddion Pro
testannaidd a gysylltwyd ag enw Emil Brunner a Karl Barth, a
roedd cyfaill Valentine a'i gyd-aelod yn y Blaid Genedlaethol
J. E. Daniel, ar fin cymeradwyo'r pwyslais hwn ymhlith Ym
neilltuwyr, yn neilltuol ymhlith y pregethwyr iau.[33] Er na
wyddai neb ar y pryd, roedd hi'n wawr cyfnod newydd yn hane
diwinyddiaeth yng Nghymru. Ac o hynny ymlaen, yn betrus a
y cyntaf ond yn fwy eofn wedyn, daw mwy o hyder i draethiad ;
lleferydd y gweinidog ifanc. 'Y mae dosbarth cryf yn credu foc
oes pregethu ar ben', meddai yn 1930, 'ac os gwir hynny, y ma
dydd Protestaniaeth a chrefydd Efengylaidd ar ben hefyd. On

i chredwn hynny ddim'.[34] Cyn bod yn broffwyd mae'n rhaid wrth genadwri broffwydol, hynny yn unig a rydd ystyr a grym 'r weithred o bregethu. Erbyn y 1930au roedd y proffwyd hwn 'mhlith y praidd wedi dechrau darganfod ei briod lais:

> Ond daliwn i gredu mai prif beth y gwasanaeth a ddylai fod y pregethu, ac edrychwn ati i adfer pregethu'r Gair i'w urddas cyn-henid. Dyma'r peth ffyndamental wedi'r cwbl. Llawer o siarad y sydd am yr hyn a gollodd yr eglwys. Collodd awdurdod ac urddas! Collodd ymlyniad y lliaws! Collodd ei llawenydd a'i hieuengrwydd ond y peth mawr a gollodd ydyw ffydd ym mhregethu'r Gair. Dyma, i'n tyb ni, sacrament fawr yr eglwys. Dyma ganolbwynt ei haddoliad. Dyma ffordd ffydd.[35]

Roedd hwn yn bwyslais newydd ganddo ac yn un na fyddai'n 'mwadu ag ef am weddill ei yrfa a'i oes.

Y proffwyd ym Mhenyberth

Er bod Lewis Valentine ymhlith aelodau cynharaf y Blaid Genedlaethol Gymreig ar ôl iddi gael ei ffurfio yn 1925 ac iddo sefyll fel ei hymgeisydd seneddol cyntaf, yn etholaeth Sir Gaernarfon, yn 1929, prin yw'r cyfeiriadau at y pethau hyn yn Y Deyrnas. Roedd ei Gymreictod, wrth reswm, yn eirias, ond cafodd ei fynegi fwyaf mewn termau diwylliannol a chrefyddol yn hytrach na rhai gwleidyddol. 'Nid ydym yn bwriadu i'r misolyn hwn ymyrryd a phartiaid [sic] politicaidd', meddai yn Ionawr 1924, 'ond ni fedrwn beidio datgan ein llawenydd mawr oherwydd gorchfygu'n llwyr yr ymgeisydd Torïaidd. Ni edrai air o Gymraeg a bu yn ddigon ysgornllyd o Gymru a'r Gymraeg. Mae Cymru yn gallach heddiw nac y bu.'[36] Ond ithriad oedd sylwadau fel hyn. Wrth dalu sylw i'r adroddiad pwysig Y Gymraeg mewn Addysg a Bywyd (1927), dywedodd 'n tyb ni nid oes ond un feddyginiaeth a'n gwaredo fel cenedl, ef cael ymreolaeth llawn yn y genhedlaeth hon',[37] ond un llinell wrth fynd heibio oedd hon. Erbyn hynny roedd y Blaid Genedlaethol mewn bodolaeth ac yntau'n aelod ymroddgar honi, ond eto ni fynnai gamddefnyddio'i safle i wthio'i farn wleidyddol ar eraill na'i datgan yn rhy huawdl yng nghyd-

destun ei waith bugeiliol. O 1929 ymlaen cynhwysodd golof
Saesneg yn *Y Deyrnas* – 'our English column' – a barn e
hawdur, Mr Arthur Hughes, yn aml yn gwbl groes i eiddo'
golygydd ond nid ymddengys i hynny erioed andwyo'r ber
thynas rhyngddynt. Ac felly y bu, gyda'r gweinidog yn hysby
am ei farn wleidyddol, ac ar ôl etholiad 1929 yn arweinydd
Blaid Genedlaethol, ond o flaen popeth yn ei dyb ei hun ac y
nhyb aelodau'r Tabernacl yn fugail y praidd ac yn weinidog da
Iesu Grist.

Ac yna daeth Penyberth.

Mewn llythyr at Lewis Valentine a farciwyd 'Preifat' ac arno'
dyddiad 11 Chwefror 1936, ysgrifennodd Saunders Lewis:

> Bwriadaf siarad ar Borth Neigwl yn bennaf yn eich cynhadledd y
> Sir Gaernarfon, Chwefror 29. Fy mwriad yw dadlau a chymell fe
> dyletswydd ar y Blaid y priodoldeb o roi tân [*sic*] i awyrlongau
> hangars a barics y llynges awyr os codant hwy ym Mhorth Neigw
> Fy ngobaith yw y cymer y plismyn wedyn achos yn fy erbyn gerbro
> ynadon. A ydych chwi fel Is-lywydd yn fodlon i mi ddweud hyn, a
> yn barod i dderbyn y canlyniadau?[38]

Dyma'r cyntaf a wybu Valentine, na neb arall ar wahân
Saunders Lewis, am 'y Tân yn Llŷn' ac roedd rhaid cadw'r peth
wrth reswm, yn gyfrinach fawr.[39] Trwy gydol misoedd
gwanwyn 1936 yr ymgyrch i atal y Weinyddiaeth Amddiffy
rhag codi'r awyrenfa yn Llŷn a aeth â'i fryd; roedd cryn gon
sensws yn erbyn yr hyn yr oedd pobl yn ei ystyried yn weithred
haerllug a rhyfelgar ar ran yr awdurdodau. Am unwaith
mynnai Valentine sôn yn uniongyrchol am y peth o'r pulpud
thrwy lythyr yn *Y Deyrnas*. Nid yr hyn a ddywedodd sy'
arwyddocaol yn gymaint â'i gyd-destun crefyddol a diwinyddol
Oherwydd fel rhan o'i weinidogaeth broffwydol y dehonglod
ei ymrwymiad cymdeithasol a'i farn:

> Yr ydym yn anfodlon iawn i wleidyddwyr ac eraill drin pregethwy
> yn haerllug oherwydd eu bod yn ymyrraeth yng nghwestiynau maw
> y dydd. Fe ddylai fod gennym rywbeth i'w ddywedyd, a llawer iaw
> i'w ddywedyd, ar wleidyddiaeth y dydd. Nid dadlau yr wyf y dyla
> pregethwr ymyrraeth mewn gwleidyddiaeth bartïol a defnyddio e
> bwlpud i hybu'r blaid boliticaidd y digwydd ef berthyn iddi. Ond f

ddylai pob pregethwr gyhoeddi beth yw meddwl Crist ar broblemau fel Rhyfel a pharatoadau am ryfel, diffyg gwaith ac anghyflogaeth, a phob rhyw ormes sy'n cyfyngu ar ryddid a llawenydd dyn . . .

Y mae'n rhan o'n huchel alwedigaeth ni greu barn yn erbyn paratoadau rhyfel erchyll; yn erbyn bradychu egwyddorion heddwch gan ein llywodraeth yng Nghynghrair y Cenhedloedd, yn erbyn defnyddio bro Llŷn i ddodi ynddi Ysgol Fomio, yn erbyn malltod y *Means Test*. Dyweded dynion fel Mr Duff Cooper a fynnont – nid stiwardiaid iddynt hwy ydym ni – nid iddo ef chwaith nac i'n heglwysi nac i'n henwad yr ydym ni yn gyfrifol, ond i'r Hwn a roes i ni yr uchel fraint o bregethu ei Efengyl ogoneddus Ef.[40]

Nid cenedlatholgar yn unig oedd natur ei wrthwynebiad i gynlluniau'r llywodraeth ond dyngarol ac yn fwyaf arbennig basiffistaidd. Roedd y basiffistiaeth hon, fel ei ddyngarwch a'i ymlyniad wrth Gymru, yn drwyadl Gristionogol ei naws ac at hynny yn broffwydol. 'Nid offeiriaid mohonom', meddai, 'ond proffwydi, ac ar y weinidogaeth broffwydol y rhown bwys, ac am hynny ein dyletswydd ydyw cyhoeddi i'r bobl yn ysbryd Amos ac Eseia a Jeremeia "holl gyngor Duw", costied a gostio . . .'[41]

A chostio a wnaeth. Ac yntau'n Is-lywydd y Blaid Genedlaethol, mynnodd gymryd ei ran yn y weithred o losgi'r Ysgol Fomio ac ar 8 Medi, ynghyd â Saunders Lewis a D. J. Williams, rhoes y cytiau ym Mhenyberth ar dân a'r tri yn mynd ar eu hunion at yr heddlu i gyfaddef. Ar 13 Hydref gorfu iddynt ymddangos gerbron y Barnwr Syr Wilfrid Poyer Lewis ym mrawdlys Caernarfon i wynebu'r cyhuddiad o ddifrod troseddol; ni fu unfrydedd ymhlith y rheithgor a throsglwyddwyd yr achos i'r Old Bailey. Yno fe gafwyd unoliaeth ac ar 19 Ionawr 1937 fe'u carcharwyd am naw mis. 'Gweinidog yr efengyl ydwyf fi', meddai Valentine yn yr araith y bwriadodd ei thraddodi gerbron y llys yng Nghaernarfon,

a sylweddolaf fod arnaf gyfrifoldeb arbennig am y rhan a gymerais yn y llosgi a fu ar yr Ysgol Fomio ym Mhorth Neigwl yn nechrau mis Medi. Nid yn ysgafn nac yn fyrbwyll, nac yn ddifeddwl chwaith, y penderfynais fod rhaid anorfod arnaf i wneuthur a wnaethpwyd, ond ar ôl ystyriaeth ddwys a difrifol, ac yn ofn Duw, yr euthum allan y noson honno'.[42]

Mae gweddill y stori'n ddigon hysbys.

Ailafael

Ar hyd yr helynt roedd Lewis Valentine yn ffodus iawn yn ei
deulu – ymbriododd â Miss Margaret Jones o Landudno yn
1925 ac erbyn hyn roedd ganddynt ddau o blant – ac yn ei
braidd. Oherwydd ei arhosiad naw mis yn Wormwood Scrub
daeth terfyn ar gynhyrchu'r *Deyrnas*, un o gyhoeddiadau
crefyddol bywiocaf y cyfnod, ac wedi iddo ddod allan ni
afaelodd ynddo drachefn. Tra oedd yn y carchar, serch hynny
parhaodd mewn cysylltiad â'i bobl. 'Llawenydd na allaf ei
fynegi ydoedd deall fod corff yr Eglwys wedi dangos i mi deyrn
garwch mor ddiysgog', meddai mewn llythyr at ei gynulleidfa
ar 15 Mawrth 1937. 'Byth nid anghofiaf hyn, a phalla geiriau
ac iaith i fynegi'n llawn fy niolch i chwi.'[43] Roedd ei eiriau yn
gwbl ddiffuant. Pleidleisiwyd mewn cyfarfod eglwys i beidio
â'i geryddu na'i ddiswyddo ond i'r gwrthwyneb i'w sicrhau
y byddai'r Tabernacl yn eiddgar i'w groesawu yn ôl ar derfyn ei
garchariad a rhoi pob cyfle iddo ailafael yn ei waith. Roedd
hyn, wrth reswm, yn rhyddhad mawr iddo ef ac yn glod nid
bychan i'r eglwys. Ac fe gadwyd at y gair.

Erbyn hynny roedd y sefyllfa gydwladol wedi dirywio, bu
Hitler mewn grym yn yr Almaen er 1933, ac roedd ail ryfel byd
yn anorfod a phan ddechreuodd hwnnw yn 1939 ni allai
Valentine lai na thystio drachefn i'w argyhoeddiadau heddychol
a chafodd rwydd hynt i'w wneud. Ond gwyddai fod y sefyllfa
gartref wedi dirywio hefyd a'r un argyfwng crefyddol y bu mor
ofidus yn ei gylch ddegawd ynghynt yn dal i fynd rhagddo. Os
cynyddodd rhif aelodaeth y Tabernacl yn ystod blynyddoedd
dechreuol ei weinidogaeth, prin y gallai wneud dim byd mwyach
i atal y colledion. Disgynasai'r rhif i 310 mor gynnar â 1930 ac
erbyn 1940 cyrhaeddodd 280. Roedd seciwlariaeth yn mynd
rhagddi a gafael yr eglwysi ar ymlyniad a dychymyg y bobl yn
gwanhau beunydd. Gwasanaeth ymroddgar, bugeilio cyson,
rhoi sylw arbennig i blant ac ieuenctid ac yn bennaf dim
pregethu oedd dulliau Valentine o ymateb i'r argyfwng, ac
erbyn y 1940au, oherwydd cynydd a phoblogrwydd y ddiw-
inyddiaeth feiblaidd a gysylltid â Brunner a Barth, teimlodd
bellach fod ganddo neges bendant i'w thraethu. Y broblem,
wrth gwrs, oedd bod llai a llai o bobl yn barod i'w wrando.

Dathlodd Lewis Valentine ugain mlynedd yn y weinidogaeth

/n 1941. Roedd y berthynas rhyngddo a'i braidd, fel y gwelwyd, /n ffynnu ac yn iach, ond er gwaethaf hyn teimlodd fod yr amser wedi dod iddo symud ymlaen. Ar bwys ei waith academaidd, ei :rthyglau ysgolheigaidd yn *Y Geiriadur Beiblaidd* (1926) a'i as-udiaeth ysgrythurol *Detholiad o'r Salmau* (1937) ymgeisiodd yn (943 am y gadair Hen Destament yng Ngholeg y Bedyddwyr, Bangor, yn olynydd i'r Prifathro J. T. Evans. Pan hysbyswyd diaconiaid y Tabernacl o hyn galwyd cyfarfod brys, a dymuno'n dda iddo yn ei ymgais 'er i hyn beri dirfawr loes i ni os rhaid eich :olli fel Gweinidog a Bugail yr Eglwys yr hon yr ydych wedi ei gwasanaethu yn yr Arglwydd yn dra ffyddlon a chymeradwy a :hydag anwyldeb mawr am dros ddwy flynedd ar hugain'.[44]

Fodd bynnag, nid arno ef y syrthiodd y coelbren ond ar gyfaill iddo, y Parchedig T. Ellis Jones, Llwynhendy, ac ef a benodwyd yn athro Llenyddiaeth Feiblaidd yn y coleg. Roedd Jones yn ddysgawdwr effeithiol ac yn ysgolhaig da a bu'n gaffaeliad diam-heuol i'r sefydliad, ond er mor rhagorol oedd y penodiad hwn ar lawer cyfrif, mae'n anodd credu na fyddai penodi Valentine wedi bod yn ddewis rhagorach fyth. Fel athro coleg ac aelod o gyf-adran Diwinyddiaeth Prifysgol Cymru byddai wedi cael cyfle euraid i ganolbwyntio ar waith academaidd a chyflawni'r addewid mawr y gwelodd T. Witton Davies ynddo gymaint o flynyddoedd ynghynt. Roedd ei brofiad bugeiliol yn helaeth a'i athrawiaeth am natur y weinidogaeth wedi ymddatblygu ac ym-berffeithio, ac fel athro byddai wedi cael rhan mewn moldio cenedlaethau o ddarpar-weinidogion o blith yr Annibynwyr, y Methodistiaid Calfinaidd yn ogystal â rhai o blith ei enwad ei hun. Ysywaeth, nid dyna a ddigwyddodd, a threuliodd weddill ei yrfa hir yn broffwyd ac yn fugail ymhlith ei braidd. Ond cyn gwybod hyn mynnodd ei ddiaconiaid yn Llandudno 'ddatgan i chwi ein gwerthfawrogiad diffuant o'ch gwaith enfawr yn ystod y blynyddoedd a fu ac [yr ydym] yn edmygwyr mawr ohonoch'.[45] Roedd y geiriau hyn hefyd yn gwbl ddiffuant.

Wedi methu yn ei ymgais i fynd yn athro coleg, ym mis Medi 1943 daeth galwad unfrydol iddo fynd yn weinidog i Seion, Ponciau, yn ymyl Wrecsam, ond wedi dwys ystyried gwrthod a wnaeth, ac yna, yn Rhagfyr 1946, cyrhaeddodd llythyr oddi wrth ysgrifennydd eglwys Penuel, Rhosllannerchrugog, yn ei hysbysu fod yr aelodau yn dymuno estyn galwad iddo. £375 y flwyddyn oedd y telerau ynghyd â thŷ a deuddeg Sul yn y flwyddyn yn rhydd. 360 oedd aelodaeth yr eglwys ar y pryd a hi oedd y fwyaf yn y Gymanfa Fedyddiedig leol, Cymanfa Dinbych, Fflint a Meirion. Gwyddai J. T. Jones – prifathro lleol, llenor a hanesydd a oedd yn ddiacon yno – am y symudiad, ac ysgrifennodd at Valentine i'w gyfarch ac i bwyso arno i dderbyn y cais: 'Fe ganiatewch i mi ddweud wrthych yn syml ac yn onest na allai feddwl am unrhyw anrhydedd fwy a allai ddod i ran Eglwys Penuel Rhos na'ch cael chwi i ofalu amdani yn yr Efengyl.'[46]

Roedd y Rhos, wrth gwrs, yn gwbl wahanol ei naws i Landudno. Roedd yn bentref glofaol, y pentref mwyaf yng ngogledd Cymru yn ôl ymffrost ei drigolion, yn fwy garw o lawer na'r dref lan y môr *bourgeois* a boneddigaidd, ac yn drwyadl sosialaidd o ran ei gwleidyddiaeth. O fynd yno byddai'n golygu newid byd llwyr i Lewis Valentine, ei wraig a'i blant. Ar ôl chwarter canrif yn y Tabernacl ymhlith pobl a oedd wedi ymserchu'n ddwfn ynddo ac yntau ynddynt hwy, byddai'n gorfod dechrau ennill ei blwyf o'r newydd. Byddai hefyd yn olynu'r Parchedig Wyre Lewis, gŵr amlwg a phwerus a fu'n weinidog ar yr eglwys ers 33 mlynedd; byddai pobl yn rhwym o'u cymharu â'i gilydd. Ac roedd enw gan bobl y Rhos o fod yn anos i'w trin na phobl fwynaidd Llandudno. 'Pobl y Rhos sydd mor uchel eu cloch a thafotrydd a garw eu llafar', meddai J. T. Jones, 'Fe adwaen i gryfder a gwendid gwŷr y Rhos . . . ond ar y cyfan y maent yn eithaf cynrychiolwyr o werin Cymru.' Roedd hi'n amlwg erbyn hyn fod Valentine yn barod i wynebu'r her a symud ei faes. Roedd ganddo syniad glew ynghylch beth oedd yn ei wynebu. 'Ni ddihangodd yr ardal hon, ysywaeth, yn llwyr rhag dylanwadau'r Baganiaeth Newydd', meddai J. T. Jones, 'ond o drugaredd mae yma o hyd gyfle gwych i broffwyd Duw ac i'r Efengyl, dim ond iddi fod yn Efengyl Fawr.'[47] Yn gynnar yn 1947 ar ôl 25 mlynedd terfynodd Lewis Valentine ei weinidogaeth yn Llandudno a chyfeirio'i gamrau drachefn i sir ei febyd. Erbyn hyn roedd yn 52 oed.

Gweinidogaeth cyfnod y Rhos

Mewn llythyr gan 'Frances', un o ieuenctid Llandudno, a oedd ar fin symud i Lundain i weithio, mynegwyd teimladau mwy nag un o aelodau yr hen gylch:

Mae'n chwith genyf [*sic*] ar eich hôl yn y Tabernacl, a theimlaf y
buaswn yn hoffi cael sgwrs â chwi yn aml. Pe yn teimlo fel yn siarad
am rhyw [*sic*] gwestiwn arbennig ynglŷn â chrefydd, yr oeddech bob
amser yn barod i wrando. Pam fod siarad am grefydd mor annodd
[*sic*] tybed? Mae pawb heddiw fel pe ar frys a dim amser i sôn am
grefydd y tu allan i bulpud ac am angen dynoliaeth'.[48]

Mewn chwarter canrif yn ei faes cyntaf roedd Valentine wedi
meithrin ei ddoniau fel bugail eneidiau yn ogystal ag fel
proffwyd grymus, ac mae digon o dystiolaeth iddo fod yn
ddwfn yng nghyfrinach llawer o'i aelodau. Gwyddai rywbeth
am ddryswch ieuenctid wyneb yn wyneb â dewisiadau anodd,
gallai fod yn gynghorwr doeth i'r sawl a oedd mewn cyfyngder
ac yn gyfaill cadarn i'r sawl a wybu demtasiwn neu brofed-
igaeth. Er gwaethaf y rhwystredigaethau a oedd yn rhan o
fywyd pob gweinidog yn y cyfnod rhwng y ddau ryfel byd, eto
gallai edrych yn ôl gyda gradd o fodlonrwydd gan wybod iddo
roi o'i orau a chyflawni proffwydoliaeth ei gyn-athro coleg,
Witton Davies: *fe* gawsai weinidogaeth rymus yn yr ystyr orau
a'i werthfawrogi o'i phlegid.

Ond byddai blynyddoedd y Rhos yn dra gwahanol.
Cydgerddai ei fugeiliaeth faith yno â'r dirywiad amlwg a
welwyd mewn Ymneilltuaeth Gymreig ar ôl yr Ail Ryfel Byd.
Os oedd Anglicaniaeth Gymreig a hyd yn oed Catholigiaeth yng
Nghymru yn fywiog a hyderus rhwng 1945 a 1962, trichan-
mlwyddiant y 'troad allan' a greodd Anghydffurfiaeth fodern,
roedd crefydd y capeli dan warchae. O ran y dylanwadau
allanol daeth y gwelliannau cymdeithasol a ddilynodd sefyd-
logrwydd economaidd, sicrwydd gwaith i'r lliaws ac, o ganol y
1950au ymlaen, lledaeniad cysuron materol, i fwrw eu cysgod
dros yr hen werthoedd crefyddol, yn eu gwedd Ymneilltuol o
leiaf. Mewn oes a oedd yn prysur ymryddhau o afael cyni, roedd
yr alwad biwritanaidd i ymddisgyblaeth a hunanymwadiad yn
taro'n chwithig dros ben. Cysylltwyd Ymneilltuaeth fwyfwy â
syniadaeth gulfarn a moesoldeb henffasiwn a oedd yn gynyddol
fwy anghydnaws â thuedd yr oes. Gwendid mewnol amlycaf y
capeli oedd eu hansicrwydd athrawiaethol a'u llesgedd ysbryd-
ol, eu hanallu i ennyn ffydd na hyd yn oed ddiddordeb eang ym
mhwnc yr efengyl.[49] Am y Rhos ei hun, roedd hi'n amlwg fod yr
hen gymdogaeth yn ildio i ddylanwadau maestrefol estron na

allai Valentine yn hawdd ymdopi â hwy. Pan ofynnwyd iddo ymhen ugain mlynedd am ei argraffiadau ynghylch y dirywiad cymdeithasol a fu ym mywyd y pentref, digon digalon oedd ei ymateb. 'Os oes rhaid beio', meddai, 'beier y gyfundrefn addysg a beier y llywodraeth leol a ganiataodd chwalu'r bobl a'u symud o'u cynefin i'r maestrefi, ac effaith y diwreiddio hwn oedd Seisnigeiddio'r bobl a'u hestroni o'r capelau.'[50] Dadansoddiad tra simplistig oedd hwn mewn gwirionedd, ond yn nodweddiadol o'r dryswch y cafodd llawer o Ymneilltuwyr eu hunain ynddynt erbyn canol a diwedd y 1960au. Anffawd Valentine oedd gorfod gweinidogaethu trwy gydol yr adeg hon.

Yn 1951 dechreuodd gweinidog Penuel, y Rhos, afael drachefn mewn newyddiadura crefyddol. Os *Y Deyrnas* oedd ei lwyfan cynt, cylchgrawn a'i gylchrediad wedi'i gyfyngu i Landudno a'r cyffiniau, *Seren Gomer* oedd ei gyfrwng newydd, sef chwarterolyn cenedlaethol y Bedyddwyr Cymraeg. Fel W. J. Gruffydd yn nodiadau golygyddol *Y Llenor* gynt a Saunders Lewis a'i golofn 'Cwrs y Byd' yn *Y Faner*, cafodd Valentine rwydd hynt yn ei olygyddol i draethu'i farn ar ba bwnc bynnag mewn byd ac eglwys a ddigwyddai bwyso ar ei galon. Cafodd materion cymdeithasol a moesol sylw cyson ganddo, ac, fel y gellid disgwyl, hawliau Cymru a'r Gymraeg, gymaint felly nes ei gyhuddo ar brydiau o fod yn unllygeidiog ar y mater ac yn brin o hunanfeirniadaeth.[51] Ond yn fwy na dim cyflwr crefydd oedd testun ei sylwadau, a chanddo ef, yn enwedig yn ystod y 1950au, y cafwyd y disgrifiadau mwyaf sobreiddiol o ing ysbrydol y genedl. Ni wnaeth neb fwy i ddadelfennu'r argyfwng a oddiweddai Ymneilltuaeth Gymreig ar y pryd a chyfleu gofid ei genhedlaeth. Mewn cyfnod pan oedd pobl yn argymell symleiddio'r neges Gristionogol er mwyn ei gwneud hi'n fwy dealladwy a newid ei hieithwedd – a'i hiaith, weithiau, o'r Gymraeg i'r Saesneg – gwelai Valentine yn glir nad yn y fan honno roedd y wir broblem: 'Credwn yn fwy bob dydd nad "y Gymraeg" ydyw yr anhawster mawr yn ein heglwysi yng Nghymru, ond "iaith" – nid ydyw pobl yn deall geiriau'r ffydd a dieithr ganddynt idiom crefydd ym mha iaith bynnag y'i lleferir.'[52] Argyfwng crediniaeth oedd yr argyfwng a oedd yn ei fynegi'i hun yn y capeli, nid problem ynghylch cyfathrebu. Troes iaith crefydd yn ddieithr am fod crefydd ei hun yn colli'i chyfaredd a'i swyn. 'Dywed sylwedyddion craff bod anwybodaeth ein pobl am athrawiaethau Cristnogol yn affwysol, a hyd yn oed ymhlith ein haddolwyr cyson ni ellid cymryd dim yn ganiataol, a phell bell o amgyffred ei wrandawyr ydyw geiriau'r pregethwr.'[53] Ac yntau wedi treulio blynyddoedd mewn pulpud a chynnal dosbarthiadau beiblaidd di-rif ar gyfer ieuenctid yr ysgol Sul, roedd y dadansoddi cignoeth hwn yn sobreiddiol. Pan oedd llawer yn achwyn am gyflwr pethau, roedd y sylwadau hyn yn fwy awchlym nag a gaed gan nemor neb arall, a'u mynegiant yn fwy gloyw. 'Gwnawn bopeth a fedrwn i ddwyn ein pobl i ddeall ein termau', meddai, 'ond i ba ddiben y gwnawn hyn oni allwn adfer diddordeb ein hoes yn yr Efengyl?' Dyma graidd yr argyfwng: 'Y mae iaith gweision Duw yn ddieithr i'n pobl heddiw am fod Crist yr Arglwydd yn estron iddynt.'[54]

Os llên broffwydol oedd hon, o enau ac ysgrifbin rhyw Jeremeia coeth, Cymraeg y daeth. 'Wynebwn y caswir', meddai ymhen llai na blwyddyn,

Nid ydyw crefydd yn cyfrif i lawer iawn o bobl ein cenedl, ac nid yw'r eglwys yn ddim yn eu golwg, ac yn aml, bellach, yn llai na dim. Aeth yr hen ganllawiau moesol yn gandryll, a chrechwen a wna pobl pan fôm yn sôn amdanynt. Daeth philosophi newydd i ddynion fyw wrthi, os newydd hefyd, 'bwytawn ac yfwn canys yfory meirw fyddwn'.[55]

Os oedd y disgrifio'n drawiadol a'r dadansoddi'n llym, nid mor llwyddiannus bob tro oedd moddion yr ymwared. Er iddo bwysleisio'n gywir ac yn ddi-baid yr angen i ailddarganfod sylwedd yr efengyl trwy edifeirwch a ffydd, roedd hi'n anodd ganddo ymddihatru oddi wrth y ffurfiau diwylliannol a olygai lawer iddo ef ond a oedd bellach yn fagl, yn nhyb llawer, i'r efengyl ei hun. 'Adfer ofn Duw a aeth yn beth mor ddieithr i ddynion' oedd angen yr awr, hanner canrif union ar ôl Diwygiad Evan Roberts, 'a'u hargyhoeddi o'r cyfrifoldeb sydd arnynt am dynged cymdeithas, a galw arnynt i ddodi disgyblaeth lem arnynt eu hunain. Mewn gair, galw mae'r dyddiau am biwritaniaeth newydd'.[56] Ond i'r genhedlaeth a oedd bellach yn dod i'w hoed, roedd yn anodd cysoni piwritaniaeth lwydaidd, grebachlyd, ditotal, grintach ag ehangder y cariad dwyfol ac asbri'r efengyl gyflawn. Beth oedd a wnelo'r negyddiaeth hon â gogoniannau'r creu neu'r cadw? Ond tra gwisgid yr efengyl yn nullwedd Sabathyddiaeth ddoe a moeseg unigolyddol gyfyng, prin fyddai'i gallu i ennyn clust ac ymroddiad y lliaws. Ond roedd y disgrifio o'r cilio'n sobreiddiol wir: 'Gweld y Gymru Gymraeg yr ydym ni yn mynd yn anghrefyddolach o flwyddyn i flwyddyn, a'i gafael hi ar Gristnogaeth yn eiddilach', meddai;[57] 'Beth yntau yn enw pob daioni sydd wedi digwydd yng Nghymru ac i Gymry?', gofynnodd yn 1959, 'A ydyw'n cenedl ni a gafodd gymaint trwy'r Efengyl, yn wir a foldiwyd yn un bobl trwy bregethu'r saint cynnar, a ydyw'r genedl hon yn ymgaledu yn erbyn yr Efengyl? Dyma'r arwyddion',[58] tra soniai yn ei araith enwog o gadair llywyddiaeth ei enwad yn 1962, am 'ddyddiau'r ffydd amhendant, a dyddiau'r hanner credu niwlog, dyddiau'r addoli llugoer ysbeidiol, a'r gwrando rhew, a'r ymwrthod digywilydd â chyfrifoldeb'.[59] Wrth ddathlu'i phenblwydd yn 300, gwedd hynod wyw oedd ar Ymneilltuaeth Gymreig.

Yr ateb

I Valentine un ateb oedd i'r argyfwng hwn, ac un yn unig: pregethu. 'Act fawr addoli ydyw pregethu'r Gair', meddai yn 1953, 'I gynnal pregethu'r Gair y cadwn ac yr ymgeleddwn ein capeli, a phregethu'r Gair i ni ydyw y sagrafen fawr'.[60] Dyma oedd ei safbwynt yn weinidog ifanc yn Llandudno yn ystod y 1930au, ac er gwaethaf y newid byd a ddaeth ar Gymru yn y cyfamser, glynodd wrth yr argyhoeddiad hwn ar hyd ei oes. Ond beth oedd cynnwys y Gair hwnnw? Y Newyddion Da am waith Duw yng Nghrist yn cymodi'r byd ag Ef ei hun oedd cnewyllyn y Gair a byrdwn neges y pregethwr, 'yr athrawiaeth am Iesu Grist, a hwnnw wedi ei groeshoelio, yn fywyd i bechadur tlawd', meddai. 'Onid yw y pregethwr yn dyrchafu y croeshoeliedig Iesu buddugol hwn yn yr oedfa', meddai, 'yna nid *pregethu* y mae, namyn *darlithio*, a thrwy *bregethu* yn unig y geill alw ar ei bobl i edifarhau a'u cadarnhau yn y sancteiddiaf ffydd'.[61] Mewn anerchiad gerbron cynadleddwyr Undeb y Bedyddwyr yn Amlwch, 1954, y crynhodd ei sylwadau ar y pwnc hwn. 'Heddiw', meddai,

> pan fo rhyw bwerau erchyll ar gerdded trwy'r byd, a gwyddonwyr wedi rhyddhau egnïon creiddiol y cread, a dynion yn wynebu

sefyllfa na fu mo'i thebyg er pan grewyd dyn, ein hunig a'n pennaf wasanaeth i'n cenhedlaeth ydyw ei hwynebu hi yn enw y Duw byw a'i datguddiodd ei hun yn Iesu Grist, a chrefu arni nid i *wneud* hyn a *gwneud* y llall, ond i ddyfod wyneb yn wyneb â *rhywbeth a ddigwyddodd* a'r rhywbeth hwnnw yn anhraethol bwysicach na dim sy'n digwydd yn y byd heddiw . . . Duw yng Nghrist yn gwneud rhywbeth erom a throsom nad oedd obaith i neb na dim arall ei wneuthur, – yn achub enaid, yn torri crib balchter dyn, yn dryllio gormes uffern ei fywyd, – nid oes gennym ddim i'w gynnig i'r byd ond galw arno i edrych ar hwn, *a dewis*.[62]

Diwinyddiaeth y Gair oedd hyn, diwinyddiaeth datguddiad ac ôl athrawiaeth feiblaidd Karl Barth, Emil Brunner a'r tadau Bedyddiedig cynnar yn drwm arno. Roedd neges efengylaidd Valentine yn codi o'i gred yn natur unigryw y datguddiad achubol yng Nghrist fel y'i cofnodwyd yn y Testament Newydd ac fel y tystiodd yr eglwys ar hyd y canrifoedd iddo. O gerdded ar hyd 'priffordd fawr athrawiaeth iachus a diwinyddiaeth gadarn',[63] gellid adfer hyder pregethwyr a gwrandawyr fel ei gilydd yng ngallu achubol y genadwri feiblaidd. Gwaith y pregethwr, felly, oedd nid trafod ei syniadau ei hunan na chynnig ei farn bersonol ar faterion y byd – er bod a wnelo'r datguddiad ys-grythurol â helyntion seciwlar a bydol – ond yn hytrach ei osod ei hun o dan awdurdod y Gair:

Yn y bôn fe ŵyr pobl trwy reddf iach nad oes gan wleidyddion ddim o bwys tragwyddol i'w ddywedyd, a gwyddant mai o'r pulpud y traethir y Gair tragwyddol, y Gair a ddaw â'r caeth yn rhydd, y Gair y mae'n rhaid dywedyd 'ie' wrtho neu drengi. A dyma'r wyrth – bod Duw trwy'n geiriau – yn gafael yng ngeiriau ein Cymraeg a'u troi yn rhyfeddach gwyrth na gwyrth Cana gynt, – yn eu troi inni yn Air Duw.[64]

Y traethiad mawreddog hwn oedd disgrifiad helaethaf Valentine o ystyr a diben pregethu a'i apologia terfynol drosto. Dyma'i gyffes ffydd.

I Lewis Valentine roedd dyfodol pregethu a dyfodol Ymneilltuaeth yn glwm yn ei gilydd ac roedd diffyg effeith-iolrwydd y naill wrth wraidd gwywder y llall. 'Y bregeth', meddai yn 1957, 'dyma gleimacs addoliad yn ein heglwysi, ac os byth y dêl awr ei thranc bydd Ymneilltuaeth yn farw gorn hefyd'.[65] Ond roedd rhai Cristionogion ac Ymneilltuwyr yn anesmwyth braidd ynglŷn â'r apêl pregethwrol, geiriau-ganolog hwn at y glust a'r deall, ar draul apêl ychwanegol at y galon a'r synhwyrau eraill. Yn eu tyb hwy roedd gorbwyslais ar eiriau (os nad, fel y cyfryw, ar y Gair), yn fwrn ar Ymneilltuaeth ac yn un o'r amrywiol resymau am ei llesgedd cyfoes. Wrth ymateb i haeriad nodweddiadol Valentine yn ei araith fel llywydd yr Undeb, 'pennaf swydd Gweinidog, a phennaf act addoli ydyw Pregethu'r Gair',[66] am unwaith rhannodd Saunders Lewis gyfrinach ei bererindod ysbrydol ac esbonio pam y bu iddo gefnu ddegawdau ynghynt ar Ymneilltuaeth Gymraeg.

> 'Pennaf act addoli ydyw pregethu'r Gair' – dyma'n union yr hyn na fedraf i ei dderbyn. Dyna'r pam yr wyf yn rhyw fath anfuddiol o Gatholig neu Babydd. Yn union yr hyn a yrrodd Luther a Chalfin allan o'r Eglwys Gatholig yw'r hyn a'm tynnodd i i mewn iddi. Dyneiddwyr oeddynt hwy; dyneiddiaeth y Dadeni yn ail-lunio'r Ffydd a welaf i yn eu dysgeidiaeth. I mi *ail* beth yw cenhadaeth achub y Ceidwad. Y peth cyntaf yw rhoi dros ddynion i Dduw addoliad na fedrid ei roi ond yn unig drwy Galfaria. Hynny i mi sy'n gwneud Cristnogaeth yn rhywbeth sy'n bosibl yn ail hanner yr ugeinfed ganrif. Feiddiwn i fyth ddweud pethau fel yna yn *Seren Gomer*! Yn wir, anaml iawn y sgrifennais i erioed ar bynciau crefydd.[67]

P'un ai bod dehongliad Lewis o natur safbwynt y Diwygwyr Protestannaidd yn gywir ai peidio sydd amherthnasol. Craidd y feirniadaeth yw'r lle a rydd Protestaniaeth i aberth ac eiriolaeth Crist a sut y trosglwyddir ffrwythau'r rheiny i'r credadun. Try'r ddadl ynghylch y sacramentau a'u heffeithiolrwydd. Fel piwritan roedd Valentine yn ddrwgdybus iawn o'r synhwyrau megis gweld a theimlo, yn enwedig yn nghyd-destun addoli. Yn sicr ni chredai y gallai pethau synhwyrus, creedig fod yn gyfryngau arbennig o ras. Y bregeth oedd unig sagrafen yr eglwys; ordinhadau yn hytrach oedd y bedydd a'r cymun ac felly yn amddifad o unrhyw rin arbennig. Ychydig iawn o gydymdeimlad oedd ganddo at sagrafennaeth o unrhyw fath. Nid oedd rhaid mynd mor bell â Saunders Lewis o gwbl i weld fod y math o eiriau-ganolrwydd a blediai Valentine, o leiaf yn nwylo rhywrai llai meistraidd nag ef, yn medru andwyo cyfanrwydd yr addoli Cristionogol. Diddorol hefyd, yn y cyd-destun hwn, oedd sylwadau un arall o'i gyfeillion nad oedd perygl yn y byd iddi droi'n Babydd, sef Kate Roberts. Bu hithau hefyd yn sgwrsio â Valentine ynghylch cyfrannu i *Seren Gomer*. Soniodd amdano wrth Saunders Lewis. 'Yr oeddwn yn bur nerfus wrth ddweud fy meddyliau, a gwyddwn fy mod ar rai pethau yn brifo Val, oblegid mae ef yn credu mewn pregethu, ac nid wyf fi fawr erbyn hyn. Yn wir mae holl drefn yr Anghydffurfwyr wedi mynd yn gas gennyf'.[68]

Ond roedd Valentine yn ddiedifar. Gair Duw yng ngrym yr Ysbryd Glân fu'r cyfrwng etholedig erioed er achub eneidiau ac ysgwyd cenedl, ac fel y bu ddoe felly y byddai eto. 'Pa mor bwysig ydyw pregethu bellach?' oedd un o'r cwestiynau a anelwyd ato yn 1968, a'r ateb:

Wel mor bwysig â hyn – na ddichon i ddim byd gymryd lle pregethu. Yr ydym ni'n credu mai pennaf act addoli yw pregethu, ac ni ddichon dim byd fod yn bwysicach na dwyn dynion wyneb yn wyneb â'r gwirionedd yng Nghrist. Credaf y daw Cymru at ei choed yn y man, ac o bulpud y daw ati'r Gair, fel y bu erioed, i'w hiachau a'i gosod ar ei thraed.[69]

Y broblem, wrth gwrs, oedd mai ychydig bellach a oedd yn rhannu ei frwdfrydedd. Cwynodd tua'r amser hynny am 'ryw lobscows o gyfarfod' nad oedd ynddo na gweddi daer na phregethu nerthol a drefnwyd 'yn y dreflan' i groesawu'r flwyddyn newydd. 'Ni all Ymneilltuwyr bellach addoli heb gael eu difyrru yr un pryd', meddai, 'ac ar ddechrau blwyddyn fel hyn y mae dyn eisiau dyfod wyneb yn wyneb â rhyw sicrwydd mawr tragwyddol ac ymgolli ym mawredd yr Hollalluog. Cwrdd gweddi rial [*sic*] neu bregeth fawr a fuasai'n ymborth ar adeg fel hyn . . . Nid pregethu sydd wedi methu ond ein pregethu bach ni.'[70]

O ystyried ei ddealltwriaeth o natur yr eglwys a lle'r pulpud ynddi, cymaint oedd ei ymlyniad wrth ddulliau confensiynol y gyfundrefn Ymneilltuol nes iddo dueddu ar brydiau i ddarostwng buddiannau'r praidd i ofynion y weinidogaeth. Wrth drafod safle'r ddiaconiaeth, er enghraifft, mynnai mai cynorthwyo'r gweinidog, yn yr ystyr draddodiadol, oedd gwaith y diacon yn hytrach na hwyluso cenhadaeth y gynulleidfa gyfan:

'Cyfrifoldeb cyntaf y Diaconiaid ydyw gwneuthur popeth yn
eu gallu i gynorthwyo'r Weinidogaeth hon', meddai, 'fel diogelu
amser y gweinidog, sicrhau amgylchiadau ffafriol iddo i dra-
ddodi'r Gair trwy gymell ac esiampl, a sicrhau fod ei gydnab-
yddiaeth yn gyfryw fel nas meglir gan orbryderon bydol'.[71]

Gallai'i deyrngarwch i'r weinidogaeth fod yn ffyrnig ar adegau
a'i feirniadaeth ar y sawl a'i dibrisiai fod yn llym. Pan fynnai sôn
am yr eglwys gyfan fel cymuned ysbrydol, gallai gyrraedd tir pur
uchel. Os maddeuant pechodau oedd hanfod yr iachawdwriaeth
a phennaf dyhead dyn, nid yn gymaint trwy'r gweinidog fel
swyddog neilltuol y cyfryngid ef ond trwy gymdeithas yr eglwys
gyfan. 'Pan ddeffroir ein cydwybod ei galw taeraf hi ydyw am
faddeuant na ddichon neb ei roddi ond Duw', meddai, 'ac yn
Iesu Grist daw y maddeuant hwnnw'n feddiant i gredadun.'[72]
Nid gair noeth mo'r maddeuant hwnnw ond gweithred ddei-
namig o eiddo Duw trwy'r Ysbryd Glân a gyfryngir nid, o
reidrwydd, trwy air y pregethwr ond yn amlach na pheidio trwy
weinidogaeth ymarferol aelodau cyffredin yr eglwys:

> Gofynnwn sut y daeth gwirionedd a gallu trugarog gras Duw yn
> feddiant inni, – onid trwy edrychiad llygaid tirion, – trwy gyffyrddiad
> dwylo annwyl, a thrwy eiriau mwynion cordialaidd? Perthynas
> newydd rhwng Duw a dyn ydyw maddeuant, bendith uchaf y
> Cyfamod Newydd, a'r sawl a'i meddo yn unig a ddichon ein tywys
> ato ac iddo. . .
>
> Nid offeiriadaeth ciwdod swyddogol na phregethu corff o
> ddynion galwedig, ond gwaith yr holl Eglwys a phob aelod ohoni
> ydyw'r offeiriadaeth hon, ac uchel offeiriadaeth yw hi sydd yn
> gonsarn i bob un a arddelo Grist, – cyfryngu a chorffoli maddeuant
> Duw a'i egnïo ymysg dynion fel y bratho drwy eu caledwch.[73]

A dyma ni ymhell o bulpud uchel Penuel, y Rhos, a'r tywysog-
bregethwr droedfeddi uwchlaw ei wrandawyr, yn ôl yng
nghymdeithas wladaidd, werinol Llanddulas gynt, lle roedd y
weinidogaeth yn eiddo i'r eglwys gyfan. Ond anaml, gwaetha'r
modd, y byddai Valentine yn taro'r nodyn hwn. Gwarchod
urddas a swyddogaeth y gweinidog unigol a fynnai fel arfer, a
gwneud hynny gyda sêl ac ymroddiad mawr. Nid hawdd
ganddo, yn enwedig tua diwedd ei weinidogaeth, ddygymod â'r
tueddiadau a oedd yn ei thanseilio hi. 'Am y weinidogaeth',
meddai yn 1968, '. . . yr oedd ei chyflwr hi'n argyfyngus. Nid

bychander ei nifer yn ogymaint â bychander ei hystyr hi i'n pobl. Nid bod ei diystyru oddi allan yn ogymaint â'i darostwng hi oddi mewn'.[74]

'Dyma a ddywed yr Arglwydd'

Os gweinidogaeth y Gair trwy gyfrwng y pregethwr nerthol oedd ei ddelfryd, roedd yn naturiol iddo ddehongli pregethu yn nhermau proffwydo. Iddo ef proffwyd oedd gweinidog, a'i fugeiliaeth yn ddarostyngedig i hynny. 'Proffwyd ydyw'r gweinidog', meddai, 'ac onid yw'n broffwyd, nid yw yn ddim. Galwedig yr Arglwydd ydyw, a than "faich yr Arglwydd" y mae'n byw.'[75] Ddegawd yn ddiweddarach yr un oedd ei bwynt: 'Y mae'n hoff gan Fedyddwyr honni mai "proffwyd" ydyw pregethwr. Dywedwn fod pregethu yn gyfystyr â phroffwydo. Mynegi ewyllys Duw i'r bobl ydyw pennaf swydd pregethwr, meddwn, a chan Dduw yn unig y derbyn y proffwyd ei drwydded, a'r drwydded honno'n unig a ddyry hawl iddo bregethu'.[76] Darlun rhamantaidd oedd hwn, wrth gwrs, ac yn cydweddu'n well â thraddodiad radicalaidd, delfrytgar, nag â'r math o grefydd mwy realaidd a oedd yn gorfod dewis rhwng dau ddrwg a chymhwyso egwyddorion moesol mewn sefyllfa-oedd cymhleth nad oeddent yn ddu a gwyn. Yn wahanol i'r traddodiad Catholig ac, i raddau llai, y traddodiad Anglican-aidd, nid oedd gan y Bedyddwyr unrhyw draddodiad hir o foeseg ddiwinyddol a allai gymhwyso gorchmynion absoliwt yn weithredoedd amodol neu ymarferol, ac nid ymddengys i Valentine wybod digon am ddulliau'r traddodiad Diwygiedig o droi'r ysgrythur yn gyfundrefn o foeseg gymdeithasol i fedru manteisio'n gyflawn arno. Ymfalchïai yn hytrach yn etifedd-iaeth y Diwygwyr Radicalaidd a'r Ail-Fedyddwyr, pobl na fu galw arnynt erioed i drin grym politicaidd, ac oherwydd hynny roedd rhywbeth naïf, weithiau, ynghylch ei farn ar faterion cyhoeddus.

Ond nid galwad i reoli neu lywodraethu oedd galwad y proffwyd ond galwad i sbarduno ac i geryddu. Os tuedd y frenhiniaeth yn yr Hen Destament oedd troi'n sefydliad a'r offeiriadaeth yn cynnig cyfiawnhad crefyddol dros ormes ac anghyfiawnder, swyddogaeth y proffwyd oedd galw'r genedl anffyddlon i ddychwelyd mewn edifeirwch at rwymau'r cyf-amod. 'Ar wahân i'r Ymgnawdoliad', meddai, 'y ffenomen rhyfeddaf a welodd ein byd ni oedd twf a chyfodiad y proffwyd Hebreig'. Ac nid swyddogaeth 'grefyddol' mewn ystyr gul oedd ganddynt ond 'proffwydi gwleidyddol oeddent'.[77] Er iddo fwrw'r hen ryddfrydiaeth ddiwinyddol heibio ers blynyddoedd, yn hyn o beth roedd y Valentine aeddfed yn sefyll ar yr un tir ag y bu arno fel gweinidog ifanc yn Llandudno pan blediai hawliau'r 'efengyl gymdeithasol'. 'Er newid ohonom ein pwyslais', meddai, 'nid oes gennym hawl i wadu bod i'r Efengyl neges gymdeithasol fawr. Ni allwn oddef y syniad nad oes ganddo Ef hawl i bob congl o fywyd dyn, ac ni allwn fforddio gadael i unrhyw gyfandir na darn o gyfandir heb blannu baner Ei Arglwyddiaeth Ef arnynt'.[78] Roedd yr egwyddor yn Galfinaidd iach; yr unig broblem oedd troi'r egwyddor yn bolisi yn enwedig o ystyried nad oedd y lliaws mwyach yn arddel rhagdybiau'r ffydd. Ond problem y moesegydd sefyllfa neu'r gwleidydd ymarferol oedd hynny, nid problem y proffwyd. Unig alwad y proffwyd oedd datgan yn ddifloesgni y neges ddigyfaddawd 'dyma a ddywed yr Arglwydd'. Swyddogaeth y pulpud Ymneilltuol, yn ei dyb, oedd dwyn tystiolaeth i safonau absoliwt Duw mewn byd anghyfiawn a datgan yr iachawdwriaeth trwy Grist.

Er pwysleisio ohono swyddogaeth broffwydol y gweinidog Ymneilltuol, yng nghyd-destun eglwys a chynulleidfa leol y câi'r weinidogaeth honno ei chyflawni, sef, yn ei achos ef, gynulleidfa Penuel, y Rhos. Fel yn Llandudno, rhoes o'i orau i'r gynulleidfa honno o ran bugeilio a pharatoi ar gyfer y cyrddau wythnos a'r ysgol Sul. Er yn broffwyd, mynnai broffwydo ymhlith y praidd. 'Y mae nifer fawr o'n cynulleidfa ni yn bensiynwyr', meddai yn 1957, 'a'u bywyd yn ddigon main pan yw costiau yn sboncio i fyny bob wythnos, a rhyfedd mor hael ydyw pobl sydd a'u hadnoddau brinnaf'. Yr her iddo oedd cyflwyno'r efengyl iddynt mewn modd a oedd yn effeithiol ac yn berthnasol. Teimlodd, yn amlach na pheidio, iddo fethu yn hyn o beth:

Y mae nifer go dda yn gweithio mewn ffatrïoedd a swyddfeydd, amryw yn ysgolfeistriaid, a rhan solet yn lowyr yn peryglu eu bywyd beunydd, a chysgod haint du dwst y garreg yn fraw cudd yn eu bywyd, ond y nifer helaethaf yn wragedd tŷ nad oes ganddynt Undeb i wylio eu buddiannau na phennu eu horiau gwaith, tywysogesau'r ceginau, ac o'u mysg hwy y ceir y ffyddlondeb cysonaf i'r gwasanaethau. A dyna'r plant, a'r bobl ieuainc ar drothwy llencyndod a chlybiau ieuenctid ac Aelwydydd yn cynnig iddynt fywyd lliwus a chyffrous. Gwyddom dipyn am anawsterau'r bobl hyn sy'n craffu arnom yn y pulpud unwaith neu ddwywaith bob Sul. Ar adegau y mae'r 'arswydus swydd' bron yn fwy na'n gallu i'w dilyn, a llethir ni yn lân gan ein cyfrifoldeb pan welom y disgwyl sydd ar wynebau'r bobl o'n blaen, a Duw a ŵyr bod y gwasanaeth yn aml yn methu â rhoddi iddynt y gobaith a'r ffydd a'r cymorth a'r llawenydd sydd ganddynt yr hawl iddynt.[79]

Rhan o rwystredigaeth y pulpud Ymneilltuol ar ôl yr Ail Ryfel Byd oedd hwn ac er gwaethaf ei syniadau pendant ynghylch angenrheidrwydd pregethu'r Gair, ymdeimlai'n ddwfn â'i wendidau bugeiliol a'i fethiant i gadw pobl ei ofal. Os 389 oedd aelodaeth Penuel yn 1955, erbyn 1960 disgynnodd i 344 ac erbyn i Valentine ymddeol yn 1970 disgynasai ymhellach i 297. Ond prin y gallai wneud dim byd i newid y sefyllfa. Roedd ysbryd yr oes yn elyniaethus at werthoedd yr efengyl ac yntau, fel pawb arall, yn gorfod dioddef 'difaterwch concridaidd, materoliaeth durol, a bydolrwydd a marweidd-dra na fu mo'u gwaeth yn holl hanes Anghydffurfiaeth'.[80] Fel yn nyddiau'r gaethglud gynt ac er gwaethaf ei rybuddion, roedd rhaid i'r proffwyd hwn wynebu'r farn oedd arno a dioddef gyda'i bobl: 'Dyna'r sut siap oedd ar bethau', meddai yn 1968, '. . . rhwystredigaeth, digalondid, dim haden o ewyllys i fyw, a sylwedyddion ar y gwersylloedd crefyddol yn atseinio ymholiad yr Arglwydd yng ngweledigaeth Eseciel, "Ha, fab dyn, a fydd byw yr esgyrn hyn?"'[81]

Go bruddaidd, fel y gwelir, oedd blynyddoedd olaf ei weinidogaeth yn y Rhos. Er iddo gadw at ei safonau a glynu'n ystyfnig wrth ei argyhoeddiadau, ymdeimlai'n ddwys â'r ffaith mai ychydig, bellach, a oedd yn eu gwerthfawrogi heb sôn am eu rhannu. 'Ar drawiad o'r felan', meddai, 'meddwl a fuaswn ar ôl gorffen fy nghwrs yn y Coleg fod wedi mynd yn ôl i'm pentref a gwasanaethu'r bobl oedd wedi rhoddi i mi brofiadau dyfnaf bywyd – y byddwn i felly fod wedi gwasanaethu'r Deyrnas yn well, ac wedi talu'n amgenach ddyled fy meithrin a'm magwraeth. Ond mae'n rhy hwyr'.[82]

Erbyn hynny roedd yn 75 oed. Ymddeolodd yn 1970 a symud

i fyw i'w hen gynefin yn Llanddulas. Ni fu yno'n hir cyn symud ychydig filltiroedd i'r gorllewin, i bentref Hen Golwyn. Bu'n weinidog-â-gofal am 49 mlynedd, 26 yn Llandudno a 23 yn y Rhos, a threuliodd weddill ei ddyddiau yn rhoi o'i wasanaeth i eglwysi bychain Cymanfa Dinbych, Fflint a Meirion ar y Suliau a chadw cysylltiad â llawer iawn o'i hen gyfeillion, a rhai newydd, yn ystod yr wythnos. Cadwodd ei arfau deallusol yn lân a'i ysbryd yn iraidd, a phan gyhoeddwyd Testament Newydd y Beibl Cymraeg Newydd yn 1975, cymerodd hwnnw'n faes astudiaeth yn y dosbarth beiblaidd wythnosol a gynhaliodd yn eglwys Calfaria, Hen Golwyn. Daliodd i bryderu am gyflwr yr eglwysi a'r weinidogaeth ac meddai, ac yntau bellach yn 90 oed: 'Does neb yn medru bod yn rhyw ddedwydd iawn wrth ganfod yr hyn sy'n digwydd i enwad y Bedyddwyr yng Nghymru. Pa ystyr bellach sydd i *ordeinio*, a pha werth ac ystyr bellach i'r Weinidogaeth?', ac ar ôl trafod y peth ymhellach gofynnodd, 'ond i beth creu cyffro ar derfyn y daith. Mae'n bryd imi seinio'r *Nunc Dimitis*'.[83] Yn hwyr, hwyr yn y dydd dyfarnodd Prifysgol Cymru radd DD er anrhydedd iddo, ond ysywaeth ni fu byw i'w derbyn. Bu farw, mewn cartref henoed yn Llandrillo-yn-Rhos, ar 5 Mawrth 1986 yn 92 oed, ac yn ystod Eisteddfod Genedlaethol Bro Colwyn, 1995, dadorchuddiwyd tabled goffa iddo ar ffurf astell pulpud yn y llecyn lle'i ganed yng nghanol pentref Llanddulas dros ganrif ynghynt. Dyma'r geiriau a roed arno:

'Mae cyfiawnder yn dyrchafu cenedl'
'Gwyn eu byd y tangnefeddwyr'
Er clod i Dduw am y
Parchedig Lewis Edward Valentine MA DD
1893–1986
Gweinidog yr Efengyl
Cenedlatholwr
Heddychwr

Crynhoi

Ar hyd ei yrfa faith yr un argyhoeddiadau a ysbrydolodd Lewis Valentine a chymhellodd ynddo ffyddlondeb di-wyro i'w weledigaeth. O'i fagwraeth gynnar yn Llanddulas, ar yr aelwyd ac yng nghapel bach Bethesda, yn y coleg ym Mangor, ar faes y gad yn Ffrainc a Gwlad Belg, yn y Tabernacl, Llandudno ac ym Mhenuel, Rhosllannerchrugog ac ym Mhenyberth a Wormwood Scrubs: sicrhau ffyniant y Gymru Gristionogol, Gymraeg, 'y winllan wen a roed i'n gofal ni', oedd pennaf nod ei yrfa. Er bod peth datblygiad i'w weld yn ei rawd – y newid o wladgarwch confensiynol i genedlaetholdeb pendant yn ystod y Rhyfel Mawr a'r ymchwil am weledigaeth ddiwinyddol eglurach rhwng y 1920au a'r 1930au – cysondeb a pharhad a'i nodweddai fwyaf. Nid 'celfyddyd y posibl' oedd gwleidyddiaeth iddo ond dull cymeradwy ac anorfod o orseddu'i werthoedd yn y bywyd cyhoeddus; fel gwleidydd nid oedd a fynno ddim oll â phragmatiaeth. Os gwendid oedd hyn mewn gwleidydd, gellid ei ystyried yn rhinwedd mewn proffwyd. Os oedd tuedd ynddo i orddyrchafu pregethu traddodiadol fel unig gyfrwng cyfleu'r gwirionedd, ni allai neb amau ei lwyr ymroddiad i'r dasg bregethwrol a'i feistrolaeth arni: fel pregethwr roedd yn dywysog. A thrwy'r cwbl roedd ei ymlyniad wrth bobl gyffredin ei ofal yn eu hanghenion, eu trallodion a'u gorfoledd yn effeithiol ac yn ddiffuant. Proffwyd oedd Valentine yn ddiau, ond proffwyd a wasanaethodd ar hyd y blynyddoedd ymhlith y praidd.

Wrth ateb cwestiynau holwr yn 1968, ac yntau wedi bod yn weinidog ers bron i hanner canrif erbyn hynny, meddai, 'Cymro Cymraeg ydwyf a Christion. Yn y Gymru Gymraeg Gristnogol hon yn unig mae fy niddordeb, ac iddi hi dan Dduw y rhof fy mywyd.'[84] Os rhyw fath o monomania obsesiynol oedd hyn ar ei ran, byddai'r hen broffwydi Hebreig wedi'i ddeall i'r dim. Dywedodd eilwaith, yn 1983, pan oedd yr argoelion am orseddu'i werthoedd Cristionogol ym mywyd y genedl yn amlwg yn pallu, 'Does gennyf fi ddim diddordeb o gwbl mewn Cymru nad yw hi yn Gymru Gristnogol: Cymru baganaidd, Cymru rydd baganaidd, does gen i ddim diddordeb ynddi o gwbl.'[85] A ninnau wedi cyrraedd mileniwm newydd, gyda Chynulliad Cymreig yn ffaith ac nid ychydig o obeithion gwleidyddol Lewis Valentine wedi'u cyflawni, erys ei weledigaeth ysbrydol yn farn arnom ac yn her.

Yr unig Gymru yr wyf fi wedi ei hadnabod, a'r unig Gymru sydd wedi bod i'm tyb i, yw'r Gymru Gristnogol. Onid y genhadaeth Gristnogol a wnaeth Cymru yn genedl ar y cychwyn? A'r genhadaeth Gristnogol sy'n mynd i'w chadw hi yn genedl hyd byth, gobeithio.[86]

Hyd yn oed mewn oes seciwlar, i'r credadun dyna obaith a ddeil.

4

Llysgennad brenhines dysg:
J. E. Daniel (1902–1962)

Ac ystyried hanes diwylliannol Cymru yn yr ugeinfed ganrif, gellir honni fod y degawdau rhwng y ddau ryfel byd ymhlith y rhai mwyaf cynhyrfus, egnïol a diddorol ohonynt i gyd. Gyda'r Rhyfel Mawr wedi dod i ben, cafwyd newidiadau carlamus ym mywyd economaidd, cymdeithasol, gwleidyddol a chrefyddol y werin, ac roedd teimlad ar led fod y genedl yn wynebu un o'r gwasgfaeon mwyaf a fu yn ei hanes erioed. Er enbyted yr argyfwng, a gafodd ei ddwysáu yn ystod y 1930au gan ddigwyddiadau aruthr cyfandir Ewrop, nid oedd y genedl a'i deiliaid yn amddifad o sbonc, asbri nac ysbryd anturiaeth. Yn ne Cymru ddiwydiannol roedd sosialaeth a'r Blaid Lafur yn prysur ddisodli'r hen hegemoni Ryddfrydol, Ymneilltuol, Gymraeg, ac roedd argoelion y newid i'w gweld yn yr ardaloedd gwledig hefyd. Er mor llwm oedd y sefyllfa gyffredinol, roedd y bywyd deallusol yn ffynnu'n rhyfeddol gyda disgleirdeb eithriadol ar bob tu. Y rhain oedd blynyddoedd anterth W. J. Gruffydd, R. T. Jenkins, R. Williams Parry, Ambrose Bebb, Griffith John Williams a'r un a oedd, fe ddichon, y mwyaf llachar ohonynt i gyd, sef Saunders Lewis. Ymhlith y glymblaid o ddeallusion a gyfrannodd at weithgareddau'r cyfnod oedd y diwinydd o Fangor, J. E. Daniel. Yn ôl yr hen goel, brenhines y gwyddorau yw diwinyddiaeth, ac nid heb achos y galwodd Gwenallt J. E. Daniel yn 'llysgennad y frenhines hon'.[1] Daeth yn ffigwr o bwys yn hanes y meddwl Cymreig modern ac yn un sy'n haeddu'i le ymhlith cedyrn y ganrif.

Ganed John Edward Daniel yn fab i'r Parchedig Morgan Daniel (gweinidog Annibynnol Hirael, Bangor) ac Anna, ei wraig, ar 26 Mehefin 1902. Fel Eirwyn, ei frawd, addysgwyd ef yn ysgol y Friars cyn gadael am Goleg Iesu, Rhydychen, yn 17 oed. Dewisodd ddarllen am radd yn y clasuron yno gan ennill dosbarth cyntaf yn arholiad y 'Moderations' ar derfyn ei bumed tymor a dosbarth cyntaf drachefn yn yr ysgol *Litterae*

J. E. Daniel,
gyda chaniatâd caredig Gwasg John Penry.

Humaniores ddwy flynedd yn ddiweddarach. Cafodd drydydd dosbarth cyntaf, mewn diwinyddiaeth y tro hwn, ymhen y rhawg. Camp academaidd anarferol iawn oedd hon. Dychwelodd i Fangor yn 23 oed fel cymrawd yng Ngholeg Bala-Bangor, coleg diwinyddol yr Annibynwyr, a'i benodi'n athro cyflawn ymhen blwyddyn. Ei waith o hynny ymlaen fyddai dysgu athrawiaeth Gristionogol i ddarpar weinidogion yr Annibynwyr, y Bedyddwyr ac ambell i Fethodist Calfinaidd ac Eglwyswr yng nghyfadran yr ysgol Diwinyddiaeth yng Ngholeg Prifysgol Gogledd Cymru, Bangor.

Ynghyd â'i ddiwydrwydd proffesiynol, meithrinodd ddiddordeb yng Nghymru a'i thynged gan ymuno â'r Blaid Genedlaethol newydd ym mis Chwefror 1928. Os ysgrifennu ac annerch ar bynciau diwinyddol a aeth â'i fryd rhwng 1928 a 1933 pan brofodd mai ef oedd pennaf lladmerydd Protestaniaeth neo-Galfinaidd Karl Barth yng Nghymru, o 1934 ymlaen sianelodd ei egnïon i mewn i weithgareddau'r Blaid. Ymladdodd etholiadau cyffredinol yn ei henw deirgwaith, bu'n Is-lywydd ac yn Llywydd arni yn ei dro, amddiffynnodd hi rhag y cyhuddiad o ffasgaeth, ac yn ystod yr Ail Ryfel Byd gwarchododd ei pholisi dadleuol ac amhoblogaidd o niwtraliaeth. Erbyn hyn roedd yn ŵr priod ac yn ddyn teulu, a'i wraig, Catherine, er yn Annibynwraig o dras, yn aelod brwd o'r Eglwys Gatholig. Cychwynnodd ddiwynidda'n gyhoeddus drachefn yn 1942 gan gyfuno pwyslais Karl Barth ar sofraniaeth Gair Duw a'i bwyslais ef ei hun ar genedligrwydd Cymru, ond yn lled-fuan wedyn daeth ei yrfa ddiwinyddol i ben. Ymadawodd â Bala-Bangor yn 1946 wedi ei benodi yn Arolygwr Ysgolion ei Fawrhydi, swydd a'i cymerodd i ffwrdd oddi wrth y ddau gylch y bu'n gymaint rhan ohonynt gynt, sef y cylch crefyddol a'r cylch cenedlaethol, ac ar ôl 15 mlynedd o ddistawrwydd cyhoeddus daeth y newyddion syfrdan am ei farw, mewn damwain modur, ar 11 Chwefror 1962. Nid oedd eto'n 60 oed.[2]

Herio'r drefn

Fel diwinydd yn hytrach na chenedlaetholwr y daeth enw Daniel i sylw'r cyhoedd yn gyntaf, ac erbyn 1930 gwyddai Ymneilltuaeth fod ymhlith ei phlant un a oedd yn fodlon herio'r *status quo* a oedd wedi nodweddu ei thystiolaeth ers tuag ugain mlynedd a mwy. O ddechrau'r ganrif ymlaen roedd y rhyddfrydiaeth ddiwinyddol a bwysleisiai brofiad dyn ar draul datguddiad Duw wedi dod fwyfwy i'r brig ac ymhlith yr Annibynwyr roedd gwŷr o galibr Thomas Rees, D. Miall Edwards, John Morgan Jones a'r lleygwr W. J. Gruffydd, oll yn ei harddel fel y dehongliad gorau, onid yr unig ddehongliad boddhaol, ar ystyr y ffydd Gristionogol.[3] Ond o'i ysgrifau cynharaf dangosodd Daniel anesmwythyd â'r safbwynt hwn. Nid nad oedd ar y cychwyn yn ymdeimlo â'i hapêl, ond yn niffyg cyfundrefn amgenach nid oedd yn siŵr ynghylch sut orau i'w thafoli. Trwy ddarganfod gweithiau cynnar y diwinydd o'r Swistir, Karl Barth, daethai o hyd i gyfundrefn a bwysleisiai awdurdod gwrthrychol y Gair dwyfol yn hytrach nag awdurdod goddrychol profiad dyn.

Mewn erthygl-adolygiad ar gyfrol bwysig ei gyd-Annibynnwr D. Miall Edwards *Bannau'r Ffydd* a ymddangosodd yn y cylchgrawn *Yr Efrydydd* yn niwedd 1929 y gwelwyd hyn gyntaf. Brodor o Landderfel, Sir Feirionnydd, oedd Edwards, yn radd-edig o Brifysgol Cymru a Choleg Mansfield, Rhydychen, ac yn athro yng Ngholeg Coffa'r Annibynwyr yn Aberhonddu.[4] Yn ei adolygiad ar ei waith, mae'r athro o Fala-Bangor yn anghytuno â rhagdybiau ei gyd-ddiwinydd gan 'ymwrthod, gyda yr eglwys yn ei grynswth, â'r syniad o brofiad ac ymlochesu yn y syniad o ddatguddiad'.[5] Problem awdurdod oedd y broblem grefyddol sylfaenol i Daniel; trwy ba awdurdod y gallai wybod y peth lleiaf am Dduw er mwyn ei adnabod a'i addoli'n iawn? Trwy symud locws yr awdurdod crefyddol oddi wrth ddatguddiad, boed trwy'r Beibl neu trwy'r Eglwys, a'i ddodi ar y profiad dynol, ni wnai'r rhyddfrydwyr namyn amddifadu eu deiliaid o gysur a chysgod y graig a oedd yn uwch na hwy a'u harwain i 'sgeptigiaeth'. Dyna pam y credodd, gyda Barth, fod y rhydd-frydiaeth boblogaidd 'wedi arwain i fethdaliad diwinyddol a chrefyddol Protestaniaeth'.[6]

Yn yr ornest rhwng crefyddau awdurdod, megis Pabyddiaeth a Phrotestaniaeth ym mhriod ystyr y gair, a chrefyddau profiad neu'r ysbryd, nid oes gennyf ronyn o amheuaeth mai nid gyda Schleiermacher yr ymrestraf. Ond yn yr ornest rhwng gwahanol ymhonwyr yr awdurdod hon, ni wn pa beth i'w wneuthur. Ni welaf y cyfiawnheir honiadau Rhufain. Ond ni welaf chwaith y cadarnheir Beibl anffaeledig. Dyna broblem a thasg fawr Protestaniaeth heddiw, sef edfryd rywfodd allu a glorianno brofiadau a'u cyhoeddi'n brin. Fe ddichon mai mewn rhyw athrawiaeth newydd o'r Beibl, fel yr eiddo Barth, y ceir ein dymuniad; ni wn, eithr gwn mai dirym a fyddwn hyd onis caffom.[7]

Bu rhaid aros tan ddiwedd y 1930au pan gyhoeddodd Barth ail ran cyfrol gyntaf ei waith mawr y *Kirchliche Dogmatik* ('Y Ddogmateg Eglwysig') cyn astudio manylion yr athrawiaeth newydd hon am y Beibl,[8] ond roedd Daniel eisoes yn cael ei ddenu ati. Gwelir ôl yr athrawiaeth yn glir ar y gyntaf o ysgrifau ei ail gyfnod, sef y traethiad 'Pwyslais Diwinyddiaeth Heddiw' a gyhoeddwyd yn 1942: 'Nid yw pregeth na sacrament na chredo yn Air Duw yn ddigon ynddynt eu hunain, geiriau dynol ydynt oll, heb unrhyw rym na gallu tu hwnt i ryw eiriau dynol eraill. Gwifrau ydynt i gario'r trydan dwyfol pan fynno Duw.'[9] Roedd hyn yn wir am eiriau'r Beibl hefyd. Pwysigrwydd fel cyfrwng datguddiad oedd i'r Beibl, datguddiad a wireddwyd trwy ffydd ym mhrofiad y credadun. Ond oni bai am y datguddiad ei hun annichon fyddai unrhyw wybodaeth am Dduw ac ofer fyddai unrhyw wybodaeth amdano. 'Meddyliwch am gastell', meddai yn ei gyfrol fach *Dysgeidiaeth yr Apostol Paul* (1933),

cryfach hyd yn oed na chastell Harlech . . . castell na lwyddodd un ymosodwr erioed ei ddarostwng. Yr ydych am fynediad i'r castell. O'i amgylch mae ffos ddofn, yn golchi'i odreuon y mae tonnau'r môr, a saif yntau ar binacl o graig. Pa fodd yr enillwch eich dymuniad? Rhaid i chwi gael cydsyniad preswylwyr y castell, rhaid iddynt hwy ollwng y bont i lawr fel y gellwch groesi'r ffos a myned i mewn i'r castell.[10]

I Daniel ni ellid adnabod Duw heb yn gyntaf iddo Ef ollwng i lawr y bont a'i ddatguddio'i hun. A dyna a wnaeth yn y Gair.

Nid Gair noeth oedd y Gair hwnnw ond Gair personol. Gair a ymgnawdolwyd mewn hanes ym mherson Iesu Grist. Nid oedd neb yn ail i'r rhyddfrydwyr diwinyddol yn eu parch at berson Iesu ond roedd eu dehongliad ohono, ym marn Daniel, yn bur ddiffygiol. I Miall Edwards, John Morgan Jones ac eraill, gŵr a gynysgaeddwyd â dawn Duw oedd Iesu – proffwyd, athro, 'yr *expert* pennaf sy gennym eto yn nhiriogaeth yr ysbrydol', chwedl Miall Edwards.[11] Nid marw fel iawn dros ein pechodau a wnaeth ond cael ei ferthyru gan ragfarn ac anwybodaeth dynion. Esboniad deniadol, ysgolheigaidd ac estynedig ar y dehongliad hwnnw oedd *Bannau'r Ffydd*, gyda dwyfoldeb Iesu yn cael ei ystyried ynddi fel gradd eithaf ei ddyndod. Ond i Daniel roedd dirgelwch person Iesu yn fwy dyrys na hyn, a'r enigma a oedd ynddo yn cael ei briodoli i natur unigryw ei dduwdod. 'Gwir nad yw [Paul] yn unman yn galw Iesu Grist yn Dduw', meddai, 'ni adai ei etifeddiaeth Iddewig iddo wneuthur hynny, ond fe ddywed yn ddiamwys mai ar ochr Duw i'r llinell sy'n gwahanu Duw a dyn yr oedd Iesu yn hanfod ei berson'.[12] Ni ellid, felly, esbonio dwyfoldeb fel gradd eithaf dyndod; onid oedd gwahaniaeth ansawdd anfeidrol yn bod rhwng dynoliaeth a Duw? Nid datblygiad naturiol tuag at berffeithrwydd dynol oedd yr Ymgnawdoliad ond gwyrth unigryw, y ffaith fod *Duw* wedi dod yn ddyn.

Amheuai Daniel – ac yntau wedi bod yn eistedd wrth draed yr ysgolhaig beiblaidd radicalaidd Rudolf Bultmann ym Mhrifysgol Marburg yn 1931 – fedr ysgolheictod i ddod o hyd i'r manylion am 'Iesu hanes'. Ond nid dyna oedd yn bwysig iddo: 'O ddyddiau Pawl, a wrthododd adnabod Iesu yn ôl y cnawd, arweiniodd greddf ddiogel yr Eglwys i beidio gosod pwyslais ar fanylion hanesyddol bywyd yr Iesu, ac eithrio'r rhai a geir yng Nghredo'r Apostolion, Ei eni, Ei farw, Ei atgyfodiad.'[13] Ac yn ôl y gredo honno, a gadarnhawyd gan dystiolaeth ffydd, nid dyn a ddwyfolwyd oedd Iesu ond Duw ei hun mewn cnawd, yr Arglwydd atgyfodedig: 'Mabwysiader athrawiaeth uniongred yr Ymgnawdoliad', meddai, 'a cheir sicrwydd ar y pethau hanfodol'.[14] Ni raid poeni yn ormodol wedyn am fanylion ffeithiol yr efengylau. Gellid ymddiried yn hytrach yn y datguddiad a fyddai'n ei ddilysu ei hun trwy ffydd.

Safbwynt dadleuol a newydd sbon oedd hwn yng Nghymru ar y pryd ac un nad oedd heb ei beryglon. Byddai'r rhyddfrydwyr diwinyddol yn ei gollfarnu am iddo wadu un o brif sylfeini'u cred, sef fod Iesu y Testament Newydd yn un y gellid dod o hyd iddo trwy ddefnyddio dulliau ymchwil yr hanesydd di-duedd. Byddai'r ceidwadwyr diwinyddol yn ei wrthod am iddo danseilio'u ffydd yn niwallusrwydd ffeithiol y Beibl fel Gair anffaeledig Duw. Ond er gwaethaf y beirniadaethau hyn, teimlai

Daniel mai'r safbwynt hwn a fyddai'n diogelu Cristionogaeth
trwy roi yn ôl i'r eglwys wrthrychedd y datguddiad o Dduw. 'Ni
ll Crist y Moderniaid gyflawni iachawdwriaeth wrthrychol,
yd yn oed pe cydnabyddent bosibilrwydd y peth',[15] meddai.
Ond roedd Duw yn bod a dilysrwydd y dystiolaeth amdano ar
gael gan ei wireddu'i hun, trwy'r Ysbryd Glân, yng ngweithred
y datguddio. Yn sgil hyn daeth pregethu yn weithgaredd
nerfeiddiol: 'Ni fedrwch ddiwinydda yn iawn heb iddo godi
awydd ynoch i bregethu',[16] meddai unwaith. Gellid pregethu am
od yna newyddion da *i'w* pregethu, sef yr hanes am waith Duw
yng Nghrist yn cymodi'r byd ag Ef ei hun. Nid cynghori pobl i
feithrin profiadau crefyddol neu ymdrechu i fod yn dda oedd
diben pregethu, eithr cyhoeddi iachawdwriaeth wrthrychol. 'I
ni, rhywbeth a wneir trosom, uwch ein pennau, yw'r Iawn',
meddai wrth Miall Edwards, 'ffynnon a agorwyd *cyn* i ni yfed
ohoni'.[17] Ymgnawdolodd Duw mewn lle arbennig ac ar adeg
arbennig er mwyn cyflawni gwaith arbennig, sef achub pobl
oddi wrth eu pechodau. 'Nid teip na phroses yw'r ym-
gnawdoliad', meddai, '. . . Ni all Iesu arall farw eto ar Galfaria
arall'.[18] Roedd Duw yn hytrach wedi gweithredu unwaith ac am
byth yn ei Fab gan gymryd pechodau'r byd arno'i hun a thrwy
hunanaberth eu dileu. Dyletswydd y pregethwr oedd cymell ei
wrandawyr i ymateb i'r weithred hon.

Mewn darlith radio yn 1933 pwysodd grefydd ei gyfnod yn y
glorian hon a'i chael yn brin. 'Dyfodol crefydd yng Nghymru'
oedd ei bwnc ond os byddai deiliaid crefydd yn parhau i rodio
ar hyd llwybrau'r hen foderniaeth, mynnai'r proffwyd ifanc a
thra hyderus hwn mai dyfodol tywyll iawn oedd yn eu hwynebu.
'Y mae yn ffasiynol iawn heddiw i ddilorni pob sefydliad
crefyddol, a thybio mai'r eglwys yw noddfa olaf rhagrith
crefyddol', meddai, ond yn lle ymorol am ddiwygio'r eglwys ac
adfer gwir dduwioldeb o'i mewn, soniai 'paganiaid praff ein
dyddiau ni' am ganfod Duw yng nghanol egnïon a gweith-
gareddau'r byd seciwlar: 'Soniant lawer am "ysbryd Crist", ac
fe'i gwelant yn gweithredu'n rymus ym mhawb a phopeth ond
llan a chapel.'[19] Nid oedd hyn ond yn ben draw rhesymegol y
pwyslais rhyddfrydol ar grefydd fel profiad yn hytrach na
chredo, ac ar Gristionogaeth fel gwedd ar y diwylliant dynol yn
hytrach nag fel ufudd-dod costus i'r datguddiad dwyfol yn y
Gair. Galwad ar i grefyddwyr Cymru edifarhau a dychwelyd at

unig ffynhonnell ddilys eu hiachawdwriaeth, sef 'pendantrwyd(
athrawiaethol ac eglurder credo' oedd ganddo, ac oni wnan
hynny ar fyrder, 'buan iawn y daw nemesis ar ein bwhwmar
ansicr'.[20] Beth fyddai dyfodol crefydd yng Nghymru pe n:
weithredwyd ar fyrder?

> Ein tynged fydd tynged y Cheshire Cat, fe ddiflanna bopeth ono
> gwên trysoryddion ac ysgrifenyddion a swyddogion, a diwedd eir
> henwadau fydd anerchiad gan y trysorydd ar stâd ariannol yi
> Undeb . . . Oni ŵyr enwad neu eglwys ym mha beth y cred, yna ni
> ddichon morter cyfundrefn ei chadw rhag ymddatod yn llwyr.[21]

Roedd rhywbeth yn herfeiddiol am y traethu di-flewyn-ar-dafod
hwn a oedd yn cadarnhau fod cyfnod newydd yn y Gristion-
ogaeth Gymraeg wedi gwawrio.

Pwysigrwydd J. E. Daniel yn hanes datblygiad y meddw]
diwinyddol Cymreig oedd mai ef a fynegodd gyntaf a chliriaf yr
adwaith neo-Galfinaidd i'r rhyddfrydiaeth ddiwinyddol a fu
mor ddylanwadol yn Ymneilltuaeth y wlad er cenhedlaeth a
mwy. Perygl y rhyddfrydiaeth honno oedd peri i Dduw fynd ar
goll oddi mewn i blygion ei greadigaeth. Yn sgil hyn troes Crist
y Gwaredwr yn Iesu yr esiampl, a newidiwyd yr efengyl o fod yn
gyfrwng achubiaeth ddwyfol ei tharddiad i fod yn gyfundrefn
foesegol ddynol ei naws. Roedd y Duw trosgynnol a'i sancteidd-
rwydd eirias mewn dirfawr berygl o gael ei ddisodli gan ddyn a'i
brofiad. Beth bynnag am bwysigrwydd y profiad crefyddol,
sylfaen Cristionogaeth yw nid y canfyddiad dynol ond ym-
wneud y Duw grasol â'i greadigaeth ac â'i fyd. Cymwynas fawr
J. E. Daniel oddi mewn i Ymneilltuaeth Gymreig oedd ail-osod
y terfynau er mwyn i eraill, megis Lewis Valentine ymhlith y
Bedyddwyr ac Ivor Oswy Davies ymhlith y Methodistiaid
Calfinaidd, ddiwinydda o'r newydd ar sail y Gair.[22]

Haelioni

Cyhoeddodd Daniel y cwbl o'i ysgrifau crefyddol yn ystod dau
gyfnod neilltuol, y naill rhwng 1928 a 1933 a'r llall rhwng 1942 a
1948. Dadansoddol a beirniadol oedd nodwedd amlycaf y
gyfres gyntaf, ac yntau'r pryd hynny yn dal i ddod o hyd i'w

riod farn, ac esboniadol a chadarnhaol yw nodwedd yr ail
yfres, ac yntau bellach yn gwbl hyderus yn ei safbwynt. Bu'n
digyfaddawd ei bwyslais ar hyd y blynyddoedd ond yn gwbl
mharod i gollfarnu'n bersonol y sawl na chytunai ag ef. Gallai
werthfawrogi dilysrwydd ffydd ei wrthwynebwyr rhyddfrydol
c eto ar yr un pryd feirniadu'u diwinyddiaeth. 'I mi y cwbl sy
aid i ddyn ei wneuthur i fod yn Gristion yw cydnabod pen-
rglwyddiaeth *bersonol* Iesu Grist', meddai. 'Credaf y dygymod
ffeithiau'n well â'r esboniad traddodiadol o berson Crist,
eiliedig ar athrawiaeth uwchfodol o'r berthynas rhwng Duw a
lyn, ond nid yw hyn namyn fy syniad personol i; ni charwn
wneuthur pwynt athronyddol yn shiboleth crefyddol.'[23]
Glynodd wrth y farn hon trwy gydol ei yrfa. Ni fynnai ei wrth-
wynebwyr pennaf ei feio o gollfarnu dynion wrth drin eu
yniadau. Yn yr ymosodiad cyhoeddus chwyrnaf a wnaed arno,
gan olygydd *Y Llenor* yn 1940, gorfu i hyd yn oed W. J.
Gruffydd gydnabod hyn:

> Gwn eich bod yn credu'n ddiysgog yn yr egwyddorion a gyhoeddir
> gennych, gwn fod eich dylanwad ar feddyliau'r ieuenctid yn
> haeddiannol fawr, oherwydd eich personoliaeth hoffus a'ch
> unplygrwydd amlwg, . . . gwn nad oes gennych yr un fwyell bersonol
> i'w hogi ac nid oes job nac elw a all eich prynu.[24]

Polisi'r Blaid Genedlaethol o niwtraliaeth yn wyneb y rhyfel â
Hitler oedd dan ystyriaeth ar y pryd, gwleidyddiaeth yn hytrach
na diwinyddiaeth. Roedd drwgdybiaeth Gruffydd o ddiwin-
yddiaeth Daniel yn hysbys, fodd bynnag, ac ni allai golygydd *Y
Llenor* ysgaru'r fath athrawiaeth absoliwtaidd a arddelai Daniel
oddi wrth wrthddemocratiaeth dybiedig y Blaid Genedlaethol.

Beth bynnag am natur ganmoliaethus y brawddegau uchod,
aeth Gruffydd ymlaen i ymosod yn bersonol ar Daniel gan ei
orfodi, mewn llythyr agored yn *Y Faner* ym Mawrth 1941, i'w
amddiffyn ei hun. Ond roedd hyn yn gwbl groes graen iddo.
Iddo ef nid oedd dim yn anghydnaws mewn parchu gwrth-
wynebydd heb ddrwgdybio'i gymhellion na phardduo'i gym-
eriad. O ran y rhyddfrydwyr diwinyddol gallai eu hymlyniad
wrth Grist fod yn gwbl ddiffuant er i'w dehongliad ohono fod
yn gyfeiliornus. 'Y mae'n amlwg fod ffydd y diwinyddion hyn
yn drech na'u syniadau, ac na allant oherwydd eu cariad at eu

Harglwydd beidio â phriodoli iddo ryw arbenigrwydd terfyno
na chaniata llythyren eu sistem.'[25] Dyna a ddywedodd mew
ysgrif ar Karl Barth tua 1945. Ymhen y flwyddyn cafodd dalu'
gymwynas olaf â'i gyfaill o gyd-weithiwr, y diwinydd rhydd
frydol diedifar John Morgan Jones, a hynny yn y tyneraf o'
anerchiadau. 'Mae llawer ohonom yn salach na'n diwin
yddiaeth; diolch i Dduw fod llawer yn well na hi.'[26] Ymhlith
rhinweddau mwyaf deniadol J. E. Daniel oedd yr haelion
ysbryd hwn.

Rhufain a Genefa

Nid mater o hunanfynegiant oedd crefydd i Daniel ond mater o
ymostyngiad ac ufudd-dod, nid mater o feithrin profiadau ond
o gofleidio datguddiad. Yn eu hadwaith i ffasiwn diwinyddiaeth
y cyfnod, denwyd rhai at Brotestaniaeth y Gair ac eraill a
Gatholigiaeth Rhufain. A chofio cyfeillgarwch Daniel a
Saunders Lewis a'r ffaith iddo briodi Catherine Hughes yr
1936, bedair blynedd ar ôl iddi gael ei derbyn i'r Eglwy
Gatholig, diddorol yw sylwi ar ei agwedd at Babyddiaeth.[2]
Testun ei gyfres gynharaf o ysgrifau oedd Ymddiddanio
Malines, trafodaeth a gynhaliwyd yn y 1920au rhwng cynrych
iolwyr Eglwys Loegr ac Eglwys Rufain ar fater uno. 'Ni ellir lla
nag edmygu cyfanrwydd cyson Pabyddiaeth a'r cadernid sym
sy'n cynnal ei holl addurniadau', meddai, 'a chaled yw atal ias o
ddymuniad na fai'r gyfundrefn hon yn ffaith'.[28] Serch e
edmygedd ohoni, a'i gydymdeimlad â'r cysondeb rhesymegol a
nodweddai'i hathrawiaethau, ni allai gydsynio â rhagdyb
iaethau ei ffydd. 'Dyma un o gampweithiau'r meddwl dynol'
bid siŵr, ond 'yn y pen draw, condemniad y Babyddiaeth yw
ffeithiau: nid yw'r pethau hyn felly'.[29] Fel y Pabyddion
derbyniai Daniel yr egwyddor ddogmatig, sef mai mater o ddat
guddiad oedd crefydd, o neges a ymddiriedwyd gan Grist i'w
eglwys. Gwirionedd i ymostwng iddo yn hytrach na nod i'w
gyrchu oedd Cristionogaeth yn ôl y farn hon. Derbyniodd hefyd
Gredo'r Apostolion fel crynodeb dilys o'r Gristionogaeth
honno. Ond ymwrthododd â honiad Rhufain mai hi, trwy
weinidogaeth y Pab, olynydd Pedr, oedd ceidwad y datguddiad
hwnnw: 'Ni welaf y cyfiawnheir honiadau Rhufain',[30] meddai, a

yma oedd ei safle, fe ymddengys, trwy gydol ei oes. Coll-
arnodd y syniad o anffaeledigrwydd – anffaeledigrwydd y Beibl
mewn Protestaniaeth ac anffaeledigrwydd yr eglwys yn ôl y
syniad Catholig: 'Yr un yw hanfod y ddwy athrawiaeth fel ei
gilydd', meddai, 'sef trosglwyddo awdurdod derfynol yr hyn a
wnaeth Duw i'r mynegiant ohono yng ngeiriau dyn'.[31] Ond
credai, serch hynny, fod y Beibl a'r eglwys yn hanfodol i'r ffydd.
Cymwynas y Diwygwyr Protestannaidd yn yr unfed ganrif ar
bymtheg, a Karl Barth yn ei gyfnod ei hun, oedd ailddiffinio'r
eglwys fel gwasanaethferch yr efengyl a chynnyrch y datguddiad
yn y Gair. 'I Luther', meddai unwaith, 'y mae'r Eglwys weledig
yn hanfodol i'r Efengyl, am mai ynddi hi y pregethir y Gair, ac y
cedwir ef yn ei burdeb'.[32] Y Gair, felly, sy'n creu'r eglwys a than
awdurdod y Gair yn unig y bydd yn ffynnu:

Iesu Grist yn unig, gan hynny, sydd yn ben yn Ei Eglwys. Nid yw Ef
byth yn rhoi Ei ogoniant i arall, hyd yn oed i'w Eglwys. Ymha ddull
bynnag y ceir athrawiaeth o anffaeledigrwydd yr Eglwys, boed
mewn Cynghorau Cyffredinol, mewn esgobion, mewn Pab, golyga
hynny fod dyn wedi myned i le Duw. Ni ellir ceryddu na chywiro
awdurdod anffaeledig, ni all chwaith ei geryddu neu'i gywiro'i hun,
oblegid nid oes unman y gellir ohono anelu cerydd na chywiriad at
awdurdod felly mwy nag y gellir at Dduw. Eithr y mae gennym ni
fan y gellir ohono anelu cerydd a greo edifeirwch yn yr Eglwys ac a'i
dwg i'w holi ei hun drachefn a thrachefn; y mae gennym ni'r Beibl
na ellir dianc oddi wrtho ac o'r hwn y clywodd yr Eglwys Lais Duw
a'i Harglwydd yn ei galw'n ôl o'i hafradlonedd.[33]

Y dehongliad Protestannaidd yw hwn, a'r athrawiaeth
Brotestannaidd glasurol o gyfiawnhad trwy ffydd yn unig yw'r
allwedd a ddefnyddiodd i ddeall meddwl yr Apostol Paul yn ei
lyfr arno yn 1933, ac ymwrthododd ynddo â'r syniad o draws-
sylweddiad ac â'r dehongliad sagrafennol o effaith anorfod (*ex
opere operato*) yr Ewcharist neu Swper yr Arglwydd:

Ym mha ystyr y tybia [Paul] bod Bord yr Arglwydd yn gymmun [*sic*]
corff a gwaed Iesu Grist? Nid o leiaf yn yr ystyr bod yr elfennau yn
troi o fod yn fara a gwin i fod yn gorff llythrennol Iesu Grist.
Cymuno â'r Arglwydd trwy'r elfennau, nid cyfranogi ohonynt y
mae'r Cristion . . . Nid peth mecanyddol yn ei effaith yw y sacrament

yma. Nid yw'n annibynnol ar gyflwr meddwl y rhai sy'n cymryd rhan ynddo.[34]

'Yn awr, nid oes dim newydd yn hyn oll', meddai, wedi esbonio neges Karl Barth yn 1945. 'Dyma hanfod yr Efengyl fel y ceir hi yn y Testament Newydd, fel yr ailgyhoeddwyd hi gan y Diwygwyr Protestannaidd, ac fel y credir hi gan luoedd lawer o Gristionogion syml mewn llawer gwlad.'[35] Roedd Protestaniaeth, felly, yn ei gwedd glasurol, yn fynegiant dilys iddo o ffydd gatholig eglwys Iesu Grist.

Mewn ysgrif na chafodd nemor sylw gan neb erioed, sef 'Y Eglwys: teulu Duw', cyfunodd Daniel y pwyslais catholig ar yr eglwys â sylwedd y dehongliad Protestannaidd ar yr efengyl er mwyn egluro'i safbwynt ei hun. Roedd rhaniad y Diwygwyr Protestannaidd a'r Tadau Ymneilltuol rhwng yr eglwys weledig a'r eglwys anweledig yn un cywir, meddai, ond ni ddylid gwneud natur ysbrydol y wir eglwys fel mae Duw yn ei hadnabod yn esgus dros ddilorni yr eglwys weledig fel yr oedd yn ymddangos ar lwyfan hanes: 'Mae gan Dduw Ei Eglwys weledig hefyd, y gymdeithas o ddynion a'u henwau ar lyfrau o bapur y gall sant ac inffidel bwyntio atynt, ac y gall claf a chlwyfus drigo yn eu plith, ac ni cheir ynddi y fflam heb y llwch. Na fychaner mohoni.'[36] Os oedd y rhyddfrydwyr diwinyddol ac nid ychydig o'i gyd-Annibynwyr yn coleddu syniad annigonol amdani fel cwmni dynol neu gasgliad o unigolion a ddeuent ynghyd bron ar hap er mwyn ymarfer â'u crefydd, nid felly oedd argyhoeddiad y Tadau:

> Nid yr un, bid siŵr, yw rhestr yr enwau ar ei llyfrau hi ag ar lyfrau'r nef, ac nid yw aelodaeth ohoni yn gwarantu iechydwriaeth neb. Ond ewyllys Duw yw ei bod hi, er ei hamherffeithied; ohoni hi y daw y cadwedigion ac ynddi hi y meithriner saint y Goruchaf . . . Y mae i'r Eglwys weledig ei brychau, ond y mae iddi hi hefyd ei Harglwydd. Ynddi hi hefyd y mae a wnelom â'n Duw a'n Harglwydd. Ynddi hi y'n bedyddir ni, ynddi hi y gwrandawn Air Duw, ynddi hi y gweinyddir yr Ordinhad o Swper yr Arglwydd i ni, ac yn ei breichiau hi y noswyliwn.[37]

Syniad aruchel am yr eglwys oedd hwn ac ôl dysgeidiaeth y Diwygwyr Protestannaidd a'r Tadau Ymneilltuol cynnar arno, ond perygl Ymneilltuwyr diweddar oedd naill ai camgymryd y

ull yr ymffurfiodd yr eglwysi cyfoes mewn hanes am y sylwedd
sbrydol a fu'n sail iddynt, neu orbwysleisio'r eglwys leol ar
raul eglwys weledig Duw yn ei chyfanrwydd byd-eang ac
mlenwadol:

> Y ffurf y daw Annibynwyr Cymraeg i berthynas ag Eglwys Weledig
> Duw yw'r gynulleidfa leol, ag arni nodweddion lleol a'i phriod-
> foddau arbennig, mewn iaith, safle gymdeithasol, trefniadaeth ac yn
> y blaen . . . Gellir cael cymdeithas o ddynion y mae rhyddid barn
> a democratiaeth a Chymreictod diledryw yn ffynnu yn eu plith,
> sydd hefyd yn eu galw eu hunain yn eglwys Annibynnol, ond a
> chanddynt rith crefydd yn gwestiwn agored; honnant hawl
> dilyffethair i esbonio'r Efengyl fel y mynnant; taflant ymaith
> gredoau a thraddodiad yr Eglwys fel pe na buasai Eglwys o'u blaen
> hwy; trafodant y Cwrdd Eglwys fel pe bai yn bwyllgor busnes;
> ystyriant fod llywodraeth y mwyafrif yn gyfystyr ag Arglwyddiaeth
> Crist; credant fod trefn ddemocrataidd yn iawn cyflawn am ddiffyg
> Gweinidogaeth sefydlog, am esgeuluso disgyblaeth eglwysig, ac am
> ddibrisiad o'r Sacramentau; a thrwy hyn oll ail-groeshoeliant iddynt
> eu hunain yr Arglwydd Iesu.[38]

) gymharu â hyn, eilradd oedd y bai arall, ond bai ydoedd serch
ynny: 'Presenoldeb Crist yn yr Eglwys Fawr sy'n gwneud y
ymdeithas fach yn eglwys, yn fwy, hynny yw, na chlwb o
mchwilwyr crefyddol. Temtasiwn barod ein Hannibyniaeth
jymraeg yw'r plwyfoldeb na fyn ymddiddori mewn dim ond
ng nghydgynulliad yr eglwys leol.' 'Ein perygl', meddai, 'yw
weld yr eglwysi heb weld yr Eglwys'.[39]

Sut, felly, y dylai Protestaniaid yn gyffredinol ac Annibynwyr
n neilltuol ymarfer eu heglwysyddiaeth?

> Pan sonnir . . . am ryddid barn yr Annibynwyr, rhyddid o fewn y
> dystiolaeth hon a olygir. Ys gwir na osodwn unrhyw gredo
> penodedig yn amod aelodaeth, ac y mae gennym resymau cryfion a
> digonol dros beidio â gwneud hynny (nid y lleiaf ohonynt yw
> esiampl echrydus cyrff eraill a geisiodd osod y cyfryw amod); ni
> olygir nad oes gennym, neu na ddylai fod gennym ein cyffes ffydd, a
> fo'n mynegi yn ôl amodau gwahanol gyfnodau ac mewn iaith
> ddealladwy gan ein hoes yr un dystiolaeth hanfodol ag a geir yn y
> Testament Newydd.[40]

)nd yn y cyfamser roedd gan bob eglwys Annibynnol ei

chyfamod eglwysig a oedd yn ei chlymu wrth ei Harglwydd ac
wrth ei addewid grasol yn ei Air. Roedd yr eglwys, felly,
Daniel yn ffrwyth yr efengyl ac yn oblygedig ynddi. Nid ateg
hwylus i'r efengyl neu rywbeth y gellid yn briodol iawn e
hepgor, ond ordinhad Duw ar gyfer mynegi ei bresenoldeb
Ef yn y byd. Olyniaeth efengylaidd oedd yr olyniaeth apostol
aidd iddo, gyda'r weinidogaeth yn bod er mwyn bugeilio'i
praidd a thraddodi'r Gair. 'Yn hyn y mae'r wir olyniaeth
Apostolaidd, sef yn y gwaith, nid yn y swydd', meddai. 'N
wyddom ni am unrhyw ymgais i glymu gweithgarwch Duw yn e
Eglwys wrth unrhyw olyniaeth a ymddengys i ni'n fecanyddol
neu otomatig.'[41] Fel yr oedd y weinidogaeth efengylaidd yn
rhan o'r olyniaeth apostolaidd, roedd i'r eglwys leol ei lle odd
mewn i'r eglwys gyffredinol a chatholig ac Undeb yr Annibyn
wyr ei le yn yr eglwys fawr hefyd:

> Ni thâl i ni holi pa nifer o briodoleddau yr Eglwys Lân Gatholig y
> gellir eu tynnu ymaith heb orfod cyhoeddi nad yw hi yno mwyach
> rheitiach i ni yw holi am gyflawnder yr Eglwys. A'r un yw
> cyflawnder yr eglwys leol ag eiddo'r Eglwys Fawr. Gan hynny n
> ddylai'r un Cristion na'r un corff o Gristnogion fodloni ar berthyn
> gymdeithas na ddichon iddi ddarparu yn ôl safon yr Efengyl ar gyfe
> rheidiau'r saint.[42]

Er y byddai Daniel yn ei flynyddoedd olaf yn mynychu'r offeren
yn gyson gyda'i wraig a'i blant yng Ngholeg Beuno Sant
Tremeirchion, yn ymyl eu cartref ym Modfari, ni fyddai'n
cymuno, ac nid oes tystiolaeth iddo ystyried ymuno ag Eglwys
Rufain yn y cyfnod hwnnw hyd yn oed. Anghytunodd yn
bendant â phenderfyniad y Pab Pius XII i gyhoeddi Dyrchafiad
Mair Forwyn yn ddogma yn 1950.[43] Protestant o Annibynnwr
oedd J. E. Daniel – 'Apeliasoch i'm herbyn at Michael D. Jones
Yr wyf yn gwbl fodlon. Boed felly',[44] meddai wrth W. J
Gruffydd yn ei lythyr agored – a gweinidog eglwys Annibynnol
Pen-dref, Bangor, a'i claddodd. Roedd ei eglwysyddiaeth yn
ogystal â'i ddealltwriaeth o'r efengyl yn unol â chanonau mwyaf
clasurol y Diwygiad Protestannaidd.

Gwleidydda

Os torri ei gwys ei hun yn y maes diwinyddol a wnaeth Daniel, rddel syniadaeth a oedd eisoes yn bod a wnaeth yn y maes gwleidyddol. Mae ei ysgrifau mynych yn *Y Ddraig Goch* a'r *Welsh Nationalist* o 1932 ymlaen, yn ogystal â deunydd ei lyfr *Welsh Nationalism: What It Stands For* (1937), yn dangos ôl glur pamffled Saunders Lewis *Egwyddorion Cenedlaetholdeb* 1926). Roedd gweithiau deallusion Catholig ffasiynol megis acques Maritain, G. K. Chesterton, Hilaire Belloc, y cylchythyr *Rerum Novarum* gan y Pab Leo XIII a phethau eraill, y wbl wedi'u defnyddio gan Lewis i greu gweledigaeth ynghylch Cymru bendefigaidd, Ewropeaidd a gwâr yr hoffai weld yn fynnu maes o law yn rhydd oddi wrth ormes cyfalafiaeth ryngwladol ar y naill law a sosialaeth wladwriaethol ar y llall. Nid refyddolder y weledigaeth hon a ddenodd Daniel ond y ootensial a oedd ynddi i warchod cyfoeth diwylliannol y genedl Gymreig. Roedd traddodiad a'r syniad o etifeddiaeth yr un mor owysig iddo ef ag i Saunders Lewis, ond roedd y diwinydd o angor yn llai uchelwrol ei bwyslais ac, yn eironig ddigon, yn wy seciwlaraidd ei fryd. Prin y crybwylla mewn unman Gatholigiaeth y gorffennol Cymreig na chyfeirio at ystyriaethau refyddol o gwbl, yn hytrach cyfanrwydd bywyd y genedl yn 1yddiau ei rhyddid a aeth â'i fryd. 'Wales had, in the house of Cunedda, a royal dynasty, which, for sustained ability over a oeriod to be reckoned in centuries, is unique in the history of Europe',[45] meddai, a'r bendefigaeth hon, trwy egwyddor perchntyaeth a ddiogelwyd yng nghyfreithiau Hywel Dda, a iicrhaodd degwch a chyfiawnder ar gyfer y werin gyhyd.

Gyda'r Tuduriaid y daeth y cwymp, gyda hawliau cysefin y mân ddyddynwyr yn gorfod ildio i wanc ariannol yr oruchwyliaeth newydd. Fel y chwalwyd ffiwdaliaeth yn Lloegr, felly y distrywiwyd gwareiddiad perchentyol diddosbarth yr hen Gymru rydd. Yna pan ddaeth diwydiannu, roedd sefyllfa'r werin yn druenus ddiamddiffyn, heb unrhyw fodd ganddynt i ymgadw rhag rhaib didostur y farchnad rydd. Cafodd dynion eu trin fel pethau yn hytrach na phobl yn meddu ar urddas a hras, a dyna yn fras gyflwr Cymru hyd at gyfnod Daniel ei hun. Cenhadaeth y Blaid Genedlaethol oedd eu hadfer i'w hen fri, a hynny trwy ddulliau economaidd yn ogystal â rhai cymdeithasol:

'Many a country has realized that political independence
without economic control is the mere ghost of freedom'
meddai.[46] Trwy greu rhwydwaith newydd o fân ddiwydiannau
a gwasgaru cyfoeth ymhlith trwch y Cymry eu hunain, credai
Daniel y gellid dechrau gwrthweithio effaith cyfalafiaeth Lloegr
a hybu adferiad y genedl. Ond rhamantaidd ddiwylliannol oedd
y weledigaeth hon yn y bôn: 'It is in the poetry of Taliesin and
Dafydd Nanmor, in the ruling conceptions of the ancient laws of
Wales, far more than in Special Areas Acts or Five Year
Programmes that the salvation of Wales is to be found.'[47]

Rhwng Tachwedd 1932 a Mawrth 1945 lluniodd Daniel tua
chant o erthyglau'n hyrwyddo'r weledigaeth hon yn nau
newyddiadur y Blaid Genedlaethol, yn Saesneg ac yn Gymraeg.
Trafod materion tramor a wnaeth yn y gyfres 'Trwy'r
Sbienddrych' (1932–9) a rhoi ei lach yn aml ar gefn Lloegr am
draha ei himperialaeth. Gwelai yng nghyflwr trigolion Cenia, er
enghraifft, ddrych o'r hyn a ystyriai yn drychineb diwydiannu
yn ei wlad ei hun:

> Creir dosbarth o frodorion a dorrwyd yn rhydd oddi wrth eu
> gorffennol a'u traddodiadau cenhedlig. Gyda'u tir fe gollant eu
> genedigaeth fraint fel aelodau o'u llwyth. Mwyach ni fydd iddynt
> wraidd, ni fyddant ond broc môr ar lif yr un bywyd diwydiannol ag
> a wnaeth sarn o Gwm Rhondda ac anialwch o Landŵr.[48]

(Treflan yng ngwaelod isaf Cwm Tawe oedd Glandŵr, tua
milltir a hanner o ganol Abertawe, a ddioddefodd yn drwm
adeg y dirwasgiad.) Soniai wedyn yn gyson am ddiarfogi ac
ailarfogi, niwtraliaeth America ac imperialaeth Japan, bygyth-
iad comiwnyddiaeth a thwf ffasgaeth a llesgedd cynyddol
Cynghrair y Cenhedloedd. 'Yr Almaen bellach', meddai yn
1934, 'yw'r wlad a fedd y ddyled fewnol leiaf a'r arfogaeth
ddiwydiannol helaethaf yn y byd i gyd. A dyna'r wlad sydd wedi
cefnu ar atalfeydd Genefa i gyd a chymryd y gyfraith i'w dwylo
ei hun'.[49] Er mor bryderus ydoedd ynghylch datblygiadau'r
Almaen a chynnydd Hitleriaeth o'i mewn, arswydai rhag bwr-
iadau Rwsia a lledaeniad comiwnyddiaeth. Roedd helynt
Sbaen, meddai, yn 1936, 'yn symbol o frwydr bwysicaf ein hoes
ni, sef yw honno, y frwydr rhwng comiwnyddiaeth a thradd-
odiad Ewrop'.[50] Cafodd ei feirniadu'n hallt maes o law am

gefnogi Franco yn hytrach na phledio ochr gwerin Sbaen. Er ddo wadu'r ffaith iddo ffafrio'r unben mewn unrhyw fodd, oedd hi'n amlwg fod comiwnyddiaeth yn fwgan mawr iddo: Os mai'r Comiwnyddion a ennill, fe ddinistrir hen wareiddiad Sbaen.'[51] O ystyried creulonder cyfundrefn Franco, cloff, ar y gorau, oedd yr apologia hwn. Câi ei orfodi cyn hir i osod allan manylion ei safbwynt cydwladol. Y trueni yw iddo beidio â mynegi ynghynt yr un radd o ffieidd-dod tuag at ffasgaeth ag a leimlodd ar y pryd tuag at gomiwnyddiaeth Rwsia. Nid tan ganol y 1940au y cafwyd datganiad croyw ganddo ar y mater wn.

Yn ei ysgrifau cyffredinol a'i lyfryn Saesneg, trafod polisïau'r Blaid a wnaeth, y rhai economaidd yn bennaf er bod ganddo bethau i'w dweud am bynciau eraill hefyd. Cystwyai gyfalafiaeth ryngwladol a'r farchnad rydd, mynnai fod 'gan safonau moesol ac ysbrydol hawl hyd yn oed ar fasnach'; soniai am y rheidrwydd i docio grym y wladwriaeth er mwyn gwarchod 'hyddid y bobl. Meddai, 'Pa hawl sydd gan y wladwriaeth ddywedyd wrth bob un o'i deiliaid, "Anghofiwch eich bod yn fermwyr, yn wŷr busnes, yn wyddonwyr, yn wragedd ac yn amau, a chofiwch yn unig eich bod yn ddinasyddion i Mi"!'[52] Plediai hawl y werin i berchnogi ei thiroedd ei hunan a galwodd am warchod bywyd y teulu: 'The ultimate units of the nation are ts families', meddai, 'and it is for as well as in its families that the nation exists'.[53] Daeth nodyn pryderus i nodweddu ei ysgrifau adeg y rhyfel ac yntau erbyn hyn yn Llywydd y Blaid Genedlaethol, nodyn a drawd yng ngholofn olygyddol *Y Ddraig Goch* rhwng Medi 1939 ac Ebrill 1942, ac yn ei gyfres, gyfamserol bron, yn y *Welsh Nationalist* rhwng Tachwedd 1939 a Rhagfyr 1942. Ar ysgwyddau Daniel yn bennaf y syrthiodd y dasg o amddiffyn y polisi dadleuol o niwtraliaeth a arddelodd y Blaid yn wyneb y rhyfel. Mynnai hefyd warchod hawliau'r gwrthwynebwyr cydwybodol a dwyn gerbron ei ddarllenwyr y perygl i'r iaith yn yr ardaloedd Cymraeg am mai hi oedd y peth cyntaf i ddioddef oddi wrth fesurau argyfwng y llywodraeth. Gyda phlant y werin yn ymladd yn y lluoedd arfog a bomiau yn disgyn ar Gymru ei hun – gweler ei ysgrif drawiadol 'Teirnos Tân Abertawe', ym mis Mawrth 1941 – tasg enbyd oedd ganddo. Meddai ysgrifennydd cyffredinol Plaid Cymru mewn teyrnged i J. E. Daniel adeg ei farw: 'Ei bennaf cymwynas, mi

gredaf fi, oedd arwain yn llwyddiannus y Blaid yn y cyfnoc
anosaf.'[54]

Gwrthwynebiad

Prin nad oes rhaid dweud na fu safbwyntiau Daniel, yn
ddiwinyddol nac yn wleidyddol, yn rhai poblogaidd bob tro. Os
cythruddwyd deiliaid y rhyddfrydiaeth ddiwinyddol gan
ddigymrodedd ei neo-Galfiniaeth, cynhyrfwyd eraill gan yr hyn
a ystyrient yn natur adweithiol ei genedlaetholdeb. Trwy gydol
y 1930au drwgdybid y Blaid Genedlaethol o fod yn fudiad elit-
aidd, gwrthddemocrataidd ac asgell dde, a gwnaeth cyfodiad
Hitler, Mussolini a Franco ar y cyfandir hi'n hwylus i'w
chyhuddo o ffasgaeth. Cyrhaeddodd y duedd hon ei huchaf-
bwynt llachar yng Ngorffennaf 1942 gydag ymosodiad y
Parchedig Gwilym Davies yn ei erthygl 'Cymru Gyfan a'r Blaid
Genedlaethol Gymreig'. 'Yn y Gymru annibynnol, dotalitar-
aidd, ffasgaidd a phabyddol, ni fydd ond un blaid, un eglwys ac
un iaith.'[55] Er mai at Ambrose Bebb a Saunders Lewis yn
hytrach nag at Daniel yr anelwyd ef, roedd yr un math o
gyhuddiad wedi'i wneud yn ei erbyn yntau fwy nag unwaith o'r
blaen.

Ym Mai 1938 cyhoeddwyd yn *Y Ddraig Goch* drafodaeth
rhyngddo a'r Parchedig R. H. Hughes, gweinidog gyda'r
Methodistiaid Calfinaidd a oedd yn gwasanaethu ar y pryd ym
Manceinion. Fel Daniel bu yntau hefyd yn astudio yn yr
Almaen ac roedd yn gyfarwydd iawn â symudiadau gwleid-
yddol yr oes. Ofnai duedd arweinwyr y Blaid i ddelfrydu'r
Oesoedd Canol a dyrchafu egwyddor y 'ddeddf foesol' ar draul
yr egwyddor ddemocrataidd. O ddarllen gwaith 'Mussolini, neu
lenyddiaeth gynnar Hitler ym Munich', meddai, gwelir mai
dyna'r union beth a wnaethant hwy. 'Yn fras iawn dyma ydyw
egwyddorion sylfaenol Ffasgiaeth', meddai, a gellid ei
chymharu'n hawdd ag 'athroniaeth rhai o wŷr y Blaid'.[56] Bai
penodol Daniel oedd dangos gormod o gydymdeimlad â
Franco. Synnai hefyd o weld Cymry gwlatgar a phybyr, a
gwraig Daniel yn eu plith, yn cefnu ar Ymneilltuaeth a throi at
'eglwys na chlywir ynddi yr un gair o'r iaith a gar[ant], ac na
wnaeth ddim i feithrin bywyd ysbrydol y genedl, nac i ddiogelu

ei hiaith a'i diwylliant ers canrifoedd'.[57] Gwadodd Daniel yn ei
ateb fod unrhyw dir canol rhwng y Blaid a ffasgiaid o gwbl.
Adfer ysblanderau yr oesoedd clasurol a chyn-Gristionogol a
fynnai Mussolini, ac nid Oesoedd Canol Cred, a beth bynnag
oedd y ddeddf naturiol yn nhyb y ffasgiaid hyn, nid oedd a
wnelo hi ddim oll â deddf foesol Duw: 'Ni allant fyth wneuthur
deddf Duw yn sail i'w gwrthddemocratiaeth, am na chyd-
nabyddant unrhyw awdurdod uwch na'u buddiannau eu
hunain.'[58] Mynnai Daniel mai cwbl weddus oedd i aelodau'r
Blaid droi yn ôl at hanes Cymru yn yr Oesoedd Canol, nid am
fod Cymru y pryd hynny yn Gatholig ond yn syml am ei bod yn
rhydd: 'Yn enw pob rheswm, o ble arall y mae *cenedlaetholwr* o
Gymro i dynnu'i ysbrydoliaeth?' Am y cyhuddiad fod ganddo
gydymdeimlad â Franco, ymwrthododd â hyn yn bendant: 'Os
darllen Mr Hughes fy erthygl, fe wêl mai ymdrech un o'r tu
allan i edrych ar *ffeithiau* ac nid i fynegi barn ar *werth* ffeithiau
ydyw.'[59] Fel yn ei sylwadau ar fater Sbaen ddwy flynedd
ynghynt, amwys, ar y gorau, oedd yr ateb hwn. *Fe* fynegodd
farn a'r gwir yw nad oedd yn agos ddigon llym ei gondemniad
o'r unben ag y dylai fod wedi bod. Gwaetha'r modd roedd y
dallineb hwn yn wendid a fyddai'n parhau. O ran mater
Catholigiaeth mynnai mai R. H. Hughes a neb arall a fynnodd
'ddwyn rhagfarn grefyddol i mewn i blaid na feddyliai erioed,
mwy na rhyw blaid arall, am gytuno ar grefydd, ond ar bolisi'n
unig'.[60] A chyda hynny y darfu'r ohebiaeth.

O ddarllen llithoedd mynych Daniel ar genedlaetholdeb a
chrefydd (ac er gwaethaf ei ddallineb ynghylch Franco), nid oes
mymryn o dystiolaeth iddo gael ei ddenu at ideoleg ffasgaeth. Y
mae'n beirniadu athroniaeth Hitler yn gyson fel peth gormesol
ac annynol, ac nid oedd a fynno ddim oll â phaganiaeth
Mussolini: 'Perthyn i syniadaeth Machiavelli y mae'r wlad-
wriaeth Ffasgaidd, ac nid i unrhyw ffurf ar Gristnogaeth, boed
Catholig neu Brotestannaidd.'[61] Pa mor groch bynnag oedd ei
apologia dros y safbwynt hwn, dwysáodd y cyhuddiadau o
ffasgaeth yn enwedig yn sgil penderfyniad y Blaid Genedlaethol
i beidio â bwrw arfau ar orchymyn Lloegr. Nid oedd unoliaeth
barn ar y mater hwn ymhlith y Pleidwyr eu hunain, ac i rai o'r tu
allan sawrai'r peth o lwfrdra a brad. Y cawr diwylliannol a
llywiwr barn y Cymry llengar W. J. Gruffydd a fynegodd
deimladau'r beirniaid yn rhifyn haf 1940 o'r *Llenor,* trwy annog

y Cymry cenedlaetholgar i ymladd â Hitler, lleiddiad gwareiddiad, hyd y pen: 'Ni buasai'n bosibl i mi nac i tithau, gyfaill, a fagwyd yn nhraddodiadau rhyddfrydig a dyngarol Cymru, fyw o gwbl mewn unrhyw wlad a orchfygwyd ganddo ef na chan Mussolini llwfr na chan Franco crefyddus.'[62] Enynnodd hyn sylw Daniel, ac yng ngolygyddol *Y Ddraig Goch,* Awst 1940, mynnai mai rhyddid Cymru i ddewis ym mater ei thynged ei hun a ddylai fod yn gynsail ar gyfer rhyddfrydig-rwydd a dyngarwch yn hytrach na bod y rhinweddau hyn yn cael eu hysgaru oddi wrth y cwestiwn cenedlaethol: 'Ni chredwn fod gwir ryddfrydigrwydd a dyngarwch yn bosibl ar draul yr hawl i ryddid. Gan hynny, dyletswydd gyntaf pob Cymro yw maentumio hawl Cymru i'w rhyddid o flaen popeth arall.'[63]

Cafwyd ateb i hyn gan Gruffydd yn rhifyn dilynol *Y Llenor,* gaeaf 1940: 'Yn *Y Ddraig Goch* am Awst 1940, fe synna Mr Daniel ataf fy mod, yn ôl ei ddadansoddiad ef o'm dadl, yn dal pedwar opiniwn cyfeiliornus, ac â ati yn bur ddeheuig i'w dileu', meddai. Y trydydd cyfeiliornad oedd yr unig un i Gruffydd ymateb iddo:

> ac am fod hwn yn gollwng cath mor anferth o'r cwd, yr wyf am italeiddio'r gath – yr hyn a ddylai fod yn dderbyniol gan Mr Daniel, trueni na allwn ei halmaeneiddio hefyd! – a'i gosod i sefyll mewn paragraff gwahanedig.

> *[Dadl Mr Gruffydd yw] fod rhyddfrydigrwydd a dyngarwch yn bethau pwysicach na hawl cenedl i'w rhyddid.*

Hynny yw, cred Mr Daniel y gwrthwyneb:

> *Mae hawl cenedl i'w rhyddid yn bethau pwysicach na rhyddfrydig-rwydd a dyngarwch.*

Ar ôl dyfynnu brawddeg Daniel a chynnig ei wrtheb ei hun iddi, mynegodd Gruffydd ei farn derfynol arni: 'Nid oes ond un peth y gellir ei ddweud am hyn: *dyma athrawiaeth eithaf Hitler yn ei eiriau ei hun.* Dyma ddidwyll laeth efengyl y Natsi a'r Ffasgist, heb ei sgaldian na'i ddyfrhau na'i wanychu mewn un modd. Yn wir; ni allaf ond ail-ofyn cwestiwn Morys Kyffin: "A allei ddiawl ei hun ddoedud yn amgenach?".' Atgoffodd golygydd

Y Llenor yr athro o Fala-Bangor ei fod yn eistedd yn y gadair lle
eisteddodd Michael D. Jones gynt a bod ganddo'r cyfrifoldeb
trwm o foldio meddyliau ifainc.

> Ond os cyhoeddi Cenedlaetholdeb . . . yn bwysicach na Rhyddid a
> Dyngarwch fydd neges Annibynwyr a Bedyddwyr y dyfodol, ac os
> chwi a fydd yn gyfrifol am hynny, byddwch wedi llwyddo i ddad-
> wneud canrifoedd o waith y tadau Ymneilltuol mewn ychydig o
> flynyddoedd, a gorau po gyntaf, er mwyn cadw rhyw fath o grefydd
> yn y wlad, y gwêl yr Annibynwyr a'r Bedyddwyr Natsïedig hyn eu
> ffordd yn glir i Eglwys Rufain.[64]

Ymosodiad eithafol oedd hwn hyd yn oed yn ôl safonau
Gruffydd, ac yn dangos pa mor ddwfn oedd teimladau yn
rhedeg ar y pryd.[65]

I J. E. Daniel, celwyddog ac athrodus oedd sylwadau
Gruffydd a chythruddwyd ef ganddynt yn enbyd. Yn ei 'Llythyr
Agored at W. J. Gruffydd' a gyhoeddwyd yn *Baner ac Amserau
Cymru*, 5 Mawrth 1941, ymatebodd iddynt yn ddi-flewyn-ar-
dafod. Roedd yr awgrym nad oedd yn gymwys i ddysgu
athrawiaeth Gristionogol i ddarpar-weinidogion Ymneilltuol, 'a
hynny, sylwer, nid oherwydd unrhyw ddiffygion cyhoeddus yn
fy nghymeriad, na chwaith oherwydd unrhyw afiechyd athraw-
iaeth, ond oherwydd fy syniadau gwleidyddol', wedi'i ffyrnigo'n
arw; felly hefyd y cyhuddiad o 'natsïeiddio'r Annibynwyr a'r
Bedyddwyr' a chychwyn ei ddisgyblion ar y ffordd i Eglwys
Rufain. Nid amddiffyn polisi'i blaid oedd yr alwad bellach:
'Heddiw, amddiffyn fy ngalwedigaeth a'm buchedd fel un o
Athrawon Coleg Bala-Bangor sydd rhaid.'[66] Cymysgfa o
deimladau eirias a rhesymeg ddeifiol oedd cynnwys yr am-
ddiffyniad hwnnw. Yn hytrach na gwrando'i eiriau a chwilio'i
gyhoeddiadau am ddeunydd a fyddai'n cynnal dilysrwydd ei
farn, roedd 'dull Mr Gruffydd yn llawer symlach a mwy
gwreiddiol na hynny', meddai, sef priodoli geiriau iddo na
ddywedodd erioed. Trwy i Gruffydd drawsosod un o frawdd-
egau Daniel, 'fod rhyddfrydigrwydd a dyngarwch yn bethau
pwysicach na hawl cenedl i'w rhyddid', gan frawddeg wrth-
gyferbyniol o'i wneuthuriad ei hun, sef fod 'hawl cenedl i'w
rhyddid yn bethau pwysicach na rhyddfrydigrwydd a dyn-
garwch', ac yna ei phriodoli iddo, llwyddodd i wyrdroi popeth a

ddywedodd. 'Aethoch heibio i'r hyn a ddywedais er mwyn priodoli i mi . . . yr hyn na ddywedais', meddai. Roedd coegni Daniel yn ddeifiol:

> Twt, twt, Mr Gruffydd. I ble'r aeth trefnusrwydd a'r rhesymu'n glir? Oni ddysgasoch fod *dwy* ffordd resymegol o wadu gosodiad fel eich un chwi, sef trwy faentumio'r croeswyneb ('contrary') neu'r trawswyneb ('contradictory')? (Gweler Joseph, *Introduction to Logic*, t.229.) Paham y mynasoch briodoli i mi'r croeswyneb pan mai'r trawswyneb yn unig a gynhaliai faich enfawr eich cyhuddiad i'm herbyn?

Yr hyn a ddywedwyd mewn gwirionedd, meddai Daniel, oedd hyn: 'Ni chredwn [gan ddyfynnu o'i erthygl wreiddiol] fod gwir ryddfrydigrwydd a dyngarwch yn bosibl ar draul yr hawl i ryddid. A fo hael, bid gyfiawn yn gyntaf. Ni cheir Cymru rydd fyth yn ôl o ryddfrydigrwydd a dyngarwch.' Roedd hyn yn ddigon i danseilio cyhuddiad Gruffydd yn llwyr yn ei dyb, a gwrthymosododd yn ddidrugaredd.

> *Dyma*'r hyn a ddywedais i, a dyma'r hyn y mynasoch ei anwybyddu er mwyn gosod yn fy ngenau, trwy dwyllresymu a rhagfarn ddiesgus, eiriau y credasoch a fyddai'n sail ddigonol i'ch cyhuddiadau enbyd. Gosodasoch yn fy ngenau neges o'ch gwaith eich hun, a chychwyn yn enw 'canrifoedd o waith y tadau Ymneilltuol' grwsâd purdeb yn erbyn y 'bersonoliaeth hoffus a'r unplygrwydd amlwg' sy'n prysur arloesi natsïeiddio gweinidogaeth pulpud yr Annibynwyr a'r Bedyddwyr a pheri bod Rhufain yn noddfa i'w chyrchu 'er mwyn cadw rhyw fath o grefydd yn y wlad'. Dadleuodd ysgolwyr yr Oesoedd Canol – o ddifyrrwch, ond odid – faint o angylion a allai sefyll ar flaen nodwydd ddur; dangosasoch chwi – o anwybodaeth neu o ragfarn – faint o ysbrydion aflan a fedr sefyll ar ddim.[67]

Un o'r pethau a waethygodd y sefyllfa rhwng y ddau, er na chyfeiriodd Daniel ato yn uniongyrchol, oedd i Gruffydd, lai na phum mlynedd ynghynt, fod ymhlith pennaf gefnogwyr Saunders Lewis yn helynt yr Ysgol Fomio yn Llŷn. Bu'n Is-lywydd y Blaid Genedlaethol ei hun ac yn lladmerydd blaenllaw yr ymdrech er sicrhau hawliau gwleidyddol cyflawn i'r genedl Gymreig. 'Mwy trist na thristwch' i Daniel oedd gweld ei *volte face,* brad a ddygodd ar gof hanes yr ymerawdwr o Gristion hwnnw o'r bedwaredd ganrif a gefnodd ar y ffydd ac ailsefydlu paganiaeth yn Rhufain: 'Tybiaf na fradychwyd achos yn llwyrach . . . er adeg Julian y Gwrthgiliwr', meddai.[68] (Aeth gwrthgiliad Gruffydd yng ngolwg y cenedlaetholwyr ymhellach na hynny, pan safodd fel ymgeisydd Rhyddfrydol yn erbyn Saunders Lewis yn etholiad 1943.) Er nad ymatebodd golygydd *Y Llenor* ei hun i'r ymosodiad hwn parodd yr helynt drafodaeth frwd yn y wasg gyda llythyru egnïol yn cefnogi'r naill safbwynt a'r llall. Arwydd ydoedd o ffyrnigrwydd teimladol y cyfnod ac o begynu deallusol enbyd. Roedd J. E. Daniel wedi ei gael ei hun eto yn warchodwr safbwynt amhoblogaidd ac, yn yr achos hwn, yn amddiffynnydd ei enw da ei hun.

Y Gair a'r genedl

Trwy gydol ei flynyddoedd o wleidydda, roedd crefydd J. E. Daniel yn oblygedig yn hytrach nag yn amlwg yn y math o safbwyntiau a gymerodd. Yn wir gellid synhwyro yn ystod y 1930au mai dwy weledigaeth sylfaenol ar wahân a fu ganddo, y naill yn grefyddol a'r llall yn wleidyddol, heb iddynt braidd orgyffwrdd o gwbl. Prif gymwynas y dadleuon uchod oedd peri iddo, erbyn y 1940au, ddwyn y ddwy weledigaeth yn un a diffinio'i safbwynt gwleidyddol mewn termau diwinyddol, a chynnig hefyd apologia penodol Gristionogol dros ei genedlaetholdeb Cymreig. Gwelir hyn orau yn ei bregeth nodedig 'Gwaed y Teulu' a gyhoeddwyd yn 1944, ond mae'r ysgrif drawiadol 'Y Syniad Seciwlar am Ddyn', a draddodwyd fel darlith y flwyddyn gynt, cyn bwysiced er mwyn dangos natur Gristionogol ei syniad am y gymdeithas ddynol. Campwaith deongliadol yw'r ysgrif, sy'n olrhain dwy o brif athroniaethau gwleidyddol y dydd, ffasgaeth a chomiwnyddiaeth, yn ôl at yr un ffynhonnell, sef y syniad am hunanddigonolrwydd dyn, 'dyn "emancipatus a Deo", dyn rhydd oddi wrth Dduw'.[69] Ffrwyth Dadeni Dysg yr unfed ganrif ar bymtheg oedd y ddwy yn ei farn – y cyfnod, er ei odidoced, pan ddysgodd trigolion Ewrop y gallent ymysgwyd oddi wrth hualau awdurdod trosgynnol a dysgu cerdded fel bodau ysbrydol rhydd. 'Bellach nid oes unrhyw awdurdod y tu allan i ddyn y dylid plygu iddo, ef ei hun oedd yr awdurdod terfynol, ac wrth gwrs nid oedd apêl oddi wrth ddyfarniadau y llys hwn lle'r oedd Dyn ar y fainc a Duw yn y doc.'[70] A hwythau mwyach yn tybied eu bod yn rhydd, credai gwŷr y Dadeni a'u disgynyddion y gallent ymberffeithio trwy eu hymdrechion eu hunain: 'Gellir adnabod nodweddion hanfodol meddwl y Dadeni ymhob man wrth ei optimistiaeth braf a di-bryder, ac yn enwedig wrth ei gred mewn rheswm ac addysg fel moddion anffaeledig dyrchafiad cymdeithas.'[71] O Resymoliaeth y ddeunawfed ganrif at Ddarwiniaeth y bedwaredd ganrif ar bymtheg, cynyddodd yr optimistiaeth hon gan weddnewid syniad dyn amdano'i hun. O golli'r athrawiaeth Gristionogol am ddyn fel un a grëwyd ar lun Duw, aeth dyn i'w ddeall ei hun fel ffrwyth esblygiad damweiniol ac amhersonol. Yn dilyn hyn 'Nid rhaid namyn dewis eich safon yn ofalus a gall unrhyw *Herrenvolk* gollfarnu'r genedl neu'r cenhedloedd a fynno fel "lesser breed, without the law"', meddai. Dyna, wrth gwrs, a wnaeth Hitler yn achos yr Iddewon, a chanlyniad union-gyrchol rhagdybiaethau seciwlaraidd a gwrth-Gristionogol Natsïaeth a barodd iddo wneud hynny: 'Unwaith y collir y ddysgeidiaeth Gristnogol am ddyn, nid oes diwedd i'r hyn y gall dyn ei wneuthur i'w gyd-ddyn.'[72]

Nid mor bell oddi wrth annynoldeb athroniaeth y ffasgiaid oedd hunanhyder poblogaidd y Marcsiaid. Nid cenedl sy'n cael ei hystyried yn isradd ac felly'n addas i'w dileu y tro hwn ond dosbarth: 'Y mae'n werth nodi y sieryd arweinwyr y proletar-iaid am ddosbarth y *bourgeosie* yn union, *mutatis mutandis,* fel y sieryd arweinwyr yr *Herrenvolk* am, dyweder, yr Iddewon. Ac am yr un rheswm; am iddynt briodoli hanfod dynoliaeth i broses amhersonol sy'n gwadu Duw, a chyfrifoldeb.'[73] Yr elfen gyffredin rhwng y ddwy athroniaeth oedd iddynt drosglwyddo pwrpas bywyd dyn oddi wrth Dduw a'i dadogi ar hanes, gan fynnu nad oes dim a fedr ei rwystro rhag ei gyrraedd naill ai trwy broses anorfod neu trwy ymarfer ei ewyllys rydd ei hun. I Daniel, y pregethwr efengylaidd, nid oedd ond un ffordd i argyhoeddi seciwlarwyr o gyfeiliorni eu ffyrdd, boed ffasgiaid, Marcsiaid neu faterolwyr cyffredin; nid trwy resymu â hwy ond trwy eu dodi 'yng ngoleuni Ymgnawdoliad a Chroes Mab Duw' lle gallent weld trostynt eu hunain enbyted eu sefyllfa. 'Nid oes neb wedi cael cyfle i ystyried *quanti ponderis sit peccatum,* faint yw pwysau pechod', meddai,

onid aethpwyd ag ef i fynydd yr Olewydd ac i fryn Golgotha a'i
wahodd i chwilio'i hun a gofyn ai trefn cymdeithas, neu ddiffyg
gwybodaeth, neu olion bywyd is, ai yntau ddrwg gwreiddiol sy'n
tyfu trwy *bob* trefn gymdeithasol, yn cyd-dyfu gyda *phob* cynnydd
mewn gwybodaeth, a goroesi *pob* datblygiad, a alwodd am yr
Aberth rhwng yr hoelion dur.[74]

Ni chyfeiriodd Daniel yn yr ysgrif uchod at y genedl o gwbl,
ond roedd ei syniadaeth ynghylch lle'r genedl yn y patrwm
dynol yn amlwg ym mhob paragraff ynddi. Daeth hyn i'r golwg
yn ei bregeth 'Gwaed y Teulu', yn seiliedig ar Actau 17:26: 'Efe
a wnaeth o'r un gwaed bob cenedl o ddynion.' 'Un o'r mathau o
gymdeithas y bwriadodd Duw i ddyn berthyn iddi', medd
Daniel, '. . . yw'r genedl. Y mae hi, fel y teulu y mae'n ehangiad
ohono, yn rhan o'r ffrâm ddwyfol-ordeiniedig bywyd dyn'.[75] O
gofio, felly, mai Duw a wnaeth y genedl – 'Efe a wnaeth o'r un
gwaed bob cenedl o ddynion' – ni feiddiwn mo'i throi yn eilun.
Dyna bechod y Natsïaid a phob cenedlaetholdeb seciwlaraidd
arall: 'Y mae'n rhaid i'r neb a fynno sôn am ei ffyddlondeb i'w
genedl ddangos yn eglur pa fodd yr ymgeidw rhag yr eilun-
addoliaeth honno. Rhaid yw iddo ddangos lle'r genedl mewn
trefn *Gristionogol*; rhaid iddo ddangos *terfynau* ei hawl.'[76] Gan i
Dduw wneud pob cenedl yn gydradd – 'Efe a wnaeth *o'r un
gwaed* bob cenedl o ddynion' – 'Dyna ben ar bob syniad o
Herrenvolk neu "lesser breeds without the Law".'[77] Roedd 'hawl
ddiamod y genedl hunan-etholedig' eisoes wedi dod yn 'brif
heresi Ewrop', meddai, am fod y gorchymyn cyntaf 'Na fydded i
ti dduwiau eraill ger fy mron i' wedi'i dorri.[78] Gan mai Gair
Duw ac nid rheswm dyn a ddatguddiodd natur y greadigaeth,
datguddiad yn unig a fedd y gallu i argyhoeddi dyn ynghylch ei
le oddi mewn i'r greadigaeth honno: 'Y mae dynion yn un am
mai delw yr un Duw sydd ar eu creu, ac am mai marwolaeth
Unig-anedig Fab y Duw hwnnw yw'r iawn dros eu pechodau.'[79]
Trwy iddynt gydnabod gwaith Duw yn y creu ac yn y cadw y
gallant ddod o hyd i'w gwir undod, undod sy'n ddyfnach na'r
un gwahaniaeth o ran hil, cenedl a diwylliant. Ond gan mai'r un
Duw hwn a greodd genhedloedd – 'Efe a wnaeth o'r un gwaed
bob *cenedl* o ddynion . . .' – nid oes gan y Cristion mo'r hawl i
ddymuno gweld eu dileu. Mae rheidrwydd arno i barchu'r
genedl a'i hymgeleddu. Rhan ydyw'r genedl o amrywiaeth

gyfoethog darpariaeth Duw ar gyfer ei fyd. Beth oedd Tŵr
Babel, gofynnodd, ond ymgais dyn i ymgyrraedd at Dduw trwy
undod ac unffurfiaeth ac o dan ei amodau ei hun: 'Er mwyn
dyfod o'r ddynolryw yn ôl at lwybr ei fwriad Ef, chwalodd Duw
yr au unoliaeth hon, megis y dywaid Paul i Dduw greu amryw-
iaeth cenhedloedd "fel y ceisient yr Arglwydd".'[80] Undod mewn
amrywiaeth yw patrwm Duw ar gyfer ei fyd. Dyna a gafwyd ar
Ddydd y Pentecost. Er mai mewn un iaith y llefarodd Pedr
ynghylch Iesu, roedd holl amrywiaeth y cenhedloedd yn deall ei
neges trwy gyfrwng eu hieithoedd hwy. Roedd i hyn oblygiadau
ar gyfer yr eschatoleg Gristionogol:

> A chredwn yn y Pentecost tragwyddol y bydd Bernard yno yn canu
> *Iesu, dulcis memoria,* a Luther ei *Ein fester Burg ist unser Gott,* a
> Watts ei *When I survey the wondrous cross,* a Phantycelyn ei 'Iesu,
> Iesu 'rwyt yn ddigon', heb i Bernard anghofio ei Ladin, na Luther ei
> Almaeneg, na Watts ei Saesneg, na Phantycelyn ei Gymraeg, a heb i
> hynny rwystro mewn unrhyw fodd gynghanedd eu cyd-ddeall a'u
> cydganu.[81]

Yr ysgrif gofiadwy hon oedd apologia terfynol J. E. Daniel dros
genedlaetholdeb Cristionogol ac yn ateb terfynol i'w feirniaid
oll. Er gwaethaf ymlyniad Cristionogion o bob traddodiad wrth
y mudiad cenedlaethol, nid aeth neb ati hyd yna i saernio
athrawiaeth feiblaidd ar ei gyfer. Os syniad Thomas Acwin am y
ddeddf naturiol ynghyd ag athrawiaeth gymdeithasol Catholig-
iaeth ddiweddarach a fu'n faeth i ddealltwriaeth Saunders Lewis
ynghylch cenedlaetholdeb Cymreig, dyma Daniel yn dwyn
ynghyd ddeunydd o *Homilïau* Emrys ap Iwan a syniadaeth Karl
Barth i greu synthesis newydd er mwyn creu cenedlaetholdeb y
Gair. Daeth yr ysgrif yn sail ar gyfer pob trafodaeth ddiwedd-
arach ar ystyr y genedl yng nghyd-destun ffydd.[82]

Ei etifeddiaeth

Oherwydd rhesymau nad ydynt eto yn gwbl eglur,
ymddiswyddodd J. E. Daniel o'i gadair yng Ngholeg Bala-
Bangor yn 1946 a chychwyn ar yrfa newydd fel Arolygwr
Ysgolion. Er gwaethaf ambell ysgrif yn y cylchgronau a chyfle,

o bryd i'w gilydd, i gyfrannu at y bywyd crefyddol, ciliodd o'r llwyfan cyhoeddus bron yn llwyr. 'I'r rhelyw ohonom', meddai ei ddisgybl a'i edmygydd Edwin Pryce Jones, 'yr oedd wedi llithro yn glir allan o'n bywyd megis Owain Glyndŵr i'r niwl'.[83] Byddai praffter ei feddwl, disgleirdeb ei resymu, ei feistrolaeth ddigymar ar hanes diwinyddiaeth yr oesau o'r cyfnod patristig hyd at ei gyfnod ei hun, yn ei wneud yn ŵr arbennig mewn unrhyw gyfnod. Braint Cymru'r ugeinfed ganrif, yn enwedig ail chwarter y ganrif honno, oedd cael o'i aberth a'i wasanaeth. 'Gellir yn hyderus honni', meddai R. Geraint Gruffydd, 'mai ef yw'r diwinydd galluocaf a gafodd Cymru yn y ganrif hon'.[84] Tebyg oedd barn eraill. 'Yn y cyfnod 1902–36', meddai R. M. Jones, 'dichon mai J. E. Daniel oedd biau'r deall cryfaf a disgleiriaf yn y byd crefyddol Cymraeg',[85] tra haerodd R. Tudur Jones, 'Nid oes ddadl nad oedd yn ffigur arwyddocaol yn hanes datblygiad y meddwl diwinyddol yng Nghymru.'[86]

Ychydig, fodd bynnag, oedd swmp ei waith. Ar wahân i'w erthyglau gwleidyddol, dwy gyfrol fach a thua hanner dwsin o ysgrifau athrawiaethol yw swm ei lafur ysgrifenedig. Mae'n glod mawr i ddisgleirdeb yr ysgrifau hynny a'u treiddgarwch iddynt lwyddo, ynghyd â phethau eraill, i newid trywydd diwinyddiaeth Cymru'r ugeinfed ganrif. Ymdriniaeth anghyflawn sydd ynddynt, fodd bynnag, o brif fannau'r ffydd. Gresyn na chyhoeddodd gyfrol gyflawn, yn null *Bannau'r Ffydd* Miall Edwards, yn datblygu ac yn perffeithio'r awgrymiadau cyfoethog a geir yn yr ysgrifau tameidiog hyn. Teg, felly, yw dyfarniad R. M. Jones arno. 'Oherwydd chwalfa'r egnïon crwn ni lwyddodd erioed ysywaeth i gyflawni'i addewid gyfyngedig fel ysgolhaig diwinyddol nac fel llenor.'[87] Ond ni ddylai hyn leihau dim ar ein gwerthfawrogiad ohono. Ef, yn anad neb arall, a gynrychiolodd yr adwaith Protestannaidd ac Ymneilltuol yn erbyn rhyddfrydiaeth ddiwinyddol dechrau'r ugeinfed ganrif, a thrwy ei waith gyfeirio'i gyfoeswyr yn ôl at yr hyn a alwodd Lewis Valentine yn 'brif-ffordd fawr athrawiaeth iachus a diwinyddiaeth gadarn'.[88] Erbyn yr unfed ganrif ar hugain, mae'r cadernid yn parhau.

5

Y tyst ymhlith y tystion:
Ivor Oswy Davies (1906–1964)

Ym Mhrifysgol Bonn ar yr afon Rhein, ym mis Ebrill 1934, y gwelais ac y clywais Barth gyntaf oll. Yno hyd ei ymadawiad gorfodol a therfynol o'r Almaen, yn nechrau 1935, y deuthum i'w adnabod.[1]

Gyda'r geiriau hynny y dechreuodd Cymro ifanc nodi'i atgofion am ddiwinydd a adawodd ei ôl arno yn annileadwy, ac am achlysur y byddai llawer yn ei ystyried ymhlith penodau mwyaf cynhyrfus yn hanes yr eglwys Gristionogol yn yr ugeinfed ganrif. Y diwinydd, wrth gwrs, oedd Karl Barth, gŵr o'r Swistir a oedd er degawd a hanner wedi ennill ei fri fel diwinydd Protestannaidd enwocaf Ewrop. Enw'r Cymro oedd Ivor Oswy Davies. Roedd yn frodor o Ffynnongroyw, Sir y Fflint, yn ŵr a raddiodd o Goleg Prifysgol Gogledd Cymru, Bangor, a Choleg Iesu, Rhydychen, ac yn parhau â'i astudiaethau ar y cyfandir cyn dychwelyd i Gymru fel gweinidog gyda'r Methodistiaid Calfinaidd. Roedd Oswy Davies yn dyst i'r gwrthdaro rhwng aelodau'r *Bekennende Kirche* neu'r 'Eglwys Gyffesiadol', 'Eglwys y Tystion' fel y geilw ef hi, a chynrychiolwyr swyddogol crefydd yr Almaen, y rhai na fynnent godi llais na llaw yn erbyn bwriad Adolf Hitler i ymyrryd yng ngweithgareddau eglwysi. Ef, hyd y gwyddys, oedd yr unig Gymro i eistedd wrth draed Barth; roedd yn bresennol yn nosbarth ei athro pan adroddodd Barth am y tro cyntaf gynnwys mawreddog Datganiad Barmen: 'Iesu Grist, fel y tystir iddo yn yr Ysgrythurau Sanctaidd, yw unig Air Duw, yr hwn y gelwir arnom i wrando arno ac ufuddhau iddo mewn bywyd ac mewn angau . . .',[2] a bu'n llygad-dyst i'r gweithgareddau a arweiniodd at ddiswyddo ei athro ym Mehefin 1935. Yn sgil yr hyn a welodd, yr hyn a brofodd, a'i waith yn dehongli i'r Cymry rai o ddatblygiadau mawr crefydd y cyfnod, mae yntau hefyd yn haeddu ei le ymhlith cedyrn y ganrif.

Ivor Oswy Davies,
gyda chaniatâd caredig Helen Oswy Roberts.

Datblygiadau cynnar

Roedd Karl Barth yn 44 oed pan wahoddwyd ef i lenwi'r gadair mewn diwinyddiaeth systematig ym Mhrifysgol Bonn yn 1930. Daeth yno o Brifysgol Münster yn Westphalia lle bu'n dysgu er 1925 a bu'n athro diwinyddiaeth yn Göttingen cyn hynny. Ond fel gweinidog pentref yn y Swistir, ei wlad enedigol, y gwnaeth ei enw gyntaf, a hynny'n bennaf ar gyfrif yr esboniad trawiadol ar Lythyr Paul at y Rhufeiniaid a gyhoeddodd yn gynnar yn 1919. Fel hyn mae Oswy Davies yn disgrifio'i gefndir:

> Bu'n fyfyriwr ym Merlin dan Harnack, a than Herrmann yn Marburg. Ordeiniwyd ef yn addas ddigon yn Genefa, hen ddinas Calfin, yn 1909. O 1911 hyd 1921 bu'n weinidog yn Safenwil, pentref yn y Swistir, yn rhanbarth Aargau. Mewn gwewyr enaid yma tua diwedd cyfnod ei weinidogaeth, yr ysgrifennodd ei esboniad ffrwydrol ar y Llythyr at y Rhufeiniaid. Anfonodd y llawysgrif i'r cyhoeddwyr yn Munich. Aeth i'r gwely fel arfer, yn y pentref tawel yng nghesail yr Alpau; cododd y bore wedyn i glywed ei enw ar bob tafod diwinyddol yn Ewrop. Torrodd brwydr na ddarfu hyd heddiw. Creodd gyfnod newydd yn niwinyddiaeth Brotestannaidd y byd.[3]

Llwyddodd Barth, yn yr un llyfr bach hwnnw, i droi'r byrddau ar y diwinyddion rhyddfrydol megis ei athrawon Adolf von Harnack, y dysgawdwr y bu John Morgan Jones, Bangor, yn mynychu'i ddosbarthiadau, a Wilhelm Herrmann a gafodd gymaint effaith ar Herbert Morgan, Aberystwyth, pan oedd yntau'n fyfyriwr ym Marburg. Yn hytrach na phwysleisio'r gwahaniaeth natur ac ansawdd rhwng Duw a dyn, mynnai'r dosbarth hwn o ddysgodron sôn am y tebygrwydd rhyngddynt; nid angen pechadur am ras a aeth â'u bryd yn gymaint â daioni cynhenid y ddynolryw, a dehonglent Grist nid fel y Gwaredwr dwyfol a fu farw dros bechodau'r byd ond fel yr enghraifft berffeithiaf o ysbrydolrwydd dynol. 'Ail-ddatguddiodd [Barth] yr Efengyl fel Gair Duw yn y Beibl', meddai Oswy Davies. 'Galwodd ar Frenhines y Gwyddorau i ymddwyn ac i lefaru'n deilwng o'i thras; cyhuddodd yr eglwys o wneuthur cyfaddawd â'r deall anianol, ac â gwareiddiad darfodedig.' Ei gymwynas fwyaf, meddai, oedd gwneud yr efengyl yn rym bywiol drachefn.[4]

Roedd Ivor Oswy Davies ymhlith y cannoedd o fyfyrwyr o bob rhan o Ewrop a thu hwnt a wnaeth gyfadran Brotestannaidd Bonn yn nechrau'r 1930au ymhlith prif gyrchfannau diwinyddol y gorllewin.[5] Mab i Robert Oliver ac Augusta Davies o'r Rhewl Fawr, Ffynnongroyw, ydoedd, a aned ar 20 Chwefror 1906. Roedd ei dad yn hanu o gyff Robert Davies, 'Bardd Nantglyn', un o gyfoeswyr Iolo Morganwg a William Owen Pughe, ac yng nghapel Gwynfa, o dan weinidogaeth y Parchedig J. Ellis Jones – un a yfodd yn helaeth o fendithion Diwygiad 1904–5 – y byddai'r teulu yn addoli. O Ysgol Ramadeg Treffynnon aeth Davies i Goleg Prifysgol Gogledd Cymru, Bangor, ac yn 1927 enillodd radd mewn athroniaeth gydag anrhydedd yn y dosbarth cyntaf. Oddi yno cafodd Ysgoloriaeth Meyrick i fynd i Goleg Iesu, Rhydychen, a graddio eilwaith, mewn 'Modern Greats' neu Athroniaeth, Gwleidyddiaeth ac Economeg y tro hwn. Yn 1930 dychwelodd i Gymru yn ymgeisydd am y weinidogaeth gydag Eglwys Bresbyteraidd Cymru a threulio ysbaid yn y coleg diwinyddol yn Aberystwyth cyn symud i'r Bala yn 1932 ar gyfer hyfforddiant bugeiliol.

Erbyn hynny roedd argoelion fod yr hinsawdd crefyddol ymhlith Protestaniaid Ewrop wedi dechrau newid a bod yr hen ragdybiau naturiolaidd a rhyddfrydol yn cael eu herio. Cychwynnodd yr adwaith neo-Galfinaidd yng Nghymru gyda J. D. Vernon Lewis, yr ysgolhaig beiblaidd a'r pregethwr o Frynaman, a oedd y cyntaf i hysbysu ei gyd-wladwyr o symudiadau deallusol y cyfandir. Mewn ysgrif a gyhoeddwyd yn 1927 soniodd am yr 'ias o syndod' a aeth drwy ddiwinyddiaeth yr Almaen gyda chyhoeddi esboniad enwog Barth.

I'r neb ohonom a fagwyd ac a drwythwyd yn y dull hwnnw o esbonio a gynrychiolir gan gyfres yr *International Critical Commenary* [meddai] a gyrhaeddodd bwynt eithaf ei ddiflastod o esgyrn sychion a ffeithiau mâl difywyd pan gyhoeddodd W. C. Allen ei esboniad hesb ar Efengyl Matthew, y mae troi at esboniad Barth fel pedfai dyn yn cefnu ar ferfdra'r anialwch am fro doreithiog yn llawn bywyd a phob hyfrydwch.[6]

Cyfieithodd un o bregethau Barth a'i gyhoeddi yn *Y Tyst* ar 2 Mai 1928. Dyma'r tro cyntaf i waith o eiddo'r diwinydd o'r Swistir ymddangos ym Mhrydain, a blaenorai'r deunydd a fyddai'n ymddangos yn Saesneg maes o law. Roedd yn amlwg fod croeso i'w neges. Roedd ysgrifau Keri Evans, gweinidog eglwys y Priordy, Caerfyrddin, a chyn-ddeiliad cadair athroniaeth yng Ngholeg Prifysgol Gogledd Cymru, Bangor,[7] yn dangos fod Ymneilltuwyr yn aeddfed ar gyfer y newid tra oedd J. E. Daniel ar fin poblogeiddio ei waith yng Nghymru a hynny mewn idiom rywiog dros ben.[8] Os Annibynwyr oedd y meddylwyr hyn, nid oedd y pwyslais newydd yn gyfyngedig i un enwad. Gyda Lewis Valentine eisoes wedi mynegi ei werthfawrogiad o'r symudiad ymhlith y Bedyddwyr, dyma Oswy Davies, y Methodist Calfinaidd, yn cael ei ddenu i'r un cyfeiriad.

Mewn traethawd a luniodd yn ystod ei flwyddyn yn y Bala, dangosodd drylwyredd ei afael ar y syniadaeth newydd gan dafoli'i rhagoriaethau a'i gwendidau fel ei gilydd. 'Today we find a new post-war theological movement in Germany', meddai, un a fynnai fynd y tu hwnt i Emmanuel Kant a Friedrich Schleiermacher ac yn ôl at y Diwygwyr Protestannaidd er mwyn darganfod o'r newydd hanfod efengyl rasol y Testament Newydd.[9] Fel Methodist da, roedd Davies wedi'i fagu gyda'r argyhoeddiad fod a wnelo crefydd â phrofiad o'r dwyfol. Erbyn diwedd y bedwaredd ganrif ar bymtheg unwyd ffrwd brofiadol yr hen grefydd efengylaidd â'r dehongliad rhyddfrydol *à la* Schleiermacher gan ddyrchafu gwedd oddrychol y ffydd Gristionogol ar draul ei sylwedd ffeithiol a gwrthrychol. Tuedd hyn oedd peri i grefydd droi'n gyfriniaeth ddigynnwys heb fod â fawr gysylltiad â rheswm na'r deall nac â'r Duw a oedd y tu hwnt i ganfyddiad crefyddol dyn: 'Religion is the response of the whole personality as feeling, imagination, reason and will, to the Other, which is recognized as continuous with and akin to the best that is in us.'[10] Yr hyn a oedd ar goll yn hyn oedd unrhyw ganon y tu allan i'r gyfundrefn a fyddai'n tafoli rhwng geudeb neu gywirdeb yr ymateb hwn. Yr hyn a oedd ei hangen arni oedd y syniad o ddatguddiad. 'The value of revelation', meddai Davies, 'is not that the human spirit stumbles across some new vision, but that God actively impinges upon human consciousness and coercively reveals himself to his creatures – it is God discovering man rather than man discovering God'.[11] Onid dyn yn ymateb i'r Duw sy'n ei gyfarch ac yn ei herio yw hanfod crefydd y Beibl yn hytrach na dyn yn darganfod y Duw sydd ynghudd ym mhlygion ei

*Karl Barth yn 1934 – y llun o gasgliad Ivor Oswy Davies,
gyda chaniatâd caredig y teulu.*

bersonoliaeth ei hun? 'The matrix of the Old Testament and the New Testament contains something more than a fund of numinous feelings and intuitions.'[12]

Wrth grynhoi athrawiaeth Schleiermacher yn ei *Über die Religion: Reden an die Gebildeten* ('Ynghylch Crefydd: Anerchiadau i'w Gwrthwynebwyr'), aeth Davies ati i'w gwrthgyferbynnu ag athrawiaeth yr ysgol ddiwinyddol newydd hon. Gellid disgrifio gwaith Friedrich Gogarten, Rudolf Bultmann ac yn bennaf Emil Brunner a Karl Barth, fel 'a throwing down of the gauntlet of a neo-Calvinistic theology as constituting the essential nature and truth of the Christian faith in the face of all contemporary faith and practice'.[13] Mae'n cymeradwyo dehongliad dirfodol Bultmann o neges y Testament Newydd fel un sy'n gwneud mwy cyfiawnder o lawer â hanfod y ffydd nag a wnâi'r rhyddfrydwyr diwinyddol, ac yn ffafrio awydd Brunner i ddod o hyd i fan cyswllt rhwng y datguddiad dwyfol a'r gydwybod ddynol na phwyslais digymrodedd Barth ar sofraniaeth eithaf y Gair. Ond am yr ysgol gyfan meddai:

> Their radical and thoroughgoing denunciation of recent theology and modern philosophy insofar as Christianity has compromised with it, and their bold establishment of Christian faith on the Word of God alone, tends to make men either their grateful adherents or their heated opponents.[14]

Er iddo nodi gwendidau eu safbwynt – bod ôl syniadaeth Kant ynghylch amhosibilrwydd *pob* gwybodaeth ddilys yn ddylanwad anymwybodol arnynt, bod y mynych sôn am lwyr drosgynedd Duw mewn perygl o droi yn Ddeistiaeth newydd, tra bo'r Iesu hanesyddol, 'the incognito of the historical Jesus',[15] yn cael ei orguddio gan Grist ffydd – eu cryfder mawr oedd iddynt adfer y categorïau beiblaidd er mwyn cymryd sylwedd gwrthrychol y ffydd o ddifrif drachefn. 'They have certainly indicated', meddai, 'at least for us, the way we must traverse if the distinctiveness and solitary supremacy of faith as absolute and final is to be effectively maintained'.[16] Nid synthesis rhwng athrylith dyn a datguddiad Duw mo Cristionogaeth, meddai, ond ffrwyth rhyddid sofran Crist, y Gair: 'The elucidation and vindication of this unique claim is the ever recurring duty and obligation of Christian theology . . . in every age.'[17]

Crwydro'r cyfandir

Yn hytrach na chymryd ei ordeinio ar derfyn ei gwrs yn y Bala, dewisodd Ivor Oswy Davies dreulio blwyddyn ar y cyfandir er mwyn profi'r ddysgeidiaeth newydd drosto'i hunan. Ym mis Hydref 1933 ymrestrodd yn fyfyriwr ym Mhrifysgol Zürich ac mewn adroddiad yn *Y Goleuad,* papur newydd wythnosol ei enwad, disgrifiodd rai o'i brofiadau yno. 'Nid pethau cyffroes y dydd fel y cyfryw fydd gennym dan sylw', meddai, 'namyn awyrgylch meddyliol a chrefyddol Prifysgol Zürich'.[18] Er bod Zürich yn y Swistir, Almaeneg oedd iaith y dalaith ac Almaenig oedd holl ddiwylliant ac ymdeimlad y ddinas. Â chyfundrefn Hitler o hyd yn weddol newydd, roedd yr hyder a nodweddai'r Drydedd Reich wedi gafael yn nychymyg rhai o bobl y Swistir hefyd. Synnodd y Cymro i glywed un o'i athrawon yn dweud mai rhodd Duw i'r Almaen oedd Hitler i arwain y genedl o'i chaethiwed fel Moses gynt'.[19]

Ond nid gwleidyddiaeth oedd uchaf yn ei feddwl ar y pryd ond yn hytrach yr athrawiaeth neo-Galfinaidd a glywsai yn narlithoedd Emil Brunner, athro diwinyddol y Brifysgol. 'O safbwynt Cristionogol yr wyneba ef bob problem', meddai, hynny yw, o safbwynt ei ddiwinyddiaeth ei hun, y "Dialectical Theology"'.[20] Awgrymodd mai ymateb diwinyddol i argyfwng Ewrop oedd y ddiwinyddiaeth hon, a'i phwyslais ar bechod a barn, gras a gwaredigaeth oedd yr unig beth digon realistig i edru gwneud synnwyr o drasiedi'r oes. Gyda chanllawiau gwareiddiad wedi'u chwalu, yr unig beth y gallai pobl ei wneud mwyach oedd ymateb bob dydd o'r newydd i alwad annisgwyl Duw yn ei Air. 'Gan ein bod o blith y rhai sydd yn credu fod *y wirionedd cyflawn terfynol yng Nghrist,* rhaid inni osod chwilolau y Groes ar ben ffordd pob gwyddor, a phob cenedl, i ddangos yr unig ffordd sydd yn ddatblygiad sicr ar linellau ewyllys Duw.'[21] Yr hyn a wnaeth yr argraff fwyaf ar Davies oedd personoliaeth ei athro, ei sêl genhadol amlwg a'i ffydd-ondeb di-wyro i'r eglwys ac i'r efengyl. 'Ar gael yr unigolyn yn aredadun effeithiol y disgyn ei bwyslais', meddai, a dyfynnodd ei ymadrodd, '"Trof mewn ffydd ac amynedd at y wir eglwys, at ymundeb y crediniol. Ein hunig obaith ydyw adfywiad newydd yn yr eglwys drwy yr holl fyd, trwy gyfrwng dynion cwbl ymroddedig".'[22]

Wedi treulio semestr y gaeaf yn y Swistir, yng ngwanwyn 1934 penderfynodd Davies fudo dros y ffin i'r Almaen ac ymuno yn nosbarthiadau Karl Barth ym Mhrifysgol Bonn. Hyd hynny ffafriai syniadaeth Brunner ond buan y sylweddolodd rym a threiddgarwch cwbl neilltuol athrawiaeth Barth. Daeth y Cymro 28 oed dan gyfaredd ei athro newydd ac fel hyn y disgrifiodd ei bersonoliaeth a'i wedd:

Gŵr o gorff llathraidd, lluniaidd ydyw, yn agos i chwe troedfedd o uchder, yn eithaf ysgwyddog, a golwg cryf urddasol arno. Y mae'r pen yn gymesur â'r corff, y gwallt bron yn ddu, y talcen yn llydan, y llygaid yn danllyd a gwefriol, y gwefusau yn denau, a'r ên yn gadarn. Edrych yn ddifrif gan amlaf, ond petai'r cwmni a'r amgylchiadau yn ffafriol, i ddoniolwch buan yr ymlithra'r wên huawdl i weddnewid ei wynepryd. Y llygad a dery dyn gyntaf, boed ddifrif neu chwareus; ffenestri byw ydynt bob amser. Awgryma'r wyneb gadernid a phenderfyniad, ynghyd â chywirdeb ac aeddfedrwydd teimlad a phrofiad.[23]

Fel *enfant terrible* y sefydliad Protestannaidd yr ystyriwyd y Barth ifanc. Protest yn erbyn smygrwydd gorgysurus Cristionogaeth yr Almaen oedd ei esboniad ar y Rhufeiniaid, 'ffrwydriad' yn nhyb ei feirniaid, 'ffrwydriad' bid siŵr – 'bom yn disgyn ar faes chwarae'r diwinyddion' oedd disgrifiad enwog y Pabydd Karl Adam o'r llyfr –, ond distrywio mae ffrwydriad; yr angen erbyn y 1930au oedd adeiladu cyfundrefn ddiwinyddol ar sylfaen sicrach na'r hen.

Credodd Barth erbyn hynny fod y defnyddiau bellach wrth law iddo fentro ar y dasg, ac erbyn diwedd 1932 ymddangosodd rhan ddechreuol cyfrol gyntaf ei *Kirchliche Dogmatik,* 'Y Ddogmateg Eglwysig' ar 'Athrawiaeth Gair Duw'.[24] Yn wahanol i'r rhyddfrydwyr diwinyddol, dechrau gyda datguddiad Duw ohono'i hun a wnaeth Barth, sef Iesu Grist y Gair. Duw fyddai'n ei ddatguddio'i hun, a hynny yn Iesu Grist ei Fab, a'r unig ffordd i adnabod Iesu fel y Crist byw oedd trwy'r Ysbryd Glân. 'Athrawiaeth y Drindod', meddai, 'sy'n marcio allan yr Athrawiaeth Gristnogol o Dduw fel un Gristionogol mewn gwirionedd'. Pan wahoddwyd Ivor Oswy Davies i draddodi'r Ddarlith Davies fel rhan o weithgareddau Cymanfa Gyffredinol ei gyfundeb yng nghapel Heathfield Road, Lerpwl, yn 1962, 'Athrawiaeth Karl Barth am y Drindod' a ddewisodd

/n destun. Adleisio a wnaeth trwy gydol y ddarlith honno drafodaethau cynhyrfus yr ystafell ddosbarth yn Bonn a seiadau prwd y 'nosweithiau agored' a gynhaliwyd yng nghartref ei athro /n *Siebengebirgstrasse* dros chwarter canrif ynghynt. Nid Barth / 'dyn ifanc dig' oedd y gŵr a adnabu Oswy Davies, ond y Barth aeddfed, diwinydd pwysicaf yr eglwysi Protestannaidd er dyddiau Schleiermacher os nad John Calfin ei hun.

Os cynhyrfus oedd y diwinydda yn Bonn ar ddechrau a chanol y 1930au, roedd y sefyllfa wleidyddol hithau'n prysur ddwysáu. Llwyddodd Hitler a'i blaid Natsïaidd i ffurfio dywodraeth leiafrifol ar 30 Ionawr 1933 ac ar 27 Chwefror losgwyd adeilad y *Reichstag* yn Berlin yn ulw. Dyma'r esgus a oedd ei angen ar Hitler, Canghellor yr Almaen, i fygu pob gwrthwynebiad democrataidd i'w gynlluniau. Gan fanteisio ar 'r anhrefn gyffredinol, dygodd berswâd ar yr arlywydd oedran-us Hindenberg i ddiddymu hawliau megis rhyddid barn a lafar, annibyniaeth y wasg, yr hawl i gydgyfarfod i ddibenion wleidyddol, ac yn y blaen. O hynny allan byddai llwyddiant anbennaeth ormesol Hitler yn anorfod. Yn sgil ail rownd o tholiadau ddechrau mis Mawrth, cipiodd y Natsïaid fwyafrif eddau'r senedd a dechrau deddfu i'w pwrpas eu hunain. 'asiwyd y 'Ddeddf Teyrnfradwriaeth' ar 21 Mawrth a oedd yn i gwneud yn drosedd i gyhoeddi'r un feirniadaeth yn erbyn y ywodraeth ar boen angau; ar 24 Mawrth cyhoeddwyd y Ddeddf Galluogi' a roes ganiatâd i'r llywodraeth ddiddymu'r yfansoddiad yn ôl fel y gwelai hi'r angen; ac ar 7 Ebrill pasiwyd Deddf Ad-drefnu'r Gwasanaeth Sifil' a fyddai'n cael effaith rom nid yn unig ar Karl Barth a oedd, fel athro prifysgol, n cael ei ystyried yn was sifil, ond hefyd ar bob gweinidog lwyf oherwydd gweision sifil oeddent hwythau hefyd, yn nhâl *Landerskirchen* Lutheraidd a Diwygiedig, eglwysi sefydledig y wahanol daleithiau Almaenaidd. Mynnai amod 'Ariaidd' ddeddfwriaeth honno na châi neb nad oedd yn Almaenwr o 'aed pur wasanaethu fel clerigwr. Mewn geiriau eraill roedd an y Natsïaid drwydded bellach i 'buro' pob sefydliad cened-aethol, gan gynnwys yr eglwysi, o Iddewon.

Pur wantan, ar y gorau, oedd y gwrthwynebiad i Hitler, a hrin oedd y rhai a sylweddolodd pa mor sinistr oedd ei ynlluniau mewn gwirionedd. Bu'r wlad mewn dryswch conomaidd a chymdeithasol ers blynyddoedd, ac roedd fel

petai'r bobl, yn eu hiraeth am waredigaeth gref, yn fodlon dilyn
arweiniad *unrhyw un* a oedd yn cynnig ffordd bendant ymlaen.
Prin oedd y rhai a welodd yn glir oblygiadau ideolegol
Natsïaeth: natur ffug-grefyddol ei hapêl, syncretiaeth amrwd
ei hathrawiaeth a'i gwanc absoliwt am rym. O'i ran ef, synnwyd
Barth gan amharodrwydd yr eglwysi i herio'r datblygiadau hyn
a bu'n ddiamynedd ynghylch pietistiaeth y Lutheriaid a'u
syniad am 'y Ddwy Deyrnas' na chaniataodd i hawliau'r ys-
brydol dresmasu ar fuddiannau'r tymhorol. Daeth hyn i'r golwg
yn ei draethawd dewr a ffyrnig *Theologische Existenz heute*
('Diwinydda Heddiw'), a luniodd ym Mehefin 1933 i brotestio
yn erbyn ymgais 'y Cristnogion Almaenig' – cynghreiriaid
eglwysig y Natsïaid – i lefeinio'r ffydd Gristionogol â'u hath-
rawiaethau gau. Nid tan y mis Tachwedd dilynol, pan
ddatgelwyd paganiaeth amrwd y mudiad hwn mewn cymanfa
gyhoeddus orffwyll yn y *Sportzplatz* yn Berlin, y deffrôdd yr
Eglwysi Protestannaidd i'r bygythiad i'w ffydd. Ymatebodd
miloedd o weinidogion Lutheraidd a Diwygiedig i apêl Martin
Niemöller, gweinidog Dahlen yn Berlin, i ymuno ag 'Urdd
Argyfwng a Gweinidogion' a datgan rhyddid yr eglwys a'i hawl
i anufuddhau i orchymyn y wladwriaeth pan oedd hwnnw'n
groes i Air Duw ac efengyl Crist. O'r Urdd hwn y datblygodd yr
Eglwys Gyffesiadol, neu 'Eglwys y Tystion' fel y geilw Davies
hi, y Protestaniaid hynny a heriodd hawl y wladwriaeth i
ymyrryd ym mywyd mewnol y cynulleidfaoedd. Erbyn
gwanwyn 1934, pan gyrhaeddodd Ivor Oswy Davies Bonn,
roedd yr eglwys hon wedi troi'n ffocws ar gyfer y gwrth-
wynebiad mwyaf effeithiol i Adolf Hitler a oedd yn bod yn yr
Almaen ar y pryd.[25]

Prin y gallai'r Cymro fod wedi cyrraedd ar adeg fwy cyn-
hyrfus. Roedd Karl Barth eisoes wedi tynnu gwg yr awdur-
dodau trwy wrthod agor ei ddarlithoedd gyda'r saliwt
Hitleraidd. Ei arfer er 1931 oedd dechrau pob darlith â
darlleniad o'r Ysgrythur a chael gan ei fyfyrwyr ganu pennill
o emyn. Mynnai mai priod gefndir pob diwinydda, yn yr add-
oldy neu yn yr academi, oedd mawl. Felly pan roddwyd
pwysau arno gan reithor y Brifysgol, yr Athro Hans Neumann,
i gydymffurfio â'r arfer newydd o dalu gwrogaeth ffurfiol i
Hitler trwy'r saliwt, doedd dim amdani ond gwrthod. Fis ar ôl i
Davies gyrraedd roedd Barth yn bresennol yn Barmen, yn

ynod gyntaf yr Eglwys Gyffesiadol a gynhaliwyd yno 29–31 Mai, ac ef, i bob pwrpas, oedd awdur y Datganiad di-gyfaddawd enwog:

> . . . Ymwrthodwn â'r au-ddysgeidiaeth a fyn y dylai'r Eglwys gydnabod digwyddiadau a phwerau eraill, syniadau a gwirioneddau eraill fel datguddiad dwyfol ar wahân i'r unig Air hwn . . . [26]

'el y dywedwyd eisoes roedd Davies yn bresennol ychydig ddyddiau wedyn yn yr ystafell ddosbarth pan adroddodd Barth Datganiad i'w fyfyrwyr ac esbonio ei arwyddocâd. Beth bynnag oedd gwendidau'r gwrthwynebiad eglwysig i Hitler – mharodrwydd y *Bekennende Kirche* i feirniadu polisïau pen-dol boliticaidd y wladwriaeth yn hytrach na'r rhai a oedd yn myrryd yn uniongyrchol ym mywyd yr eglwysi – roedd yn ddigon cryf i'w ystyried yn fygythiad gwirioneddol i rym cynddol y Canghellor a'i blaid. Trwy ddyfarnu o blaid awdurdod erfynol Gair Duw yng Nghrist – a oedd, o ran ei ddyndod, vrth gwrs, yn Iddew – datganodd Synod Barmen fod rhaid mostwng 'mewn bywyd ac mewn angau' i awdurdod a oedd yn wch hyd yn oed na Hitler. Yn y sefyllfa a oedd ohoni, roedd yn yn honiad peryglus dros ben, ond roedd yn deillio'n norfod o argyhoeddiad Barth ynghylch natur unigryw y dat-uddiad ysgrythurol. Nid heb achos, felly, y gallodd Davies dweud ar y pryd: 'Y mae'n ddiogel gennyf mai llestr etholedig an Dduw ydoedd wedi ei anfon yno i fraenaru'r tir, i ddad-reiddio'r chwyn ac i hau'r had da cyn i aeaf y praw eu oddiweddyd.' [27]

Oedfa annwfn

r 2 Awst 1934 bu farw'r Arlywydd Hindenberg. Er mwyn adarnhau'i safle fwyfwy caniatawyd i Hitler gyfuno'i swydd-gaeth fel canghellor â'r arlywyddiaeth. Roedd grym ei un-ennaeth yn dwysáu. Ar 19 Awst aeth gorchymyn allan yn galw r bob swyddog dan y llywodraeth i dyngu llw o ffyddlondeb i litler fel Führer ac o ufudd-dod diamod i holl gyfreithiau'r Drydedd Reich. Ac yntau eisoes yn gwrthod rhoi'r saliwt litleraidd yn ei ddosbarth, dyma ef bellach yn cael ei wynebu â

sialens lymach: torcyfraith bellach fyddai peidio ag ufuddhau
Addawodd Barth dyngu'r llw pe caniateid iddo ychwanegu'ı
geiriau 'hyd y gallaf fel Cristion Protestannaidd', a dyna oedd y
sefyllfa pan ddychwelodd Ivor Oswy Davies i Bonn ym mis
Hydref ar gyfer semester y gaeaf. Yn ei adroddiad i'r *Goleuad* yı
Nhachwedd 1934, esboniodd natur y gwahaniaeth rhwng y saw
a gefnogai Hitler ar dir crefyddol a'r rheini, fel Barth, a fynnodc
mai heresi oedd y 'Gristionogaeth Almaenig' Natsïedig hon.

Sicr gennym . . . y syrthiasai mwy hebddi i fagl y 'Cristnogioı
Almaenaidd' ('German Christians'). Maentumia y blaid olaf hon foc
'historic moment' y chwyldroad cenedlaethol (sydd erbyn hyn broı
yn ddwy flwydd oed) yn ffynhonnell annibynnol *datguddiad newydı*
iddynt hwy fel *Almaenwyr*, ochr yn ochr â Gair Duw yn y Beibl. Yı
erbyn hyn pwysleisia Barth a'r 'Eglwys Gyffesiadol' yn ddiamwys ı
therfynol, roddi o Dduw y *datguddiad o'i Air* yn *gyflawn* i'w eglwyı
unwaith ac am byth yn ymgnawdoliad ein Harglwydd Iesu Grist. Niı
hawdd i Gristnogion yn y wlad hon synied pa mor anodd ydyw
Almaenwr sydd yn Gristion cywir yn yr Almaen heddiw feddwl yı
glir am ystyr Cristnogaeth, pan wneir duw o genedlaetholdeb ı
theyrngarwch gwleidyddol drwy gyfrwng propaganda parhaus ı
wasg, y diwifr, y llwyfan, yr ysgolion a'r prifysgolion.[28]

Beth bynnag am y tyndra gwleidyddol, roedd y diwinydda yı
parháu a'r cyfeillgarwch rhwng athro a disgybl yn cynyddu: 'ı
mae cwrteisi a chyfaredd naturiol y dyn yn gwneud mynd ato'ı
beth hawdd.'[29] Er ei fod yn edmygu'i ysgolheictod, gwerthfawr
ogai'r Cymro agosatrwydd y gŵr mawr. 'Y mae yn ysgolo
gwych a manwl; anodd peidio â synnu at ei wybodaeth o destuı
gwreiddiol y clasuron diwinyddol yn y Groeg a'r Lladin'
meddai. 'Er y gweithia'n galed iawn, eto nid meudwy mohonc
o bell ffordd . . . Cafodd un ddawn werthfawr iawn, y ddawn ı
hiwmor. Gall chwerthin mor naturiol â phlentyn . . . Gaı
chwerthin am ei ben ei hun, ac am ben ei wrthwynebwyr.'[30] E
mor ddiddorol oedd y darlithoedd ar Athrawiaeth Gair Duw
gynhaliwyd am saith y bore bedair gwaith yr wythnos, yn
'nosweithiau agored' anffurfiol yn ei gartref y gwelwyd Barth aı
ei orau, meddid.

Ystafell weddol eang yn nhŷ'r Athro Barth ydyw'r lle y tro hwn, a'ı
amser, hanner awr wedi wyth y nos . . . Dechreuir trwy i fyfyriw

penodedig ddarllen crynodeb byr o'r darlithiau a draddodwyd er
pan gyfarfuasom y nos Fercher o'r blaen. Yna gwahoddir
cwestiynau ar y mater. Eistedd yr athro ar gadair wrth fwrdd
bychan yng nghanol y neuadd, a phawb arall ar gadeiriau a
meinciau o'i gwmpas i bob cyfeiriad. Pan ofynnir cwestiwn . . . dyna
pryd y ceir rhyw syniad sut y cyrhaeddodd ei safle ddiwinyddol
bresennol. Yma down i wybod rhywbeth hefyd am hiwmor a
chyfaredd y dyn. Amheuthun ydyw ei weld a'i glywed yn rhoi deng
munud o atebiad i ryw wrthwynebiad arbennig.[31]

Beth bynnag am y gweithgareddau academaidd hyn, y frwydr
eglwysig, yn gynyddol, a oedd yn mynd â bryd athro a
myfyrwyr fel ei gilydd. Mynychodd Barth ail synod yr Eglwys
Gyffesiadol yn Dahlen, 19–20 Medi, ac yna, wedi iddo wrthod
yn derfynol gydymffurfio â dymuniad yr awdurdodau ar fater y
llw, diswyddwyd ef. Digwyddodd hyn ar 26 Tachwedd. Roedd y
peth yn ergyd nid yn unig i'r athro ond i'w ddisgyblion, ac
ynddo holl elfennau drama fawr:

Gweithredu'n araf a wnaeth yr awdurdodau gyda'i achos. Cafodd
lonydd i ddechrau darlithio drachefn yn nhymor y gaeaf. Ni wyddai
y cyfeillion na'r gelynion lleol yn y brifysgol pa beth a ddigwyddai.
Ond yr oedd darogan yn yr awyr rywfodd . . . Trois i fyny ryw fore
i'w ddarlith. Yn rhyfedd ddigon, ni welais neb yn ei throedio hi o
wahanol gyfeiriadau tua'r neuadd. Ni esgynnwn 'gyda'r lluoedd'; pa
herwydd? Wele'r drws ynghau. Pa beth atolwg y sydd? Darllen yr
hysbysiad ar y drws oddi allan: 'Ni ddarlithiai'r Athro Karl Barth
heddiw. Diswyddwyd ef gan Senedd y Brifysgol, ar arch Llywodraeth
y deyrnas ym Merlin.' Arwyddwyd ef gan bennaeth y Brifysgol.
Disgynnodd y ffrewyll ar gefn y tyst ffyddlon o'r diwedd. Bore o rew
oedd hi, mi gofia'n burion . . . 'A'r gaeaf oedd hi' . . . Ac ni dderfydd y
gaeaf hwnnw yrhawg, chwaethach gerwino, a duo, a lladd.[32]

Bore'r 27 Tachwedd 1934 oedd y bore rhewllyd a arhosodd mor
fyw yng nghof y Cymro. Ond aeth y cynnwrf yn ei flaen:

Wedi ychydig ddyddiau yr oedd gair arall ar y drws yn hysbysu yr
eglurai Pennaeth y Brifysgol i fyfyrwyr yr athro, ar awr arbennig, y
rhesymau am y diswyddiad. Daeth tyrfa fawr ynghyd. Yr oedd y
myfyrwyr Almaenaidd, amryw ferched yn eu plith, a'r rhai tramor,
yn gryno yn eu lle. Deuthum yno cyn yr awr fy hunan, ond yr oedd

llawer wedi cyrraedd eisoes. Yr oedd rhyw drydan nerfus drwy'r lle.
Sylwaswn o'r dechrau, o gefn y neuadd . . . ar un peth dieithr iawn y
bore hwn; – clwstwr o lwyd yn y seddau blaen ar yr aswy. Wedi
eistedd, a chael fy ngwynt ataf, adnabum rai o'u hwynebau fel
eiddo'r llond dwrn myfyrwyr diwinyddol o'r Adran efengylaidd a
bleidient Hitler . . . Gwelsom hwynt o gwmpas . . . droeon, yn
gwisgo'r crys a'r clos llwyd beunydd beunos, ond nid oedd cyfath-
rach rhyngddynt hwy â ni, a bleidiem Barth. Edrychent fel barcud-
iaid arnom y bore hwn. Hawdd deall eu swyddogaeth arbennig yn y
ddrama fer hon, sef cynnal breichiau'r Pennaeth yn ei weithred
anfad lwfr . . . Ond dyma'r prif weithredydd i mewn o ddrws bach
yn ymyl y llwyfan a cherddodd yn gyffroes at y ddesg gan daflu
llygaid cynhyrfus ar y dorf. Darllen bob gair oddi ar bapurau
Rhestr y cyhuddiadau swyddogol a ddygid yn erbyn yr athro a
gynigir i ni fel sail ei ddiswyddiad. Y cyhuddiad cyntaf ydoedd iddo
wrthod rhoddi'r saliwt i Hitler, ac ynganu'i hosana yn ôl y ddeddf,
ar ddechrau pob darlith.

Gyda darllen rhan o'r ysgrythur, a chanu emyn, y dechreuai ein
hathro bob darlith. Cyhuddiad arall ydoedd iddo dderbyn llythyrau
drwy'r post o'r Swistir gan un o'i feibion ym Mhrifysgol Berne, yn
cynnwys brawddegau beirniadol ynghylch y llywodraeth. Ond y
pechod mwyaf erchyslon, a'r olaf a nodwyd, ydoedd iddo wrthod
tyngu'r llw o ffyddlondeb diamodol i'r Arweinydd. Tra'r ymlwybrai'r
siaradwr yn glonciog trwy'r gyfres gyhuddol, mewn chwysfa boenus,
dangosai'r mwyafrif mawr ohonom ein hangymeradwyaeth gwresog
o bob cyhuddiad yn ei dro, drwy hwtio a churo traed. Nid oedd y
curo dwylo cymeradwyol ar ran y crysau llwydion namyn egwan ac
aneffeithiol dan yr amgylchiadau. Os daeth y Pennaeth i mewn yn
grynedig ac ansicr ei droed, âi yn fwy crynedig a chynhyrfus drwyddo
fel y codai llanw'r anghymeradwyaeth wrth iddo fynd ymlaen, nes
bod y papurau y darllenai ohonynt yn sisial fel deiliach crin yr hydref
rhwng ei fysedd meinion. Ni wyddem a fuasai ysgarmes ar y diwedd
Diflanodd y siaradwr wedi darllen ei linellau heb amlhau geiriau
Oedfa o ddeng munud oedd y cwbl, ond un fythgofiadwy serch
hynny. Oedfa annwfn, pryd yr ysbeiliwyd Prifysgol Bonn o'i henaid
dros ryw bryd. Brysied dydd yr atgyfodiad gwell.[33]

Aeth helynt Barth ymlaen drwy'r gaeaf ac i mewn i'r gwanwyn
dilynol. Apeliodd i'r llys sifil lleol yn erbyn y dyfarniad ar
27 Tachwedd, ond methodd ddarbwyllo'r awdurdodau i'w
ailbenodi: 'Noson bygddu o Dachwedd ydoedd', meddai
Davies, 'na wybuasai neb pa ryw fodau a allasai ddyfod allan
o'r gwyll i flino plant dynion. Adar y nos oedd ei gyhuddwyr;

lan fantell y tywyllwch y gwnaethant y rhan fwyaf o'u
gwaith'.[34] Yna ar 20 Rhagfyr cadarnhawyd ei ddiswyddiad
mewn tribiwnlys o eiddo'r awdurdodau cyhoeddus yn Cöln.
Roedd Ivor Oswy Davies, fel y rhan fwyaf o'i fyfyrwyr, yn
mynod ei gefnogaeth i'w athro trwy gydol yr helynt. Mae gwefr
yr achlysur i'w chlywed yn amlwg yn ei ddisgrifiad ohono:

> Ymhen wythnos neu ddwy ar ôl y prawf, clywsom fod ein hen athro
> yn gwahodd ei gyn-fyfyrwyr i'w gartref, i Ddosbarth Beiblaidd,
> unwaith yr wythnos. Ei weld a'i glywed drachefn, a hynny am y tro
> cyntaf ar ôl ei ddedfryd! A'i gyfarfod yn ei gartref, hen fangre'r
> 'nosweithiau agored' wythnosol, lle caem ofyn unrhyw gwestiwn
> ynghylch materion ei ddarlithiau ffurfiol yn y Brifysgol. Yma byddai
> mor rhydd a hwyliog . . . Seiat y Diwinyddion! Ond arall oedd
> awyrgylch y cyfarfod newydd hwn . . . Penodau cyntaf Luc oedd y
> maes: 'Canys fy llygaid a welsant dy iachawdwriaeth . . . Goleuni i
> oleuo'r cenhedloedd . . . Wele yr hwn a osodwyd yn gwymp ac yn
> gyfodiad i lawer . . .'[35] Yr oedd yr awdurdodau'n anniddig, ofnent
> ddylanwad y proffwyd hwn ar yr Almaenwyr ieuainc hyn.[36]

Erbyn y gwanwyn gwaharddwyd Barth rhag cynnal unrhyw
gyfarfodydd pellach: 'Bu rhaid rhoddi terfyn i'r dosbarth hwn,
ond bu'n gyfle eisoes i'r myfyrwyr ddangos eu dewrder dan
erledigaeth, a'u teyrngarwch i'w harweinydd ac i'r gwirionedd.
Onid heuwyd yr had eisoes ar dir da?'[37]

Y tro olaf i Ivor Oswy Davies glywed ei athro oedd yng
nghynhadledd yr Eglwys Gyffesiadol yn Barmen dros y Sul,
3 Chwefror. Hwn fyddai un o'r troeon diwethaf i Karl Barth
gael annerch cynulleidfa yn yr Almaen cyn i'r Gestapo ei
wahardd yn llwyr, a hynny ar Ŵyl Dewi 1935. 'Y mae disgwyl
mawr am y pregethwr a waharddwyd i bregethu gan y
Llywodraeth', meddai'r Cymro wrth ddisgrifio'r olygfa. 'Daw'r
cennad i'r golwg ac yn dalgryf ac yn araf ymlwybra tua grisiau'r
pulpud.'[38] A difrifoldeb yn ei wedd esgynnodd i'r pulpud.
Syllodd ar y dorf am ysbaid, a chodi'i destun – Crist yn y llong
ar fôr Tiberias, yn cysgu yn y storm. Ar ôl gosod yr olygfa yn ei
chyd-destun priodol, aeth ymlaen i gymhwyso'i neges at
argyfwng Cristionogaeth yr Almaen.

> Eglwys Dduw yng ngwlad Martin Luther ydyw'r llong i ni heddiw,
> onide? Chwi y credinwyr, y ffyddloniaid, ydyw'r disgyblion, a gwn

yn eithaf da eich bod yn ofni, yn crynu ac yn pryderu, wrth deimlo
fod y llong mewn perygl yn y dymestl. Yr ydych yn ofni
llongddrylliad ac yn ofni boddi. Ac efallai fod rhai ohonoch yn
synnu fod y Gwaredwr yn parhau i gysgu mor ddigyffro i bob
golwg, a chwithau a'i long yn y fath enbydrwydd. 'Paham y cwsg y
Gwaredwr?', dyna'ch cwestiwn onide? Dywedaf wrthych paham –
er mwyn profi'ch ffydd chwi. Dyna paham y cwsg Ef mor dawel
a digyffro. Y mae am roddi prawf ar eich ffydd chwi ynddo Ef
fel Gwaredwr ein Eglwys. Y mae'r Pen Mawr mor sicr o'i
fuddugoliaeth fel y gall gysgu'n dawel yng nghanol y dymestl. Gŵyr
am eithaf eu gallu byth ers oriau Calfaria, a gŵyr ei fod yn drech na
hwy. Nid oes ofn arno Fo! Pan y rhua'r gwyntoedd, a phan y tyrr y
tonau tros y bwrdd, y mae Mab Duw yn hollol dawel, oblegid gŵyr
na all ei bwrpas Ef byth gael ei rwystro, ac ni bydd trengi yn hanes
Ei Eglwys Ef. Ymddiriedwch o'r newydd ynddo Ef . . . ac fe ddaw'r
amser yn y man pan y cyfyd o'i gwsg, ac â Gair o'i enau tawela'r
storm a dug y llong yn ddiogel i'r porthladd. Nac ofnwch; y mae'r
Gwaredwr gyda ni yn y llong . . . Ymddiriedwn ynddo Ef, a daliwn
yn ffyddlon iddo Ef er gerwined y ddrycin: y mae Ef gyda ni, Ei long
Ef ydyw hi, ac y mae holl allu'r Duwdod yn Ei law.[39]

Oedfa fawr oedd hon, ac un a adawodd ei hôl yn drwm ar
feddwl y Cymro ifanc. 'Mae'n debyg mai rhywbeth fel hyn
fyddai T. C. Edwards yn ei oedfaon mwyaf', meddai, ' – golau
gwyn a grym tanllyd y trydan dwyfol yn cydredeg yn gymharus
â'i gilydd'. Cofiodd y distawrwydd a ddilynodd y traethu. 'Y
peth nesaf y cofiaf ydyw clywed y pregethwr yn galw ar Dduw
mewn llais nefolaidd a gorfoleddus: " . . . Duw sydd noddfa a
nerth i ni, cymorth hawdd ei gael mewn cyfyngder. Am hynny
nid ofnaf pe symudai y ddaear, a phe treiglid y mynyddoedd i
ganol y môr . . ."' Roedd yr achlysur yn faen clo ar gyfnod
gyda'r mwyaf cynhyrfus a gafodd erioed, ac un a fu'n gwbl
ffurfiannol yn ei hanes. Cadarnhawyd ei gred yn yr efengyl fel
buddugoliaeth derfynol Mab Duw dros y tywysogaethau, yr
awdurdodau a'r drygau ysbrydol yn y nefolion leoedd, ac o
hynny allan ni allai beidio â dwyn ei dystiolaeth i'w heffaith a'i
grym. 'Pererinion sydd yma', meddai, 'yn gwybod fod yr
Arglwydd gyda hwynt, ac yn barod eto i wynebu'r bleiddiaid yn
y cyfryw gysur cryf . . . Tra bwyf byw, mi gofia'r awr'.[40]

Ac yntau mewn cryn amheuaeth ynghylch ei ddyfodol
dychwelodd Barth i'r Swistir ddiwedd mis Mai. Apeliodd

eilwaith yn erbyn dyfarniad y Brifysgol, ac yn erbyn y
cadarnhad a roddwyd i'w ddiswyddiad gan y tribiwnlys yn
Cöln, ond i ddim diben, ac ar ddydd Sadwrn 22 Mehefin cafodd
wybod ei fod wedi ei gael yn euog yn ôl telerau Deddf Ad-
drefnu'r Gwasanaeth Sifil. Golygai hyn fod ei yrfa yn yr
Almaen ar ben. Fodd bynnag, ar fore Llun 24 Mehefin fe'i
gwahoddwyd gan Brifysgol Basel i lenwi cadair arbennig mewn
diwinyddiaeth yn ninas ei eni. Gyda chryn ryddhad, ond nid
heb ychydig dristwch, gadawodd Karl Barth Bonn ddechrau
Gorffennaf am y Swistir. Ni fyddai'n dychwelyd i'r Almaen tan
ar ôl cwymp y Drydedd Reich ddegawd yn ddiweddarach.

Y dystiolaeth yn parhau

Wedi treulio tri semester yn Bonn, ordeiniwyd Ivor Oswy Davies
yn Sasiwn y Gogledd yn 1935 a'i sefydlu'n fugail eglwys
Bresbyteraidd Saesneg Castle Square, ar y Maes yng
Nghaernarfon. Parhaodd mewn cysylltiad â digwyddiadau
Ewrop a daeth yn lladmerydd grymus ar gyfer gweithgareddau'r
Eglwys Gyffesiadol yng Nghymru. Ymwelodd â'r Almaen
drachefn yn 1937 gan sylweddoli erbyn hynny fod rhyfel arall yn
anorfod. Er mwyn chwarae ei rhan yn nydd y prawf, gwyddai y
byddai'n rhaid i'r eglwys ailddarganfod ei chenadwri ddwyfol sef
datguddiad Duw yn ei Air. Nid cywreinbeth esoterig ar gyfer
ambell i ddiwinydd academaidd oedd hyn ond yr unig wrth-
glawdd a fyddai'n dal pwysau enbydrwydd yr oes. Cymwynas
Barth, yn ôl ei ddisgybl, oedd rhoi'r arfau priodol yn nwylo pobl
Dduw mewn pryd. Nid creu Barthiaid oedd amcan Barth,
meddai, ond creu diwinyddion a oedd yn ymwybodol o'r
argyfwng a oedd yn eu goddiweddyd: 'Ni ofynnodd ond i bob
myfyriwr *wneuthur ei ddiwinyddiaeth yn fater enaid.*'[41] Trwy ei
waith cyhoeddus a chyhoeddedig, 'newidiodd *bwyslais* diw-
inyddol Gristnogol ym mhob Eglwys Brotestannaidd trwy'r byd
yn ystod y deng mlynedd diwethaf hyn'. Am y tro cyntaf ers
cenedlaethau gorfododd Brotestaniaid i ofyn cwestiynau syl-
faenol ynghylch eu ffydd: pwy yw Duw a sut gellir ei adnabod?
Beth yw natur y Beibl, ai cofnod o brofiadau dynol neu
dystiolaeth yr apostolion a'r proffwydi i fawrion weithredoedd
Duw yng Nghrist? Beth yw'r eglwys, ai casgliad o unigolion sy'n

dilyn egwyddorion crefyddol neu ordinhad Duw a chorff Crist ar y ddaear? 'Sail yr Eglwys ydyw Gair Duw fel rhywbeth tu draw i'w bywyd gweledig hi ar y ddaear', esboniodd Davies. 'Llefara'r Iesu byw ei ewyllys wrthym ni, neu clywn Air y Duw byw heddiw drwy i'r Ysbryd Glân ddefnyddio tystiolaeth yr apostolion gynt o'r Gair (y Beibl) yn "foddion gras" neu yn "fangre datguddiad" i ni heddiw.'[42] Fel cynifer o bregethwyr ei gyfnod, roedd Davies wedi'i fagu ar y method gwyddonol o drin yr Ysgrythurau a wnaeth y Beibl naill ai yn grair o ryw wareiddiad cyntefig neu, ar y gorau, yn gofnod o brofiadau pobl yr oes o'r blaen. Wrth geisio gwneud cyfiawnder â'i natur ddynol, tueddai gwedd ddwyfol y Beibl fynd ar goll.

> Teimlasom fod yn rhaid derbyn y ffordd newydd wyddonol o weithio ar lythyren llên y Beibl, ond nid oedd diwinyddiaeth Moderniaeth, hyd yn oed yn ei chynrychiolwyr gorau, yn bodloni. Yna daeth Barth i ddangos ym mha le yr aethpwyd ar gyfeiliorn. Yr oedd *cynnwys diwinyddol* y Beibl fel datguddiad, fel Gair Duw, yn rhywbeth na allai rhwyd y method gwyddonol o drin y testun ei ddal. Rhaid edrych ar yr Ysgrythur o du Duw fel Llefarwr a Gweithredydd, a gwrando ar ei genadwri . . . Rhaid i dystiolaeth y proffwydi a'r apostolion o'r Gair, *ddyfod* yn *Air* bywiol a grymus *Duw i ni, o'r newydd*, yn barhaus, heddiw.[43]

Os oedd y Natsïaid a'u cynghreiriaid eglwysig yn cablu trwy gydnabod rhywbeth ar wahân i Iesu Grist fel unig ffynhonnell datguddiad i'r genedl, roedd y diwinyddion rhyddfrydol yn cyfaddawdu â'r efengyl trwy ddehongli'r datguddiad yng Nghrist mewn categorïau a oedd yn tarddu o athroniaethau meidrol: 'Nid oes safon o'r tu allan i'r datguddiad wrth yr hyn y gellir barnu ei wirionedd.'[44] Os Iesu Grist sy'n ei gyhoeddi'i hun fel y Gwirionedd, ac os haerai'r Testament Newydd fod pob un sydd o'r gwirionedd yn gwrando ei lais Ef, yr hyn a wnâi Duw trwy yr Ysbryd yw cadarnhau'r datguddiad a thystio i'w effaith a'i eirwiredd yng nghalon y credadun. Datguddiad ei hun yw'r unig ganon y gellid ei ddefnyddio i ddirnad datguddiad. 'Na chamddealler ni am funud', meddai Davies. 'Nid bychanu athroniaeth a wnawn ond traethu'n bendant na chaniata Frenhines y Gwyddorau i unrhyw deyrn tramor lywodraethu o fewn ei theyrnas.'[45] Nid gwyddor rydd yw eiddo'r diwinydd ond un sy'n bod o dan ddisgyblaeth y Gair ac sydd wedi'i hail-eni yn yr

Ysbryd: 'Ei safon a'i maen prawf ydyw tystiolaeth y proffwydi
i'r apostolion (y Beibl) i'r datguddiad, fel y llefarent wrth ei
ysbryd a'i galon trwy yr Ysbryd Glân.'[46] Angen mawr yr eglwysi
i'r capeli, meddai'r pregethwr, oedd profi adfywiad mewn
pregethu beiblaidd fel oedd eisoes yn digwydd mewn mannau ar
gyfandir Ewrop: 'Ni ddaw'r Ysbryd Glân *mewn nerth* i Gymru
nyd oni bydd y diwinydd wedi dehongli'r Gair i'r oes hon fel y
gellir ei gyhoeddi, a'i gredu drachefn, gan y bobl.'[47]

Gyda'r cysgodion yn crynhoi, anerchodd Davies gymanfa
Saesneg ei gyfundeb ym Mehefin 1938, ychydig fisoedd cyn
ymgais olaf Neville Chamberlain i heddychu â Hitler ym
Munich. Roedd ei neges yn ddigymrodedd, yn gadarnhaol ac yn
hyderus. 'Duw ar waith mewn hanes' oedd ei bwnc. Yn ôl pob
safon ddynol, meddai, roedd y sefyllfa wleidyddol gyfoes yn
enbyd, ond gallai'r eglwys ddal i gyhoeddi'i chenadwri'n ddi-
ofn oherwydd ei ffydd yng ngoruchafiaeth Duw trwy'r Gair.
'We interpret this well-nigh uninterpretable phenomenon called
"history" by faith, not by sight', meddai.

Although there is much in the past, present and future, we do *not*
know, yet, we speak authoritatively and dogmatically, about the
deepest, ultimate and eternal *meaning* of what men call 'world-
history', in virtue of the revealed Word of God, the Lord Jesus
Christ, as the Lord of History, and of Eternity. That God, the
Father of Jesus, is *in* history, cannot be logically proven, – it can
only be believed . . . The more we obey His Lordship in our own
lives, the stronger shall our conviction of His Lordship in the world,
and its history, become. The Kingdom or Lordship of God as at
hand, *today*; 'repent ye, and believe this divine proclamation'.[48]

Yn ôl Buick Knox, hanesydd Cymanfa Saesneg Eglwys
Bresbyteraidd Cymru: 'In a conference where the tone of many
speeches was gloomy, Davies spoke of Christ's Kingdom as
present in the world as judgement and redemption; he said that
God could use the encircling darkness, as He had done on the
Cross, to bring His light to view.'[49] Roedd effaith y genadwri
fyddiog hon ar ei gynulleidfa yn ddofn, ac awgrymai fod gan y
neo-Galfiniaeth newydd gyfraniad pwysig i'w wneud wrth i
Ymneilltuaeth Gymraeg archwilio'i rôl at y dyfodol. Mewn
pregeth arall a draddodwyd i'w gynulleidfa ei hun, cymerodd
Salm 22:29 yn destun: 'Nid oes neb a all gadw yn fyw ei enaid ei

hun.' Mae'r enaid dynol wedi'i greu gan Dduw, meddai, mae
wedi gwrthryfela yn erbyn ei greawdwr ac oherwydd hynny dan
ei farn ac yn ysbrydol farw: 'You must be prepared for anything
to happen when there are so many dead souls walking about in
living bodies!'[50] Yr unig obaith ar ei gyfer oedd atgyfodiad,
gweithred adnewyddol a radical nad oedd iddi gynsail na
phosibilrwydd yn y drefn naturiol. Yn yr efengyl roedd Duw ei
hun yn ymyrryd â hynny er iachawdwriaeth i'r sawl a fyddai'n
credu: 'You are really in a grave', meddai wrth Bresbyteriaid
syber Caernarfon. 'Christ alone can lift you out of it . . . He calls
you out of your imprisoned spirit . . . Come forth!!! COME
FORTH!!! Will you answer that call in faith?'[51] Cyfunc
diwinyddiaeth Feibl-seiliedig a Christ-ganolog Karl Barth â'r
math efengyleiddiaeth a oedd yn gynnyrch gorau ei draddodiad
ei hun a wnâi Davies mwyach, a thrwy hynny gyfrannu yn fawr
at les y dystiolaeth Gristionogol yn ei genhedlaeth.

Wynebu oes newydd

Yn Ebrill 1939, ychydig fisoedd cyn dechrau'r rhyfel anorfod â
Hitler, symudodd Ivor Oswy Davies i eglwys Gymraeg
Belvedere Road, Lerpwl, gan ychwanegu eglwys Chathan
Street at ei ofalaeth yn 1943. Llywiodd yr undeb rhwng ei ddwy
ddiadell a chapel Princes Road er mwyn ffurfio Eglwys y
Drindod yn 1950. O hynny ymlaen gweinidogaethu'n ffyddlon
ond yn weddol ddi-sylw ar lannau Merswy a wnaeth, a'i ofa
dros Fethodistiaid Calfinaidd Cymraeg dinas Lerpwl yn fawr
Cafodd ymweld â'r cyfandir unwaith eto yn 1947 yr
gynrychiolydd ei gyfundeb yng Nghymanfa Gyffredinol Eglwys
Ddiwygiedig yr Iseldiroedd. Ac yntau'n cofio dechrau'r gorme
yn yr Almaen fwy na degawd ynghynt, tystiodd i effaith
Natsïaeth a'r goresgyniad Almaenig ar yr Iseldiroedd a'r rhyfe
ond yn fuan wedi dod i ben. 'It is very difficult for us in thi
island to imagine what it is like to live in one's homeland a
slaves under a foreign power, a power that was actively anti
Christian and terroristic.'[52] Fel yn yr Almaen, roedd Cristion
ogion ymhlith gwrthwynebwyr mwyaf pybyr y gormes a
dioddefodd yr eglwys yn fawr, ond troes gwaed y merthyron yr
had a chyflwr ysbrydol yr achos o'r herwydd yn iachach nag

erioed. 'God's Word for the hour was spoken at great cost . . . But the result has been a renewal of the Church's life. The indifferent have taken notice again of the Church, and many have found the Saviour.'[53] Cafwyd cyfarchiad i Gymru gan y diwinydd Calfinaidd enwog Herman Bavinck, athro ym Mhrifysgol Rydd Amsterdam, a Davies a'i cludodd yn ôl i'w gyd-genedl.

Fel pregethwr beiblaidd, bugail gofalus a disgybl ffyddlon i Karl Barth yng Nghymru y treuliodd Davies weddill ei yrfa. Mewn darllediad radio a wnaed tua 1948, soniodd am ddylanwad ei athro gynt, a chrynhôdd i'w wrandawyr swm ei argyhoeddiadau a'i obeithion am y dyfodol. 'Erbyn heddiw', meddai, 'teimlir ei ddylanwad i ryw raddau drwy'r holl fyd. Y mae ei effaith anuniongyrchol hwyrach yn bwysicach na'i effaith uniongyrchol. Credaf y bydd dylanwad y mudiad hwn yn bwysicach ac yn gryfach yn ystod y deng mlynedd ar hugain nesaf'.[54] Doedd gan y Cymro ddim rheswm i gredu nad dyna fyddai'r gwir. 'Y mae'r eglwys heddiw yn aeddfetach i gyflawni ei chenhadaeth yn yr oes newydd a wynebwn nag a fu ers tro', meddai. 'Ymddengys fel pe baem yn dechrau ar un o'r cyfnodau mawr creadigol ym mywyd ac ym meddwl Eglwys Crist.'[55] Yr hyn na allai wybod oedd fel y byddai seciwlariaeth ddifaol a milwriaethus yn cydgerdded â'r adfywiad economaidd a ddeuai i Ewrop yn y 1950au, ac fel y byddai ffasiynau diwinyddol amgenach na phwyslais Barth ar y Gair – rhaglen Rudolf Bultmann i 'ddadfythu' cynnwys y Testament Newydd er enghraifft, a diwinyddiaethau seciwlar y 1960au – yn tanseilio enillion y cyfnod cynt. Er y byddai gwaith mwyaf creadigol y Barth aeddfed yn parhau yng nghyfrolau diweddarach y *Ddogmateg Eglwysig*, nodi machlud cyfnod pwysig a wnaeth Davies ac nid ei wawr.

Serch hynny, parhau i ddehongli gwaith Barth a wnaeth y Cymro, mewn idiom y gallai ei gyd-Fethodistiaid Calfinaidd werthfawrogi a deall. Dau bwyslais a ddaeth i'r golwg dro ar ôl tro: y syniad o *brofiad* crefyddol, ac effaith *pregethu* fel cyfrwng effeithiol i drosglwyddo'r genadwri feiblaidd mewn oes a fyddai cyn hir yn dechrau colli pob ymdeimlad o grefydd. Er bod pob gwybodaeth ddilys o Dduw yn deillio nid o brofiad ond o ddatguddiad, eto roedd datguddiad yn cynhyrchu'i brofiadau ei hun:

This knowledge or experience is no general truth but is a Word of God spoken by God himself to a particular man in a concrete situation at a fixed time and place. It is an experience which assaults the whole man; it is not confined to his intellect or to his will; all those are called in question, the man *in toto* is pronounced a sinner, he recognizes in this *existential moment* that He is one who speaks to him with authority . . . He must decide for life or death, he is compelled to choose faith or unbelief, and he knows it to be a decision for eternity.[56]

Nid rhywbeth ar wahân i ddatguddiad oedd y profiad hwn, ac yn sicr nid ffynhonnell annibynnol o adnabyddiaeth y ddynol-ryw o Dduw:

The sinner cannot hear the saving Word in a bird's song, nor in the miracle of spring, he cannot hear it in the course of the world's history, nor in the marvel of the latest scientific invention, those things which are so often held up before our congregations as witnesses to the wonder, kindness or power of God.[57]

Nid cyfarchiad noeth oedd y cyfarchiad hwn yn y Gair ychwaith ond un a ddilladwyd â her efengyl Crist. Her i wrando ydoedd, ac o wrando gredu: 'The hearing of God's Word in this absolute sense is the vital element of the Christian life, to which preaching, the Bible, the sacraments and theology are subservient.'[58] Creu ffydd yw amcan y cwbl, ac os deuai 'profiadau', arwyddocâd eilradd oedd iddynt ar y gorau: 'True faith has to stand forth against all "experience", its own and that of men about it, hanging alone, by a thread as it were, to the Word of God, holding on to the promises in the path of obedience against a thousand odds.'[59] Eto fel Methodist gwyddai Davies fod gwedd oddrychol ffydd, neu *brofiad* o'r efengyl, yn angenrheidiol ym mhob gwir grefydd. Os cryfder y neo-Galfiniaeth newydd oedd ei phwyslais ar gynnwys gwrthrychol y ffydd, cyfraniad mawr y traddodiad Methodistaidd Cymraeg oedd iddo gymathu profiadau mewnol *a* chynnwys allanol mewn undod crwn. Yn ei ysgrif 'Christian experience for Barth and the founders of Welsh Calvinism', mynnodd Davies ddehongli *Hyfforddwr* Thomas Charles yn nhermau'r Neo-Galfiniaeth Ewropeaidd a defnyddiodd syniadaeth Barth i oleuo un o bregethau Thomas Jones o Ddinbych. 'The hymns of our Church are incredibly rich in theology and experience which are closely akin to Barth's thought', meddai. 'We can almost read Pantycelyn as a commentary on the Barthian "good fight"',[60] ac aeth ati i ddyfynnu yn helaeth o 'Theomemphus' i brofi'i bwynt.

Yn ogystal â sôn am brofiad, mynnai grybwyll hefyd y bregeth a'r angen am bregethu dyrchafol a da. Un o'r gwahaniaethau mawr rhwng Protestaniaeth a Chatholigiaeth oedd yn y lle a roes y ddwy gyfundrefn i bregethu. Os oedd Rhufain wedi dyrchafu'r allor, roedd Luther a Calfin wedi rhoi'r lle blaenaf i'r pulpud ac i'r Gair. Gyda'r pregethwr yn ei osod ei hun o dan awdurdod yr Ysgrythur, byddai Duw, yn ôl ei addewid grasol, yn troi'r geiriau dynol yn gyfrwng i'w ddatguddiad ei hun: 'When preaching becomes real preaching we mean that *God* commands, *God* comes upon the scene as object, *God* judges.'[61] Yn y proclamasiwn hwn, Duw ei hun sy'n ei fynegi'i hun ac yn hysbysu ei ffyrdd i'r gwrandawr: 'The proclaimed Word of God means . . . human speaking about God in which and through which God Himself speaks of Himself.'[62]

Ac eto mynnai Davies weld cynsail i hyn oll yn hanes y Tadau Methodistaidd Cymraeg. Gwyddai Howell Harris, Daniel Rowland, John Elias a Henry Rees am greisis 'y foment ddirfodol' pan ddeuai Duw atynt mewn barn yn ogystal ag mewn iachawdwriaeth. Roedd yr efengyl iddynt yn Air oddi fry, yn gyfarchiad o'r tu hwnt, ac yn lladd cyn gwneud yn fyw. Nid trwsio hen fywyd a wnaeth Crist, ond eu hatgyfodi o fedd eu pechodau i fywyd trwyadl newydd. Dyna ystyr y geni drachefn a throes y bywyd hwn yn anadl einioes i werin gyfan. Os oedd Barth wedi arwain ei gyfoeswyr yn ôl at yr Ysgrythur a gwirioneddau oesol yr hen gredo Galfinaidd – gras, pechod, barn, cyfiawnhad trwy ffydd ac yn y blaen – onid dyna oedd craidd yr etifeddiaeth bregethwrol Gymreig? Byddai'r Tadau wedi deall y pwyslais newydd i'r dim a'i gymeradwyo'n galonnog: 'The preacher is to serve the written witness of the special revelation; he is the man of a book, of *the* book; he must seek his message through the medium of the witness of prophets and apostles to the Word.'[63] Onid dyna a wnaeth pregethwyr gorau Cymru erioed? Gwendid y ddiwinyddiaeth ryddfrydol ac efengyl y gweithredu cymdeithasol oedd iddynt ddisodli gwrthrychedd y datguddiad dwyfol yn y Gair. Roedd y canlyniad yn drychinebus: 'If a preacher ceases to be a minister of the Word, the Spirit of God will desert him and his pulpit.'[64]

Y fwyell a'r eingion

Erbyn canol y 1950au roedd yr optimistiaeth dawel a ddilynodd yr Ail Ryfel Byd a'r awydd i greu Ewrop newydd ar seiliau Cristionogol wedi'i hen dymheru ag oerni realaeth. Nid Natsïaeth oedd y bwgan mwyach ond Marcsiaeth, gyda'r Gorllewin wedi'i begynu rhwng cyfalafwyr a chomiwnyddion. Roedd yr argoelion o adfywiad ysbrydol a gyffyrddodd yr eglwysi yn ystod y rhyfel gan mwyaf wedi'u mygu, a materoliaeth bellach yn marchogaeth yn dalog. O ran diwinyddiaeth roedd awydd Bultmann i ddadfythu'r efengyl er mwyn ei gwneud yn fwy perthnasol i'r dyn technolegol modern yn tueddu i gadarnhau'r seciwlariaeth gynyddol yn hytrach na'i barnu a'i herio. Er bod Barth yn cael ei barchu mwyach fel un o hynafgwyr Protestaniaeth, roedd ei syniadaeth yn cael ei wrthod fwyfwy gan y diwinyddion iau. Yng Nghymru roedd hi'n amlwg fod Ymneilltuaeth o dan warchae ac yn wynebu argyfwng difrifol.[65] Dyma oedd cefndir gweinidogaeth Ivor Oswy Davies yn Lerpwl ar y pryd. Mewn araith drawiadol yn 1959, darluniodd nodweddion y cyfnod gydag eglurder sobreiddiol.

We have witnessed in our times a widespread break-up of our civilization. The confidence of secular man in his creative powers to make and fashion his own world and his own destiny has given way to despair and a sense of meaninglessness. Not only are the claims and the traditions of the churches discredited, but old traditions in politics, education, society, scientific method and aims have disintegrated.[66]

Galwad i'r gad oedd gan y pregethwr, i ymarfogi o'r newydd yng ngwirioneddau oesol y Testament Newydd fel y cawsant eu hailddarganfod gan y Diwygwyr Protestannaidd yn yr unfed ganrif ar bymtheg a chan Barth a'i gyfeillion genhedlaeth a mwy ynghynt. I Davies roedd y gwirioneddau hynny, a brofwyd ar eingion erledigaeth o dan Hitler, Stalin a Khrushchev, yn ddigon cryf o hyd i dreulio bwyeill pob seciwlariaeth fodern. 'Is it not the hour of destiny? Is it not the midnight hour when all must unmask?', gofynnodd. 'Would that the Christian church has the grace and humility to deal a body-blow to its own secularism and parties and trust in God's grace through his Holy Spirit alone for the salvation of the world.'[67]

Ar wahân i draddodi Darlith Davies yng Nghymanfa Gyffredinol y Methodistiaid Calfinaidd yn 1962 pan esboniodd brif deithi Karl Barth ynghylch athrawiaeth y Drindod,[68] hwn oedd anerchiad mawr olaf Ivor Oswy Davies. Dangosai na symudodd fymryn oddi wrth y safbwynt y daeth i'w arddel gyntaf yn ymgeisydd am y weinidogaeth yng ngholeg y Bala yn 1932 ac a gadarnhawyd yn aruthrol gan ei brofiadau yn nosbarth ei feistr ym Mhrifysgol Bonn yn 1934 a 1935. Mynnodd mai ymestyniad oedd y syniadaeth hon o'r ffydd efengylaidd a dderbyniodd o'r crud yng nghapel Gwynfa, Ffynnongroyw, gynt. Yn anad dim arall pregethwr oedd Davies, un a gyfunodd Galfiniaeth newydd cyfandir Ewrop â hen Galfiniaeth y Gyffes Ffydd a'u gwneud yn berthnasol i'w oes a'i genedl ei hun. Er gwaethaf ei ddysg a'i ddiwylliant ni fu erioed ar staff prifysgol na choleg diwinyddol, a gwrthododd wahoddiad Eglwys Bresbyteraidd yr Alban yn 1935 i lenwi cadair athroniaeth yn eu coleg cenhadol yn Calcutta. Ei ddymuniad yn hytrach oedd bod yn weinidog y Gair a does dim dwywaith iddo fod yn addurn i'w gyfundeb ac ymhlith gweinidogion mwyaf sylweddol ei genhedlaeth. Bu farw, wedi cystudd poenus, ar 24 Tachwedd 1964. Roedd yn 58 oed, yn ŵr priod ac yn dad i bedair o ferched ifainc yr hynaf ond yn 13 oed. 'Glynodd Davies yn nysg gref Galfinaidd Barth hyd y diwedd', meddai ei gyfaill Stephen O. Tudor. 'Bellach nid oes odid neb i ddal urddas ysgolheictod yn ein plith.'[69] Erys profiad a thystiolaeth y gŵr diymhongar hwn yn ysbrydiaeth o hyd.

6

Ffyddlon was y Brenin Alltud:
Pennar Davies (1911–1996)

Prin y cafodd Cristionogaeth Cymru – ac yn sicr ni chafodd y weinidogaeth Ymneilltuol – neb yn yr ugeinfed ganrif a oedd mor ecsotig greadigol a dysgedig wâr â Pennar Davies. Yn ddiwinydd ac yn hanesydd, yn storïwr byrion, yn nofelydd, yn feirniad llenyddol ac yn fardd, yn radical gwleidyddol o gyfrinydd ac yn un a fyfyriodd yn hir ac yn helaeth ar natur y berthynas rhwng yr ysbryd a'r cnawd, roedd yn unigryw yn hanes ein Cristionogaeth ddiweddar. Athrylith enigmatig a feddai, a barodd iddo gael ei osod fymryn ar wahân gan y sefydliadau llenyddol ac academaidd er gwaethaf iddo gysegru ei ddoniau helaeth ar hyd ei oes i wasanaethu llên, crefydd a dysg. Fel ei Grist, roedd yn well ganddo gyflawni ei alwedigaethau yn ufudd unig heb geisio clod nac anrhydedd byd. Nid ymffrost o chwith a barodd iddo arddel y teitl 'Y Brawd o Radd Isel' yn y mwyaf cofiadwy o'i lyfrau na dodi 'Gwas y Gwaredwr' ar glawr un o'i nofelau. Fel prif gymeriad y nofel honno, felly Pennar ei hun: 'Ei anrhydedd uchaf yw cael bod yn was i'r Gwaredwr hwnnw, a bod, yn angerdd ei wasanaeth, yn gyfrannog o'i aberth a'i obaith.'[1] Roedd yn ddiau yn ffyddlon was i'r Brenin Alltud.

Ganed William Thomas Davies yn Duffryn St., Aberpennar, Cwm Cynon, yng nghanol y Morgannwg diwydiannol, ar 12 Tachwedd 1911, yn fab i Joseph Davies ac Edith Annie Moss, ei wraig. Hanai Joseph ('Jo y reidar') o'r Rhondda lle'i maged yn gaethiwus grefyddol gan famaeth dduwiolfrydig o Fethodist Calfinaidd. Gorthrymus, braidd, oedd y *regime* yno, cymaint felly nes iddo wrthryfela, dianc i Gaerdydd ac ymuno â'r fyddin, y Gatrawd Gymreig neu'r '5th Welch'. Bu'n filwr proffesiynol am flynyddoedd cyn dychwelyd i Gymru, i Gwm Cynon lle roedd ganddo berthnasau, ac fel pob gwryw arall bron, aeth i weithio dan ddaear yn y pwll glo. Fel yntau, roedd gwreiddiau Edith yn Sir Benfro, ond yn wahanol i Jo, o

Pennar Davies,
gyda chaniatâd caredig Llyfrgell Genedlaethol Cymru.

Hwlffordd yn y Benfro Saesneg y daeth ei theulu hi gan fudo, ddiwedd y bedwaredd ganrif ar bymtheg, i bentref Hirwaun a chylch Aberdâr. 'Un dirion a chydwybodol oedd fy mam', meddai'r mab, 'gallaf dystio'n debyg am fy nhad. Dyn chwareus, annwyl a phoblogaidd oedd Jo y reidar.'[2] Cawsant bedwar o blant, Edith Jessie (Jes), Doris May (Dol), William Thomas yntau, sef yr unig fachgen o'u plith, a'r chwaer fach Florence Graham (Fflos). Er yn dlawd, roeddent yn deulu hapus a chlòs, ac er gwaethaf yr anaf a gafodd Jo yn y gwaith a'i parlysodd a'i gaethiwo i'r tŷ am saith mlynedd olaf ei fywyd, bu am y mwyaf o sirioldeb a direidi yn eu plith ar hyd yr adeg.

Prin y gellid honni i grefydd chwarae rhan allweddol ym mywyd y teulu. Anghredadun oedd Joseph, mewn adwaith chwyrn yn erbyn ei fagwraeth gaeth, ond sicrhaodd Edith fod y plant yn cael mynychu'r ysgol Sul, yn Ffrwd, eglwys y Bedyddwyr Cymraeg i ddechrau, ac yna yn Providence, capel yr Annibynwyr Saesneg. Saesneg oedd iaith y teulu, sef yr unig iaith a feddai'r fam ac iaith y fyddin, yr ymerodraeth, iaith cynnydd a'r Mudiad Llafur, a'r dyfodol, yn nhyb y tad. Plentyn breuddwydiol oedd William Thomas yn ôl ei gyfaddefiad ei hun, a'r gynneddf ddychmygol a oedd yn gryf ynddo o'r dechrau yn gorfod cystadlu maes o law â'r gynneddf ddeallusol braff. Rhestrodd unwaith flynyddoedd ei dyfiant:

> Y chweched . . . breuddwydiol . . .;
> Yr unfed ar ddeg . . . diwygiad moesol a thyfu'n phariseaidd . . .;
> Y drydedd ar ddeg . . . ofn yn troi'n hunllefaidd gydag ingoedd rhywiol llencyndod;
> Y bedwaredd ar ddeg . . . profiad crefyddol rhyfedd yn fy nyrchafu i'r seithfed nef, ond, wedi hynny, deffroad fy ngalluoedd beirniadol yn fy mwrw i bydew amheuaeth.[3]

Mae'r rhestr yn ddiddorol am iddi awgrymu nodweddion a ddeuai'n rhannau arhosol o'i bersonoliaeth aeddfed: y dychymyg, angerdd moesol, nwydau serch, profiad ysbrydol a gallu dadansoddol llym. Er iddo fod yn blentyn ysgol ar y pryd – cychwynnodd ar ei rawd yn Ysgol Sirol Aberpennar yn 1922 – bu'r profiadau cynnar yma yn rhai creiddiol, ac nid y lleiaf ei bwysigrwydd oedd y dröedigaeth ysbrydol hynod a'i cipiodd, yn grwt, 'i'r seithfed nef'. Tua 1925 oedd hyn pan gynhaliwyd cenhadaeth efengylaidd yng nghapel Providence. Ymatebodd y llanc i'r pregethu diwygiadol ac am ysbaid profodd lesmair pur: 'It is easy as I look back', meddai, 'that the resultant frenzies owed more to Dionysius than to Apollo and more to Cybele than to Christ. But Christ was the symbol, and the streams of my paradise were henceforth to be red with the blood of sacrifice.'[4] Ni ddylai'r cyfeiriad difrïol hwn roi'r argraff mai profiad dibwys ydoedd; mae lle i gredu iddo fod yn drobwynt arwyddocaol yn ei dyfiant ac yn allwedd i ddeall llawer iawn o'i yrfa ddiweddarach. Nofel am efengylydd diwygiadol oedd *Anadl o'r Uchelder* (1958) a bu profiadau crefyddol cynhyrfus a dwys yn destun cyfaredd iddo'n barhaus. 'Fel Syr Thomas Parry-Williams', meddai unwaith, 'mae gen i ddiddordeb yn y nerth gwyrthiol sydd yn dod i'r amlwg ym mhob diwygiad o'r iawn ryw',[5] a Cybele neu beidio, roedd rhywfaint o'r peth byw yn y llesmair cnawdol-ysbrydol llencynnaidd hwnnw.

Fodd bynnag, er mwyn dilysu profiad crefyddol a gwarantu ei barhad, mae angen ei ddaearu mewn cyfundrefn athraw-iaethol gadarn, ac yn achos y Pennar Davies ifanc, nid dyna a wnaed. Yn dynn ar sodlau'r dröedigaeth daeth anturiaeth ym-chwilgar y meddwl beirniadol a ddyrchafodd y canonau sgeptig-aidd yn norm. A'r canlyniad? 'Mi es i gredu yn fuan iawn mai ofergoel oedd y grefydd draddodiadol a phenderfynais mai ffolineb oedd credu dim heb brawf ac nid oedd dim prawf i'w gael o fodolaeth y Duw y buasem ni yn ei addoli.'[6] Gydag arfau seicoleg yn hwylus gerllaw, roedd hi'n hawdd esbonio profiad ysbrydol i ffwrdd, ac o ganol ei arddegau ymlaen disgrifiodd ei hun yn 'agnostig' – gair y daeth o hyd iddo trwy bori yng ngweithiau T. H. Huxley. Sianelwyd ei nwyd dychmygol ac ysbrydol bellach ar hyd llwybrau celfyddyd a llên.

Roedd hi'n amlwg i bawb erbyn hyn fod galluoedd academaidd William Thomas Davies ymhell uwchlaw'r cyff-redin, ac ymrestrodd yn fyfyriwr yng Ngholeg Prifysgol Cymru, Caerdydd yn 1929 er mwyn astudio Lladin, Saesneg a Chymraeg. Yno, yn y dosbarth Lladin, daeth John Gwynedd Griffiths ac yntau yn gyfeillion. Mab i weinidog o Fedyddiwr o'r Rhondda oedd Griffiths, a bu eu cyfeillgarwch oes o'r pwysigrwydd mwyaf yn natblygiad diweddarach hwy ill dau. Gwyn Griffiths a'i cymhellodd gyntaf i siarad Cymraeg, er bod ganddo feistrolaeth ar yr iaith ysgrifenedig eisoes o'i ddyddiau

ysgol yn Aberpennar. Graddiodd gydag anrhydedd yn y
dosbarth cyntaf mewn Lladin yn 1932 gan ddyblu'r gamp
ymhen blwyddyn gyda gradd mewn Saesneg y tro hwn. Ar ôl
blwyddyn o hyfforddiant fel athro ysgol, aeth i Rydychen yn
1934 i ymchwilio i yrfa John Bale, esgob Ossory a dadleuydd
Protestannaidd eiddgar o'r unfed ganrif ar bymtheg, a thrwy
hynny ennill gradd B.Litt.[7] Erbyn hyn roedd yn Gymro brwd ac
yn heddychwr ond ym materion ffydd yn agnostig o hyd. Er
gwaethaf holl fanteision Coleg Balliol – nid hwyrach y coleg
mwyaf academaidd bwerus yn y Brifysgol ar y pryd – nid yno
ond ymhlith y fintai ddisglair o Gymry a ddôi ynghyd yng
ngweithgareddau Cymdeithas Dafydd ap Gwilym y teimlodd
fwyaf cysurus. Roedd hi'n gyfnod llewyrchus yn hanes 'y
Dafydd' gyda bechgyn fel J. R. Jones, Hywel D. Lewis, Harri
Williams, Gwynfor Evans a Gwilym O. Williams yn aelodau.
'Yn Rhydychen mewn cyfarfod o Gymdeithas Dafydd ap
Gwilym y gwelais Gwynfor Evans gyntaf', meddai, wrth ddwyn
i gof y dyddiau heulog hynny.

> Un o bobl yr ymylon yng Ngholeg Balliol oeddwn ar y pryd ac yn
> gorfod edrych dros y bwrdd amser brecwast a chinio'r hwyr yn y
> Neuadd yno ar wynebau ysbrigau o bendefigaeth yr Alban a Lloegr
> yn ogystal â chenawon dosbarth mwyaf hunanhyderus y meistri
> diwydiant ac arglwyddi'r gyfnewidfa. Ond yn y Dafydd y gwelais
> y llanciau a wnaeth yr argraff fwyaf arnaf, argraff debyg i'r argraff
> a gafodd Peredur wrth weld marchogion am y tro cyntaf, ac ymhlith
> y gwroniaid harddaf yr oedd y gwŷr ieuainc sydd erbyn hyn yn
> Archesgob Cymru ac yn Llywydd y Blaid.[8]

Nid Pennar oedd y cyntaf ac nid ef fyddai'r olaf i deimlo'n
werinol anesmwyth ymhlith Saeson diymdrech eu huchafiaeth,
ac yntau ymhell o'i gartref a'i wlad. Beth bynnag am y swildod
hwn, roedd y nwyd academaidd wedi gafael mor dynn nes iddo
benderfynu ymgeisio am Gymrodoriaeth y Gymanwlad, ac
wedi'i hennill dewisodd fynd o Rydychen i Brifysgol Iâl yn New
Haven, Connecticut, er mwyn parhau i astudio llenyddiaeth
Saesneg yr ail ganrif ar bymtheg. Gweithiodd yno tuag at Ph.D.
ar gomedïau George Chapman, bardd, dramodydd a chyf-
ieithydd y clasuron a'r un a ysbrydolodd un o sonedau mawr
John Keats, 'On first looking into Chapman's Homer'. Wedi

dwy flynedd dychwelodd i Gymru drachefn gan barhau eto â'i astudiaethau trwy gymorth Cymrodoriaeth Prifysgol Cymru y tro hwn. Roedd ei rawd academaidd wedi bod yn ddisglair odiaeth hyd yma ac yntau wedi cael y cyfle i ymdrwytho yn rhai o glasuron llenyddiaeth Saesneg yn nwy o brifysgolion pennaf y byd. Byddai gyrfa fel darlithydd yn un o adrannau Saesneg Prifysgol Cymru gan ennill cadair yn y man yn un posibilrwydd amlwg iddo, ond wedi dod yn ôl i'r Gymru ddiwydiannol a oedd yn dal i ddioddef cyni economaidd enfawr, a chymylau ail ryfel byd eisoes yn crynhoi, daeth tro ar fyd a'r tro hwnnw a bennodd ei dynged fyth mwy.

Fel pob bardd ifanc, blynyddoedd cynhyrchiol oedd y rhai cynnar a chyhoeddodd ymhen ysbaid rai o ganeuon y 1930au hyn. 'Do, anobeithiais innau' yw'r gân gynharaf ei dyddiad yn ei gyfrol farddoniaeth gyntaf *Cinio'r Cythraul* (1946), cân a gyfansoddodd rhwng 31 Mawrth a 8 Ebrill 1931 pan oedd yn fyfyriwr yng Nghaerdydd. Ing llencynnaidd confensiynol sydd ynddi, ond er gwaethaf ei hiraeth a'i rhamantiaeth mae'n cynnwys rhai o'r themâu a ddaeth yn ganolog yn ei fywyd yn ddiweddarach. O blith cerddi *Naw Wfft* (1957), dyddir saith ohonynt rhwng 1931 a 1937. Er gwadu iddo fod yn grediniwr yn ystod y cyfnod hwn, ymchwil ysbrydol sydd ynddynt a'r awydd i gyfuno'r ysbryd a'r cnawd mewn ffordd a fyddai'n dyrchafu'n dynoliaeth a chysegru'i nwydau at ddibenion da yn eu nodweddu. Ac mae'r symboliaeth Gristionogol ynddynt yn amlwg iawn. Er na ddylid eu cymryd yn ormod o ddifrif, mae dau bennill o'i gerdd 'Trioledau', sef 'yr immoraliste' a'r 'cablwr cyfiawn', yn rhoi blas y cyfan:

> 'Does gennyf rinwedd yn y byd,
> Gan nad oes rinwedd mewn dyhead.
> Ar Ddydd y Farn mi fydda'i'n fud:
> 'Does gennyf rinwedd yn y byd.
> Pan brisir y rhinweddau i gyd,
> Pa bris a roir ar hiraeth cread?
> 'Does gennyf rinwedd yn y byd
> Gan nad oes rinwedd mewn dyhead . . .

> 'Bu Iesu farw er mwyn dyn.'
> Mor rhad yw'r gras andwyol
> Â lliwiau'r machlud. Dros bob un

Bu Iesu farw: 'er mwyn dyn'.
Gwell marw drosof fi fy hun
Na byw am byth drwy ing dirprwyol.
'Bu Iesu farw, er mwyn dyn'.
Mor rhad yw'r gras andwyol.[9]

Mae'r cyfeiriadau at Angelo y bardd ifanc,[10] 'Y Fadfall Lwyd
sef merch o Mexico a fu'n gariad i'r bardd tra bu'n fyfyriwr yr
yr Unol Daleithau, Yvette Cauchon, sef Ffrances a fu hefyc
ymhlith ei gariadon cynnar, ac eraill hefyd,[11] yn dangos pa mor
lliwgar ecsotig oedd y llanc o Aberpennar dlawd yn ystod y
cyfnod hwn, a'r mynych gyfeiriadau at fytholeg glasurol
diwylliannau estron a'r dyfynnu o'r Ffrangeg, Eidaleg a'
Almaeneg ymhellach ymlaen, yn nodi diwylliant cosmopol
itaidd a oedd yn anarferol yng Nghymru ar y pryd. Roedd '. . .
Glendid Yvette a serch y Fadfall Lwyd, / Gwylltineb Angelc
. . .'[12] yn agweddau pwysig ar fyd preifat Pennar Davies ll
roedd cariad, delfryd, angerdd a nwyd yn ymgiprys â'i gilyde
am oruchafiaeth ynddo. Ac ar y cefndir hwn y daeth y trobwyn
mawr i'w fywyd. 'Mewn argyfwng y trois i'n bendant at
broffes Gristnogol', meddai ymhen blynyddoedd, 'ac i mi ar
gyfwng dyn, nid cynnydd dyn, yw amgylchfyd ei edifeirwch a
ffydd'.[13] Ni wyddys beth yn union oedd yr argyfwng er iddo foc
yn ôl Gwynfor Evans, ynghlwm wrth argyfwng Cymru a'
ddynolryw ar drothwy ail ryfel byd,[14] ond canlyniad y peth oed
iddo fwrw heibio'i agnostigiaeth ac arddel yn hytrach wironed
ffydd. Yn Iesu o Nasareth daeth o hyd i allwedd a fyddai'
datgloi cyfrinachau'r cread.

A gaf draethu hanes rhyw Gymro? [meddai] Collais ffydd r
maboed pan gyrhaeddais lencyndod; ac er i ffydd newydd ddechra
tyfu ynof yn fuan ni bûm erioed yn fodlon ar fy nghyflwr, a *viato*
fforddolyn, ydwyf o hyd, a nod fy mhererindod weithiau ymhell be
ac weithiau'n agos. Ar y cyntaf y fewnfodaeth ddwyfol ym mywy
llifeiriol y ddaear a'i holl breswylwyr – planhigyn, anifail, dyn
oedd prif gynnwys fy llonder. Ond yr oeddwn yn sicr o'r dechra
mai dioddefaint, aberth, marw i fyw ac i fywhau, oedd craidd
wyrth fywydol hon. Y mae ymgais i fynegi hyn mewn soned gynn
gennyf, 'Amor'.[15] Croes Crist oedd yr arwyddlun mawr. Dyfnhaoc
y profiad yn y cyfnod byr y ceisiais gymuno ag Ysbryd y Bydysaw
yn fy ymweliadau â'm cysegr arbennig fy hun ar ben y mynydd he

fod ymhell o'r Garreg Siglo rhwng Cwm Cynon a Chwm Taf, ceudwll soserog perffaith luniaidd lle yr oedd modd gorwedd a syllu i'r nwyfre heb fod dim yn tarfu ar y llonyddwch. Ar wastad fy nghefn yn fy mhantle cylchog deuthum i deimlo fod yn llifeiriant bywyd ac yn anferthedd y bydysawd ryw Dydi a oedd yn llefaru wrthyf ac yn gwrando arnaf. Dechreuais ymdrechu i amgyffred y dirgelwch trwy feddwl am lwybrau'r sêr di-rif, ond yr oedd y llus a phryfetach y mynydd yn agosach ac yn anwylach a chefais fy nhaflu'n ôl i gwmni fy nghydgreaduriaid ar y ddaear. Wrth feddwl yn arbennig am fywyd dyn deuthum i deimlo fod ei holl ystyr wedi ei chrynhoi yn nrama ddigyffelyb Iesu o Nasareth.[16]

O hynny ymlaen Cristion ydoedd, er nad yn un uniongred iawn, ac nid tröedigaeth efengylaidd a brofodd, ond ymdeimlad cyfriniol o undod pob peth a'r undod hwnnw'n cael ei ddirïaethu ym mherson Iesu a adnabuwyd gan yr eglwys a'i addoli fel y Crist. Byddai person Crist, yn ôl ei ddehongliad ei hun, a'r alwad ddigymrodedd i godi croes a'i ddilyn yn hollbwysig iddo ar hyd gweddill ei fywyd.

Wedi i Pennar ddychwelyd o'r Unol Daleithiau yn 1938, uniaethodd ei hun am ryw hyd â'r beirdd Eingl-Gymreig a grynhôdd o gwmpas Keidrych Rhys ac a gafodd lwyfan yn y cylchgrawn bywiog hwnnw *Wales*. Gwŷr ifainc yn adweithio yn erbyn culni'r etifeddiaeth Ymneilltuol oedd rhai ohonynt, a'u tuedd oedd bod yn ddibris o'r Gymraeg a gysylltwyd ganddynt â gwerthoedd piwritanaidd, hen-ffasiwn a gwledig. Dymuniad gwreiddiol William Thomas Davies – a oedd yn ei alw ei hun yn 'Davies Aberpennar' erbyn hyn – oedd creu pont rhwng llenorion ifainc Cymraeg a di-Gymraeg er mwyn hybu cenhadaeth Cymru oddi mewn i'r byd. Roedd cryn dipyn o ddrwgdybiaeth rhwng y ddwy garfan ar y pryd, gwaetha'r modd, a pholareiddio yn hytrach na chyfannu a wnaed. Gyda dyfodiad y rhyfel, bwriodd Pennar ei goelbren yn derfynol gyda'r Blaid Genedlaethol a oedd yn arddel polisïau dadleuol o ddad-ddiwydiannu de Cymru ac o niwtraliaeth yn wyneb bygythiad Hitler, ac roedd ei ymlyniad wrth 'Gylch Cadwgan', sef cwmni o lenorion Cymraeg blaengar a gyfarfu ar aelwyd J. Gwyn Griffiths a'i wraig, Kate Bosse, yng nghysgod Moel Cadwgan, Pentre, yn y Rhondda, yn ddigon i greu hollt rhyngddo a'r Eingl-Gymry.[17] Hollt neu beidio, teimlad o gynnwrf ac ymryddhâd a gafodd yng nghylch Cadwgan a'r wybodaeth ei fod ymhlith cwmni radicalaidd o heddychwyr delfrytgar-Gristionogol ond anghonfensiynol eu cred, a oedd yn benderfynol o herio'r drefn mewn byd ac eglwys fel ei gilydd. 'Roedd y gymdeithas hon yn amheuthun yn nyddiau rhyfel', meddai,

> ac roedd nifer o ddiddordebau pwysig yn gyffredin rhyngom ni – y gobaith am Gymru rydd, y gobaith am ddynoliaeth wedi ei huno mewn daioni, rhyw ddelfrydiaeth anarchaidd a pharodrwydd i ddefnyddio llenyddiaeth yn gyfrwng propaganda dros y byd newydd a'r Gymru newydd a pharodrwydd i siarad yn gwbl rydd am ryw a chrefydd a phob dim.[18]

Os oedd yr ymlyniad digymrodedd hwn o blaid crefydd, heddychiaeth a'r Gymraeg yn foddion i ddigio'i hen gyfeillion, mwy fyth – syfrdanol mewn gwirionedd – oedd ei benderfyniad i'w gynnig ei hun yn ymgeisydd am y weinidogaeth Ymneilltuol.

> The war which brought me to a definite and unpopular political commitment also led me to give myself to Welsh rather than to English writing and, somewhat to my own amazement and the consternation of friends on both sides of the language fence, to the quaint work of a 'Respected' among the unspeakable chapel people.[19]

Nid oedd dim yng nghefndir Pennar a fyddai'n paratoi ei gyfeillion, na'i deulu, ar gyfer y symudiad hwn. Nid oedd bywyd capel yn rhan ganolog o'i fagwraeth ac nid oedd ei ddatblygiad ysbrydol yn ddyledus, hyd y gwyddys, i unrhyw bregethwr neu weinidog arbennig. Ni wyddys p'run ai oedd yn aelod eglwysig hyd yn oed yn ystod y cyfnod hwn, na pham iddo ddewis y weinidogaeth Ymneilltuol yn hytrach na'r offeiriad-aeth Anglicanaidd (fel y gwnaeth Gwilym O. Williams, Euros Bowen a llu o gyn-Ymneilltuwyr tebyg) er mwyn ymarfer ei ddawn. Gallai Anglicaniaeth, wedi'r cwbl, fod wedi cynnig iddo ddiwinyddiaeth a oedd yn fwy cydnaws â'i ddiddordebau cyfriniol a sagrafennol a'r pwyslais cynyddol y byddai yn ei roi ar athrawiaeth yr ymgnawdoliad. Roedd yn wir mai 'capelwr' ydoedd o ran ei gefndir, ac yng nghapel Providence,

Aberpennar, yr ymdeimlodd gyntaf â rhin pregethu diwygiadol. Mab i weinidog oedd J. Gwyn Griffiths a'i ddau frawd, Dafydd a Gwilym, ac roeddent hwythau hefyd yn aelodau o Gylch Cadwgan, a gweinidog oedd Rhydwen Williams, nid hwyrach y mwyaf lliwgar o aelodau'r Cylch. Beth bynnag am wendidau Anghydffurfiaeth, ei pharchusrwydd dof, ei phiwritaniaeth ddifenter a rhagrith tybiedig ei deiliaid, roedd hi'n fwy gwerinol na'r Eglwys yng Nghymru ac yn llai sefydliadol Brydeinig ei naws. Ac roedd ynddi draddodiad radicalaidd o bregethu proffwydol a'r gallu, felly, i gael ei diwygio pan fyddai'r Ysbryd yn symud. Felly er na wyddom fanylion y mater, ymrestrodd Pennar yn ymgeisydd am y weinidogaeth ymhlith yr Annibynwyr a'i gael ei hun yn Rhydychen drachefn, yng Ngholeg Mansfield y tro hwn, lle bu'n astudio diwinyddiaeth a Hebraeg a derbyn hyfforddiant bugeiliol yr un pryd.

Y ddau athro mwyaf eu dylanwad ym Mansfield yn y cyfnod hwn oedd y Prifathro, Dr Nathaniel Micklem, a ddysgai ddiwinyddiaeth gyfundrefnol, a'r hanesydd eglwysig Cecil John Cadoux. Roedd y ddau am y pegwn â'i gilydd o ran athrawiaeth; 'uchel eglwyswr' Anghydffurfiol oedd Micklem, yn Galfinydd o ran credo, yn lladmerydd diwinyddiaeth Karl Barth ac yn arweinydd 'grŵp Genefa', sef y rhai a fynnai adfer uniongrededd glasurol i blith Annibynwyr Lloegr. Roedd Cadoux, ar y llaw arall, yn rhyddfrydwr diwinyddol digymrodedd, yn heddychwr diwrthdro â'i eglwysyddiaeth yn drwyadl werinol-ddemocrataidd; ac nid mater preifat oedd yr elyniaeth rhwng y ddau.[20] Pan luniodd Pennar hanes Coleg Mansfield ymhen rhai blynyddoedd ar ôl hyn bu'n ddigon diplomatig i beidio â thynnu sylw at y ffrwgwd roedd eraill ond yn rhy ymwybodol ohono. Yr unig beth y soniodd amdano oedd doniau dysgu y ddau ohonynt: 'I should be very surprised to learn that any other theological college has provided more stimulating tuition during the last decade or so.'[21] O'r ddau mae'n bur debyg mai Cadoux a adawodd ei ôl drymaf ar y Cymro. Byddai ei heddychiaeth a'i radicaliaeth, heb sôn am ei bwyslais rhyddfrydol, yn nes o lawer at ei chwaeth, a byddai'n batrwm ar gyfer ei yrfa ddiweddarach fel hanesydd eglwysig. Ond roedd gan Micklem feddwl uchel o'r disgybl galluog, eang ei ddiwylliant o gymoedd de Cymru. Fel yr adroddodd un arall o fyfyrwyr Mansfield, y Dr R. Tudur Jones: 'Mewn sgwrs

breifat yn haf 1946 dywedodd Nathaniel Micklem . . . wrthyf
mai Bill Davies (chwedl yntau) oedd y dysgwr cyflymaf a fu
erioed trwy ei ddwylo.'[22] Mewn gwirionedd perthynai'r naill
ddisgybl fel y llall i do hynod o fyfyrwyr a fu'n astudio ym
Mansfield yn ystod blynyddoedd y rhyfel:

> Never before, I think, had so many men of such various and
> remarkable abilities been present at the same time in the Junior
> Common Room . . . Their intellectual gifts were balanced by a
> remarkable spiritual maturity. Their prayers and their preaching in
> the College Chapel were my wonder and joy; my task, as I often felt,
> was to stand aside lest I should inadvertently hinder the manifest
> work of the Holy Spirit in their hearts.[23]

Prin yw paragraffau mor ddyrchafol â hyn yn hunangofiant
Micklem, a chlod nid bychan i Annibynwyr Cymru oedd bod o
leiaf ddau ymhlith myfyrwyr Mansfield a ddeuai'n arweinwyr
cenedl yn y man.

Beth bynnag am ddylanwadau diwinyddol ac academaidd
Coleg Mansfield, y peth mwyaf a roddodd Rhydychen i Pennar
oedd gwraig. Almaenes oedd Rosemarie Wolff,[24] yn ffoadur o'r
drefn Hitleraidd ac yn gweithio fel nyrs yn Ysbyty Radcliffe yn
y ddinas. Priodwyd hwy yng nghapel urddasol y coleg ar
26 Mehefin 1943 pan weinyddwyd, mewn Almaeneg, gan Dr
Hans Herbert Kramm, un o gyfeillion Dietrich Bonhoeffer a
oedd yn weinidog ar gynulleidfa Lutheraidd y ddinas. Roedd
cysylltiadau Almaenaidd Nathaniel Micklem yn helaeth ac fel
un o bennaf ladmeryddion ymhlith y Saeson i'r *Bekkenende
Kirche*, yr Eglwys Gyffesiadol wrth-Natsïaidd y bu Bonhoeffer
a Martin Niemöller yn perthyn iddi ac Ivor Oswy Davies yn
dyst i'w wrhydri, roedd yn drwyadl gefnogol i weithgareddau
eglwysig trwy gyfrwng yr Almaeneg pan oedd y rhyfel yn ei
anterth hyd yn oed. Symud i Gaerdydd a wnaeth y pâr yn fuan
wedyn, i eglwys yr Annibynwyr Saesneg, Minster Road, lle
ordeiniwyd Pennar i gyflawn waith y weinidogaeth.

Cawn gipolwg ar ei weledigaeth Gristionogol gynharaf yn
The Welsh Pattern (1945), llyfryn a olygodd ar ran Cymdeithas
Crefydd a Bywyd Llanmadoc, sef cwmni ecwmenaidd o
weinidogion iau a oedd yn rhannu'r ysbryd optimistaidd a
nodweddai Gristionogaeth Cymru, ac Ewrop, y cyfnod. Wrth

grynhoi hanes crefydd yng Nghymru, soniodd am gynnwys cymdeithasol yr efengyl ac fel y bu'r Cymry yn fwy chwannog na chenhedloedd eraill i arddel gweledigaeth gyfannol o'r ffydd, heb ysgaru'r tymhorol oddi wrth yr ysbrydol. Gan gychwyn gyda'r Brythoniaid cyn-Gristionogol, olrheiniai linach a ymestynnai trwy Oes y Saint, cyfnod y Mabinogi a'r Brenin Arthur, heibio'r goresgyniad Eingl-Normanaidd, Llywelyn ap Gruffudd ac Owain Glyndŵr, hyd at Ddeddfau'r Uno a diwedd yr Oesoedd Canol, a heibio ymhellach i ddechrau'r cyfnod modern, y Diwygiad Protestannaidd, oes y Piwritaniaid a'r Anghydffurfwyr cynnar hyd at y Diwygiad Efengylaidd a'r bedwaredd ganrif ar bymtheg. Mae'n amlwg fod Pennar eisoes wedi dechrau myfyrio'n helaeth ar hanes Cristionogaeth yng Nghymru, ac yn ei ddehongli yn ôl ei ganonau ei hun. 'Our claim', meddai, 'is that in spite of many national weaknesses and follies, the social content of the Christian Gospel was taken more seriously in Wales than elsewhere'.[25] Mae'n delfrydu'r Celtiaid cyn-Gristionogol ac yn gweld elfennau o barhad rhwng eu crefydd natur hwy â thrindodaeth gyfannol y cyfnodau diweddarach, mae'n canmol yr heretig Pelagius am fynnu sianelu'i egnïon er mwyn daearu Teyrnas Dduw ym mywydau pob dydd y werin bobl, ac yn mynnu fod y Cymry ar hyd yr oesoedd wedi pwysleisio elfennau moesol ac ymarferol yr efengyl yn fwy o lawer na'r gweddau astrus a metaffisegol. Christianity among the early Welsh was far more than a matter of individual piety or ecclesiastical order', meddai: 'it was a social movement. It stood for liberty, co-operation and the common weal.'[26]

Nid hanes 'gwrthrychol' mo hyn (os oes y fath beth), ond dehongliad tra rhamantaidd a phersonol ac un y glynodd Pennar wrtho, yn fras, ar hyd ei fywyd. Mae modd beirniadu'i ympwyedd: 'The Welsh character is incurably religious' meddai, 'peculiarly prone to worship, sensitive to the evocations of the noble and the beautiful', a gorddelfrydiaeth ei ddarlun o nodweddion y genedl:

. . . Cymru has always been sensitive to the presence and purpose of the Unseen but Living God.

And with this goes a regard for the personal dignity and social need of man: a passion for healthy freedom, a readiness to rebel

against tyrannies and uniformities, a respect for spiritual power and
moral integrity as against worldly authority and brute force, and on
the other hand a deep sense of personal obligation to one's kith and
kin, to the family, the clan, the nation, to humanity, to the ideal
society.[27]

Ni ellid, fodd bynnag, amau ei ddidwylledd na'i allu i ysbrydoli
gweithgarwch crefyddol egnïol dros ben. Erbyn hyn roedd
hunaniaeth Anghydffurfiol Pennar wedi'i chadarnhau gan ei
gydnabyddiaeth â'r traddodiad radicalaidd Cymreig a gyn-
hwysai John Penri, Walter Cradoc, Morgan Llwyd a Vavasor
Powell, yn ogystal ag Annibynwyr mawr y bedwaredd ganrif ar
bymtheg fel Gwilym Hiraethog, David Rees a Samuel Roberts
Llanbrynmair. Fel pregethwr Ymneilltuol a diwygiwr cymdeith-
asol gwyddai i bwy yr oedd yn perthyn a sut yr oedd y pulpud
wedi moldio'r genedl yn un o'i chyfnodau euraid:

> Welsh Nonconformity [meddai] had given birth to a movement to
> restore that free and responsible Christian Wales which had been
> fashioned by the great saints of the fifth and sixth centuries, had
> been defended stubbornly for a thousand years against many foes
> and had at last been lost through base treachery and spiritual
> blindness.[28]

Dyma'r llinach y gwelodd Pennar ei hun yn ei ymgorffori
a'i barhau, ac roedd ganddo'r doniau angenrheidiol a'r ym-
roddiad priodol i'w ymestyn ymhellach. Ac erbyn hyn gwyddai
Annibynwyr Cymru am ei ymlyniad digamsyniol wrth eu
credoau a'u hargyhoeddiadau neilltuol hwy. Nid syndod, felly,
oedd penderfyniad awdurdodau Coleg Bala-Bangor yn 1946 i
estyn gwahoddiad i weinidog capel Minster Road i olynu'r
diweddar Brifathro John Morgan Jones fel athro Hanes yr
Eglwys, ac ym Medi 1946 symudodd Pennar, Rosemarie a'r
mab Meirion, a oedd yn ddwyflwydd oed, i Fangor ac o hynny
ymlaen hyd ei ymddeoliad yn y 1980au, fel diwinydd academ-
aidd yn hyfforddi darpar-weinidogion Anghydffurfiol y
cyflawnodd Pennar ei weinidogaeth.

Y cynnyrch barddonol cynharaf

Amlygwyd rhai o syniadau arhosol y diwinydd ifanc hwn yn ei gyfrol gyntaf o farddoniaeth *Cinio'r Cythraul* (1946). Llyfryn o farddoniaeth yn hytrach nag o ddiwinyddiaeth ydoedd, ond oedd y canu ymhell o fod yn athrawiaethol ddigynnwys. Seiliwyd 'Cinio'r cythraul' er enghraifft, sef y gerdd a roes deitl 'r gyfrol, ar syniad a oedd yn boblogaidd ymysg rhai o dadau'r glwys gynnar, a ddehonglai Athrawiaeth yr Iawn yn nhermau'r diafol yn cael ei ddal a'i orchfygu gan Grist fel y daliwyd pysgodyn gan fachyn a orchuddiwyd gan abwyd.[29] Yr abwyd oedd dyndod Crist; y bachyn oedd ei ddwyfoldeb. Er i'r diafol geisio llyncu'r dyn Iesu a'i ladd ar Galfaria, roedd Iesu, oherwydd ei dduwdod, yn drech na'r diafol a hwnnw a ddaliwyd yn y diwedd: 'Hoffaf yr hen athrawiaeth hon yn fawr', meddai'r bardd.

> Gyfeillion, y Cythraul
> 　　Druan yw'r llo
> Pasgedicaf dan haul.
> 　　Dyma'i ginio:
> Gwaith a chwarae,
> 　　Doethineb a lol,
> Gorfoledd a gwae'r
> 　　Hil ddynol.
> Ond ust! dim ond abwyd
> 　　Yw'r distadl ddynionach;
> Caiff y Diawl yn ei fwyd
> 　　Y Cariad, y dwyfol Fach.

> Gan bwyll: mae Duw wedi cuddio'r Bachyn
> Dan ffolineb y cerddi damniol hyn.[30]

Ni ddylai'r elfen chwareus, *whimsical*, sydd yn y gerdd dwyllo'r darllenydd rhag meddwl nad oedd Pennar o ddifrif calon nghylch y thema'r ganolog sydd ynddi; bod creadigaeth dda Duw wedi'i llygru gan ddylanwad y drwg, ond caiff y drwg hwnnw ei drechu nid yn ddigyfrwng ond trwy ffolineb ymddangosiadol yr ymgnawdoliad, sef bod Duw, trwy ddod yn ddyn, yn chwarae'r tric eithaf ar y drwg a thrwy hynny ei orchfygu'n derfynol. Nid angau sy'n absẃrd ond y diafol yn ei

holl dwpdra, ' . . . y Cythraul / Druan', sef y 'llo / Pasgedicaf dar
haul'. Caiff duwdod ei gyfryngu nid ar wahân i'r dynol ond
trwyddo, ac mae duwdod Crist ynghudd yn ei ddyndod. Os lo
yw hyn yng ngolwg y byd, dyma ddoethineb pennaf y ffydd a
'gorfoledd . . . yr / Hil ddynol'. Er gwaethaf y doniolwch, mae
islais difrifol yn rhedeg drwy'r cwbl, ac mae'r un athrawiaeth yr
llywodraethu holl ganu'r bardd: 'Gan bwyll: mae Duw wed
cuddio'r Bachyn / Dan ffolineb y cerddi damniol hyn.'

Yn y delyneg wych 'Golud', mae'r bardd yn crybwyl
pwysigrwydd y nwyd rhywiol gan nodi'i lawenydd – onid e
orchest – ynddo, mae'n cyfeirio at y tlodi tymhorol a oedd yr
rhan o ramant yr athrylith (ac o fywyd pob dydd y gweinidog
Ymneilltuol Cymraeg yn ail hanner yr ugeinfed ganrif), ac yr
gorfoleddu yn asbri anorchfygol y ffydd sy'n medru cwmpasu'r
cwbl hyn:

> Y fun hyfrydlais, paid â ffoi.
> Tyrd, aros, a gad imi roi
> Llaw dyner ar dy fron.
> Byth, byth ni chei di unpeth gwell,
> Er mynd ohonot ti ymhell,
> Na'm cariad llym a llon . . .
>
> Gwn nad oes gennyf bres na swydd.
> Ni allaf ddisgwyl bywyd rhwydd.
> Ac eto nid wy'n dlawd.
> Mae gennyf gred, mae gennyf gân,
> Ac asbri glew yr Ysbryd Glân,
> A'r digywilydd gnawd.[31]

Dyma Pennar yn gwneud yn y cyfnod cynnar yr yhn y byddai'r
ei wneud trwy gydol ei oes, sef troi'r byd â'i ben i lawr trw
arddel gwerthoedd paradocsaidd y Deyrnas. 'Llym *a* llon' yw e
gariad ef, trwy dlodi y deuai cyfoeth, trwy'r cnawd y deua
gorfoledd a'r gorfoledd hwnnw'n ddieuogrwydd cyfreithlon ar
iddo gael ei sancteiddio gan asbri'r Ysbryd, sef presenoldel
pefriog Duw oddi mewn i'w greadigaeth. Mewn Ymneilltuaetl
a oedd eto'n barchus ddi-liw ac yn bietistig ofnus o'r syn
hwyrau, chwa o awel iach oedd y canu hwn ac yn ddifyrru
annisgwyl – gan athro mewn coleg diwinyddol o leiaf! Y gerd
sy'n mynegi argyhoeddiadau Pennar ynghylch y cnawd, y

Ysbryd, rhyw a Duw yn fwyaf cofiadwy a chrwn yw 'Trioled:
bwy biau'r ias':

> Yn gyntaf oll pwy biau'r ias
>> Ond Duw a'n gwnaeth mor frwnt, mor hyblyg?
> Er mwyn yr ias collasom ras:
> Yn gyntaf oll pwy biau'r ias?
> Pwy ond a wnaeth ein cnawd yn fras?
>> Pwy ond a wnaeth ein rhyw yn ddyblyg?
> Yn gyntaf oll pwy biau'r ias
>> Ond Duw a'n gwnaeth mor frwnt, mor hyblyg?[32]

Yn rhy aml cyfystyrwyd nwyd y cnawd â phechod, ond onid
creadigaeth y Duw da oedd holl angerdd y cnawd, ac oni chys-
grwyd y cnawd yn derfynol trwy i Dduw fynegi'i hun ynddo yn
'r ymgnawdoliad yng Nghrist? Roedd elfen Fanicheaidd yn y
diwinyddiaeth draddodiadol a oedd yn ofni'r cnawd ac yn
i ddiystyru a hynny er gwaethaf haeriadau uniongrededd,
'r dasg, felly, oedd pwysleisio o'r newydd yr hyn yr oedd yr
fengyl wedi'i haeru erioed, sef bod Duw o blaid ei greadigaeth
bod bywyd yn beth i'w brofi a'i fwynhau hyd yr eithaf. Roedd
gerdd 'Aletheia' – a'i ystyr mewn Groeg yw 'gwirionedd' – a
welodd olau dydd yn *Naw Wfft* (1957) ond a gyfansoddwyd dair
blynedd ar ddeg ynghynt, yn mynegi'r un argyhoeddiad yn
royw:

> . . . Nid hoff gan rai yw clywed
> Am nerth a rhinwedd rhyw.
> Ond Aletheia 'ddywed
> Mai'r Crëwr ydyw Duw.
>
> Os siociwyd rhai pan ddaethpwyd
> Ag oglau'r corff i'm llith,
> Gŵyr hi mai'r Gair a wnaethpwyd
> Yn gnawd ac nid yn rhith . . . [33]

Nid oedd y Pennar ifanc yn ddall i beryglon y safbwynt hwn;
gwyddai fod pechod yn ffaith ac y gallai'r cnawd gael ei gam-
ddefnyddio a'i lygru trwy fynd yn ysglyfaeth i flys ac oferedd.
Ond roedd realaeth Gristionogol y cerddi cynnar hyn – cerddi a
eiliwyd ar athrawiaeth y creu a'r ymgnawdoliad ac oherwydd

hynny yn dyrchafu godidowgrwydd nwyf a phurdeb iachusol
serch – yn her effeithiol i gonfensiynau crefyddol y dydd.

Fel pob dyn ifanc sy'n cael ei argyhoeddi'n grefyddol ac yn
ymrestru'n weinidog, gallai Pennar fod yn feirniadol nid yn unig
o'r byd cyfoes ond o'r sefydliad crefyddol y cafodd ei hun yn
ei wasanaethu. Yng ngherddi 'Caniadau ein cenhedlaeth' yn
Cerddi Cadwgan (1953), a seiliwyd ar ddrama gynhyrfus Llyfr
Amos, mynegodd ei goegni, ei ias gymdeithasol a'i awydd
bontio rhwng byd y Beibl a'r Gymru a oedd ohoni ar y pryd
mewn ffordd amlwg iawn. Yn y gerdd gyntaf, 'Y merched
coegfalch', mae'n llym ei feirniadaeth ar fasder hedonistig y
diwylliant materol, ac mewn llinellau sy'n dwyn ar gof ddychan
deifiol 'Stryd Balchder' Ellis Wynne, mae'n gwatwar hunan-
oldeb ffroenuchel merched ffasiynol y 1950au a'u bywydau
arwynebol. Y rhai hynny sy'n dal awenau awdurdod ariannol a
grym bydol sy'n ei chael hi yn yr ail gerdd, 'Y pendefigion', ond
y mwyaf doniol (a'r lleiaf milain) o'r dilyniant hwn yw'r
drydedd, 'Y crefyddwyr':

> Mae'n gas gennym feddwl am gyflwr y byd;
> Mae'n well gennym ganu a chanu o hyd.
> Can's dyna yw crefydd: cymanfa ac undeb,
> A stori a llefain a dawn ac ystrydeb,
> Pregethwr dagreuol neu esgob mewn rhwysg,
> A phererindodau a chyrddau mawr brwysg,
> Rhoi cusan i'r fodrwy a phorthi pob sgrech,
> Offeren y bore neu'r oedfa am chwech,
> Allor ac organ, penlinio a phlygu,
> Ac edrych yn dduwiol a chanu a chanu.
> Mae'n gas gennym feddwl am gyflwr y byd;
> Mae'n well gennym ganu a chanu o hyd.[34]

Yn llai gerwin, ysgythriog na Gwenallt, ac yn fwy difyr na'i
gerddi cyfoesol ef, yr un yw ei fyrdwn, sef beirniadu crefydd
orgysurus, fwrdeisiol y cyfnod pan oedd Cymru'n ymsefydlog
ar ôl y rhyfel ac yn dechrau mwynhau ffyniant economaidd a
chodiad yn ei safonau byw. Awen y proffwyd yw awen y bardd
ac er bod elfen o annhegwch ynddi o ystyried y sefyllfa gym-
deithasol gyfoes, mae ergyd y gerdd yn ddigon effeithiol a'i
phwynt yn ddilys. Ac nid ateg i wir grefydd yw'r pwyslais ar
gyfiawnder cymdeithasol ond rhan o'i hanfod.

Cafodd yr un nodyn ei daro yn rhai o gerddi *Naw Wfft*. Yn y gân
a roes i'r casgliad ei deitl, wfftir, yn y penillion cyntaf,
barchusrwydd dof y sefydliad politicaidd, cymdeithasol a
chrefyddol Cymreig; yna daw materoliaeth y byd modern o
dan ei lach; yna y diwinyddion gor-ryddfrydol a fynnai amddif-
adu Cristionogaeth o'i thramgwydd er mwyn cydymffurfio â
seciwlariaeth fydol-ddoeth y cyfnod; yna'r diwinyddion ceid-
wadol, adweithiol sy'n dod dan yr ordd; ac yn olaf grintachrwydd
gwrth-ecwmenaidd yr enwadwyr culfarn sy'n ei chael hi ganddo:

> . . . Wfft i'r grach-ddyneiddiaeth ffug-Gristnogol a'r sawl
> Â ymffrostio fod Duw yn hogyn addawol
> A'i fod yn siwr o ddod ymlaen yn y byd
> Ond iddo wrthod y gwyrthiau natur
> A gwrando ar gynghorion Zarathwstra a Gotama
> A pheidio â chredu ym modolaeth y Diawl . . .

> Wfft i'r gweilch a droes epig Calfin yn felodrama,
> Y crach-ddiwinyddion a'r ffug-broffwydi
> Sydd yn pentyrru geiriau ar ben y Gair,
> Yn gweld yr Ysbryd yn disgyn fel bom atomig,
> Yn eiddilo dyn yn lle addoli Duw,
> Yn honni mai enwau eraill ar y Cythraul yw Hegel, Iesu
> Hanes a Brahma . . .

> Wfft ychwanegol i ddefaid colledig yr olyniaeth apostolig
> Sydd, wrth wrthod corlan Rhufain
> A diystyru ffon Pennaeth y Genhadaeth Rufeinig,
> Yn arswydo rhag porfeydd maethlon
> A llwybrau hawddgar, hael, dihysbydd
> Yr Eglwys wir Efengylaidd a gwir Gatholig.[35]

Er nad barddoniaeth aruchel mo hyn, mae'n rhoi golwg ar
ddatblygiad syniadaeth Pennar erbyn 1949 (sef y dyddiad sydd
wrth droed y gerdd) ac yn dangos pa mor eclectig an-
nosbarthadwy ydoedd o ran ei bwyslais athrawiaethol. Ar y
naill law ni fyn ddadfythu'r efengyl, ei hamddifadu o'i
chynnwys goruwchnaturiol a'i throi yn sbesimen diniwed o'r
athrylith crefyddol dynol. Ond ar y llaw arall ymwrthyd â
cheidwadaeth y traddodiad efengylaidd a gyfystyrir ganddo ag
adwaith, obsciwrantiaeth ddeallusol a'r afreswm. Ac er mai

Annibynnwr ydoedd o ran ei eglwysyddiaeth, does ganddo ddim i'w ddweud wrth y bigotri gwrth-Babyddol a oedd eto'n rhan o gynhysgaeth y Gymru gapelog yn y blynyddoedd hyn. Nid peth syml, hawdd ei ddisgrifio, oedd safbwynt diwinyddol Pennar Davies nac yn ystod y cyfnod hwn nac yn ddiweddarach ychwaith. O'n holl ddiwinyddion, ef yw'r un mwyaf annaladwy ei athrylith a'i farn ac oherwydd hynny yn un o'r mwyaf diddorol ohonynt i gyd.

Dyfodiad Mab y Dyn

Erbyn canol y 1940au roedd gweledigaeth Gristionogol Pennar wedi'i chrisialu a'i argyhoeddiadau sylfaenol oll wedi'u gosod i lawr. Y dasg a roes iddo'i hun yn y blynyddoedd dilynol oedd cysylltu'r argyhoeddiadau hynny â hanes Iesu o Nasaraeth a chreu strategaeth a fyddai'n gwireddu'i weledigaeth ym mywyd crefyddol, cymdeithasol a gwleidyddol y Gymru a oedd ohoni ar y pryd. Yn y traethawd pwysig 'Iachawdwriaeth gymdeithasol i'r byd' (1949), sef y gyntaf o dair ysgrif o dan y teitl 'Efengyl a Chymdeithas' a oedd yn gosod allan ei raglen, myn fod Iesu wedi bwriadu ffurfio cymdeithas o ddilynwyr a fyddai'n ymgorffori ei fwriad ar gyfer gwaredigaeth byd cyfan. Eu pwrpas hwy oedd sylweddoli Teyrnas Dduw yn ansawdd eu bywyd cymunedol a thrwy hynny orchfygu'r drefn dymhorol yn ei chyfanrwydd, 'na all [hyn] olygu llai na chwyldro ym maes y byd',[36] meddai. Daeth dilynwyr yr Arglwydd Iesu ynghyd mewn cymdeithas feseianaidd, a oedd, yn ei hanfod, yn her chwyldroadol i'r *status quo*: 'Ni ellir galw Iesu'n Grist heb haeru mai ef oedd Eneiniog Israel ac, yn ôl y ddelfryd Feseianaidd, Brenin y byd.'[37] Er bod y gymdeithas hon yn bod oddi mewn i gyfyngiadau amser, roedd hi'n byw yng ngrymusterau'r byd a ddaw ac anelai at droi delfryd ddyfodolaethol y Deyrnas yn ffaith yn y byd hwn. Nod amgen ymgyrch a mudiad Iesu oedd eu bod yn ddi-drais ac yn anfilitaraidd, yn ymwrthod â galluoedd bydol ac yn gweithio er mwyn rhyddhau cenedl Israel o'i chaethiwed Rhufeinig fel cam tuag at ymgyrraedd at ddelfryd y Deyrnas:

> Mae'n berffaith ddiogel fod iachawdwriaeth y gymdeithas ddynol yn rhan anhepgorol o bwrpas yr Iesu wrth gyhoeddi ei Efengyl a'

fod yn anelu nid yn unig at greu 'Eglwys' a fyddai'n sylweddoli'r Deyrnas yn ei chymdeithas ei hun ond at ddwyn iachad i'r 'byd'.[38]

Roedd dilynwyr cynharaf yr Arglwydd Iesu yn disgwyl y byddai'r drefn dymhorol yn ildio'n fuan i fuddugoliaeth derfynol Teyrnas Dduw, a sbardunwyd eu sêl dros ei ymgyrch ef gan y gobaith diwethafol hwn. Oherwydd hyn roedd y ffin hwng y presennol a'r dyfodol yn aneglur iawn wrth i'r disgwyliad ymdoddi'n realaeth yn ansawdd y bywyd helaethach a oedd yn ffrwyth cymdeithasu â'r Iesu fel Arglwydd a Gwaredwr y cyfanfyd. Roedd ffigwr eschatolegol 'Mab y Dyn' o Lyfr Daniel o'i gymhwyso at genhadaeth Iesu o Nasareth yn 'r efengylau, yn arwyddo cyflawniad y gobaith diwethafol pan 'yddai'r gymuned gyfan yn uno yn y fuddugoliaeth olaf a addawyd i ffyddloniaid Duw. 'Ystyr hanfodol y fuddugoliaeth', meddai Pennar, 'yw fod cymdeithas ddynol yn cael ei thywys a'i hrefnu yn ôl ewyllys pur a chariadus saint Duw dan arweiniad Crist'.[39] Nid unigolyn oedd 'Mab y Dyn' yn ôl y cyd-destun sgrythurol ond ffigwr cyfansawdd a oedd yn camu atom, negis, o du Duw gan adfer y greadigaeth gyfan: 'Mae'n debyg elly fod Dyfodiad Mab y Dyn nid yn unig yn sefydlu brenhin-aeth y saint ar y ddaear ond cyfnewid cosmig yn amlygu daear newydd a nefoedd newydd.'[40] Yn neinamig y Deyrnas, roedd yn nodd gwahanu'r presennol oddi wrth y dyfodol a'r disgwyl oddi wrth y cyflawni. Ni fyddai'r fuddugoliaeth derfynol yn vahanol, o ran ansawdd, i'r hyn a oedd eisoes wedi'i brofi ng nghwmni gwaredigol yr Iesu byw, yn hytrach gwahaniaeth o ran gradd a fyddai ac o ran effaith ar y ddynoliaeth hangach. Yr alwad, felly, oedd gweithio tuag at y fuddugoliaeth a chreu'r amodau a fyddai'n hyrwyddo llwyddiant digamsyniol Deyrnas a oedd ar fin gwawrio:

Yn ôl dysgeidiaeth Iesu Grist dylid gweithio a gweddïo a gobeithio am gyflawni Teyrnas Dduw yn ein bywyd dynol yn 'y byd hwn'; a bydd dyfodiad Teyrnas Dduw yn ei gogoniant cyflawn . . . yn golygu diwedd 'y byd hwn' fel y gwyddwn amdano a dechrau byd newydd, y byd a ddaw.[41]

Yn ôl dehongliad Pennar o dystiolaeth yr efengylau, roedd y owyslais o hyd ar egnïoedd dilynwyr Iesu a'u cyfraniad

allweddol hwy tuag at brysuro dyfodiad y Deyrnas. Roedd
'amser y Parowsia [sef ail-ddyfodiad Crist] yn dibynnu i ryw
raddau ar weithgarwch y dynion sydd yn perthyn i'r Deyrnas',
meddai, a 'dengys rhai o'r damhegion fod yr Iesu'n cydnabod
bod gwaith dyn (i'r graddau y mae'n ddaionus ac yn
dderbyniol) yn rhan o arfaeth Duw'.[42] Fel roedd y gwahaniaeth
rhwng y presennol a'r dyfodol yn amwys yng ngoruchwyliaeth y
Deyrnas, amodol, yn ôl dealltwriaeth Pennar, ac nid absoliw
oedd y ddeuoliaeth rhwng ymdrech dyn a gwaith Duw.

Yn yr olaf o'i dair ysgrif, â Pennar i'r afael â'r pwyslais
diwinyddol a oedd yn ddylanwadol ar y pryd, sef y neo-
uniongrededd a gysylltwyd yn bennaf ag Emil Brunner, Karl
Barth a'r Americanwr Reinhold Niebuhr. Pennaf wendid y
'realaeth Gristionogol' hon, yn ei dyb, oedd ei phragmatiaeth
trwy ganoli ar athrawiaeth y Cwymp, natur lygredig y byd a'r
ffaith mai pechadur oedd dyn, cyfiawnhau'r *status quo* a wnâi'r
dosbarth hwn o ddiwinyddion a pheidio â'i herio a'i weddnewid
yn enw Iesu Grist. Yn ôl Niebuhr roedd y cariad perffaith y
soniai Iesu amdano yn y Bregeth ar y Mynydd yn ddelfryd yn
hytrach nag yn nod ymarferol ym mywyd y Cristion ac yn
symbol parhaus o'i fethiant, ei bechadurusrwydd a'i angen am
ras. Nid oedd hyn, i Pennar, yn ddim amgen na negyddiaeth
'Nid oes awgrym yn y Testament Newydd am ddelfryd
"amhosibl"; i'r gwrthwyneb, dywaid yr Iesu fod y pethau sy'n
amhosibl gyda dynion yn bosibl gyda Duw.'[43] Moesegol ac
ymarferol oedd dealltwriaeth Pennar o'r efengyl, ac oherwydd
hyn ychydig oedd ganddo i'w ddweud am Aberth Crist fel
cyfrwng maddeuant. Os oedd pechod yn bod, nid oedd yn nam
digon difrifol i rwystro dyn rhag cyflawni'i ddyletswyddau
gorau y gallai. Trwy gydymdrechu â Duw yn nerth yr Ysbryd ac
yn ôl esiampl Crist, gallai chwarae ei ran i brysuro dyfodiad y
Deyrnas a phrofi o fendithion yr oes a ddaw: 'Ni all ffydd
gyflawn fod yn fodlon . . . ar anelu at ddim llai nag etifeddiaeth
berffaith saint y Goruchaf.'[44]

Peth hawdd iawn fyddai beirniadu iwtopiaeth Pennar: nid
arddelodd erioed gred yn llygredigaeth radical dyn, ac
arwynebol, ar y gorau, oedd ei syniadau am bechod. Naïf
braidd, oedd ei ffydd ym mhotensial daionus dyn ac oherwydd
hyn fe'i caiff hi'n anodd dygymod â dirgelwch drygioni. Os
cydnabyddai ddrygioni, ei ddehongli fel ffenomen ddynol a

vnaeth yn hytrach na realiti a dramgwyddai yn erbyn y
gogoniant dwyfol. (Byddai hyn yn tynnu colyn ei argyhoeddiad
achus ynghylch yr ymgnawdoliad, fel y gwelir yn y man.) O ran
i athrawiaeth Pelagiad ydoedd, a mynnai fod digon o rinwedd
n y galon ddynol i gydweithio â gras Duw ac ymgyrraedd at
berffeithrwydd.[45] Ond heresi oedd Pelagiaeth, a gondemniwyd
ng Nghyngor Carthag (oc 416) a thrachefn yng Nghyngor
Orens (oc 529) am iddi hi ddibrisio difrifoldeb argyfwng
ysbrydol dyn ac yn sgil hynny, natur unigryw gwaith gwaredigol
Duw yng Nghrist. Beth bynnag am yr optimistiaeth orheulog
hon, unig gyfiawnhad safbwynt Pennar yw fel protest yn erbyn
uedd uniongrededd i droi efengyl gras yn efengyl rad ac i beidio
â chymryd o ddifrif alwad ddigymrodedd Iesu i godi'r groes a
hyflawni ei ewyllys ef oddi mewn i'r byd. Ni fedrwn lai na
chredu, serch hynny, fod hyn yn bris rhy uchel i'w dalu er mwyn
gwarchod ei bwynt.

Ymestyn y syniadaeth hon a wnaed yn y ddwy gyfrol
ddiwinyddol o'i eiddo a ymddangosodd ar ddechrau'r 1950au.
Crynodeb bywiog a galluog o brif ddatblygiad y berthynas
hwng eglwys a gwladwriaeth o gyfnod y Testament Newydd
ymlaen oedd *Y Ddau Gleddyf: y Berthynas rhwng Eglwys a
Gwladwriaeth* (1951), tra bo *Geiriau Iesu* (d.d. ond tua 1951) yn
arweiniad hwylus i ddysgeidiaeth Iesu fel y'i ceid yn Efengyl
Luc. Erbyn hyn roedd Pennar wedi prifio'n hanesydd eglwysig
gwybodus a phraff. Er mor fychan ei chwmpas, mae'r *Ddau
Gleddyf* yn dangos cryn feistrolaeth ar ysgolheictod y Testament
Newydd, yn enwedig ym maes yr efengylau cyfolwg, ac ar brif
annau hanes yr eglwys o'r cyfnod patristig ymlaen. Yn hytrach
na bodloni ar ffynonellau eilradd, nodweddir yr astudiaeth gan
wybodaeth drwyadl o destunau gwreiddiol mewn Lladin,
Groeg, Almaeneg a Ffrangeg yn ogystal â Chymraeg a Saesneg.
Y'r un thesis a gaiff ei amddiffyn yma ag yn ei ysgrifau
cynharach.

[Roedd] Iesu o Nasareth [meddai] yn ei ystyried ei hun yn Waredwr
cymdeithas yn ogystal ag Iachawdwr yr enaid unigol, a'i fod yn
disgwyl y byddai'r oes ddrwg bresennol yn terfynu trwy fuddug-
oliaeth plant y Goleuni ar bopeth aflan ac anheilwng a sefydlu
Teyrnas Dduw yn gyflawn yng nghymdeithas dynion trwy
rymusterau'r byd a ddaw.[46]

Er mai darlunio argyhoeddiadau yr Eglwys Fore oedd pwrpas ymddangosiadol y bennod gyntaf, mynegi'i apologia ei hun o blaid perthnasedd y genhadaeth Gristionogol gyfoes a wnâi'r awdur trwy gydol y gyfrol. Roedd Iesu, meddai, yn anelu 'at argyhoeddi ei gydgenedl mai eu gwaith hwy, trwy nerth yr Ysbryd Glân, oedd trawsnewid cydberthynas y cenhedloedd trwy amlygu cariad a meithrin cymod a dibynnu ar nerth Duw ac nid ar rym daearol'.[47] Er syndod, efallai, i rywun a fawrygai'r traddodiad radicalaidd mewn crefydd a gwleidyddiaeth ac a arddelodd y teitl 'anarchydd Cristionogol' yn nyddiau Cylch Cadwgan, myn fod y wladwriaeth yn bwysig onid yn angenrheidiol yn y gyfundrefn ddynol ac yn foesol niwtral. 'Nid yw'r wladwriaeth, ym meddwl yr Iesu, yn hanfodol ddrwg', meddai. 'Pechod sydd yn gwneud y wladwriaeth yn dreisgar ac yn anghyfiawn, ond trwy nerth yr Ysbryd Glân fe ddaw ymwared a phuredigaeth iddi.'[48] Roedd yr Iesu yn ei pharchu ac yn dysgu'i ddilynwyr i wneud yr un fath; yn wir, 'yr oedd gan yr Iesu weledigaeth am ryw fath o wladwriaeth fyd-eang . . . ddi-drais . . . hollol wahanol i wladwriaethau'r byd'.[49] Er bod teyrnasoedd bydol wedi'u llygru gan bechod a hunanoldeb, 'gŵyr [Iesu] y bydd teyrnasoedd y ddaear yn gildio eu gogoniant i ddwylo saint y Goruchaf'.[50] Pery'r wladwriaeth yn yr oes a ddaw yn offeryn cyd-dde....twriaeth ymhlith dynion ac yn gyfrwng cydweithrediad rhwng aelodau cymdeithas y gwaredigion ac yn rhan hanfodol o'r byd newydd a addawyd gan y Gwaredwr. Ac os oedd hyn yn wir yng Ngalilea ac yn Jerusalem ymhlith y rheini a fu'n dilyn yr Iesu daearol, ni chafwyd newid yn nelfrydau'r sawl a argyhoeddwyd gan neges yr Eglwys Fore ynghylch y Crist atgyfodedig. 'Dengys y dystiolaeth sydd gennym', meddai, 'fod dilynwyr yr Iesu ar ôl y Pentecost yn dal i gredu bod hanes Dyn yn symud ymlaen at yr Uchafbwynt mawr yn y dyfodol'.[51] Gobaith oedd nod amgen y Cristionogion cynnar a chredent fod y Deyrnas yn mynd rhagddi tua pherffeithrwydd ac y byddai Duw yng Nghrist yn cyflawni'i addewidion ym muddugoliaeth y nef a'r ddaear newydd ac yn adferiad y greadigaeth gyfan.

O symud ymlaen i'r penodau dilynol, ymdrinia Pennar â'r syniad o eglwys sefydledig neu wladol, theocratiaeth neu'r wladwriaeth eglwysig, ac yna y syniad o eglwys rydd. Mae'n trafod yn ddeheuig ddeunydd o gyfnod y Tadau Eglwysig

Cynnar, yr Oesoedd Canol hyd at y cyfnod modern cynnar, yr
Aroleuo a'r canrifoedd canlynol, ac yn gwneud hynny gyda
hegwch barn a chymesuredd dadansoddol. Er gwaethaf ei
raslonrwydd – annisgwyl debygwn – tuag at Gatholigiaeth,
Uniongrededd Byzantium a'r traddodiad Anglicanaidd, ni fyn
gelu mai gyda'r eglwysi rhyddion y mae ei gydymdeimlad mawr;
ac eto, wrth drin y cyfnodau diweddaraf oll, mae'n llym ei
feirniadaeth ar bwyslais dylanwadol Emil Brunner a Niebuhr.
'Effaith dysgeidiaeth Brunner', meddai, 'yw cyfiawnhau dulliau
treisgar y drefn wladol ac ar yr un pryd lladd pob gobaith am ei
Christioneiddio'.[52] Meddai drachefn wrth grybwyll 'delfryd
amhosibl' Reinhold Niebuhr:

> Rhaid condemnio'r ddamcaniaeth nid yn unig am nad oes dim
> awgrym ohoni yn y Testament Newydd ond am ei bod, yn yr ystyr
> ddyfnaf, yn anghofio mai Teyrnas *Dduw* yw'r Deyrnas ac nid
> teyrnas dynion, a bod y pethau sy'n amhosibl gyda dynion yn bosibl
> gyda Duw, yn ôl gair digamsyniol yr Arglwydd Iesu ei hun.[53]

Mae'r rheswm am newid o'r dadansoddi hanesyddol gwrth-
rychol at y beirniadu cyfoes hallt yn un amlwg iawn: gwêl neo-
uniongrededd yn fygythiad i'w raglen ymarferol i droi Teyrnas
Dduw yn ffaith ym mywyd y Gymru a oedd ohoni ar y pryd.

> Syniad canolog y Testament Newydd yn y cysylltiad yma [meddai]
> yw bod y Byd hwn yn dod i ben ac y gwelir Teyrnas Crist yn
> berffaith yn y Byd a Ddaw; ond swyddogaeth dilynwyr Crist yw
> paratoi'r ffordd ar gyfer y Byd a Ddaw trwy weddïo a phregethu
> a byw bywyd y Deyrnas yn eu cymdeithas eu hunain, yr Eglwys. Y
> mae Teyrnas Nefoedd yn ei gogoniant dyfodol, gan hynny, yn goron
> ar waith Crist a'r saint yn y Byd Hwn. Nid delfryd amhosibl, yn ôl y
> Testament Newydd, yw cyflawni Teyrnas Dduw yn ei bywyd dynol,
> ond delfryd sydd yn gwbl ddibynnol ar y nerth dwyfol ac a fydd yn
> rhoi terfyn ar Hanes fel yr ydym ni yn gyfarwydd ag ef ac yn
> cychwyn y Byd a Ddaw.[54]

Nid mytholeg gyntefig oedd hyn ym marn Pennar ond addewid
dibynadwy a oedd yr un mor berthnasol yng nghanol yr
ugeinfed ganrif ag yn y ganrif gyntaf; os oedd yr ieithwedd, wrth
reswm, yn ddarluniadol, roedd sylwedd y neges yn wrthrychol
wir.

Daw hyn yn eglur yn y llawlyfr hylaw *Geiriau'r Iesu*. Mewn 30 gwers gwelir hanfod dehongliad Pennar o ystyr yr efengyl a chawn gip ar ei raglen-waith ar gyfer dilyn Iesu tuag at y dyfodol gwell. Y moesol, y profiadol a'r cyfriniol sy'n mynd â'i fryd, yn fwy o lawer na chredo, athrawiaeth a dogma. Dilyn Iesu o Nasareth yw hanfod Cristionogaeth iddo yn hytrach na chydsynio ag athrawiaethau megis yr enedigaeth o forwyn, y ddwy natur mewn un person neu'r aberth iawnol. Yn lle dehongli Crist yn unol ag uniongrededd glasurol fel bod dwyfol a wisgodd gnawd, i Pennar (fel i Friedrich Schleiermacher (1768–1834), tad y ddiwinyddiaeth ryddfrydol) ansawdd profiad Iesu o Dduw sy'n gwarantu iddo ei ddwyfoldeb: 'Ar sail yr Efengylau . . . gallwn ni ddweud bod rhywbeth hollol arbennig ym mhrofiad yr Iesu mewn perthynas â Duw.'[55] Trwy sylweddoli tadolaeth Duw yn berffaith, daeth Iesu yn un ag Ef o ran ei brofiad: 'Dysgai'r Iesu fod Duw yn Dad, a theimlai hawddgarwch Tadolaeth Duw yn fwy angerddol na neb . . . Yr oedd y berthynas rhyngddo ef a'i Dad mor gyflawn nes eu bod yn un mewn cariad.'[56] Nid undod hanfodol oedd rhwng y Tad a'r Mab, nac undod tragwyddol, ond undod angerdd a phrofiad. Trwy i Grist fyw bywyd o ufudd-dod perffaith heb ildio i demtasiwn na syrthio i bechod, ni chymylwyd ynddo yr ymdeimlad o agosrwydd â'r Tad nefol: 'Gan ei fod yn un â'r Tad ac yn gwneud gwaith y Tad ymysg dynion, yr oedd ef ei hun yn Fab Duw mewn ystyr fwy gogoneddus na neb arall yn hanes dyn'.[57] Gwahaniaeth mewn gradd, felly, ac nid mewn ansawdd oedd rhwng Iesu a duwolion eraill, a fesul tipyn y deffrôdd yr ymdeimlad o fabolaeth ynddo:

> Yn ôl y stori am ymweliad yr Iesu â Jerwsalem pan oedd yn fachgen (Luc ii.39–52) yr oedd yn ymdeimlo â'i Fabolaeth ddwyfol ymhell cyn cyrraedd oedran gŵr. Y mae hanes ei fedydd (iii.21–2) yn dangos iddo'r pryd hynny dderbyn yr holl gyfrifoldeb am waith Mab Duw yn y byd. Ac o flaen y Sanhedrin (xxii.66–71), a chysgod y Groes ar ei lwybr, addefodd yr Iesu'n syml ei fod yn Fab Duw.[58]

Nid Cristoleg y credoau eglwysig cynnar mo hyn lle cyffeswyd bod Crist o'r un sylwedd â'r Tad o ran ei dduwdod a'r un sylwedd â'r ddynolryw o ran y cnawd, ond yn hytrach Cristoleg weithredol, ymarferol ydyw, lle caiff dwyfoldeb Iesu ei fynegi rwy gyfrwng ei ddyndod cyflawn. Ac fel dyn cyflawn, ef oedd y Meseia, sef Gwas Duw a'r Eneiniog.[59]

Tasg yr Iesu fel Meseia, fel y gwelwyd eisoes, oedd cyhoeddi dyfodiad y Deyrnas. 'Mae'r hen addewidion wedi eu cyflawni', medd Pennar, 'ac mae'r Deyrnas wedi dod, a'i grymusterau bendithiol ar waith yng ngeiriau a gweithredoedd yr Iesu ac yng nghymdeithas ei ddilynwyr'.[60] Yn union fel nad oedd ffin bendant rhwng y presennol a'r dyfodol yng ngoruchwyliaeth y Deyrnas ac annelwig oedd y terfyn rhwng dyndod Iesu a'i dduwyfoldeb, roedd y cysylltiad rhwng Crist a'i ddisgyblion megis yn ymdoddi ynghyd. Roedd y Deyrnas yn bod ymhlith dynion 'yng ngwaith yr Iesu *a'i gwmni*'.[61] Er yn realiti presennol, eto yn y dyfodol y gwelir cyflawnder bendithion y Deyrnas'.[62] A dyma'r nodyn a gaiff ei daro dro ar ôl tro.

Cyflwynir Teyrnas Dduw yn y Testament Newydd fel Brenhiniaeth nerthol sy'n goresgyn Teyrnas y Drwg yn y presennol a hefyd fel cymdeithas fuddugoliaethus a thangnefeddus yn y dyfodol, cymdeithas saint Duw, a Christ yn Dywysog arni. Y fendith fawr hon yn y dyfodol yw'r rhyfeddod a elwir Dyfodiad mab y Dyn.[63]

Blaenbrawf dyfodiad y Deyrnas yw'r ffaith fod Iesu wedi'i atgyfodi: 'Trwy fyw yng nghymdeithas yr Arglwydd a gyfodwyd o feirw y mae'r Cristion yn byw mewn ffydd a chariad ac mewn gobaith am y fuddugoliaeth gyflawn a therfynol sydd i ddyfod.'[64] Nid rhywbeth unigryw, unigolyddol mo atgyfodiad Crist ond yn ernes o'r hyn a fydd yn digwydd i'w ddilynwyr hefyd: 'Cofiwch mai'r Atgyfodiad yw'r peth mawr i'r Cristion. Duw sy'n cipio Ei gyfeillion allan o grafangau marwolaeth.'[65] Ac yn nerth y byd a ddaw, grym yr Ysbryd, yr ailenedigaeth a nerth gweddi,[66] mae modd i'r disgybl fyw bywyd o ufudd-dod ac ymroddiad a fydd yn prysuro'r fuddugoliaeth derfynol.

Ni wyddom le nac amser y fuddugoliaeth hon, ac ni ddylem ymboeni ynghylch y manion [meddai] . . . Ag ystyried hyn oll dylem ni fel Cristionogion fyw dan ddisgwyl buddugoliaeth plant Duw fel bendith fawr sydd yn barod i ddisgyn ar ein bywyd cyn gynted ag y mae ein bywyd yn barod i'w derbyn.[67]

Y pryd hynny deuai Mab y Dyn mewn nerth, bydd y Crist atgyfodedig yn gwisgo'i ogoniant a'r saint ag ef yn un: 'Ni

wyddom pa wedd fydd ar ein harglwydd pan ddelo', meddai
Pennar:

> Fe'i gwelwn ymhob man, ym myd natur, yng nghymdeithas y saint,
> yn wynebau ein gilydd; ac fe'i gwelwn fel y mae, a'i gorff yn
> odidocach na dim a welsom a'i wynepryd yn fwy hawddgar na
> gwawr a chyfnos a nawnddydd.[68]

Beth ddywedwn ni am hyn i gyd? Ni fynnwn honni nad yw'r
darlun hwn o Iesu o Nasareth heb ei gyfaredd a'i swyn. Hyfryd
a thelynegol yw *Geiriau'r Iesu* ar ei hyd, ac yn grynodeb hwylus
o argyhoeddiadau sylfaenol Pennar ynghylch y Ffydd Gristion-
ogol. Ond fel a awgrymwyd eisoes, mae yn y portread hwn
wendidau hefyd. Fel cyfrinwyr yr Oesoedd Canol, ac fel
Schleiermacher yntau, ni wyddai Pennar beth i'w wneud â Iesu'r
dystiolaeth apostolaidd. Cynddelw ein hymchwil ni am Dduw
yw'r Iesu annwyl hwn ac un sydd mewn perffaith gytgord â'r
ymchwil honno. Synthesis a geir yma rhyngom ni a'r Arglwydd
ac nid antithesis rhwng pechod a gras. O ystyried rhagdybiau
Pennar ni ddylem synnu efallai nad oes yma gyfeiriad o gwbl at
y croeshoeliad er bod mynych sôn am ddisgyblaethdod a
hunanymwadiad. Iesu yw hwn heb na chroesbren nac iawn. Er
gwaethaf pwyslais mawr ac iachus Pennar yn ei gerddi cynnar
ar yr ymgnawdoliad a *chnawd* yr ymgnawdoledig, yr argraff a
geir yma yw i'r Gair ei fynegi'i hun mewn athro gwâr o rabbi
crwydrol ac nid mewn gŵr gofidus, cynefin â dolur a safodd yn
ein lle a thrwy hynny ddwyn ymaith bechodau'r byd. 'Wrth
anfon ei Fab ei hun *mewn ffurf debyg i'n cnawd pechadurus ni*, i
ddelio â phechod, y mae [Duw] wedi collfarnu pechod yn y
cnawd' (Rhuf. 8:3). Iesu'r *theologia gloriae* yw hwn ac nid Iesu'r
theologia crucis. Cryfder *Geiriau'r Iesu* yw'r lle amlwg a roir
ynddo i weddi a chyfrinion y bywyd ysbrydol. Mae'n
arwyddocaol mai cyfrol ar ysbrydoledd a'r bywyd mewnol –
Cudd fy Meiau (1957) – oedd y mwyaf trawiadol o holl weithiau
Pennar ac mae'n amlwg fod y paratoi trwyadl ar ei chyfer eisoes
ar waith. Beth bynnag am y meflau hyn, erbyn canol y 1950au
roedd yr awdur wedi cyfundrefnu'i gred a gwyddai i ba
gyfeiriad yr oedd yn symud.

Chwyth o anadl

Erbyn hyn roedd Pennar a'i deulu wedi symud o Wynedd i Bowys lle bu, er 1950, yn Is-Brifathro ar Goleg Coffa Aberhonddu gan olynu'r Dr Vernon Lewis fel prifathro ddwy flynedd yn ddiweddarach. Yng 'ngholegdy braf Aberhonddu gyda'i laweroedd o ystafelloedd Spartaidd a'r tŵr urddasol a fwriadwyd i arddangos cloc ond a arhosodd yn grair annorffen a diamser, yn gartref i dylluanod'[69] roeddent yn byw, ac yno y ganed y ddau fab iau Geraint a Hywel. (Ym Mangor y ganed Rhiannon, chwaer iddynt hwy ac i Meirion.) Nid dyma'r unig goleg i geisio hudo Pennar oherwydd gwahoddwyd ef, yn 1946, i ymuno ag Adran Saesneg Coleg Prifysgol Cymru, Aberystwyth a, blwyddyn yn ddiweddarach, i olynu ei hen athro C. J. Cadoux yng nghadair Hanes yr Eglwys, Coleg Mansfield, Rhydychen. Roedd y ffaith iddo gael ei gomisiynu i lunio hanes Coleg Mansfield (a ymddangosodd ym mlwyddyn marwolaeth Cadoux) yn arwydd o'r parch oedd iddo yno. Er gwaethaf yr anrhydedd a roddwyd arno o ymuno â staff ei hen goleg a thrwy hynny ddysgu yng nghyfadran ddiwinyddol prifysgol hynaf Prydain, teimlodd nad oedd ganddo ddewis ond gwrthod. Yng ngeiriau hanesydd diweddarach Mansfield: 'Pennar Davies declined the invitation on the grounds that he felt his vocation lay in Wales.'[70] A galwedigaeth i weinidogaethu, addysgu a chyfrannu at y bywyd cyhoeddus trwy lenydda fyddai honno.

Roedd y cynnyrch llenyddol yn dal i lifo. Eisoes ymddangosodd ysgrifau ganddo ar feirniadaeth lenyddol ac roedd eraill ar y ffordd,[71] ond teimlai fod ganddo fwy i gyfrannu fel llenor creadigol yn ogystal ag fel esboniwr diwinyddol a dehonglydd syniadau. Daeth hyn i'r golwg mewn ffordd amlwg iawn gyda chyhoeddi cyfrol newydd o gerddi, dyddiadur ysbrydol a'i nofel gyntaf. Roedd arbenigrwydd mawr yn perthyn i'r tri gwaith fel ei gilydd. Mae rhai o gerddi *Naw Wfft* (1957) wedi'u crybwyll eisoes, ond mae eraill ohonynt yn cynnwys swyn a symlrwydd yn ogystal ag ysmaldod. Gwelir hyn yn ei emyn hyfryd i'r Ysbryd Glân:

> Disgyn Ysbryd Glân i'n llanw
> Â gorfoledd pur y Nef.
> Tyrd â glendid y Tragwyddol,

> Gwna ni'n sanctaidd iddo Ef.
> Fel colomen,
> Disgyn arnom, Ysbryd Glân.
>
> Chwyth, O Anadl o'r Uchelder,
> Awel o Galfaria, chwyth.
> Arglwydd wyt a Rhoddwr Bywyd,
> Llwyr feddianna ni dros byth.
> I'r gwirionedd
> Tywys ni, o Ddwyfol Wynt . . . [72]

Ysbrydolrwydd ac anturiaethau bywyd yr Ysbryd oedd amlycaf yn ei ddau waith arall, y dyddlyfr enaid hynod *Cudd Fy Meiau* (1957) a'i nofel ffantasmagorig *Anadl o'r Uchelder* (1958). Roedd y ddau ohonynt yn lled unigryw mewn llenyddiaeth Gymraeg y cyfnod.

Er mor gyffredin oedd hunangofiannau ysbrydol mewn dyddiau gynt, anarferol iawn oedd yr ysgrifau hynny gan 'Y Brawd o Radd Isel' (Iago 1:9) a ymddangosodd yn *Y Tyst*, papur newydd yr Annibynwyr, ar hyd blwyddyn 1955. Fe'u cyhoeddwyd yn gyfrol ddwy flynedd yn ddiweddarach a chyfrinach eu hawdur, erbyn hynny, wedi dod yn hysbys. Ymgais at hunanymholiad a chyffes a geir ynddynt, o 'ymddinoethi ger bron Duw' a cherdded ar hyd 'ffordd y puro'.[73] Er gwaethaf y ffaith mai gwaith llenyddol ydyw ac yn greadigaeth fwriadol artistig, teimlwn ein bod yn dod yn agos iawn at adnabod gwir bersonoliaeth ei hawdur. Fel yn nhechneg a myfyrdod y cyfrinydd Ignatius Loyola (1491–1556), sylfaenydd Cymdeithas yr Iesu, ymgais at ymuniaethu â Christ trwy gyfrwng y dychymyg a geir yma. Dro ar ôl tro deuwn i weld Iesu o Nasareth trwy ddychymyg Pennar Davies a thrwy hynny ymdeimlo â'i bresenoldeb. Er enghraifft:

> Gwelais yn fy nychymyg yr Iesu'n cerdded o'm blaen i Jerwsalem . . . Ceisiais yn fy nychymyg weld yr Iesu'n unig . . . Ceisiaf ddychmygu'r wyneb a'r corff a'r dwylo . . . Ceisiais fod gyda'r Gwaredwr ar binacl y Deml . . . Er i mi ei weld, yn fy nychymyg, mor agos ataf, eto yr oedd ymhell oddi wrthyf . . . Deuthum yn agos at yr Iesu yn fy nychymyg . . . Ymdrechais i adnabod yr Iesu unwaith eto trwy gyfrwng y dychymyg synhwyrus.[74]

Er mai hanesion y Testament Newydd oedd sylfaen ei fyfyrdod gan amlaf, â Pennar ymhellach na'r dystiolaeth ysgrifenedig er mwyn darlunio Iesu yn ôl manylion tybiedig ei ddyndod: 'Ceisiaf mewn myfyrdod agosáu ato a syllu ar grychion a chreithiau ei groen a chlywed ei anadliadau a'i chwerthiniadau a chyffwrdd â'i law.'[75] Mae'n amlwg fod gan Pennar ddarlun clir iawn o'r Gwaredwr ond mae'r darlun yn gynnyrch ei ddychymyg ac nid yn deillio o fanylion y dystiolaeth feiblaidd: 'Ceisiaf edrych ym myw llygad yr Iesu a gweld glendid ei wên a gafael yn dyner yn ei freichiau. A thrwy wneuthur hyn yn aml deuthum yn gyfarwydd â'i wedd, a gwelaf bob amser un graith fechan dan ei lygad chwith.'[76]

Pa fath Iesu yw'r Iesu hwn? Gwelwyd eisoes ei argyhoeddiadau Cristolegol yn y llyfryn *Geiriau'r Iesu* a'i ysgrifau ysgolheigaidd yn *Y Dysgedydd*. Er na fyn ymwrthod â'i ddwyfoldeb, dyndod Iesu sy'n cael y flaenoriaeth ganddo a'r dyndod hwnnw yn mynegi undod profiadol cyflawn â'r Tad. Prif nodwedd Crist yw ei ufudd-dod costus i'r ewyllys ddwyfol: 'Ofer pob Cristoleg a esgeuluso ewyllys y Crist', meddir – pwynt sy'n mynd â ni unwaith eto at wraidd diwinyddiaeth Pennar. 'Teimlaf mai dyma gnewyllyn bywyd a gwaith yr Iesu', meddai. 'Ni ellir deall na'r Ymgnawdoliad na'r Iawn ar wahân i Ewyllys y Crist, yr Ewyllys sydd yn mynegi'r Daioni Dwyfol ac yn gwrthod pob drwg.'[77] Chwys, gwaed ac ymdrech sy'n nodweddu disgyblaethdod yr Iesu hwn, a hynny ynddo'i hun yn her ac yn esiampl i'w ddilynwyr.

Os oedd angen pwysleisio'r gwirioneddau hyn yng ngŵydd yr uniongrededd honno a fynnai orbrisio ei dduwdod, perygl y math o ddarlunio dychmyglawn a geir yn *Cudd fy Meiau* yw troi'r portread o Iesu yn un ffuantus a ffansïol. 'Cydiais yn ei freichiau a chwilio dyfnderoedd y llygaid brown', meddai, ac 'ymataliaf, ac ymgyffroi wrth weld y tynerwch cysurus yn ei lygaid mwyn'.[78] Weithiau gall y teimladrwydd hwn droi'n syrffed ac yn embaras: 'Daeth – am foment lesmeiriol – y llygaid brown, y graith, y wên, cynhesrwydd y gwaed ar groen ei wyneb a'r cariad gorlethol, gorchestol, gwych.'[79] Er iddo fynnu nad rhyw fath o ddarlun Holman Hunt neu Gyn-Raffaelaidd o Iesu sydd ganddo, ond un sydd yn nes o lawer at bortreadau seicloegol bwerus Rembrandt – 'Yr Iesu rhyfeddol gan Rembrandt, yr Iesu a fu erioed yn annwyl gennyf, yr Iesu sydd yn sylfaen i'r darlun ohono sydd yn fy nychymyg',[80] eto, mae'n anodd peidio â sylwi ar yr elfen o fympwyedd a ddaw i'r golwg yn y gwaith. Ni lwyddodd neb eto mewn nofel nac mewn ffilm i gyfleu portread boddhaol o Iesu o Nasareth, ac er gwaethaf ei alluoedd creadigol a'i ysbryd diffuant, ni lwyddodd Pennar i wneud hynny ychwaith. Mae moelni ymataliol yr efengylau yn trechu'r llenor bob tro.

Fodd bynnag, mae llawer o bethau yn *Cudd Fy Meiau* sy'n ei gwneud yn gyfrol gyfareddol iawn. Ceir ynddi gipolwg hyfryd ar fywyd teuluol, myfyrdod ei hawdur ar y berthynas oesol rhwng ysbryd a chnawd, cawn olwg ar rwystredigaethau bywyd gweinidog Ymneilltuol yn y 1950au pan oedd y capeli yn dechrau ymgodymu ag argyfwng mawr eu parhad, heb sôn am y dadelfennu cyson a chignoeth weithiau ar ei gyflwr ef ei hun: 'Gymaint haws ydyw i ddyn gyfaddef ei fod yn bechadur na chyfaddef ei fod yn cnoi ei ewinedd . . . Y mae ceunentydd ac ambell wastadedd yn fy mhersonoliaeth nas meddiannwyd yn llwyr eto gan y Gras Achubol.'[81] Gall Pennar lunio brawddegau gwirebol bron sy'n glynu yn y cof yn hir. 'Y mae tlodi gweinidogion Cymru heddiw yn sancteiddiach tlodi na dim byd a wynebodd mynach erioed',[82] meddai, tra bod ei ymdriniaeth â'r berthynas rhwng nwyf a duwioldeb unwaith eto yn feiddgar: 'Y mae cyfathrach agosaf mab a merch yn llawn rhin sagrafennol',[83] ac oherwydd hynny bod angen hunanddisgyblaeth barhaus, 'rhaid sancteiddio'r cnawd i'w wneuthur yn gydymaith da i'r ysbryd'.[84] Agosrwydd Duw trwy ei Ysbryd yw'r thema sy'n rhedeg trwy'r dyddlyfr, ac mae rhai o'r 75 o golectau neu saethweddïau sy'n ei fritho yn tystio i ddyfnder duwioldeb eu hawdur:

O Arglwydd Iesu, a faddeuaist hyd yn oed y Groes, maddau i mi'r uffern a lysg yn fy nghalon. Pâr i mi weled y Ddynoliaeth a arfaethwyd inni, y clwyfau'n ddisgleirwiw ar Dy gorff, a holl ogoniant anian yn goron ar Dy ben, a'r Cnawd a fu'n drigfan i'r Gair yn ymgodi o'm blaen yn amlder ei hyfrydwch a'i nerth. Rho imi Di Dy hunan, y Dyn a fynega Dduw, yn awr a thros byth.[85]

Y math yma o sensitifrwydd ysbrydol sy'n cynnwys disgrifiadau o ysictod ac *accidia* y bywyd defosiynol yn ogystal â'i wefr a'i orfoledd, sy'n rhoi i'r llyfr ei arbenigrwydd. Dyma a barodd i Bobi Jones sôn amdano fel 'un o glasuron y cyfnod wedi'r rhyfel

. . . ac yn fy marn i, campwaith bach yn anialwch defosiwn y ganrif hon.'[86] Hyd yn oed yng nghanol dirywiad y grefydd gyfundrefnol, roedd gwefr y bywyd newydd yng Nghrist yn bosibilrwydd o hyd.

Os y dychymyg yw cyfrwng defosiwn Pennar yn y dyddlyfr, creadigaeth dychymyg llachar yw'r nofel ffantasïol *Anadl o'r Uchelder*. Ar un wedd mae'r ddau waith yn hollol wahanol i'w gilydd; y dyddlyfr yn ddwysfeddylgar ac yn ymwneud â chyfrinion y bywyd mewnol a'r nofel yn afreal, onid yn swrrealaidd, gan ddarlunio math o Gymru fydd gothig ac od. 'The strangest, perhaps the most phoney of the new novels', oedd disgrifiad Saunders Lewis ohoni, er iddi fod, yn ei farn ef, 'as learned as Joyce's *Ulysses*; it is comic and fantastic and melodramatic and brilliant'.[87] Er gwaethaf y gwahaniaethau rhyngddynt mae pob un o'r themâu a oedd agosaf at galon Pennar yn y ddau: Cymru a'i thynged boliticaidd, natur a swyddogaeth Ymneilltuaeth yn ail hanner yr ugeinfed ganrif, y syniad o feseianaeth, a rhyw, cnawd a'r ysbryd. Dyheu am dywalltiad o'r Ysbryd Glân er mwyn achub a sancteiddio'r enaid a'r genedl sy'n ganolog yn y ddau.

> Chwyth, O Anadl o'r Uchelder,
> Awel o Galfaria, chwyth.
> Arglwydd wyt a rhoddwr Bywyd,
> Llwyr feddianna ni dros byth.
> I'r gwirionedd
> Tywys ni, o Ddwyfol Wynt.

'Dernyn o apocalups yr ugeinfed ganrif yw hon', meddir.[88] Mae'r digwyddiadau wedi'u lleoli yn y dyfodol, oddeutu 1980 gellid tybio, a'r dyfodol hwnnw wedi dod â barn yn ei sgil. Er bod Cymru, ei hiaith a'i diwylliant a'i chrefydd yn bod, mae'r genedl bellach dan ormes Anglosacsonia, sef yr uniad a ddigwyddodd rhwng Prydain a'r Unol Daleithiau rywbryd yn y 1960au. Mae ganddi ei senedd ranbarthol ddatganoledig ei hun, er nad ydyw'n fwy na siop siarad, tra bo'r gwir rym yn y 'rhanbarthau diogelwch', un yn ne Cymru, un arall yn y gogledd a'r trydydd ar y gororau. Caiff afrealrwydd y sefyllfa hon ei hadlewyrchu yn enwau'r cymeriadau: Marcel Breton sy'n adrodd yr hanes; Huw Hedyn Hywel, yr arwr, sy'n löwr ac yn

athro ysgol Sul (!) yng Nghwm Aman Fawr, Morgannwg;
y pregethwr tân-a-brwmstan Elias John a'i gydymaith dlos
'Calfaria Fryn'; y gogleddwr mursennaidd Gareth Seiont Prys,
ac yna'r gormeswyr dychrynus megis yr Arglwydd Wyndham
Gutyn a'i wraig drythyll Trwdi; y gwleidydd pwerus-lygredig
Andrew de Porson a'r Americanwr Nahum D. Flewelling sy'n
bennaeth Cyngor Diogelwch y Gogledd. Mae odrwydd theatrig
enwau'r cymeriadau'n cael ei ddwysáu gan rai o olygfeydd *weird*
y ddrama, nid lleiaf y ralïau pregethu diwygiadol gydag Elias
John yn ymddangos ar y llwyfan yn ei ŵn gwyn ac yntau, fel
consuriwr, yn camu allan o arch! Mae'n anodd ar y dechrau
cymryd dim o hyn o ddifrif nes i'r stori ddechrau gafael ac i'r
darllenydd sylweddoli fod gan yr awdur, er gwaethaf düwch y
gomedi arswyd, bethau pwysig i'w dweud.

Y delfryd i Pennar o hyd yw cydweithio â Duw er mwyn
prysuro dyfodiad ei Deyrnas a fydd yn trawsffurfio cyflwr
alaethus y byd hwn a'r gymdeithas gyfoes. Nid rhywbeth
goddefol, preifat mo crefydd iddo, ond pŵer gweithredol a
chanddo oblygiadau cymdeithasol a pholiticaidd amlwg:
'Ymddisgyblaeth, ymgysegriad, ymroddiad llwyr i waith yr
Arglwydd – dyma a ddisgwylir gan y sawl a fo'n perthyn i Iesu
Grist'.[89] Dyma graidd ei gydymdeimlad â Phelagiaeth a'i wrth-
wynebiad i Awstiniaeth, Calfiniaeth a neo-uniongrededd Emil
Brunner a Reinhold Niebuhr. Trwy bwysleisio sofraniaeth Duw
a'i arfaeth, tuedd y diwinyddiaethau hyn (yn ei dyb) oedd
esgeuluso dyn rhag chwarae ei ran i hwyluso dyfodiad y
Deyrnas ac felly gyfiawnhau'r *status quo*. Yn y Gymru fydd
dotalitaraidd a gormesol, opiwm oedd crefydd, yn arf yn
nwylo'r llywodraeth i fygu'r nwyf radicalaidd ac ysbryd gwrth-
ryfel ymhlith y werin. Elias John – sy'n cael ei fodelu'n rhannol
ar yr efengylydd Americanaidd Billy Graham a gafodd y fath
lwyddiant yn ei ymgyrch yn Harringey, Llundain, yn 1955 –
sy'n cynrychioli i Pennar bopeth sy'n wrthun yn y grefydd
oddefol, bietistig, efengyl-llyd. Yn ôl Huw Hedyn Hywel roedd
y 'mesmereiddwyr efengylaidd poblogaidd . . . yn chwain ar
gorff cymdeithas' am iddynt droi her radicalaidd Crist yn gyffur
arallfydol. Os ffieiddiodd Huw Hywel 'yr efengylwyr "hen-
ffasiwn-newydd" a ddaeth i'r amlwg wedi'r Ail Ryfel Byd –
arweinwyr yr adwaith diwinyddol, proffwydi Baal y Gorllewin,
y pregethwyr a bregethai yn erbyn Fenws a Bachus ac a

ymgrymai (yn swil neu'n wynebgaled) gerbron eilunod anferth
Mamon a Moloch',[90] – tebyg oedd barn y Dr Pennar Davies, yr
ysgolhaig soffistigedig, am genhadu poblogaidd amrwd ac
anwleidyddol Billy Graham yn Harringey:

> Heidia cerbydau ar hyd y rheilffordd a'r ffordd fawr gan gludo
> ugeiniau ac ugeiniau o Gymry i weld mabolgampau ysbrydol rhyw
> arena yn Llundain a chrynu o dan lach y digofaint proffwydol sydd
> yn osgoi sôn am gamwedd cymdeithasol ac am wleidyddiaeth ryfelgar
> – y math o foesoldeb sydd yn ystyried plentyn anghyfreithlon yn fwy
> o warth ar y ddynoliaeth na'r bom a ddisgynnodd ar Hiroshima.[91]

Nid yw'r ymateb hwn yn amddifad o snobri deallusol y
diwinydd proffesiynol ond eto ceir awgrym y tu ôl iddo, ac y tu
ôl i'r darlun gwrthun-ddeniadol o Elias John, o ryw an-
esmwythyd apelgar, yr amheuaeth y gallai'r stranciau mwyaf
histrionig fod yn cuddio grymusterau ysbrydol diffuant y gellid,
o'u sianelu'n iawn, droi'n foddion iachawdwriaeth i'r bobl:
'Ceir gelyniaeth gynhenid yr awdur at y fath hysteria cnawdol
ynghymysg â'i ansicrwydd a'i barchedig ofn rhag bod yna
rywbeth mwy ar gerdded nag y gall ef ei feirniadu.'[92]

Os oes rhinwedd ym mywyd yr ysbryd, mae pechod ym
mywyd y cnawd. Caiff Pennar gryn sbri ar ddarlunio'r gwyrni
a'r llygredigaethau nad oedd disgwyl i brifathro coleg diwin-
yddol yn y 1950au syber wybod y peth lleiaf amdanynt. Rhan o
arswyd y Gymru fydd yw ei chnawdolrwydd di-ball ond yn
wahanol i hoen gorfoleddus y synhwyrau iach, cnawdolrwydd y
diafol yw hwn na chafodd ei sancteiddio gan na'r Ysbryd na'r
Gair. 'Y mae'n bur sicr bod diweirdeb priodasol mor brin ag
ympryd a gweddi ymhlith ei gefnogwyr a bod gwyrdroadau
rhywiol yn cael tragwyddol heol yn eu cylchoedd', meddai, tra
mai Elên de Porson sy'n darlunio'r puteindai swyddogol a gaiff
eu noddi gan lywodraethwyr y Gymru newydd.

> Darperid bob math o ysfa a gloddest rhywiol ynddynt ar gyfer
> llanciau a hen lanciau'r bendefigaeth newydd; câi pob gwyrdroad ac
> arbraw serchnwydol dragwyddol heol rhwng eu muriau; byddai'r
> cwsmeriaid yn talu'n ddrud am y fraint o ymdrybaeddu'n
> ddigywilydd ym mhob math o annisgyblaeth wenerol . . . Ac yr oedd
> Andrew de Porson yn symud fel tywysog pob trythyllwch yng

nghylchoedd y tafarndai, a gogwydd cryf ynddo at gelfyddydau'r
Marquis de Sade.[93]

Roedd Pennar eisoes wedi cyfaddef yn ei ddyddlyfr fod
'digwyddiadau rhywiol yn hanes pob un ohonom na allwn sôn
amdanynt wrth ein cyfeillion agosaf', ac o ran ei ddychymyg, os
nad o ran ei weithredoedd, 'ni all de Sade a Sadar-Masoch
ddweud dim newydd wrthyf'.[94] Ni wyddys beth a wnaeth
darllenwyr *Y Tyst* o hyn, ond o dan orchest disgrifio bordelaidd
y nofel, mynnai'r awdur drafod gweddau digon difrifol ar y
profiad dynol na fynnai gapelyddiaeth y cyfnod gyffwrdd â
hwy. Rhan o wendid Ymneilltuaeth oedd ei hamharodrwydd i
ymgodymu â phynciau fel y rhain, ond beth bynnag am yr
angen am onestrwydd rhywiol, credai Pennar mai trwy ddis-
gyblaeth yr Ysbryd yr unig y gellid dofi'r cnawd. Os oedd
hynny'n wir yn bersonol, roedd hi yr un mor wir yn boliticaidd
ac yn gymdeithasol. Roedd iachawdwriaeth eto'n bosibl a hynny
trwy adfywiad ysbrydol grymus ond i hynny fod yn adfywiad o'r
iawn ryw. 'Modes and methods change from age to age', meddai
mewn man arall, 'and the next revival will be different from
its predecessors. But the Power is the same, undiminished,
unconfined, inexhaustible'.[95] Nid dilorni diwygiaeth a wnâi
Pennar ond pledio'r achos am ddiwygiaeth greadigol, iach.

Cysyllta Pennar hyn â'i syniad am y meseia. Fel y dyheai
cenedl Israel gynt am ddyfodiad Gwas yr Arglwydd, felly hefyd
y dyheai'r Gymru fydd am eni'r mab darogan a fyddai'n
cychwyn ac ymgorffori'r Oes Newydd. Thema gyson yng
ngwaith Pennar yw meseianaeth: mae'n ganolog yn ei nofel
Meibion Darogan (1968) ac yn ei ddehongliad unigryw o Iesu o
Nasareth yn ei gyfrol ddiwinyddol *Y Brenin Alltud* (1974). Fel
mae Ioan Fedyddiwr yn baratoad ar gyfer Iesu, felly mae Elias
John yn y nofel hon yn baratoad at y mab disgwyliedig a fydd
yn fwy nag ef: 'Mi garwn ysgrifennu hanes Arthur Morgan, ond
rhaid yw dechrau trwy roi darlun o yrfa ryfedd Elias John.'[96] Bu
rhaid i ddarllenwyr y Gymru real aros tan *Mabinogi Mwys*
(1979) a *Gwas y Gwaredwr* (1991) i ddilyn helynt yr Arthur hwn
a sylweddoli fod *Anadl o'r Uchelder* y gyntaf mewn cyfres o
nofelau a fyddai'n mynd ag anturiaeth y Gymru newydd i'w
phen draw eithaf. Ond yn 1958 mae'r disgwyliad am y meseia yn
un â'r dyhead am ddiwygiad crefyddol:

Effeithiodd hyn yn hynod iawn ar y Mudiad Gweddi mewn nifer o'r capeli; wrth weddïo am ddeffroad Cristionogol dechreuodd cryn nifer o'r gweddïwyr erfyn ar Dduw anfon arweinydd i Gymru. Ni ellid sicrwydd weithiau ai rhyw Owain Glyndŵr ai rhyw Evan Roberts ai rhyw gyfuniad o'r ddau oedd ym meddwl y gweddïwyr . . . Bu hyn yn symbyliad i lawer weddïo'n daerach ac yn fwy agored am ddyfodiad un a allai uno a rhyddhau Cymru, a chredai rhai y byddai hyn yn foddion cychwyn oes newydd i Anglosacsonia a'r Gorllewin oll a'r byd.[97]

Craidd drama'r nofel yw tröedigaeth Elias John o fod yn efengylydd pietistig, anwleidyddol sydd â'i weinidogaeth yn cael ei noddi gan yr awdurdodau, i fod yn ddiwygiwr cymdeithasol eirias sy'n cyfuno egnïon yr adfywiad ysbrydol â neges radical-aidd sy'n tanseilio'r gyfundrefn lywodraethol. Caiff holl baraffernalia allanol yr ymgyrchoedd cenhadol eu cadw ond eu troi bellach yn arf yn erbyn yr ormes wleidyddol. 'Pregethodd Elias John y noson honno'n hynod afaelgar, a chodi yn y diwedd i'r fath uchelderau o ddigofaint dychrynllyd nes bwrw'r gynulleidfa i ryw barlys o ofn ac o gywilydd.'[98] A dyma, i Pennar, gyfrinach ac arwriaeth pob pregethu mawr, sef argyhoeddi'r gydwybod o'r pechod sydd ynghlwm yn y gyfun-drefn yn ogystal ag yn yr enaid unigol. 'Bu pawb a fu mewn cyffyrddiad ag ef yn ystod y misoedd hynny yn unfryd eu tystiolaeth na fu dim tebyg yng Nghymru er amser y Diwygiad Methodistaidd', medd y nofelydd, gan fynd wedyn gam ymhellach: 'Mae'n debyg na chlywyd pregethu dewrach er adeg y Diwygiad Protestannaidd'![99] Cynhyrchu math newydd o dröedigion a wnaeth yr adfywiad hwn, rhai sylweddol, deallgar a chanddynt gydwybod gymdeithasol, 'yr oedd natur yr ymateb yn hollol wahanol i'r teimladusrwydd ffuantus fuasai mor gyffredin mewn ymgyrchoedd crefyddol llwyddiannus'.[100] Dyma ddiwygiad crefyddol y gallai diwinydd radicalaidd o genedlaetholwr ei arddel heb orfod ymddiheuro i neb!

Beth a ellid ei ddweud am y nofel ryfedd hon? Byddai ei gwendidau yn ddigon i godi cywilydd ar lenor llai sicr ei amcan na Pennar Davies. Gyda'i hodrwydd yn fynych yn troi'n bisâr, mae difrifoldeb ei deunydd mewn perygl o gael ei orchuddio gan haen drwchus o gomedi anfwriadol. Er iddi gael ei llunio pan oedd y Rhyfel Oer ar ei anterth, prin fod y darlun o ormes wladwriaethol yn argyhoeddi; ni cheir yma'r ymdeimlad o fygythiad arswydus sydd mor effeithiol yn *Nineteen Eighty-Four* George Orwell, er enghraifft. A dweud y gwir mae fel petai Huw Hywel a'i ffrindiau'n byw bywyd digon difyrrus a rhydd er gwaethaf y sôn am ewthanasia gorfodol, arbrofion ar y byw, ysbytai-garcharau'r gyfundrefn hollbwerus a pherygl y gyflafan olaf rhwng Anglosacsonia a'r elyn-wladwriaeth enfawr y tu hwnt i'r 'Llen Strontiwm'. Doniol yn hytrach na difrifol yw'r cyfeiriadau at lygredigaethau rhywiol y dihirod tra bo'r disgrifiad o rialtwch hedonistig y wledd ym Mhlas Talgoed yn y bennod olaf, a Trwdi Gutyn yn hawlio bywyd Elias John fel Salome'n hawlio pen Ioan Fedyddiwr, yn fwy o bantomeim nac o drasiedi.

Ond eto i gyd, mae angerdd yma ac ymgais i bortreadu cymeriadau diddorol a chymhleth eu gwead sy'n ymboeni am ystyr byw mewn byd technolegol a pheryglus. Dyma nofel sy'n datgelu holl ofnau a phryderon canol yr ugeinfed ganrif a hynny mewn gwedd Gymreig. 'Dr Pennar Davies finds a function for Welsh Nonconformity in the darkening years of possibly the last of the centuries', meddai Saunders Lewis gan adleisio gofid y cyfnod.[101] Nid dibwys mo'r cyfeiriad at grefydd oherwydd nofel Ymneilltuol yw hon sy'n deillio'n uniongyrchol o weledigaeth ddiwinyddol ei hawdur. 'Nid wyf yn siŵr i ba raddau y mae ef ei hun yn credu yn ei weledigaeth', meddai John Rowlands amdani.[102] Y gwir yw i Pennar gredu yn y weledigaeth a bortreedir yma i fwy graddau nag y sylweddolodd ei ddarllenwyr erioed. Ac yntau'n argyhoeddedig y gallai'r Cristion, trwy fyw bywyd o ufudd-dod ac ymroddiad, brysuro dyfodiad y Deyrnas a phrofi buddugoliaeth derfynol Duw, prif angen Cymru oedd cael tywalltiad nerthol o'r Ysbryd Glân er mwyn troi'r delfryd hwnnw'n ffaith. Fel Elias John, 'ni ddisgwyliai fuddugoliaeth fuan; ni ddisgwyliai fuddugoliaeth rwydd', ond eto roedd y broses wedi cychwyn a fyddai'n gweddnewid y greadigaeth gyfan:

> Credai ei fod ef, trwy ras anhygoel y Duw byw, wedi cael y fraint o gychwyn y cwrsweithrediad o ymddatodiad cynyddol yr oedd yn rhaid i wareiddiad dyn fynd trwyddo; credai fod gan Gymru ei rhan arbennig yn aeddfediad barn Duw ar y byd . . . fod athrylith grefyddol y Cymry'n offeryn yn llaw Rhagluniaeth i ryddhau Gair y Broffwydoliaeth, y Gair a fyddai'n tanseilio colofnau caer Anghrist;

credai mai gwaith yr Eglwys Atgyfodedig, y gweddill ffyddlon ymroddedig, oedd prysuro dinistr y gwareiddiad caethiwus, trachwantus, godinebus, pechadurus a oedd yn ffynnu'n fileinig ar y ddwy ochr i'r Llen Strontiwm. Y gwaith a roddasai'r Arfaeth iddo ef oedd . . . dechrau mudiad a fyddai'n ymledu o ranbarth i ranbarth ac o wlad i wlad ac o'r naill ochr i'r Llen Strontiwm i'r llall . . . 'Ni all neb fanylu ar y pwnc hwnnw . . . Ond yn sicr bydd yr Eglwys Atgyfodedig yn llawenhau ym muddugoliaeth Duw a'i Grist'.[103]

O'i throsi i ieithwedd llai nofelig, dyma'r rhaglen waith a osododd Pennar Davies iddo'i hun ac i'w gyd-Gristionogion yng nghanol yr ugeinfed ganrif o oes cred.

Y chwedegau a thu hwnt

Er mai llenor creadigol ydoedd o ran ei ddileit, hanesydd eglwysig ydoedd o ran ei broffes. O 1959 ymlaen cafodd barhau â'i waith academaidd nid yn Aberhonddu ond yn Abertawe, y man lle unwyd Coleg Aberhonddu â Choleg Presbyteraidd Caerfyrddin i greu Coleg Coffa yr Annibynwyr. Pennar a etholwyd yn brifathro'r sefydliad newydd ac yno y ganed Owain, y plentyn ieuengaf. Dehonglodd y gorffennol Cristionogol Cymreig, a'r gorffennol Ymneilltuol yn arbennig, mewn cyfres o erthyglau a llyfrynnau tua'r amser hwn. Crynhôdd ei ysgrifau ar hanes Piwritaniaeth ac Ymneilltuaeth y gororau yn y llyfryn sylweddol *Episodes in the History of Brecknockshire Dissent* (1959) tra ymddangosodd ei lyfryn Saesneg *John Penry* ddwy flynedd yn ddiweddarach. Golygodd y gyfrol *Rhyddid ac Undeb* yn 1963 er mwyn nodi trichanmlwyddiant Ymneilltuaeth yng Nghymru â'i ysgrif '1660–62: y cefndir a'r canlyniadau' ymhlith y praffaf ynddi. Yr un yw'r weledigaeth sy'n cynnal y tair: bod Ymneilltuaeth yn ffrwyth rhyddid sofran yr Ysbryd, bod yr Ysbryd hwnnw yn creu math arbennig o Gristionogaeth sy'n rhydd oddi wrth lyffetheirau hierarchiaeth, cyfundrefn a gwladwriaeth ac oherwydd ei radicaliaeth hanfodol yn her i ormes o bob math. Nid yw'n dehongli Ymneilltuaeth yn nhermau math arbennig o gredo (oherwydd Calfiniaid fu trwch Ymneilltuwyr Cymru hyd at yr ugeinfed ganrif o leiaf) ac ni ddywed fawr am le'r Beibl oddi mewn i'w threfn. Yn hytrach 'the cause of radical and free Christianity'[104] yw craidd y mudiad iddo ef. Yn wahanol i William Pearce, Thomas Richards, ei gyfaill Geoffrey F. Nuttall a'i gyfoeswr iau R. Tudur Jones, nid ymchwilydd mo Pennar yn yr ysgrifau hyn ond dehonglwr. Saif ar ysgwyddau haneswyr a fu o'i flaen gan saernïo athrawiaeth ramantaidd, radicalaidd ei naws, o'r defnyddiau sydd eisoes wrth law. 'His long article "Episodes in the history of Brecknockshire Dissent" is a little masterpiece', meddai Geoffrey Nuttall. 'Its broad sweep, mastery of the subject and organization of detail, and illustrations that illuminate, make it a model among local history studies, while its insights and reflectiveness carry the reader far beyond the immediate neighbourhood.'[105] Rhan o'i hapêl yw ei harddull Saesneg odidog a oedd, fel ei lawysgrifen, yn 'pellucid, innocent, scholarly', ac a welir hefyd ar ei glanaf yn ei lyfryn ar Penry. Rhan o'i bwrpas oedd dehongli un o arwyr y Cymry i'r Saeson a gwelir tuedd Pennar at ramantu'i bwnc trwy iddo fynnu, yn groes i'r consenswis academaidd, mai Penry oedd Martin Marprelate, y pamffledwr Elisabethaidd dychanus a thafotddrwg. Prin fod hyn yn argyhoeddi o ran hanesyddiaeth, ond ychwanegai at swyn a chyfaredd ei destun. Gwladgarwr dewr o lenor oedd y Penry hwn, yn arwrol ddelfrytgar a fu farw yn rhy ifanc o lawer dros Gymru ac a oedd yn Anghydffurfiwr o fri: 'He died as one who dared to question the credentials of those who held sway in the state controlled church.'[106]

Nid hanes Ymneilltuaeth oedd yr unig faes iddo ymddiddori ynddo fel y gwelir yn ei gyfrol uchelgeisiol *Rhwng Chwedl a Chredo* (1966). 'Ailystyried rhai agweddau ar ein llên a'n hanes o'r safbwynt diwinyddol' yw ei amcan yno, ac olrhain 'yr ymdoddi a fu rhwng y baganiaeth Frythoneg a'r Gristionogaeth ymhlith yr hen Gymry'.[107] Cyn bod sôn am Ysbrydoledd Geltaidd a ffasiynau o'r fath, dyma gyfrol sy'n gafael mewn themâu Celtaidd ac yn rhoi tro tra Phennaraidd yn eu cynffon. Daw'r holl fotifau y daethom yn gyfarwydd â hwy yn ei weithiau cynharach i'r golwg yma megis unoliaeth waelodol bywyd, meseianaeth, Pelagiaeth ac yn y blaen. Wedi darlunio tarddiad y Celtiaid a thwf y Brythoniaid, tywys ni trwy ddrysni'r pantheon Celtaidd gan fynegi sut y gadawodd y duwiau eu hôl ar chwedlau'r Oesoedd Canol. Mae'n dadelfennu natur derwyddaeth yn enwedig y syniad o metempsychosis neu *carma* fel yng nghrefyddau'r Dwyrain: 'Ni ellir osgoi'r casgliad fod yr hen Geltiaid yn ymglywed ag ymarllwys bywyd o'r naill lestr i'r llall ac ag unoliaeth hanfodol bywyd lle bynnag y bo',[108] tra myn fod ein Cristionogaeth gyntefig yn drindodaidd, yn gyfannol ac yn optimistig ynghylch tynged dyn am fod y Celtiaid eisoes wedi paratoi'r ffordd gyda'u crefyddolder triphlyg ('weithiau dangosir Cernunnos a thri phen ganddo'),[109] pantheistig a moesegol ddifrifol. Ys dywed mewn paragraff gordechnegol, braidd:

> Hwyrach na fyddwn ymhell o'n lle os crynhown ein casgliadau a dweud fod Cristionogaeth y Brytaniaid, felly, yn Drindodaidd, yn wrth-Ariaidd, gyda thuedd at Sabeliaeth; ac ar yr un pryd yn wrth-ddeuolaidd, yn wrth-Gnostig, yn wrth-Fanicheaidd – ac yn naturiol, cyn pen llawer o amser, yn wrth-Awstinaidd, gyda thuedd at Belag-iaeth. Cawn beth cadarnhad i hyn yn llenyddiaeth Gymraeg yr oesoedd cynnar a chanol.[110]

Yr arwr mawr eto yw Pelagius sy'n crynhoi, i Pennar, pob rhinwedd diwinyddol ac a fynegodd athrylith grefyddol y Cymry cyn iddi gael ei llygru gan Awstiniaeth Rhufain a'r Galfiniaeth a ddaeth yn ei sgil. Hon oedd 'y ddiwinyddiaeth Frutanaidd' a fynnodd fod gras ymhlyg yn y greadigaeth a thrwy hynny yn galluogi dyn, trwy gyfrwng ei gyneddfau ei hun, i weithredu'n foesegol ac felly gyfrannu tuag at iachawdwriaeth ei fyd. Roedd hyd yn oed saint mawr y chweched ganrif megis Illtud a Dewi yn cyfranogi yn 'y pwyslais Cymreig' o arddel y Drindod ynghyd ag iachawdwriaeth foesegol ei naws tra bod trwch y dystiolaeth a gaed yng ngherddi'r cynfeirdd a'r gogyn-feirdd heb sôn am ryddiaith yr Oesoedd Canol a'r chwedlau yn pwyntio i'r un man; wele'r 'hen ddiwinyddiaeth Gymreig gyda'i phwyslais ar y Creu ac ar yr Achub fel rhan o wead y Creu'.[111]

Cyfrol orfentrus a gorfeiddgar yw *Rhwng Chwedl a Chredo* sy'n dioddef oddi wrth yr hyn a alwodd J. E. Caerwyn Williams mewn adolygiad yn 'the dangers of discoursing easily on difficult matters and offering concise conclusions from inevident evidence'.[112] Fe'i beirniadwyd yn annodweddiadol hallt ganddo ar gyfrif ei hymdriniaeth gafalîr â hanes a tharddiad y Celtiaid ac â natur eu crefydd. Aeth yr Awstinydd diedifar Bobi Jones i'r afael ag ef ar gyfrif ei Belagiaeth frwd: 'Tuedda'r Prifathro i beidio â gweld Awstiniaeth lle y mae'n amlwg, a chais yn ddiwyd weld Pelagiaeth lle nas ceir.'[113] Nid oes amheuaeth fod y feirniadaeth hon yn llygad ei lle nid yn gymaint am fod swmp ein llenyddiaeth yn dechnegol Awstinaidd fel y cyfryw, ond am ei bod ar briffordd uniongrededd Eglwys y Gorllewin. Nid ffrwyth Pelagiaeth mo'r pwyslais ar y creu a gwyddai disgyblion Awstin hefyd am yr alwad i ymateb i'r gras a oedd yn trawsffurfio natur yn ogystal â'i hachub. Ond dilyn ei drywydd ei hun a wna Pennar yn orfoleddus ddi-hid o'r anawsterau a oedd o'i flaen. Nid nad yw'r gyfrol, yn ei ffordd ei hun, yn dangos cryn gamp. Pwy arall a fyddai'n cyfuno disgyblaethau'r archaeolegydd a'r hanesydd, y diwinydd a'r beirniad llenyddol, y dehonglwr chwedlau a'r llenor creadigol a lwyddo, i raddau, i greu ohonynt undod crwn. Nid oes amheuaeth fod ganddo feistrolaeth dechnegol ar lawer pwnc er bod ei ddehongliad braidd yn ecsentrig.

Yr un dehongliad o'n gorffennol Cristionogol a geir yn ei ysgrif odidog 'The fire in the thatch' (1970) sy'n cyfuno'i ddealltwriaeth Belagio-Geltaidd â'i radicaliaeth Anghydffurfiol gyda chryn *panache*. Myn fod gan y Cymry eu hathrylith crefyddol eu hunain nad oedd yn ddyledus i Rufain na Chaer-gaint nac Awstin na neb, a roes bwyslais ar ryddid yr Ysbryd a hoywder y creu ac a fynnai, ar ei orau, gydweithio gydag egnïon y Duw trindodaidd er mwyn hwyluso dyfodiad y Deyrnas i blith plant dynion. Trwy adfer y weledigaeth ecwmenaidd hon y gellid cynnig arweiniad ysbrydol i Gymru drachefn:

> In a *koinonia* both free and united . . . the walls of partition between catholic sacramentalism, humanist ethicism and evangelical solafideism melt away: I see no reason why the universal priesthood of believers should not delight in colour, sound and symbol, or should not see Christ in one of the least of his brethren in the Third World. But to find the renewal without which our synods and assemblies cannot save us we must meet the *Iesu* who claimed nothing and gave all and who eludes all our systems and even the marvellous and marvelling hints towards a theology strewn over the New Testament itself. There is still none other name under heaven given among men.[114]

Mae'r cyfeiriad at yr Iesu diymhongar sy'n dianc rhag pob system diwinyddol, 'y Crist noeth', '"yr heliwr distaw", "yr herwr", "y Brenin Alltud"' y cafodd achos i sôn amdano eisoes mewn ysgrif a gyhoeddwyd yn 1970,[115] yn awgrymu'r ffordd roedd meddwl diwinyddol Pennar yn gweithio tua dechrau'r 1970au. Mae'r hen optimistiaeth ynghylch dyfodiad y Deyrnas yn pylu yn wyneb y seciwlariaeth ymosodol a ddaeth i'r golwg yn y 1960au, ac er iddo barhau i ddyheu am y dyfodiad hwnnw mewn hanes, mae ei eschatoleg erbyn hyn yn fwy swil. Mewn campwaith o ysgrif dreiddgar a gyhoeddwyd yn y gyfrol deyrnged i Nathaniel Micklem, ei hen brifathro o ddyddiau Coleg Mansfield, mae'n ailadrodd ei ffydd yng Nghrist fel Arglwydd y Deyrnas er bod yr amwysedd sy'n rhan o wead y gobaith Cristionogol bellach yn dod fwyfwy i'r amlwg. 'The hope lies not in the powers of mankind but in the promise of God', meddai, 'not in a city built by the resources of a self-sufficient humanity but in a city which is given to the saints by the Most High, not in a gradual advance towards perfection but in a victory won over sin'.[116] Rhwng y presennol a'r fuddugol-iaeth olaf roedd rhaid i'r Cristionogion cynharaf ddisgwyl teyrnasiad Anghrist a gorthrymder ac mewn byd a feddwodd ar dechnoleg angau, ni allai Cristionogion traean olaf yr ugeinfed ganrif ddisgwyl dim byd llai: 'The promise of a time of trib-ulation seems not ill-founded.'[117] Ceir mwy o realrwydd yn yr ysgrif hon nag mewn dim a luniodd o'r blaen a chaiff y nodyn hwnnw ei daro'n fwy mynych o hyn allan.[118]

Erbyn y cyfnod hwn roedd brwydr yr iaith yn cael ei hymladd o ddifrif a tho newydd o ieuenctid yn dechrau dod i'r amlwg yn rhengoedd Plaid Cymru ac yn enwedig yng Nghymdeithas yr Iaith. Bu Pennar yn flaenllaw yng ngweithgareddau Plaid Cymru ers blynyddoedd, yn olygydd *The Welsh Nation* rhwng 1949 a 1952 ac yn ymgeisydd seneddol yn etholaeth Llanelli yn 1964 a 1966. Cafodd gyfle yn y llyfryn *Gwerth Gristionogol yr Iaith Gymraeg* (1967) i fynegi'r ystyriaethau diwinyddol a fu'n sail i'w weithgarwch gwleidyddol ac ychydig flynyddoedd yn ddiweddarach esboniodd fel y deuai ei genedlaetholdeb a'i ddealltwriaeth o genhadaeth Iesu, gyrfa'r Apostol Paul a thyst-iolaeth yr eglwys fore ynghyd.[119] Ond mae bwrlwm newydd y cyfnod, a'i naws fwy seciwlaraidd a phrotestgar, i'w deimlo fwyaf yn ei anerchiad herfeiddiol o gadair Undeb yr Annibyn-wyr Cymraeg yn 1973 – 'Y Pethau Nid Ydynt'. Gofidiai yn fawr fod cynifer o'r Cymry brwdfrydig newydd bellach y tu allan i'r capeli ac y tu allan i afael Cristionogaeth yn gyfan gwbl a gwyddai mai ar Gristionogion llugoer y sefydliad Anghyd-ffurfiol yr oedd llawer o fai am hynny. Gofidiai yn fwy, felly, fod cymaint o broffeswyr wedi cefnu ar 'antur fawr y byd a ddaw' a 'her y gobaith eschatolegol' ac am 'y weledigaeth am fuddugoliaeth Mab y Dyn gan dderbyn y byd presennol, y byd fel y mae, y *status quo*'.[120] Galwad broffwydol ar i'w gydgrefyddwyr feithrin o'r newydd ymdeimlad â gobaith y Testament Newydd sydd ganddo a'r disgwyliad radicalaidd am lwyddiant y Deyrnas. 'Nid yn y gorffennol mae cyflawnder gogoniant Teyrnas Dduw',[121] meddai, ond yn y dyfodol. 'Credaf fod y disgwyliad a geir yn y Testament Newydd yn cynnwys y gwirionedd i'r Cristionogion cynnar ac i ninnau yn yr ugeinfed ganrif.'[122] Yr angen o hyd oedd 'gafael yn eiddgar yn y gobaith apocalyptig sydd yn rhan annatod o'n dinasyddiaeth dragwyddol'[123] a gweithredu ar ei sail. Nid na fydd hyn yn beth enbydus iawn, 'Nid oes neb ohonom a ŵyr beth a ddaw',[124] meddai. Byddai'r byd yn elyniaethus fel erioed, ac roedd pob argoel fod y caledi yn mynd i ddwysáu: 'Nid datblygiad esmwyth a chymharol ddidramgwydd a gynigir inni, ond ingoedd aberth ac argyfwng',[125] ac 'yn y cyfamser bydd yn rhaid inni fod yn barod i wynebu erledigaeth a chystudd'.[126] Ond dyna fraint plant y Deyrnas erioed hyd yn oed gydag Anghrist yn teyrnasu. 'Ein gwaith ni', meddai, 'trwy ras Duw ydy paratoi'r byd i weld gwireddu'r weledigaeth nefol, y nefoedd newydd a'r ddaear newydd'.[127] Roedd Pennar yn 62 oed pan draddododd yr anerchiad hwn o bulpud capel Ebeneser, Rhosllannerchrugog, yn ŵr parchus a chyfrifol ac yn hysbys ym myd crefydd a dysg trwy Loegr a Chymru. Mae'n anodd meddwl i ddim byd mwy terfysglyd gael ei draddodi o unrhyw bulpud ym Mhrydain ar y pryd. Ni sylweddolwyd eto gymaint o ddifrif oedd y pregethwr ynghylch mater ei bregeth a'r weledigaeth fawr a oedd ynghlwm â hi.

Y Brenin Alltud

Ar wahân i eschatoleg, daeth dwy thema i amlygrwydd mawr ym meddwl Pennar erbyn canol y 1970au, sef natur yr ysbrydolrwydd Cristionogol a hanfod Person Crist. Nid pynciau newydd oeddent iddo wrth reswm, ond roedd amgylchiadau'r cyfnod a chwrs datblygiad ei feddwl ei hun wedi peri iddo'u hystyried mewn goleuni newydd. Yn ei adolygiad o grefydd Cymru'r 1960au awgrymodd fel yr oedd rhaid i weddi ddod yn realiti profiadol ym mywydau cynulleidfaoedd yr eglwysi cyn y deuai unrhyw raen ar yr achos drachefn. 'Mae'r troi yn ôl yn golygu adnewyddu'r berthynas fywiol â'r Herwr hwn. Mae'n golygu gweddi . . . Mae gweddïo yn golygu byw – byw yn llawer iawn mwy angerddol nag yr ydym yn arfer byw.'[128] Ond gwyddai fel y troes gweddi yn hynod broblematig mewn byd a oedd â'i ragdybiaethau bellach yn drwyadl seciwlaraidd, ac mewn eglwys lle roedd hyd yn oed ei diwinyddion yn dweud fod 'Duw wedi marw' ac nid oedd fawr o obaith am ei atgyfodi drachefn.[129] Er gwaethaf radicaliaeth Pennar a'i gydymdeimlad â safbwyntiau ei gyfaill yr athronydd J. R. Jones ynghylch 'yr argyfwng gwacter ystyr', gallai fod yn ddigon miniog ei feirniadaeth ar rai o ddiwinyddion seciwlaraidd y cyfnod. 'Yn y ffasiwn seciwlaraidd a ddechreuodd gydio yn y chwedegau yr oedd mwy o duedd i sôn am secwlareiddio'r Gristnogaeth nag am Gristioneiddio'r byd', meddai.[130] 'I lawer o'r radicaliaid honedig heddiw y mae [radicaliaeth] yn golygu rhyw fath o gydymffurfio â'r oes fodern.'[131] Mae'n bwysig craffu ar y sylwadau hyn er mwyn deall union natur safbwynt Pennar; beth bynnag am yr hyn a fynnai ddweud am 'yr absen dwyfol' ac am y paradocs o Dduw yn ei bresenoli'i hun mewn absenoldeb, ni fynnai ddadgynhwyso'r ffydd mewn ymgais i fod yn dderbyniol yng ngolwg y byd.

Cafodd y motifau radicalaidd hyn eu mynegi ar eu mwyaf croyw yn y pwysicaf o'i gyfrolau diwinyddol *Y Brenin Alltud* (1974). Ar wahân i'r ysgrifau ar Waldo Williams a T. Gwynn Jones – sy'n tafoli eu gwaith mewn termau diwinyddol gymaint fyth ag yn ôl canonau beirniadaeth lenyddol – trafod gweddi, ysbrydolrwydd ac yn arbennig y *profiad* o adnabod Duw, a hefyd Gristoleg, sef natur Person Crist, a wneir. Ymdriniaeth fanwl a lled faith â chyfriniaeth yw'r ysgrif 'Yr Absen Ddwyfol' ac yn arbennig yr ymdeimlad o golli gafael ar Dduw neu 'nos ddu yr enaid'. Mae'r drafodaeth yn un ddysgedig iawn, yn cynnwys deunydd ysgrythurol fel Eseia 45, Salm 139 a Llyfr Job heb sôn am eiriau Iesu ar y groes, 'Fy Nuw, fy Nuw, paham y'm gadewaist?', ac yna drafodaeth ar syniadaeth rhes hir o feddylwyr o gyfnod y Tadau Eglwysig Cynnar hyd at ddiwinyddion

cyfoes. Crybwyllir, ymysg llawer o rai eraill, Clement o
Alexandria a Pseudo-Dionysius o'r cyfnod cynnar, Ioan Scotus
Erigena, Huw ac Ioan Sant Victor, Bonaventura, Meistr
Eckhart, Ruysbroeck, Tauler, Nicolas o Cusa a Catrin o Siena
o'r cyfnod canol, yna Protestaniaid amrywiol fel Luther, Jakob
Böhme, Morgan Llwyd, William Law, Thomas Traherne a
Williams Pantycelyn, Catholigion megis Teresa o Avila, Ioan y
Groes, Dom Awstin Baker, Blaise Pascal, Mme Guyon, ac yn
olaf meddylwyr modern fel Kierkegaard, Nietzche, Simone
Weil, Paul Van Buren, Thomas Altizer a J. R. Jones. Wedi
galw'r fath amrywiaeth gymysgliw o dystion ynghyd, myn
Pennar mai'r ymdeimlad o undod â Duw sydd wrth wraidd y
profiad cyfriniol a bod y profiad hwn yn agored i bawb a fyn
ymorol amdano. 'Yr un yn y bôn yw profiadau'r cyfrinwyr a
phob credadun addolgar arall', meddai. 'Nid yw'r perlesmeiriau
i gyd ond yn estyniadau ar brofiad cyffredin pawb a fu'n
myfyrio o ddifrif uwchben y gwahaniaeth rhwng llwydni a
breuder a salwineb ei gyflwr ei hun a gogoniant y Purdeb dilych-
win.'[132]

Ond nid peth hawdd mo ymchwil o'r fath, mae'n golygu edif-
eirwch, ymwacâd ac ymddisgyblaeth lem: 'Euogrwydd, cywil-
ydd, hunan-esgymundod, casáu dy drachwant a'th genfigen a'th
falchder dy hun, gwybod mai muriau carchar dy bechod sydd
rhyngot ti a'th Dduw – dyma Borth Cyfyng y mae'n rhaid i ti a
mi fynd trwyddo, a chyfres o byrth ydyw, yn ôl fy mhrofiad i.'[133]
Mae am y mwyaf o ymdrech yma, ymdrech sy'n nodweddu *via
purgativa* y traddodiad Catholig yn fwy o lawer nag ym-
ollyngdod gorfoleddus y traddodiad efengylaidd (sylwer mai
Böhme, Platoniaid Caer-grawnt, William Law a Traherne yw ei
hoff Brotestaniaid yn hytrach na'r Piwritaniaid a'r efengyl-
eiddwyr), a hyn, debygwn, sydd fwyaf cyfrifol am brudd-der a
gofid ysbrydol y traethiad – beth bynnag am ei astrusi.[134] Dod o
hyd i'r Duw a fyn gyfannu popeth yw amcan ysbrydol Pennar,
Duw'r creu a'r cadw sy'n waelod i bob dim ac yn ddiben popeth
oll a'r allwedd i'r dirgelwch hwnnw yw Crist: 'Wrth feddwl yn
arbennig am fywyd dyn', meddai, gan ddwyn ar gof ei
bererindod ei hun, 'deuthum i deimlo fod ei holl ystyr wedi ei
chrynhoi yn nrama ddigyffelyb antur Iesu o Nasareth'.[135]

A dyma sy'n clymu ei ddyhead am brofiad helaethach o Dduw
a'i ymchwil am Grist ynghyd, oherwydd nid yw'n gwbl glir, yn ôl

dealltwriaeth Pennar o'r Testament Newydd, beth yn union *oedd* antur ddigyffelyb Iesu o Nasareth. Yn wahanol i'r darlun o Grist a dynnwyd flynyddoedd ynghynt yn *Geiriau'r Iesu* a oedd yn seiliedig fwyaf ar ddilysrwydd hanesyddol yr efengylau cyfolwg, ac yn wahanol i'r darlun o Grist a geir yn epistolau Paul ac Efengyl Ioan, mae Iesu y gyfrol hon yn 'Frenin Diarwybod'.[136] 'Yn yr Ymgnawdoliad', meddai, 'mae'r Ymgnawdoledig yn aberthu nid ei briodoleddau ond ei hunan, ei hunaniaeth ddwyfol'.[137] Mae'n dilyn o hyn fod llawer cyfeiriad o eiddo Iesu lle mynegir yr hunaniaeth ddwyfol yn hanesyddol annilys ac yn mynegi barn nid Iesu ei hun ond barn yr eglwys fore (er enghraifft, Mathew 11:27, Luc 10:22, Mathew 7:21–2, Luc 13:22–30). Oherwydd mae Pennar yn hollol argyhoeddedig na honnodd Iesu erioed ddim byd amdano'i hun: 'Amlygir ei Dduwdod nid mewn ymhoniadau rhyfedd am awdurdod unigryw ei Berson ond yn ei ostyngeiddrwydd hollol ddihunangais.'[138] Roedd Iesu, felly, yn Waredwr mud: 'Nid ar honiadau tybiedig Iesu amdano'i hun y mae ei arbenigrwydd a'i awdurdod yn dibynnu, ond ar ei efengyl a'i weinidogaeth a'i aberth.'[139] Rhan o'i ogoniant oedd 'iddo ymwrthod â'r holl deitlau mawreddog y mae ffydd ei ddilynwyr a dwysbarch ei addolwyr wedi mynnu rhoi iddo'.[140] Roedd y Gwaredwr mud yn Waredwr noeth yn ogystal.

Gŵyr Pennar yn iawn yr hyn y mae'n ei wneud, ac fel y gallai hyn anesmwytho llawer iawn o Gristionogion traddodiadol. 'Fe welir fy mod yn barod', meddai, 'i fesur a phwyso tystiolaeth yr Efengylau i chwilio am eiriau dilys Iesu o Nasareth'.[141] Ond yn ôl ei argyhoeddiad ei hun nid oedd dim dewis ganddo ond parhau â'r dasg: 'Y dasg fawr a chymhleth sydd o flaen efrydwyr yr efengylau heddiw yw gwahaniaethu'n fanwl rhwng y deunydd sydd yn ffurfianwaith yr Eglwys wedi'r Pentecost a'r deunydd sydd yn tarddu, yn ddigamsyniol . . . allan o waith Iesu ei hun.'[142] A'r llinyn mesur, yn ôl Pennar, yw'r honiadau dwyfol. Pan na honna Iesu ddim iddo'i hunan, fel yn ei ateb i'r gŵr ifanc goludog yn Efengyl Marc 10:17–18, dyna brawf o ddilysrwydd yr ymadrodd ysgrythurol; pan honna Iesu rywbeth o'r fath, dyna brawf o'i annilysrwydd. Ymhlith y teitlau na fynnodd Iesu eu defnyddio amdano'i hun oedd 'Mab Duw', 'Arglwydd', a 'Mab y Dyn'. Fel yr ysgolheigion Wilhelm Wrede a Rudolf Bultmann, ni chred fod Iesu'n ei weld ei hun fel

Meseia: 'Ni fynnai ymhonni'n Feseia o gwbl, nac yn gyhoeddus nac ymhlith ei ddisgyblion nac yn ei ymwybod ei hun.'[143] Teitl milwrol ydoedd, ac un y mynnai eraill, Pedr yn arbennig, ei briodoli iddo. Er iddo gyhoeddi teyrnas feseianaidd, nid ef oedd y Meseia. Peth torfol, diwethafol oedd y Meseia, cymdeithas ac nid unigolyn: 'Ni hawliai mai efe ei hun oedd y Meseia. Pobl Dduw oedd y gwir Feseia iddo ef . . . yr Israel Eneiniog yn arwain y cenhedloedd i gyweithas y ddynoliaeth newydd.'[144] Ni fynnai ei alw ei hun nac yn 'Arglwydd' nac yn 'was' ychwaith: 'Yr oedd yn bwysicach ganddo fod pobl yn ymroddi i fywyd y deyrnas na'u bod yn dangos y parch mwyaf cymhedrol ato ef.'[145] Yn sail i'r haeriad hwn ceir Luc 6:46. 'Fe roddai Iesu ei hun i fod yn "was i bawb", heb honni dim hyd yn oed yn ei fyfyrdod mewnol mai efe oedd *y* Gwas. Ei unig gymhelliad oedd gwneuthur gwaith y Tydi a adwaenai'n Dad.'[146] I Pennar cyfystyron oedd Meseia a 'Mab y Dyn', ac felly ni hawliai'r naill deitl na'r llall, ac er bod grymusterau'r oes a ddaw ar waith yn ei weinidogaeth, 'ni welaf ddim tystiolaeth gredadwy fod Iesu wedi hawlio safle eschatolegol iddo ei hun hyd yn oed fel proffwyd . . . Ni fynnai Iesu unrhyw urddas na safle arbennig yng nghynllun eschatolegol Duw.'[147] Mae Pennar yn crynhoi cenhadaeth Iesu'r brenin diarwybod fel hyn:

Cenhadaeth Iesu oedd galw'r Iddewon i'r Efengyl a thrwy hynny greu'r Israel newydd a fyddai'n gnewyllyn Teyrnas Dduw a'i saint. Yr oedd nerth y Deyrnas yn bresennol eisoes yn holl rymusterau'r Ysbryd. Y nod oedd y ddynoliaeth newydd yn y Duw sydd yn Ysbryd Glân. Daeth arwyddluniaeth y seithfed bennod o Lyfr Daniel â'r hen ymadrodd 'Mab y Dyn' yn gyfrwng cymeradwy i draethu gobaith Iesu.[148]

Ond nid Iesu oedd 'Mab y Dyn'; yn hytrach y gymdeithas feseianaidd, pobl yr Arglwydd, Israel newydd Duw oedd hwnnw ac nid ef ei hun. Am yr Iesu hwn nad oedd, yn ôl ei honiad ei hun, nac yn Fab Duw nac yn Fab y Dyn, nac yn Arglwydd nac yn was, nac yn Feseia nac yn broffwyd y Diwedd: 'Wele'r Brenin na hawlia ddim: y Brenin Diarwybod.'[149] Thesis canolog Pennar Davies yn *Y Brenin Alltud* yw hyn: 'Di-sail yw pob diwinyddiaeth a bwysa ar honiadau Iesu amdano'i hun, canys ni hawliai ddim byd. Fe'i dibrisiodd ei hun mewn ystyr fwy eithafol nag y mentrodd diwinyddiaeth gydnabod.' Pwy, felly, yw'r Iesu hwn? 'Y cydfarwolyn noethlymun hwn – efe yw Gwaredwr y byd.'[150]

Prin fod rhaid dweud fod safbwynt Pennar yn un pur unigryw yn hanes yr athrawiaeth Gristionogol yng Nghymru ac, hyd y gwn i, ymhobman arall hefyd. Mae'n eithriadol oddrychol, gan grwydro ymhell bell dros y ffin i dir mympwyedd. Cyfeddyf ef hyn ei hun: 'Gallant oll [sef ei feirniaid] gytuno mai mympwyol hollol yw fy nelwedd o'm Hiesu.'[151] Ond eto mae'r peth yn eithriadol bwysig iddo am mai dyma'r union gysylltiad rhwng ei ddyhead am brofiad helaethach o Dduw a'i ddealltwriaeth bersonol o 'ddrama ddigyffelyb antur Iesu o Nasareth'. 'Rhaid i mi dystio fy mod i, *yn y profiad hwn o'r Atgyfodedig*', meddai, 'yn methu'n lân â chlywed ei lais yn hawlio dim iddo ei hunan, dim teitl, dim anrhydedd, dim safle arbennig, dim gorsedd mewn tragwyddoldeb', dim byd.[152] Ei brofiad ysbrydol ei hun sy'n penderfynu yr hyn sy'n ddilys a'r hyn sy'n annilys ynglŷn ag Iesu'r Testament Newydd. Mae'n camu y tu ôl i'r datguddiad apostolaidd o Grist er mwyn darganfod Iesu sy'n ffrwyth ei dybiaeth ei hun. A pha fath Iesu yw hwnnw? Iesu'r cyfaill bid siŵr, yr Iesu glân a dibechod yn ddiau, Iesu sy'n symbol o bresenoldeb Duw ymhlith plant dynion, ond nid yr Iesu sy'n sefyll yng nghysgod uffern a marwolaeth gan gymryd y farn sanctaidd arno'i hun er mwyn gwaredu'i bobl o ddistryw. Ac fel y dywedodd Karl Barth am Gristoleg Schleiermacher, 'Ai *Crist* yw'r Crist hwn, y Crist sy'n ddatguddiad o *Dduw*?'[153] Er gwaethaf natur drawiadol y portread, nid dyma Grist y dystiolaeth apostolaidd na'r Crist a fu'n sylfaen ffydd yr eglwys ar hyd y canrifoedd.

Ond eto ni wiw gwadu difrifoldeb ei ymchwil na realaeth ei brofiad ysbrydol ychwaith.

Mae pob dyn sy'n anfodlon arno ei hun yn profi cyfnodau o ddiffrwythdra a chywilydd a all ymylu ar anobaith ac ni bu prinder cyfnodau o'r fath yn fy mhrofiad i. Ond . . . gwn beth yw cael catharsis dirboenus-hyfrydlon trwy feddwl am yr Iesu hanesyddol a dychmygu ei agosrwydd fel cyfoeswr a chydymaith a chyfaill i mi. Daliaf i gredu yng ngwerth dihafal y math yma o gymuno . . . Fy mhrofiad pendant a di-sigl i yw na all neb na dim gymryd lle yr Iesu hwnnw fel yr oedd yn ei gnawd ac yn ei oes ac yn ei wlad: efe i ni yw'r ffaith *gyfoes* greiddiol y mae'n rhaid i'r ddynol ryw ei hwynebu a'i rhyfeddu.[154]

Fel yn *Cudd Fy Meiau*, undod â Christ trwy gyfrwng y dychymyg a geir yma; ni phetrusaf i'w alw'n undod cyfriniol a gysylltodd yr awdur â'r hyn a alwodd yn 'ddirwedd y mae popeth hebddo yn peidio â bod'.[155] Ac fel mae'r Tad, yn ôl haeriad athrawiaeth y Drindod yn rhannu'n gyflawn yn sylwedd y Mab, mae undod cyfriniol â Christ yn golygu 'dod yn gyfranogion o'r natur ddwyfol' (2 Pedr 1:4). 'Aeth yn amhosibl imi bellach gael profiad bywiol, heriol, ymdrawiadol, dirfodol o "Dduw" heb ei adnabod yn Iesu'r saer a'r gennad a'r ymgyrchwr llon a'r drylliog anorchfygol ei dosturi',[156] meddai. Fwy nag unwaith yn *Y Brenin Alltud*, mewn paragraffau ar ddudalennau 152–3 a 176–7, er enghraifft, sy'n rhy hir i'w dyfynnu, y ceir ymgais Pennar i ddisgrifio ei brofiad o'r undeb cyfriniol hwn, a Pherson Crist sy'n allweddol ynddynt oll. Ef yw'r 'gŵr na allaf fyw hebddo':

> Daw Iesu ataf ymhob angerdd bywydol, ei anadliad a'i gyffyrddiad a'i dynerwch cadarn; ond yn y profiadau dwysaf ohono gwn fy mod yn syllu trwy ei lygaid ar ddirgelwch y Creu a'r Cadw, y Draul a'r Drefn, y Darfod a'r Dirfod, Orohïan y Briodas rhwng y Cyfan a'r Diddim y cenhedlir ynddi y bydoedd oll a'r holl eneidiau sydd.[157]

Tasg beirniad yw beirniadu ond rhaid gwneud hynny yn ofalus iawn ac yn llawn cydymdeimlad. Beth bynnag am ei fympwyedd, ei relatifiaeth a'i oddrychedd syniadol, dyma gyfraniad hynod wreiddiol i lenyddiaeth grefyddol Cymru'r ugeinfed ganrif a chyfraniad sy'n arwydd o ddifrifoldeb ysbrydol ei awdur yn ogystal.[158]

Y cynnyrch llenyddol diweddarach

Os fel yr uchod y datblygodd profiad a syniadaeth Pennar Davies yn ystod y 1960au a thu hwnt, trwy gyfrwng cerddi a straeon byrion a nofelau y cafodd ei weledigaeth ei mynegi. Gwelwyd erbyn hynny pa mor doreithiog oedd gweithgarwch y llenor hwn mewn gwirionedd. Ymddangosodd ei gyfrol o gerddi

Yr Efrydd o Lyn Cynon yn 1961. Ffrwyth awen y 1950au ydoedd mewn gwirionedd ac yn cynnwys y ddwy gerdd hir 'Heilyn ap Gwyn' yn seiliedig ar chwedl Branwen yn y Mabinogi, a'r gerdd a roes deitl i'r gyfrol, hithau'n seiliedig ar y faled o'r ail ganrif ar bymtheg 'Coed Glyn Cynon' a ddisgrifiai raib coedydd Morgannwg yn y cyfnod cyn-ddiwydiannol. Ynghyd â hyn ceir 'Caneuon Li, Bardd a Merthyr' a'u sawr oriental, ac ambell gân arall yn cynnwys y soned hudolus 'Cymru':

> Fy Nghymru wen, rhaid bod y Nef yn lân
>   Os yw'n rhagori ar dy lendid di . . .

Ond y gerdd fwyaf ystyrlawn gelfydd o'r cwbl yw 'Cathl i'r Almonwydden'. Yn gyforiog o gyfeiriadau beiblaidd, clasurol, llenyddol a chwedlonol, mae'n fynegiant hynod bwerus o ffydd Pennar yng ngrym adenedigol y gras dwyfol a symbolir yn y pren almon, 'y goeden eofn, lew, y pêr, balchlwythog bren'. Dyma'r pedwerydd o'i phum pennill:

> Och, Iesu, daw pob atgof am dy boenau
>   Fel alaw lawen i sirioli 'mryd,
> A'r drewdod erch a gododd at dy ffroenau
>   Fel peraroglau godidoca'r byd.
> Can's gwelais Sarff yn hyfryd ymgordeddu
>   O amgylch Pren y Bywyd uwch y lli
> A chlywais dy Golomen yn gwireddu
>   Â chân fytholwiw dy addewid di.
>   Do, gwelais almonwydden
>   A'i brig ymwthgar, braf a'i choron wen,
> Y goeden eofn, lew, y pêr, balchlwythog bren.[159]

Bobi Jones ac Alan Llwyd sydd wedi goleuo symbolau'r gerdd i ni a hwythau, ynghyd ag M. Wynn Thomas, sydd wedi cynnig y dadansoddiadau craffaf o'i chynnwys. Rhyngddynt y maent wedi dangos pa mor odidog yw'r gerdd hon a pha mor arwyddocaol oedd barddoniaeth Pennar yn ystod cyfnod canol ei yrfa.[160]

  Y dyddiad ar dudalen flaen *Carregl Nwyf* yw 1966 ond mae'r chwe stori fer sydd ynddi yn rhychwantu'r blynyddoedd cyn yr Ail Ryfel Byd, pan oedd Pennar yn fyfyriwr ym Mhrifysgol Iâl, hyd at ychydig fisoedd cyn cyhoeddi'r gyfrol yng nghanol y

1960au. Rhai cyfarwydd yw'r themâu sydd yma: serch, nwyd a chymhelliad yr ysbryd; athrawiaeth y Drindod (sy'n derbyn ymdriniaeth hynod greadigol ac effeithiol yn y stori ddechreuol 'Y Tri a'r Un'); a lle'r dychymyg yn y gwaith o ddod o hyd i'r sylweddau tragwyddol sydd y tu hwnt i bob profiad darfodedig. O'u darllen nid yw'n syndod i feirniaid o bwys fynnu mai storïwr byrion yn anad dim arall oedd eu hawdur.[161] Ddwy flynedd yn ddiweddarach ymddangosodd ei ail nofel a honno'n un dra difyrrus *Meibion Darogan*. Meseianaeth yw'r prif bwnc, ond yn wahanol i *Anadl o'r Uchelder* rhyw feseianaeth ffuantus, fursennaidd yw'r ffurf y mae'n ei chymryd yma. Mae'r nofel wedi'i llunio o gwmpas rhai o weithgareddau 'Cylch Cadwgan' a'i aelodau yng Nghwm Rhondda yn ystod blynyddoedd y rhyfel. 'Like all Pennar Davies's unconventional fiction', meddai M. Wynn Thomas amdani, '*Meibion Darogan* is a work of indeterminate genre and of enigmatic character'.[162] Mae'n nofel sydd wedi cyfareddu'r sylwebyddion ar hyd y blynyddoedd gyda'i hecsotigrwydd ecsentrig a'i natur chwareus, dafod-ym-moch. Mae'n amlwg nad yw ei hawdur, a bortreedir mewn gwahanol agweddau o'r pedwar prif gymeriad – yr actor-bregethwr Eurof Powel, y cerddor Edryd Simon, y nofelydd blaengar ac arbrofol Neddwyn Lewis (sy'n digwydd bod yn fyfyriwr diwinyddol), a'r dramodydd o ferch Senena Francis – yn ei gymryd ei hun yn ormod o ddifrif er bod y themâu, er gwaethaf y doniolwch, yn rhai yr oedd Pennar yn eu hystyried yn rhai pwysig dros ben. Fel y gyfrol o straeon byrion, dyma nofel a dâl ei hystyried eto; nid ar un darlleniad y mae'n ildio'r cyfan o'i chyfoeth.

Ymddangosodd cyfrol nesaf Pennar o farddoniaeth *Y Tlws yn y Lotws* yn 1971 ac ymhlith y 19 o gerddi sydd ynddi mae 'Y glas a'r gwyn' yn deillio o'i bryddest radio gynharach 'Gwyn ap Nudd'; mae 'Behemoth a'r Lefiathan' yn gerdd hir sy'n rhoi cyfle iddo draethu am fwystfileiddiwch a'r bywyd technolegol modern, tra bo llond dwrn o ganeuon, 'Dioscuri', 'Pan oeddwn fachgen', 'Celain Veinwen' a 'Pant pen y mynydd', yn mynd â ni yn ôl i Aberpennar ei fachgendod ac yn seiliedig ar brofiadau a gafodd yno. Traethu profiadau personol a wna 'Ger y dduallt', 'Ymdaro', 'Mewn hospiz yn München' a 'Serch' hefyd, er o gyfnod diweddarach yn ei fywyd. Dyfynnodd Bobi Jones y gân fyrlymus 'Y lloer' yn ei chrynswth yn ei werthfawrogiad o

gynnyrch y bardd[163] er mwyn dangos eto pa mor nodedig oedd
ei waith, ac mae hynny'n gadael y cerddi trawiadol 'Mi a fûm
gydag Ulysses', â'i chyfuniad o gyfeiriadau clasurol eang,
dychymyg hedegog a chrefftrwydd disgybledig, heb sôn am y
cerddi trychfilaidd rhyfedd 'Un o filwyr y brenin (*Termes
Nemorosus*)' a 'Chwilen y dom (*Geotrupes Stercorarius*)'. Yn
y ddwy gerdd agoriadol 'I Gymro ifanc' a 'Bod yn lotws' mae'n
gwneud defnydd helaeth o ddelweddaeth Hindŵaeth a chrefydd
Tibet ac yn eu cymhwyso at ei argyhoeddiadau ei hun. Nid
syncretistiaeth yw hyn: 'Wrth groesawu sumboliaeth y tlws
a'r lotws honnaf arbenigrwydd y newydd da Cristnogol',[164]
meddai, ac mae hynny'n amlwg iawn o'r cerddi. Mae'r lotws yn
symbol o'r crëwr Brahma tra bo'r tlws yn ei ganol yn arwyddo'r
nod y tu hwnt i bris a gyrchir ato trwy fyfyrdod a gweddi.
Nid yw'n annhebyg i'r trysor sydd wedi'i guddio mewn maes
neu'r perl gwerthfawr y sonia Iesu amdanynt yn ei ddamhegion
(Mathew 13:44–6), cyfoeth y Deyrnas y mae'n rhaid rhoi'r cwbl
er mwyn dod o hyd iddo, er nad yw'n golygu dim oll yng
ngolwg y byd. Er gwaethaf anghrediniaeth, materoliaeth a
bwystfileiddiwch yr oes, mae'r tlws eto'n bod ac o fewn
cyrraedd y sawl sy'n rhoi ei fryd ar ddod o hyd iddo.

> Ymwrolwn, ymgyrchwn
>   i dderbyn y tlws
> a chnawdiad y gair yn ein treftad a'n bro.
>   Drylliwn, chwilfriwiwn
>   yr aliwn allorau.
> Gyrrwn o dir sanctaidd Cystennin a Pheblig
>   y mamon anghyfiawn,
>   y moloch anghyfiaeth.
> Mynnwn Gymru'n Gymru, yn gymydog ac yn grist.
>   Dysgwn fyw yn ein henfro
>   yn ddigaeth ac [yn] ddigoll,
> yn ein rhial gynefin a'n hoff gynefinoedd.
>   Harneisiwn yr heuliau,
>   yr awelon a'r dyfroedd
> i uno llwythau dibriffordd ein cronell goll
>   yn ein hedd a'n rhyddid,
>   yn ein serch a'n sêl.[165]

Rhethreg yw hyn, ond rhethreg effeithiol serch hynny, sy'n

cyfuno'r ymchwil eneidiol, ysbrydol a gafwyd yn y penillion cynharaf â'r rhaglen waith a fu'n rhan o'i weledigaeth erioed. 'Mentraf ddweud', meddai'r beirniad Siân Megan, 'mai maniffesto i'w waith cyfan yw'r gerdd gyntaf yn y gyfrol hon o farddoniaeth'.[166]

Roedd y 1970au yn gyfnod cynhyrchiol, creadigol a chyffrous i Pennar, fel y gwelwyd yn barod. Yn gyfochrog â'i waith ysgolheigaidd a diwinyddol, cyhoeddodd yn 1971 ysgrif hunangofiannol werthfawr dros ben yn y symposiwm *Artists in Wales* ac yn 1976 ymddangosodd ei gofiant i'w gyfaill, ei gydheddychwr a'i gyd-Annibynnwr radicalaidd Gwynfor Evans. Ac yna, 21 mlynedd ar ôl cyhoeddi *Anadl o'r Uchelder* ac mewn byd a newidiasai'n ddirfawr iawn, ymddangosodd ei drydedd nofel sef *Mabinogi Mwys*. Cafwyd awgrym yn y nofel gyntaf y byddai eraill yn dilyn – 'Mi garwn ysgrifennu hanes Arthur Morgan, ond rhaid yw dechrau trwy roi darlun o yrfa ryfedd Elias John' oedd brawddeg agoriadol y nofel gynharaf – ond nid tan 1979, blwyddyn refferendwm cyntaf datganoli, y dechreuodd yr awdur gyflawni ei ddymuniad. Cefndir, genedigaeth a llencyndod Arthur a gafwyd yn y nofel hon, ac yna yn 1991, pan oedd Pennar bellach yn 80 oed, y cwblhawyd y stori gyda'r portread o weddill gyrfa Arthur yn y nofel olaf, *Gwas y Gwaredwr*. Erbyn hynny roedd Pennar wedi byw gyda'r cymeriadau am dros ddeugain mlynedd a hwythau wedi dod yn rhan o wead ei ddychymyg a'i fyd.

Mae *Mabinogi Mwys* yn nofel lawer mwy confensiynol na'i rhagflaenwyr. Gydag ugain mlynedd wedi pasio er 1958 a'r rheini'n cynnwys terfyn yr Ymerodraeth Brydeinig, ysictod y Rhyfel Oer, y 'swinging sixties', goresgyniad Prâg yn 1968 a diflastod Viet-nam, ac yng Nghymru 'Tynged yr Iaith', Cymdeithas yr Iaith, enillion Plaid Cymru yn San Steffan ac yn y blaen, toddasai dyfalu dyfodolaethol ffantastig yr *Anadl* i mewn i hanes diriaethol digon llwydaidd diwedd y 1970au. Nid oes dim sôn bellach am Anglosacsonia nac Andrew de Porson na Nahum D. Flewelling na gwersyll-garcharau yr ymerodraeth Eingl-Americanaidd holl-bwerus er bod argyfwng Cymru a brwydr yr iaith yn bethau digon byw. Mae Eifion Morgan yn athro ysgrythur yn nhref Ystradaeddan, ac mae gan Meinwen, ei wraig, obeithion mawr ar gyfer ei mab: 'Ni fynnai gynllunio bywyd Arthur . . . Ac eto yr oedd rhyw ddyhead yn ei mynwes y

byddai'n ymroddi i ymwared ei bobl rhag llygredd a gormes ac i
wared y byd rhag distryw'.[167] Dengys Eifion ei ddelfrydiaeth,
sy'n cynnwys dogn go helaeth o heddychiaeth Gristionogol a
chenedlaetholdeb Gymreig, trwy fynnu i'w fab gael ei eni nid yn
y dref Seisnigaidd ond yng nghefn gwlad Môn sydd eto'n rhan
o'r Fro Gymraeg. Mae cymeriadu y *Mabinogi* yn fwy celfydd a
chynnil na'r *Anadl* (a *Meibion Darogan*), mae'r ddelfrydiaeth
sy'n rhan hanfodol o'r ddrama yn llai llachar a'r nodyn realistig
yn llawer amlycach, ond eto mae'r arwriaeth a'r ffydd, y
teyrngarwch a'r gobaith a amlygir ym mywydau'r cymeriadau
o'r herwydd yn fwy credadwy. Nid nad yw Pennar wedi colli'r
ddawn i bortreadu cymeriadau tra lliwgar o hyd, fel y dengys y
darlun cofiadwy o Sychan Lefi, y gweinidog cant oed, a'r
portread campus o'r bardd-bregethwr patriarchaidd Crannog
Simmonds (sy'n od o debyg i realiti hanesyddol yr Arch-
dderwydd Elfed!) a'r darlun o'r manipwleiddiwr duwiol Paul
John (nid yw'n annhebyg i'r hyn a wyddom am y cymeriad
rhyfedd hwnnw Rees Howells, sylfaenydd Coleg Beiblaidd
Derwen Fawr nad oedd ymhell iawn o safle'r Coleg Coffa,
Abertawe, lle roedd Pennar ei hun yn brifathro).[168]

Prif bwnc y nofel unwaith yn rhagor yw meseianaeth neu'r
syniad o'r mab darogan, ac er bod y gwaith yn defnyddio'r
cynddelwau llenyddol clasurol-gyntefig gan gynnwys hanesion y
geni a phlentyndod Crist o'r Testament Newydd, mae'r defnydd
a wneir ohonynt yn gelfydd dros ben. Deuwn i adnabod Eifion
a Meinwen yn holl gymhlethdod eu dynoldeb brau, eu hofnau
a'u pryderon, eu disgwyliadau a'u breuddwydion, ac o'u
hadnabod ymserchu ynddynt a'u parchu'n fawr. Mae'r awdur
sy'n llefaru trwyddynt yn llai breuddwydiol-ddramatig na
chynt, ac yn fwy sobr o lawer. 'Rydym ni'n byw mewn oes y
mae bron yn amhosibl rhagweld y dyfodol', meddai Crannog.
'Pan own i'n fachgen roedd y dyfodol yn sicr ac yn ddeniadol
iawn. Ond does gen i nawr ddim syniad pa fath o fyd y bydd
eich crwt . . . yn gorfod ei wynebu wedi cyrraedd oedran gŵr.'[169]
Roedd eschatoleg apocalyptig y gweithiau cynharaf bellach
wedi'i dofi'n sylweddol. Ond mae'r gobaith am fyd gwell yn
parhau serch y cwbl, a'r un ffydd sy'n sbarduno'r cymeriadau ac
yn cynnig iddynt gysur. Caiff Arthur ei dawel-gysegru ar gyfer
rhyw dasg fawr waredigol, ac mae'r hen ddisgwyliad am
ddeffroad ysbrydol, er yn gynnil bellach, eto'n bod. 'Mae

amgylchiadau yn offerynau yn llaw'r Goruchaf', meddai Paul John. 'Gall dynion fod yn weision i'r Goruwchwiliwr mawr. Rydw i'n gwbwl argyhoeddedig fod Duw wedi sefydlu Dinas Noddfa i fod yn fagwrfa arweinwyr deffroad mawr blynydd-oedd olaf yr ugeinfed ganrif.'[170] Ac mae Arthur yn tyfu i fod yn ŵr ifanc cyfrifol a chall (llawer callach na phetai ef wedi ymddangos ar dudalennau *Anadl o'r Uchelder* neu *Meibion Darogan*), a magu argyhoeddiadau a fyddai'n gwbl briodol i lanc o Gristion o deulu da. Daw Arthur yn fwy na symbol o'r dyhead am Gymru Gristionogol, waraidd a rhydd, daw'n gymeriad sensitif a chredadwy yn ei rinwedd ei hun, ac mae'r amwysedd crefftus sy'n cloi'r nofel yn arwyddo'n deg 'gymhlethdod anferthol yr holl wae a oedd yn y byd'.[171] Dyma'r dwysaf, ac o bosibl y mwyaf gorffenedig, o bob un o'i nofelau.

Siomedig, mewn cymhariaeth, oedd ei nofel olaf, *Gwas y Gwaredwr* (1991). Bywyd, cenhadaeth a marwolaeth Arthur Morgan oedd ei thestun, a rhyw fath o *imitatione Christi* cyfoes ydyw gyda'r Arthur Crist-debyg yn ymgorfforiad o'r holl rinweddau a welwyd yn eu cyflawnder ym mherson y Gwaredwr ei hun. 'Nid awgrymir o gwbl mai rhyw ail Iesu yw Arthur', meddir. 'Un sy'n dilyn Iesu o Nasareth ydyw, ac yn dilyn yn addolgar. Ei anrhydedd uchaf yw cael bod yn was i'r Gwaredwr hwnnw a bod, yn angerdd ei wasanaeth, yn gyfrannog o'i aberth a'i obaith.'[172] Byth oddi ar ei weithiau diwinyddol cynharaf, bu Pennar yn amharod i orwahanu Iesu oddi wrth ei ddilynwyr; amwys oedd y ffin rhwng Crist a'r sawl oedd, trwy ffydd, ufudd-dod a'r undeb cyfriniol, yn ddisgyblion iddo. Ni fynnai ddehongli Crist yn y termau uniongred hynny a ddeilliai o Efengyl Ioan ('Yn y dechreuad yr oedd y Gair, a'r Gair oedd gyda Duw, a Duw oedd y Gair . . .') ac a grisialwyd yn y credoau Cristolegol cynnar; llawer gwell ganddo sôn am Iesu fel dyn a oedd wedi'i gyflawn feddiannu gan yr Ysbryd Glân a thrwy hynny yn ddwyfol ac yn wrthrych addoliad ei ddilynwyr. Mae cryn bellter rhwng y dehongliad hwn o Grist a'r un a dderbynnir gan yr eglwys yn draddodiadol. O gofio hynny *fe* awgrymir gan y nofel, a'i awgrymu'n bendant iawn, fod Arthur yn ym-gorfforiad cyfoes o'r Ysbryd dwyfol a gafwyd yn Iesu o Nasareth ac a geir ym mhawb a fyn godi ei groes beunydd er mwyn ei ddilyn. Yn ddiamau, rhyw fath o ail Iesu *yw* Arthur Morgan, y mab darogan a ystyrir gan ei ddilynwyr yn Feseia.

Os yw diwinyddiaeth ei nofel yn simsan, felly hefyd ei chynnwys ac, i raddau, ei gwead. Marcel Breton sy'n adrodd yr hanes ac yn bwrw golwg yn ôl i ryw gyfnod anhysbys ar gydiad diwedd yr ugeinfed ganrif a dechrau'r mileniwm newydd. Gan fod a wnelo'r hanes â gweinidogaeth gyhoeddus Arthur, mae Anglosacsonia wedi ailymddangos a holl ofnadwyaeth y Rhyfel Oer a'r Llen Strontiwm ac yn y blaen. Yr hyn a arbedodd ffantasi *Anadl o'r Uchelder* rhag troi'n ffars yn 1958 oedd difrifoldeb y cymeriadu (er gwaethaf y digrifwch arwynebol) a'r cyswllt dychmygol byw rhwng y Gymru a fu ar y pryd yn gyfoes a'r hyn a allai ddigwydd mewn byd a oedd yn byw dan fygythiad rhyfel niwclear a gormes totalitaraidd. Ond erbyn 1991 roedd y byd hwnnw wedi darfod. Syrthiodd totalitariaeth y Llen Strontiwm gyda chwymp Wal Berlin yn 1989 gan adael rhwydd hynt i gyfalafiaeth ryngwladol orchfygu, a bellach nid rhyfel niwclear oedd achos y gofid ond llygredd ecolegol, goblygiadau'r chwyldro technolegol a'r ystyriaethau oedd ynghlwm ag ideoleg ôl-foderniaeth. Ac yn bwysicach, o bosibl, o ran cenhadaeth Arthur Morgan a bydolwg Pennar Davies, roedd Ymneilltuaeth yn anhraethol wannach nag ydoedd yn y 1950au ac mewn llawer man i bob golwg yn darfod. Mewn geiriau eraill roedd y byd newydd wedi tanseilio credinedd y nofel hyd yn oed o ran dychymyg.

Gellid dadlau, wrth gwrs, fod y weledigaeth ysbrydol sy'n cynnal Pennar yn un dragwyddol ac oherwydd hynny yn annibynnol ar newidiadau tymhorol mewn amser a lle. Dyma'r 'weledigaeth a fuasai'n ysbrydiaeth i laweroedd o blant dynion trwy'r oesoedd, gweledigaeth dinas Duw, y Jerwsalem newydd, yn disgyn o'r nef oddi wrth Dduw Ei Hunan'.[173] Yn sicr dyma'r weledigaeth a ysbrydolodd Arthur a'i gyfeillion-ddilynwyr yn y nofel hon. Ond er mwyn bod yn effeithiol fel thema, mae gofyn iddi greu digon o densiwn creadigol a gwrthdaro realistig i gynnal y stori ar ei hyd. Ond yn anffodus nid dyna a geir yma. Sonnir am 'y drefn ormesol a chaethiwus y mae ei chofio hyd yn oed heddiw yn debyg i hunllef arswydus'[174] heb i ni deimlo fod dim byd yng ngwead y nofel sy'n ddigon dychrynllyd i godi arswyd ar neb. Yn sicr doedd dim byd yng nghenadwri ddidramgwydd Arthur hyd yn oed yn ei gwedd gymdeithasol – 'carwch eich gilydd' – a fyddai wedi tanseilio'r *status quo* gwladwriaethol ac arwain at ei lofruddiaeth. Prin fod y Meseia llednais hwn yn ddigon o fygythiad i gael ei groeshoelio gan neb. Caiff rhinweddau'r nofel – mae'r disgrifiad o fywyd teuluol Eidalaidd Marcel Breton yn y bennod agoriadol, er enghraifft, yn ddigon gafaelgar – eu handwyo gan y mynych ymsonau o natur athrawiaethol sy'n britho'r tudalennau tra bo'r potreadau o ing y cymeriadau unigol heb fod agos mor gelfydd ag yn *Mabinogi Mwys* nac ychwaith *Anadl o'r Uchelder* hyd yn oed. Mae apocalyptiaeth lachar y gweithiau cynnar yn ildio yn y pen draw i ddatblygiad hanesyddol digon confensiynol gyda'r da, yng ngwedd dilynwyr Arthur, yn gorchfygu'r drwg.

Y blynyddoedd olaf

Ar wahân i ysgrif hunangofiannol ddifyr o dan y teitl 'A Disservice to Welsh Scholarship' – sef sylw Griffith John Williams pan fynnodd Pennar, ac yntau'n fyfyriwr ifanc yng Nghaerdydd, ddewis Lladin a Saesneg yn hytrach na Chymraeg fel pwnc ei radd[175] – y nofel uchod oedd y peth olaf a gyhoeddodd. Roedd wedi ymddeol o'i swydd fel prifathro'r Coleg Coffa, Abertawe, yn 1981, a rhoes hyn y rhyddid gofynnol iddo gyfrannu ymhellach i'r bywyd llenyddol, crefyddol a gwleidyddol yng Nghymru. Roedd ef eisoes wedi'i ddirwyo'n drwm am y rhan a gymerodd ef, Dr Meredydd Evans a Ned Thomas yn yr ymgyrch i sicrhau sianel deledu Gymraeg pan dorasant i mewn i orsaf drosglwyddo Pencarreg yn yr hydref 1979. Dyma'r achlysur a barodd i Saunders Lewis yn ei henaint lunio cerdd gref ac annisgwyl o gyfarch i'r tri:

> . . . Ni chredais y gwelwn yr awr –
> Taflwyd carreg at gawr;
> Pendefigion ein Planed,
> Pennar, Meredydd a Ned.[176]

Roeddwn i ar y pryd yn fyfyriwr ymchwil mewn coleg diwinyddol yn Rhydychen a chofiaf mor fawr fu'r syndod, a'r ffieidd-dod, o glywed fod prifathro coleg diwinyddol yng Nghymru wedi cyflawni'r fath anfadwaith. Ofer oedd ceisio goleuo Saeson di-ddeall ynghylch dulliau a gwerthoedd cenedlaetholdeb di-drais na phledio arbenigrwydd un a fu, ddegawdau ynghynt, yn addurn ar golegau Balliol a Mansfield. Os negyddol oedd yr ymateb iddo o'r cyfeiriad hwnnw, roedd eraill yn dra gwerthfawrogol o swmp ei gyfraniad i'n crefydd a'n llên, a mynegwyd hynny yn y gyfrol deyrnged a gyhoeddwyd i nodi'i ymddeoliad yn 1981.[177] Mewn ysgrif olau a thra diddorol a gyhoeddwyd yr un flwyddyn, dychwelodd Pennar at bwnc nad oedd wedi ysgrifennu fawr arno er y 1960au, sef eglwysyddiaeth ac enwadaeth, a thynnodd wahaniaeth rhwng ei safbwynt ac eiddo R. Tudur Jones: 'Lle mae Prifathro Bala-Bangor yn "glasurydd", tueddaf i yn y cyswllt yma i fod yn dipyn o "ramantydd" a gweld Cynulleidfaoliaeth nid mewn trefn a thraddodiad ond yn rhyddid yr Ysbryd.'[178] Roedd y ffordd a ddatblygasai'r ddau goleg Annibynnol yn cynrychioli'r ddau bwyslais a fu'n rhan o wead Anghydffurfiaeth erioed. Os oedd Bala-Bangor Calfinaidd yn rhoi bri arbennig ar awdurdod y Gair, tueddai'r Coleg Coffa i uchelbrisio Arminiaeth os nad Pelagiaeth a gweld athrylith y traddodiad Annibynnol yn rhyddid sofran yr Ysbryd Glân.

Yn dilyn hyn daeth llyfr Saesneg ar E. Tegla Davies yn y gyfres 'Writers of Wales' (1983), yna erthygl yn dadansoddi dehongliad Martin Luther o awdurdod y Beibl, ac yn 1985 gyfrol arall o straeon byrion.[179] Mewn ysgrif deyrnged i R. Tudur Jones, rhannodd ei weledigaeth ynghylch natur hanesyddol y weinidogaeth Gristionogol a'i hanghenion cyfoes wrth i'r ganrif bellach ddechrau dirwyn i ben. Ni phallasai'r hen awydd ar i Gristionogion Cymru ymdrechu i hyrwyddo dyfodiad y Deyrnas yn eu plith:

> Oni ddylem weddïo, mewn oes o baratoi dinistr niwclear, am adfywiad o hen obaith y Cristionogion cynnar am ddiwedd y byd (1 Corinthian 15:24) a dyfodiad Teyrnas y Cariad Dwyfol yn ei holl gyflawnder? Nid diwedd niwclear a ragwelai Paul ond Crist yn 'dileu pob tywysogaeth a phob awdurdod a gallu' ac 'yn traddodi'r Deyrnas i Dduw'r Tad'.[180]

Ac yna, mewn traethiad rhagorol ar Ymneilltuaeth a'r traddodiad Methodistaidd, fe'i cawn ef yn taro nodyn uchel dros ben. Ar ôl dangos mor gadarn oedd ei afael ar fanylion hanesyddol Annibynia ddoe, sonia am sut y bu i'r Methodistiaid droi gobaith y Testament Newydd am ddyfodiad Dydd yr

Arglwydd ar y ddaear yn ddyhead arallfydol am y nef. Os anghymwynas oedd hyn o safbwynt goblygiadau cymdeithasol efengyl Iesu Grist, cymwynas fawr y Methodistiaid cynnar oedd rhoi i'w deiliaid brofiad ysgubol o'r Arglwydd ei hun. Onid dyma oedd yr angen o hyd?

> Gwyddom oll am Gristnogion ffyddlon ac ymroddedig sydd yn profi rhywbeth tebyg i arswyd wrth geisio dychmygu beth fydd cyflwr ein heglwysi erbyn ei diwedd [y ganrif]. Gwelsom Gristnogion yn beio ei gilydd – yr uniongred yn beio'r rhyddfrydig, y modernydd yn beio'r llythrenolwr, yr ecwmenydd yn beio'r enwadwr, y radical yn beio'r cyfaddawdwyr, y sêt fawr yn beio'r pulpud, a'r pulpud yn beio anfynychwyr y seti gweigion. Y prif reswm am yr argyfwng anferthol yn ein hoes ni ydyw fod dynion, yn cynnwys llawer hyd yn oed o'n capelwyr cyson, wedi mynd i addoli nid Duw ond gwyddoniaeth, technoleg, adloniant torfol, y wladwriaeth, holl dywysogaethau ac awdurdodau Mamon . . . Pa mor erchyll y mae'n rhaid i ing y ddynolryw fod cyn peri i'r bobloedd droi at ddyfroedd y Newyddion Da?[181]

Ac yna try'r dadansoddi hanesyddol yn fyfyrdod eneidiol. Cyfeirio y mae at Berson yr Arglwydd Iesu Grist: 'Y mae llawer ohonom wedi colli dagrau o hiraeth a gorfoledd wrth fyfyrio am ei harddwch a'i dynerwch a'i ffyddlondeb hyd angau a'i fuddugoliaeth yn yr angau a'i deyrnasiad hyd byth.'[182] Beth bynnag am yr elfennau gwamal yn ei gredo a mympwyedd ei ddeongliadau athrawiaethol, ni all neb amau dyfnder ei brofiad ysbrydol na diffuantrwydd ei gariad at Grist na chadernid diysgog ei ffydd ynddo. 'Iesu o Nasareth ydi Gwaredwr y byd . . . Ond hiraeth fy nghalon ydi cael bod yn was iddo.'[183]

O fwrw golwg ar fywyd a gwaith Pennar Davies rhaid casglu, er gwaethaf ei alluoedd eithriadol, ei ddoniau llachar a dyfnder ei ysbrydolrwydd, iddo beidio â chyflawni'r hyn y gallai fod wedi'i wneud petai ganddo ddiwinyddiaeth gadarnach, ffocws mwy pendant i'w weithgareddau a gwelediaeth grefyddol lai unigolyddol. Ni allai ffrwyno'i fynych ddiddordebau ac aeth ei egnïon ag ef rywfaint ar chwâl. Bu farw ar 29 Rhagfyr 1996 yn 85 oed wedi dioddef ers rhai blynyddoedd oddi wrth glefyd Alzheimer. Roedd hi'n golled drom i'w deulu ac i'w liaws gydnabod. Cydnabuwyd y pryd hynny fel y bu rhywbeth enigmatig amdano ar hyd ei yrfa. 'Ffenestr bwthyn mewn plasty helaeth ei bensaernïaeth a'i oludoedd ydi'r dyddiadur *Cudd Fy Meiau*, a hwyrach mai yno y deuwn agosaf at adnabod y Dr Pennar', meddai'r Parchedig F. M. Jones ac yntau wedi bod yn weinidog arno am flynyddoedd. 'Ond byddwn yn parhau i ddyfalu. A bydd yntau'n parhau i wenu arnom.'[184] Felly hefyd Geoffrey Nuttall, prif hanesydd Annibynwyr Lloegr.

> His personality was like no one else's. I could call it enigmatic . . . but I prefer to say *complexio oppositorum* . . . Discussion left me sure there was a strong unity in him, embracing the puzzling opposites. If only I could find it; but I never did . . .
>
> Dear Pennar, keeping us guessing . . . I hear his chuckle still.[185]

7

Gan Dduw mae'r gair olaf:
R. Tudur Jones (1921–1998)

'Pan gofiwn swm enfawr ac amlochredd gwaith Tudur Jones, diau y cesglir maes o law, wedi sefyll yn ôl, mai ef yw prif arweinydd meddyliol crefydd Cymru ers Thomas Charles a Thomas Jones (o Ddinbych), a chawr Protestaniaeth Cymru yn yr ugeinfed ganrif.'[1] Felly y tafolodd Bobi Jones gyfraniad Robert Jones arall, sef R. Tudur Jones, i fywyd a chrefydd Cymru'r ganrif honno ac wrth derfynu'n golwg ar rai o gedyrn y ganrif, mae'n anodd anghytuno â'r dyfarniad hwn. O ran hanes ac ysgolheictod, o ran llenydda a newyddiadura, o ran pregethu, annerch, gweinyddu a phwyllgora hyd yn oed, roedd ei gyfraniad yn aruthrol. Pwrpas y bennod hon yw mantoli'n annigonol iawn fywyd a gwaith un a oedd yn 'un o'n haneswyr pennaf' ac 'yn hanesydd Cristnogol o bwys – y mwyaf, yn wir, yn hanes ein cenedl'.[2]

Dechrau'r daith

Ganed Robert Tudor Jones yn y Tyddyn Gwyn, Rhos-lan, Cricieth, ar 28 Mehefin 1921 yn fab hynaf i John Thomas ac Elizabeth Jones. Roedd gwreiddiau'r teulu yn ddwfn ym mhridd Eifionydd ac yn ogystal â hyn roedd Ymneilltuaeth Annibynnol nid yn unig yn rhan o'u cynhysgaeth – roedd Siôn Wyn o Eifion ymhlith yr hynafiaid – ond yn argyhoeddiad bywiol ar yr aelwyd o hyd. Dylanwadodd Diwygiad 1904 yn fawr iawn ar John Thomas ac ar Elizabeth fel ei gilydd a chredodd y tad iddo gael ei arbed yn ystod gwallgofrwydd y Somme ar gyfer rhyw bwrpas neilltuol. Ymhen dim roedd y teulu wedi symud i'r Rhyl, i dŷ yn ymyl Pont y Foryd i ddechrau ac yna i gartref mwy ei faint yn Princes Street yn nes at ganol y dref. Erbyn hynny roedd gan Robert Tudor (nid tan ddyddiau coleg y troes 'Tudor' yn 'Tudur' yn swyddogol) frawd bach a

R. Tudur Jones,
gyda chaniatâd caredig Geraint Tudur a'r teulu.

chwaer, sef John Ifor a Meg, a'u tad yn gweithio ar y lein fel gard ar reilffordd yr LMS. 'Byw'n blaen . . . byw'n syml, byw o fewn lled gewin i dlodi' a wnaethant yn ôl atgof y mab hynaf, ond nid y tlodi materol ond y cyfoeth cymdeithasol a'r hapusrwydd teuluol a adawodd ei ôl fwyaf ar y plant.[3] Beth bynnag am farn pobl eraill am philistiaeth y Rhyl, arhosodd y lle yn annwyl iawn yng ngolwg Tudur ar hyd ei oes. Yn un peth, yno y cafodd brofiadau hudolaf ei blentyndod. Roedd gwylio llongau o Riga ac Antwerp yn dadlwytho ar gei y Foryd yn tanio dychymyg hogyn bach, ac roedd cael chwarae yn 'sgerbydau rhydlyd y cychod yn y tywod yn agor byd newydd iddo:

Capten llong oeddwn i gyntaf. Yr oeddwn yn gapten llong cyn bod yn chwech oed . . . Hen long pysgota un mast oedd hi. Yr oedd ei hesgeiriau wedi dechrau ymddatod a'r hwyliau'n gandryll ymhell cyn i mi ei nabod. Ond safai'r hwylbren yn dalog o hyd a phan fyddai gwynt cryf yn chwythu byddai byrddau'r dec o gwmpas ei fôn yn gwichian yn drist. Ysgerbwd oedd y whilws erbyn imi fynd yn gapten iddo . . . Gwyrth o long oedd hi. Erys ei henw yn fyw ar fy nghof o hyd – 'Murdo Mac'. Yr oedd yn uchel ar y dorlan ac wedi hen sadio yn y tywod . . . Er hynny, hwyliodd foroedd byd o dan ei chapten pump oed . . . Bu yn Lerpwl ac Istanbwl . . . Rhyfeddach na hynny, bu'r Murdo Mac ar fordaith unwaith i Gorwen. Yr oedd Mr Howells, Corwen, wedi bod yn pregethu yn ein capel ni ac wedi dweud dwy stori am y môr a thynnais y casgliad fod môr yng Nghorwen. Beth bynnag a ddywedai yr awdurdodau am hynny, hwyliais y Murdo Mac bob cam i Gorwen un diwrnod rhwng cinio a the. Mae Corwen ar ei golled yn ddirfawr o gael gwared o'i fôr![4]

Y ddau fyd a ddaeth ynghyd yn y Rhyl oedd y byd Saesneg a'i ganolbwynt yn ysgol Christ Church, a'r byd Cymraeg a'i ganolbwynt yn y cartref ac yn y capel. Carmel yr Annibynwyr oedd y capel a'r Parchedig T. Ogwen Griffith oedd y gweinidog, yn ŵr cadarn a ffraeth a'i dduwioldeb efengylaidd yn gweddu i'r dim ag ysbrydolrwydd y teulu. Er bod crefydd aelodau Carmel yn fwy lawer nag ymarfer cymdeithasol, 'ni ddechreuodd fy nhad ei ddiwrnod gwaith . . . heb ddarllen ei Feibl a chyfarch gorsedd gras ac ni noswyliai erioed heb wneud yr un peth',[5] roedd holl fwrlwm y gweithgareddau, yn gyfarfodydd canu ac adrodd, yn eisteddfod ac ysgol Sul, yn foddion cadarnhau

Cymreictod cynhenid y plant yn ogystal â'u defosiwn. Ac o'r dyddiau cynnar roedd galluoedd Tudur, a'i gof, yn destun syndod. Wrth holi'r plant am eu hadnodau yn yr oedfa fore Sul, 'byddai nhad yn cychwyn y pen arall rhag i'r lleill dorri'u calonne', meddai Eluned Ogwen Griffith, merch y gweinidog. Yna 'byddai Robert Tudur yn fynych yn adrodd salm sylweddol ei maint neu ran helaeth os nad yn wir bennod gyfan o'r Beibl'.[6] Byddai'i allu i adrodd darnau helaeth o'r Beibl cyn bod yn ddeng mlwydd oed yn rhyfeddod difyrrus i fyfyrwyr Coleg Clwyd, ysgol baratoi'r Methodistiaid Calfinaidd yn y dref, nad oedd neb ohonynt yn medru agos efelychu ei gamp. Trwy gydol ei blentyndod profodd tynerwch ei fam (a fu farw yn gwbl annisgwyl yn 1932 yn 44 oed), cadernid ei dad a chymdeithas aelwyd a chapel yn ddylanwadau ffurfiannol arno.

Yn 11 oed aeth Tudur ymlaen i Ysgol Ramadeg y Rhyl lle roedd T. I. Ellis, yntau'n lleygwr Anglicanaidd ac yn flaenllaw mewn cynifer o weddau ym mywyd cyhoeddus Cymru, yn brifathro. Bu'n ddyledus i fwy nag un o'i athrawon: Lewis Angell a ddysgai Gymraeg, S. M. Houghton, yr athro hanes ac arbenigwr ar weithiau Piwritaniaid Lloegr (ef a'i cymhellodd i ddarllen pregethau Charles Spurgeon nid er mwyn budd ei enaid yn unig ond er mwyn meistroli Saesneg clir ac idiomatig yn ogystal), ac Ellis ei hun a'i trwythodd yng nghyfrinion iaith a diwylliant Groeg. Tudur oedd yr unig un yn y dosbarth, a chyn gadael yr ysgol roedd Ellis ac yntau wedi darllen trwy'r Testament Newydd Groeg o glawr i glawr. Yn yr ysgol hefyd daeth i adnabod cyd-ddisgybl o Drelawnyd o'r enw Emyr Humphreys. Daeth y ddau yn genedlaetholwyr brwd a'u cefnogaeth i helynt llosgi'r Ysgol Fomio yn 1936 yn wyneb gwrthwynebiad o du'r bechgyn eraill, yn selio rhyngddynt gyfeillgarwch oes. Os tyfu a wnaeth ei Gymreictod a charlamu a wnaeth ei ddatblygiad academaidd, dwysaodd hefyd ei fywyd ysbrydol yn ystod y cyfnod hwn. Er na fyddai'n datgelu fawr ddim am ei ddeffroad crefyddol, cyfeiriodd Tudur o bryd i'w gilydd at ddylanwad pregeth o eiddo T. Glyn Thomas, Wrecsam, ac yntau ar y pryd yn weinidog capel Barratt's Grove, Llundain, a'r profiad a gafodd hefyd mewn ymgyrch efengylaidd yn y dref. 'Bymtheng mlynedd ar hugain yn ôl', ysgrifennodd yn 1974, euthum draw i Eglwys Crist, Abergele, i wrando rhyw bregethwr dieithr o Lundain. Hogyn ysgol oeddwn ar y pryd ac yn dechrau ymddiddori o ddifrif mewn Cristionogaeth. Ni wyddwn ddim am y pregethwr ond bod rhywun wedi dweud wrthyf y dylwn fynd i'w glywed . . . Cofiaf y traddodi angerddol; y brawddegu cwta; yn neidio'n ôl ac ymlaen o'r Saesneg i'r Gymraeg . . . Ond i mi ar y pryd, pwysicach na'r arddull oedd y genadwri. Bu'n un o'r dylanwadau ffurfiannol ar fy meddwl a'm calon pan oeddwn ar groesffordd ddigon argyfyngus.[7]

Ni wyddys beth achosodd yr argyfwng ond cafodd neges Glyn Thomas, a fyddai'n traethu'n hynod ddi-flewyn-ar-dafod yn ystod y blynyddoedd hyn – 'If you are not in Christ you are damned' oedd ei fyrdwn[8] – gryn effaith ar y llanc, mae'n amlwg. Tua'r un cyfnod cynhaliwyd ymgyrch genhadol yn y Pafiliwn ar bromenâd y Rhyl, a bu'r hyn a'i clywsai yno yn foddion ei chwyldroi.

Yr oeddwn ar hyd fy oes yn cael fy magu yng nghanol Cristionogaeth – mynd i gapel, gwrando pregethwyr, dysgu darnau mawr o'r Beibl ar fy nghof, dysgu'r llyfr emynau o glawr i glawr – ond nid pethau felly sy'n gwneud Cristion ohonoch chi. Mae yna ddiwrnod yn dod pan fo'r fatsen yn cael ei thanio, a dyna a ddigwyddodd i mi yn y Pafiliwn y noson honno, pan sylweddolais i fod a wnelo'r cwbl yma â mi yn bersonol. Dod wyneb yn wyneb â Iesu Grist mewn ffordd hollol bersonol, fel fflach mellten lachar, a chael fy llorio gan Ei ysblander. Mae'n anodd cael geiriau i esbonio'r canlyniad – llawenydd, arswyd (mae dod wyneb yn wyneb â'r Tragwyddol yn arswydus), maddeuant, trugaredd, cariad, ystyr. Roedd popeth o'r diwedd yn gwneud synnwyr.[9]

Cadarnhau dysgeidiaeth y teulu ac ategu cynnwys pregethu cyson Ogwen Griffith o Sul i Sul a wnaeth y profiadau cynhyrfus hyn, a chyn pen dim gwyddai Tudur mai i'r weinidogaeth Gristionogol yr oedd yn cael ei alw.

Er iddo ennill ysgoloriaeth i Goleg Iesu, Rhydychen, ni fynnodd John Thomas Jones i'w fab talentog ddilyn ei astudiaethau y tu hwnt i Glawdd Offa felly daethpwyd i gyfaddawd ac i Fangor yr aeth. Pan ymwelodd y llanc gyntaf â'r 'Coleg ar y Bryn' ar 18 Ebrill 1939 a'i gyfweld gan yr athrawon A. H. Dodd, H. H. Rowley ac Ifor Williams yn eu hystafelloedd sylweddol uwchben y cwadrangl hardd mewnol, 'synnwn', meddai Tudur, 'weld lle mor grand'.[10] Fe'i derbyniwyd i astudio Cymraeg, Hanes ac Athroniaeth ac ymrestrodd hefyd yn y mis Medi dilynol yng Ngholeg Bala-Bangor yn un o ddeg ymgeisydd newydd am y weinidogaeth. Yr hyn a'i trawodd fwyaf am Fangor oedd ei Chymreigrwydd. Roedd ymhell dros hanner y myfyrwyr, sef tua phum cant ohonynt, yn Gymry a'r bywyd diwylliannol ar ei anterth. Perthynai Meredydd Evans, Robin Williams, Huw Jones, Islwyn Ffowc Elis ac, yng Ngholeg Bala-Bangor, Herman Jones i'r genhedlaeth ddisglair a chreadigol honno, a'r bywyd Cymraeg yn ddiarhebol am ei asbri a'i fywiogrwydd. Cymerodd Tudur ei le'n fuan iawn yn ei ganol a'i ethol yn 1941 yn llywydd Cyngor y Myfyrwyr.

Ymhlith yr athrawon a adawodd eu hôl arno oedd Ifor Williams a Thomas Parry yn yr adran Gymraeg a Gwladys Lewis, D. James Jones a Hywel D. Lewis yn yr adran Athroniaeth, ond roedd eraill, fel Dr J. Alun Thomas yn yr adran Hanes, yn llai cymeradwy: 'Yr oedd yn ddarlithydd huawdl ac yn atalnodi ei sylwadau ag ergydion sinicaidd, naill ai'n codi godre pobl amlwg yn yr hanes neu'n bychanu crefydd.'[11] Enillodd radd yn y dosbarth cyntaf mewn Athroniaeth yn 1942 a chychwyn yn syth ar ei gwrs diwinyddol. Roedd ymhlith staff yr ysgol Diwinyddiaeth rai pobl arbennig. Soniai am J. T. Evans, prifathro Coleg y Bedyddwyr ac ysgolhaig Hen Destament sych a manwl: 'Mentrus iawn fyddai disgrifio'i ddarlithiau fel rhai "gwefreiddiol"', ond fel arall oedd J. Williams Hughes, cydaelod Evans ar staff Coleg y Bedyddwyr. Er mai wâg dychrynllyd ydoedd, cuddiai ei ddireidi gryn sylwedd ysbrydol: 'Cryfder Williams Hughes oedd trin y Testament Newydd fel llyfr byw.'[12] Ond fel oedd yn weddus i Annibynnwr, canolodd Tudur ei egnïon academaidd yng Ngholeg Bala-Bangor ac astudio Hanes yr Eglwys dan gyfarwyddyd John Morgan Jones ac Athroniaeth Crefydd gyda J. E. Daniel. Roedd Morgan Jones, prifathro coleg yr Annibynwyr ac 'y caredicaf o ddynion',[13] yn rhyddfrydwr diwinyddol blaengar ac eithafol ac yn hanesydd eglwysig galluog dros ben. Yn ddisgybl i Adolf von Harnack ym Mhrifysgol Berlin ar droad y ganrif, roedd yn lladmerydd cyson i'w safbwynt rhesymoliaethol ef ac, yn ôl Tudur, 'yn athro Hanes digymar. Yr oedd trefnusrwydd ei ddarlithiau, y dosbarthu gofalus, y mantoli cymen ar gyfraniad personau a mudiadau yn adlewyrchu eglurder ei feddwl.'[14] Er gwaethaf y ffaith i argyhoeddiadau'r prifathro fod yn gwbl groes i'r rhai y maged Tudur i'w mawrygu ac yn wrthwynebus i'r rhai y byddai ef ei hun yn eu harddel ar hyd ei oes, siaradai gydag anwyldeb amdano bob tro: 'Fe erys y cof am ei garedigrwydd a'i raslonrwydd.'[15]

Ar wahân i feddu yr un caredigrwydd personol, roedd J. E. Daniel yn wrtheb i'r prifathro ym mhob dim. Os oedd Morgan Jones yn fychan, gwerinol ac yn sosialydd gwresog, roedd Daniel yn dal, gosgeiddig ac yn genedlaetholwr di-ildio, ac os rhyddfrydiaeth fodernaidd oedd credo'r naill, uniongrededd Awstinaidd yn null Karl Barth oedd cyffes ffydd y llall. Byddai dyled Tudur iddo yn un ddofn ac arhosol o ran diwinyddiaeth a gwleidyddiaeth fel ei gilydd. 'Daniel', meddai wrth W. Eifion Powell yn 1986,

> a barodd imi sylweddoli pa mor gyfoethog oedd y traddodiad efengylaidd Cymraeg, yn ymestyn i lawr o Awstiniaeth yr Oesoedd Canol, trwy Penry, Cradoc, Pantycelyn, George Lewis, Thomas Jones o Ddinbych, Thomas Charles ac i lawr i'n dyddiau ni. Mewn gwirionedd roedd y darganfyddiad hwn i fod yn un cwbl wefreiddiol ac ni flinais trwy'r blynyddoedd yn archwilio trysorau'r traddodiad hwn'.[16]

Daniel, yn ôl pob sôn, oedd diwinydd disgleiriaf ei genhedlaeth a'r un y deuai Tudur, maes o law, i wisgo'i fantell.

> Y pethau sy'n aros yn y cof wrth drafod John Edward Daniel yw ei ddisgleirdeb, ei ynni, ei frwdfrydedd. Gwnâi bopeth ar frys gwyllt. Meistrolai lyfr mewn ychydig oriau ac y mae ei yrfa academaidd yn brawf nad oedd dysgu'n boen yn y byd arno. Darlithiai a siaradai a phregethai gydag egni mawr . . . Drama iddo oedd diwinydda a gwleidydda – nid oedd ganddo fawr o syniad am fod yn eclectig a chymrodeddus. Gwell ganddo'r ffiniau clir, y rhaniadau diamwys, y du a'r gwyn. Ac i ddynion ifainc a eisteddai wrth ei draed yn y coleg, yr oedd yr asbri hwn yn amhrisiadwy. Ni dderfydd ei ddylanwad yn fuan.[17]

Os disglair oedd yr athrawon, disgleiriach, os rhywbeth, oedd y disgybl. Yn 1945 enillodd Tudur 'ragoriaeth' ym mhapurau terfynol Hanes yr Eglwys ac Athroniaeth Crefydd gyda'r marciau uchaf erioed yng nghyfadran Diwinyddiaeth Prifysgol

Cymru. Roedd yr hogyn o'r Rhyl yn argoeli i fod yn ysgolhaig cwbl eithriadol.

Ymchwilio

Ac yntau'n fyfyriwr mor fedrus, nid oedd hi'n syndod i Tudur barhau â'i astudiaethau trwy ymgymryd â gwaith ymchwil. Cafodd arweiniad eisoes ym maes hanes crefydd Cymru trwy ei gysylltiad ag R. T. Jenkins a'r llyfrgellydd, y Dr Thomas Richards, dau aelod o staff adran Hanes Cymru a oedd hefyd yn perthyn i'r ysgol Diwinyddiaeth, a dywedodd John Morgan Jones wrtho yn blaen y byddai angen olynydd iddo yntau cyn hir yng nghadair Hanes Bala-Bangor! Felly yn 1945, waeth beth erbyn hynny am wrthwynebiad ei dad, troes am Rydychen er mwyn cychwyn ar gwrs D.Phil. gan gymryd gyrfa Vavasor Powell, un o arweinwyr y Piwritaniaid Cymreig, yn faes astudiaeth. Er iddo fod yn aelod o Goleg Mansfield a Chymdeithas y Santes Catherine, ysgolhaig mawr o Goleg Eglwys Crist a benodwyd yn gyfarwyddwr arno a dysgodd y Canon Claude Jenkins fwy na thechneg chwilota iddo:

> Pan oeddwn yn fyfyriwr ymchwil yn Rhydychen, fy nhiwtor oedd hen ŵr o'r enw Claude Jenkins. Yr oedd yn frawychus o ddysgedig ac yn llenwi ei swydd fel Athro Brenhinol yn Hanes yr Eglwys. Bu'n gydfyfyriwr â'r Esgob John Owen ac yr oedd fel broc môr wedi'i adael yn uchel ar y traeth ymhell ar ôl i lanw mawr Oes Victoria dreio. Yr oedd yn gyrru ei fyfyrwyr ymchwil yn galed. Deddf y Mediaid a'r Persiaid ganddo oedd fod yn rhaid ysgrifennu bob wythnos. 'Oni fydd gennych rywbeth gwell i'w wneud, ysgrifennwch ar rygbi neu ddail yr Hydref, – ond ysgrifennwch', meddai. Buan y creodd ysfa na lwyddais i gael ei gwared oherwydd buan yr euthum i deimlo nad oedd wythnos yn gyfan heb i mi ysgrifennu rhywbeth.[18]

Talodd yr hyfforddiant ar ei ganfed a chwblhaodd Tudur ei draethawd ymchwil o dros 400 tudalen o ysgolheictod gwreiddiol a manwl ymhen dwy flynedd yn hytrach na'r tair arferol. Bu hefyd yn gwasanaethu ar hyd sesiwn 1946–7 fel llywydd myfyrwyr Coleg Mansfield. Ei gyfaill pennaf yno oedd Dafydd T. Evans, Mynyddbach, Abertawe, a gweinidog eglwys Minny Street, Caerdydd, yn ddiweddarach, a mawr fyddai'r difyrrwch o gofio fel y llwyddodd D. T. Evans i gael Martin

Niemöller, arwr Eglwys Gyffesiadol yr Almaen, pan ar ymweliad â Choleg Mansfield, i gydnabod y byddai pregethu o bulpud capel Mynyddbach yn fwy anrhydedd o lawer na phregethu o bulpud urddasol capel Mansfield! O Rydychen treuliodd semester yng nghyfadran Brotestannaidd Prifysgol Strasbourg ar y ffin rhwng Ffrainc a'r Almaen. Ychydig a soniai am y cyfnod hwn ar wahân i'r ffaith iddo gael ei geryddu'n llym gan y Deon unwaith am grwydro dros y clawdd terfyn er mwyn gwrando darlith yn y gyfadran Gatholig! Cafodd gyfle hefyd i eistedd wrth draed y diwinydd enwog Oscar Cullmann a ddeuai'n wythnosol o ddinas Basle i gynnal cwrs ar ddysgeidiaeth y Testament Newydd. Roedd treulio amser ar un o groesffyrdd cyfandir Ewrop mewn cyfnod cynhyrfus o ailadeiladu ar ôl enbydrwydd yr Ail Ryfel Byd yn peri iddo weld ei fyd mewn goleuni newydd. Erbyn 1948 roedd prentisiaeth academaidd Tudur wedi'i chwblhau ac yntau'n barod ar gyfer ei yrfa.

Ond eto gweinidog yr efengyl y mynnai fod. Ordeiniwyd ef gan Nathaniel Micklem, prifathro Coleg Mansfield, yn eglwys Seion, Baker Street, Aberystwyth, yn 1948, blwyddyn ei briodas â Gwenllian Edwards, cyd-fyfyriwr ag ef o ddyddiau Bangor. Enillodd enw iddo'i hun yn fuan iawn fel pregethwr grymus a dylanwadol ond gwyddai pawb mai trwy ei ddoniau ysgolheigaidd y byddai'n gwasanaethu Ymneilltuaeth Cymru orau, a phan symudodd Pennar Davies o Fala-Bangor i gadair Hanes yr Eglwys yn y Coleg Coffa, Aberhonddu, gwahoddwyd Tudur yn ôl i'w hen gynefin academaidd ac yno yr arhosodd am weddill ei oes. Bu'n athro yng Ngholeg Bala-Bangor ac yn dilyn marwolaeth Gwilym Bowyer yn 1965 daeth yn brifathro; yno y maged Rhys, y mab hynaf, ac yno ganed y pedwar plentyn arall: Nêst, Geraint, Meleri ac Alun. Bu'n ddarlithydd arbennig mewn Syniadaeth Gristionogol yn adran Astudiaethau Beiblaidd Coleg y Brifysgol o 1957 ymlaen ac yn dilyn ei ymddeoliad o brifathrawiaeth Bala-Bangor yn 1988 fe'i penodwyd yn Athro Anrhydeddus yn yr adran, swydd a ddaliodd tra bu fyw. O Fangor y gwnaeth ei gyfraniad helaeth ac amlochrog i fywyd Cymru o ran llenydda, newyddiadura, gwleidydda a phob gwedd ar y bywyd crefyddol, ac o Fangor hefyd y cyfrannodd at ysgolheictod rhyngwladol. Am bron i hanner canrif roedd ymhlith addurniadau pennaf dinas a choleg a'i bresenoldeb yn hysbys i bawb.

Hanesydd Annibynia

Daeth blaenffrwyth cynnyrch Tudur fel prif hanesydd ei enwad, a phrif hanesydd Piwritaniaeth ac Ymneilltuaeth Cymru maes o law, yn yr ysgrifau a gyhoeddodd yn sgil ei draethawd D.Phil. 'Vavasor Powell a'r Bedyddwyr' oedd y gynharaf, a welodd olau dydd yn 1949, ond rhwng hynny a'r gyfrol *Vavasor Powell* (1971) a oedd yn grynodeb hwylus a thra darllenadwy o'i draethawd, ymddangosodd tuag ugain ysgrif arall yn trafod cynifer agwedd ar hanes crefydd Cymru'r ail ganrif ar bymtheg hyd tuag 1800. Aeth i'r afael mewn rhai ohonynt â syniadaeth: 'Rhesymeg y Piwritaniaid' (1950), 'Athrawiaeth y cyfamodau' (1950), 'Edward Williams DD' (1963) er enghraifft. Darlunio cymeriadau a wnaeth mewn rhai eraill: 'Tri Piwritan' (1950–1), 'Y bendigedig Forgan Llwyd' (1953), 'Arwyddocâd John Penry' (1954), 'Tystiolaeth William Erbury' (1954), 'Gweinidogion Ymneilltuol Dinbych yn y ddeunawfed ganrif'(1957), 'Puritan Llanvaches' (sy'n portreu bywyd a chyfraniad Walter Cradoc (1963)), heb sôn am ei gyfraniadau i'r *Bywgraffiadur Cymreig* (1953) a'i ymchwil fywgraffiadol arloesol a gyhoeddodd ar y cyd â Mr Ben Owens yn yr ysgrif helaeth 'Anghydffurfwyr Cymru, 1660–2' (1962). Wrth drafod pynciau fel 'Trefniadaeth ryngeglwysig yr Annibynwyr' (1951), 'Dylanwad y mudiad Methodistaidd ar Ymneilltuaeth Cymru yn y ddeunawfed ganrif' (1962), 'Religion in post-Restoration Brecknockshire, 1660–88' (1962) ac 'Eglwys Loegr a'r saint, 1660–88' (1963) a hynny gyda llawer mwy o ddifyrrwch, egni a sbonc nag a awgryma'r teitlau hyn, darluniodd ddrama'r ffydd mewn cyfnod allweddol yn hanes ein gwlad a fel y gosodwyd y sylfeini ar gyfer y Gymru Ymneilltuol ddiweddarach. Rhwng popeth goleuodd stori crefydd y genedl yn llachar iawn, ac o ystyried swmp, safon a chynnwys yr ysgrifau yn unig, gwnaeth Tudur gyfraniad y byddai rhai haneswyr yn falch o'i wneud mewn oes o waith.

Ond mewn gwirionedd rhagymadrodd oedd y rhain ar gyfer yr un gyfrol a oedd, ac a erys, yn un o glasuron hanes ein crefydd sef *Hanes Annibynwyr Cymru* (1966). Mae'r argraff a wnaeth hon ar ddarllenwyr wedi'i mynegi'n gofiadwy gan Geraint H. Jenkins:

Pan oeddwn yn fyfyriwr israddedig yng Ngholeg Prifysgol Cymru, Abertawe, yng nghanol y chwedegau cyffrous, dechreuais ymddiddori yn hanes y Piwritaniaid yng Nghymru. Fe'm cynghorwyd gan fy nhiwtor i fynd i'r afael (nid darllen, sylwer, a ddywedwyd) â chyfrol drwchus Dr Thomas Richards *A History of the Puritan Movement in Wales, 1639–53* (1920), ond ni chefais ddim blas arni. Ymhen ychydig fisoedd, sut bynnag, yr oedd clasur R. Tudur Jones, *Hanes Annibynwyr Cymru* wedi ei gyhoeddi. O'i ddarllen, teimlwn fy mod mewn byd arall. Dyna pryd yr agorwyd fy llygaid i weld bod modd ysgrifennu hanes mewn Cymraeg gloyw a chyfoethog, a bod rhin arbennig yn perthyn i hanes twf Anghydffurfiaeth yng Nghymru.[19]

'This beautifully written book', meddai mewn man arall, 'became an instant classic and is unlikely ever to be superceded'.[20] Nid llyfr ar yr Annibynwyr yn unig mohono, fel yr awgrymir uchod. Mae'n gyforiog o groesgyfeiriadau at hanes y traddodiadau crefyddol eraill gan gynnwys yr Eglwys Wladol. 'Hyn sy'n ei gwneud yr arweiniad gorau, o fewn cwmpas un pâr o gloriau, i hanes Cristnogaeth Brotestannaidd yng Nghymru o ddechrau'r Rhyfeloedd Cartref (a chyn hynny) hyd heddiw,' meddai R. Geraint Gruffydd. 'Ac mae'n anodd meddwl yr ysgrifennir fyth ei well.'[21]

Beth oedd yn gwneud y gyfrol, a'r ysgrifau cytras, mor arbennig? Mae Geraint Gruffydd a Geraint Jenkins wedi awgrymu sawl ffactor: ymchwil drwyadl a di-feth i ffynonellau gwreiddiol ac eilradd fel ei gilydd, mantoli beirniadol cytbwys dros ben, traethu eglur a choeth mewn Cymraeg o'r mireiniaf, paragraffu a brawddegu cain i'w rhyfeddu a gweledigaeth ysbrydol sy'n peri i'r cwbl ddod yn fyw. 'Nid peth dibwys yng ngolwg Tudur yw crefft yr hanesydd. Gan fod ei arddull mor syfrdanol a swynol, hawdd y gellid anghofio pa mor dda yw techneg a saernïaeth ei waith', meddai Geraint Jenkins. 'Nid cyflwyno pentwr o ffeithiau moel a wna, eithr saernïo penodau sy'n gyfuniad o ddadansoddi praff a disgleirdeb mynegiant.'[22] Y dull, yn aml iawn, yw gafael yn niddordeb y darllenydd trwy ddefnyddio pennawd trawiadol neu frawddeg agoriadol sy'n mynnu sylw, ac yna ddarlunio'r olygfa gan ddefnyddio holl arfau'r llenor o fri. 'Y ddaear yn glasu', 'Dal i gwrdd', 'Hafddydd hir', 'Twym ias', 'Croeswyntoedd' a 'Disgwyl' yw enwau rhai o benodau'r *Hanes*, tra bo brawddeg gyntaf yr ysgrif

'Yr Hen Ymneilltuwyr', 'Ar ôl cyfnod yr erlid, daeth llon-yddwch', yn awgrymu naws y cyfnod i'r dim gan arwain at ddisgrifio penigamp:

> Wrth i'r gynulleidfa raenus ei golwg ymgynull yn Llwynrhydowen, neu Ben-dref, Llanfyllin, neu Rydwilym, a suddo yn eu seddau dyfnion i elwa ar oedfa dawel, sylweddol, dïau y gellid maddau iddynt am gredu fod eu gwarineb a'u syberwyd yn ychwanegiad digon priodol at yr etholedigaeth yr ymhyfrydent ynddo beunydd.[23]

'Yn llaw Tudur, y mae'r iaith Gymraeg yn offeryn grymus a gwefreiddiol, ac amhosibl credu y gallai fyth lunio darn y gellid ei alw'n ddiflas', meddai Geraint Jenkins drachefn,[24] tra tafol-odd ei gyfraniad i hanes crefydd yr ail ganrif ar bymtheg fel hyn:

> In many ways, the writings of R. Tudur Jones are akin to those of Thomas Richards insofar as they represent the fruits of meticulous research, demonic energy, and a sympathetic but critical appraisal of the subject. Where they differ is in presentation. While three generations of readers have understandably baulked at Richards's hideous literary style, the works of R. Tudur Jones bear the unmistakeable stamp of a literary craftsman. He is quite simply the most prolific and important writer on religion in Stuart Wales.[25]

Nid cyrraedd uchafbwynt ac yna ddarfod a wnaed gyda *Hanes Annibynwyr Cymru*, ond aeth ymlaen mewn ysgrif a chyfrol i oleuo'r traddodiad Piwritanaidd, Ymneilltuol ac Annibynnol ymhellach. Cafwyd y bennod ardderchog 'Yr Hen Ymneill-tuwyr, 1700–40' y dyfynnwyd ohoni'n barod (1973), 'The Older Dissent of Swansea and Brecon' (1974), 'The sufferings of Vavasor' (1976), 'Relations between Anglicans and Dissenters: the promotion of piety' (1976), 'Cewri ar eu gliniau', sef astudiaeth ddisglair ac arloesol o ysbrydolrwydd Piwritaniaeth Gymreig (1977), 'The healing herb and the rose of love' sy'n cymharu, yng nghyfrol deyrnged Geoffrey F. Nuttall, dduw-ioldeb Morgan Llwyd ac eiddo Vavasor Powell (1977), *Camrau ar Daith Dwy Ganrif* sef hanes Annibynwyr Bangor (1982), 'Annibyniaeth Cymru ddoe' (1989), 'Pulpud Llanfaches' (1990) a 'John Penry, 1563–93' (1993). Eto y gyfrol sy'n mynd â stori Annibynia ymhellach yw *Yr Undeb: Hanes Undeb yr Annibynwyr*

Cymraeg, 1872–1972 (1975). Dyma, o bosibl, y ddifyrraf o'i gyfrolau mawr, ac ynddi mae'n sylwi yn eithriadol fyw ar ffolinebau Oes Victoria yn ogystal â'i rhinweddau ac yn darlunio trawma ac arwriaeth pobl y ffydd yn yr ugeinfed ganrif gyda sensitifrwydd tosturiol ac ing. Mae'r agoriad yn glasur:

> Disgynnodd John Thomas, gweinidog y Tabernacl, Lerpwl, yn sbringar o'r trên. Cychwynasai i'w daith yn bryderus ddigon. Beth petai cyfarfodydd cyntaf Undeb yr Annibynwyr Cymreig yn fethiant am nad oedd ond rhyw ddyrnaid wedi dod iddynt? Ond wrth basio trwy'r prif orsafoedd ar y daith, codai'i galon. Esgynnai gweinidogion amlwg i'r trên ym mhob un ohonynt ac yr oedd hynny yn argoeli'n dda am lwyddiant y fenter.
>
> Pnawn dydd Mawrth, 3 Medi 1872, oedd hi. Yr oedd pobl yn gweu drwy'i gilydd ar stesion Caerfyrddin. Ond er ei fod yn cyfarch pawb yn urddasol, nid dyn i loetran ar stesiynau oedd John Thomas. Anelodd am ei lety. Byddai cwpanaid o de'n dderbyniol wedi'r daith oherwydd nid oedd yn arfer ganddo fwyta nac yfed wrth deithio, ond prin y gallai obeithio am un yn ei lety. Y mae'n wir ei fod wedi ufuddhau i'r rhybudd a ymddangosodd yn *Y Tyst a'r Dydd* yn gorchymyn i bawb a ddymunai gael llety dros yr Undeb anfon ei enw i'r Parchedig William Thomas, Bwlchnewydd, cyn Awst 20fed. Ond yr oedd yr un rhybudd yn datgan mewn geiriau diamwys na ellid disgwyl mwy mewn llety na swper, gwely a brecwast. Ac nid oedd pobl Caerfyrddin yn arfer bwyta swper canol pnawn. Ond bu John Thomas yn lwcus. Wedi'r cwbl, yr oedd yn ŵr hysbys i bobl Caerfyrddin byth er y dyddiau cynhyrfus hynny, chwarter canrif ynghynt, pan oedd yn weinidog ifanc ym Mwlchnewydd gerllaw. A chafodd gwpaned o de yn ei lety.
>
> Wedi bwrw'i flinder, i ffwrdd ag ef i gapel Heol Awst ar gyfer yr oedfa. Er syndod llawen iddo, yr oedd y capel o dan ei sang. Wrth iddo ymwthio drwy'r drws, sibrydodd un o weinidogion Caerfyrddin yn ei glust, 'Ni fu'r fath gynulleidfa yn Heol Awst ers dros ugain mlynedd!' Rhyddhad mawr![26]

Nid nofel mo'r gyfrol ond mae'n darllen yn well na llawer nofel ac yn gafael o'r frawddeg ysbrydoledig gyntaf. Dawn i weld sefyllfa, a'i disgrifio fel petai yno ei hun, oedd gan Tudur, ac adnabyddiaeth drwyadl o'r cymeriadau yn y sefyllfa, a hoffter ohonynt yn eu hofnau a'u pryderon yn ogystal ag yn eu cadernid a'u nerth. 'Gall sôn am y cewri fel petai'n eu hadnabod yn bersonol', meddai Geraint Jenkins,[27] a da y cofiai cenedlaethau o fyfyrwyr adael darlithfa gefn Bala-Bangor (a oedd bob amser yn chwilboeth boed haf neu aeaf fel yr oedd darlithfa Coleg y Bedyddwyr yn ddieithriad fel Gwlad yr Ia) wedi darlith gan daeru eu bod wedi bod yng nghwmni Huldrych Zwingli, neu Oliver Cromwell, neu Walter Cradoc, neu Thomas Charles o'r Bala, neu, fel yn yr achos uchod, John Thomas, Lerpwl, ac wedi'u syfrdanu yn ei sgil. Dawn brin oedd hon, ac yn gwneud Hanes yr Eglwys yn fwy na phwnc academaidd sychlyd – fe'i gwnâi yn gynnwrf, yn ysbrydiaeth ac yn wefr.

Ymestyn y ffiniau

Er i'w waith fel hanesydd eglwysig ddod i ffocws yn argyhoedd-iadau a gweithgareddau'r Anghydffurfwyr Cymreig, roedd rhychwant diddordeb Tudur yn ehangach na hynny. Cafodd ei afael cadarn ar brif symudiadau'r Diwygiad Protestannaidd yng Nghymru a'r tu hwnt ei fynegi mewn cymaint o'i gynnyrch ar wahân i weithiau neilltuol ar y pwnc. Cyhoeddodd erthyglau ar 'Gatholigiaeth a Phrotestaniaeth' (1959), 'Y Protestant yng Nghymru' (1960) ac ysgrif bortread o John Calfin, sef 'Llusern yr eglwys' (1964). Ond, ar wahân i'w gyfrol fer a chynhwysfawr *Cymru a'r Diwygiad Protestannaidd* (1987), ffrwyth pennaf y diddordeb hwnnw oedd ei lyfr Saesneg *The Great Reformation, from Wycliffe to Knox* (1985, adargraffiad 1997) a enillodd fri iddo yn yr Unol Daleithiau yn arbennig. Yn ogystal â rhoi sylw dyladwy i brif ffrydiau'r Diwygiad yn Wittenberg, Genefa a Phalas Lambeth, mynnodd drafod Protestaniaeth fel symudiad ysbrydol a adawodd ei ôl ar Ewrop gyfan o Ddenmarc hyd yr Eidal ac o Hwngari hyd Iwerddon. Crynhoir y cyfan o fewn cwmpas 260 tudalen o Saesneg coeth a llithrig. Profwyd ei feistrolaeth ar y traddodiad Anghydffurfiol yn Lloegr gydag ymddangosiad *Congregationalism in England, 1662–1962* (1962) sy'n glamp o lyfr ym mhob ffordd ac a gydnabyddir fel y gorau o gyfrolau hanes enwadol Seisnig. Roedd *The Faith of a Pilgrim Father: John Robinson's Christianity* (1985) a *John Robinson's Congregationalism* (1987) yn ymestyn y ffiniau mor bell â Leyden yn yr Iseldiroedd a Plymouth ym Massachusetts, ac yn cryfhau'r bri rhyngwladol oedd i Tudur eisoes fel llenor ac ysgolhaig.

Ond yn ôl i Gymru y mynnai ddod o hyd ac o hyd. Os

eglwysyddiaeth, sef y syniad o gymdeithas wirfoddol o gredinwyr mewn cyfamod â'i gilydd a'u bywyd yn ffynnu o dan y Gair, oedd nod amgen yr Hen Ymneilltuwyr,[28] pwyslais ar y profiad crefyddol a nodweddai'r Piwritaniaid a'r Methodistiaid fel ei gilydd. A diddordeb mewn crefydd profiad, undeb yr enaid â Christ trwy gyffyrddiad yr Ysbryd Glân, a'i cymhellodd, yn rhannol, i ymwneud fwyfwy â'r traddodiad Methodistaidd yng Nghymru, yn enwedig o ddechrau'r 1970au ymlaen. Daeth ei lyfryn *John Elias, Pregethwr a Phendefig* yn 1975 a'i ddilyn gan lyfryn sylweddol arall *Thomas Charles o'r Bala: Gwas y Gair a Chyfaill Cenedl* (1979) yn ogystal â'i gampwaith fechan *Saunders Lewis a Williams Pantycelyn* sef Darlith Goffa Henry Lewis a gyhoeddwyd gan Goleg y Brifysgol Abertawe yn 1987. Dilyn yr un thema a wnaeth yr ysgrifau 'Rhyfel a gorfoledd yng ngwaith William Williams Pantycelyn' (1982), 'The Evangelical Revival in Wales: a study in spirituality' (1989) a'r erthyglau 'John Jones Tal-y-sarn' a'r rheini ar Henry Rees yn ei gyfrol olaf *Grym y Gair a Fflam y Ffydd* (1998).

Aeth Anghydffurfiaeth a Methodistiaeth yng Nghymru i bob pwrpas yn un, yn gyntaf o ran dulliau pregethu a naws ysbrydol yn sgil ail don y Diwygiad Efengylaidd o tua 1780 ymlaen, ac yna fel cyfundrefn pan gefnodd y Methodistiaid ar Eglwys Loegr yn 1811. Erbyn canol y bedwaredd ganrif ar bymtheg troes Cymru yn genedl o Ymneilltuwyr, yn y farn boblogaidd beth bynnag, ac nid oedd yn syn i Tudur ysgrifennu yn helaeth ac yn graff, erbyn canol y 1970au a'r 1980au, ar grefydd Oes Victoria. Mentrwn restru eto, nid er mwyn beichio darllenwyr, gobeithio, ond er mwyn awgrymu swmp ac ehangder ei ddiddordebau yn y maes. Mae'r ysgrif gampus 'Rhyddiaith grefyddol y 19eg ganrif' (1970) (a ymddangosodd yn *Grym y Gair a Fflam y Ffydd* fel 'Y genedl Galfinaidd a'i llên') yn allweddol ar gyfer deall rhagdybiaethau athronyddol Tudur ac er mwyn dangos drylwyred ei adnabyddiaeth o deithi'r cyfnod, ond roedd 'Origins of the Nonconformist disestablishment campaign' (1970), *Coroni'r Fam Frenhines* (1977), ei ddwy ysgrif feistraidd ar esboniadaeth feiblaidd (1977 a 1978), '"Hapus Dyrfa": nefoedd Oes Victoria' (1981), *Yr Ysgol Sul: Coleg y Werin* (1985), *Duw a Diwylliant: y Ddadl Fawr, 1800–30* (1986) a'i ysgrifau amrywiol ar Emrys ap Iwan a

Michael D. Jones (1985–8) yn ei wneud yn feistr digymar ar syniadaeth y ganrif ac Oes Victoria yn arbennig.

Fel sy'n hysbys o'r uchod, hanesydd ymrwymedig oedd Tudur, a'r gorffennol iddo yn etifeddiaeth fyw. Nid ysgrifennu yn ddidoledig, wrthrychol, niwtral a wnaeth, ond dehongli ffeithiau ac amgylchiadau yn unol â gweledigaeth arbennig, a'r weledigaeth honno yn tarddu o'i ddealltwriaeth o'r deunydd a oedd dan sylw. Geraint H. Jenkins a fynegodd y peth orau:

> Uwchlaw popeth, mae gan Tudur weledigaeth sy'n tywynnu drwy ei holl weithiau, sef fod Duw, trwy ei ragluniaeth a'i ras, yn darparu, a bod dynion sy'n meddu ar ffydd rymus a chadarnhaol yn gallu dylanwadu ar bob agwedd ar fywyd cymdeithasol eu hoes . . .
>
> Nid rhywbeth i gywilyddio o'i blegid yw gwaith achubol Crist yn ein cymdeithas, a chwbl ganolog i waith Tudur yw'r modd y mae Cristionogaeth efengylaidd wedi rheoli a chyfoethogi bywyd crefyddol Cymru ers yr unfed ganrif ar bymtheg . . .
>
> I'm tyb i, mae gan yr haneswyr gorau rywbeth i'w ddweud am argyfwng eu hoes, am y presennol a'r dyfodol yn ogystal â'r gorffennol. Un felly yw Tudur.[29]

A pho agosaf y daeth at ei gyfnod ei hun – mae'r ymdriniaeth â'r ugeinfed ganrif yn *Hanes Annibynwyr Cymru* ac *Yr Undeb* ymhlith y dehongli craffaf sydd gennym ar argyfwng ein crefydd ddiweddar – mwyaf ingol ac ymrwymedig y try. Dyna sy'n gwneud *Ffydd ac Argyfwng Cenedl: Hanes Crefydd yng Nghymru, 1890–1914* (1981 a 1982) ymhlith y pwysicaf o'i weithiau mawr. 'O holl weithiau mawrion y Prifathro Tudur Jones', meddai R. Geraint Gruffydd, 'anodd meddwl nad y gwaith hwn a gyfrifir yn fwyaf arwyddocaol gan Gymry'r unfed ganrif ar hugain'.[30] Ynddo mae'n cloddio o dan lwyddiant a bwrlwm a phrysurdeb ac optimistiaeth ymddangosiadol Oes Victoria er mwyn datgelu pryderon a gofidiau real dros ben. Os oedd crefydd, Cymreictod a llawer peth arall yn ffynnu ar y pryd, roedd grymusterau ar waith a oedd yn difa'r hyder megis o'r tu mewn. 'Gwlad Gristionogol oedd Cymru ym 1890. Yr oedd y genedl â'i hwyneb tua'r wawr', meddai. Er goresgyniad Rhufain ac Oes y Saint a ddaeth ar ei ôl, roedd y cyd-ymdreiddiad rhwng Cymru a'r ffydd wedi rhoi ystyr a diben i'w bywyd:

O ganlyniad, daeth Cristionogaeth a'r diwylliant cenedlaethol i ymblethu â'i gilydd mewn ffyrdd cymhleth a chyfrin. Gwelid ôl bawd y Ffydd yng nghorneli mwyaf anghysbell cymdeithas. Ei diwinyddiaeth a'i chredoau oedd yn moldio rhagdybiau dyfnaf y bobl ac yn rhoi cynnwys i'w gobeithion.[31]

Os oedd 'bod yn Gymro a bod yn Gristion o fewn trwch y blewyn yr un peth erbyn 1890',[32] nid felly yr oedd erbyn 1990, a'r hyn a gafwyd yn *Ffydd ac Argyfwng* yw'r dadansoddiad manylaf, trylwyraf a threiddgaraf o'r gwewyr ysbrydol a fu'n gymaint rhan o chwedl y Gymru gyfoes. Ymhlith y pymtheg pennod sy'n cynnwys ystyriaethau cymdeithasol, diwylliannol, deallusol yn ogystal â rhai penodol grefyddol, mae'r tair pennod sy'n olrhain achosion, datblygiad a chanlyniadau Diwygiad 1904–05 ymhlith y mwyaf trawiadol. O'n holl haneswyr crefydd, Tudur yw'r unig un a gymerodd y rhyfeddod hwnnw o ddifrif a chynnig *rationale* diwinyddol trosto: 'Fe erys yn un o ddigwyddiadau mwyaf syfrdanol hanes y genedl yn y cyfnod modern',[33] meddai. Os oedd ambell awgrym fan hyn a fan draw rhwng 1850 a 1880 fod sylfeini'r ffydd yn dechrau gwegian, erbyn y 1890au daeth hi'n amlwg fod Cymru'n wynebu argyfwng cenedlaethol arswydus a gyrhaeddodd ei anterth gyda'r galw mawr i gyfrif yng ngaeaf 1904 a gwanwyn 1905: 'Yn y bôn, yr oedd y Diwygiad yn groesffordd ddramatig yn hanes y genedl. A oedd cenedl y Cymry am arddel Duw ei thadau, ynteu cefnu arno?'[34] Ond ymateb cymysg a gafodd, fel y darluniodd Tudur yn gofiadwy iawn:

Mae'n ffaith ddigon hysbys fod eithafrwydd teimlad yn dwyn adwaith. Ar ôl y Diwygiad aeth llawer i gywilyddio oherwydd y peth ac i geisio ei anghofio, neu guddio eu hannifyrrwch trwy adrodd straeon digrif am y pethau gwirion a ddywedwyd o dan bwys angerdd. Ond os oes unrhyw wirionedd yn yr argyhoeddiad Cristionogol fod tynged dyn o dragwyddol bwys, byddai rhywbeth mawr o'i le pe na bai'r Efengyl ar dro'n corddi teimladau dynion. Ffydd efrydd yw honno nad yw byth yn cynhyrfu ochr emosiynol i'r bersonoliaeth. Ar y llaw arall, os oes unrhyw wirionedd yn yr argyhoeddiad Cristionogol fod y galon yn fwy ei thwyll na dim, byddai'n syndod pe na bai'r ochr deimladol i waith yr Ysbryd Glân yn esgus gan rai i ildio i'r teimladrwydd er mwyn porthi chwant y cnawd. . . . Ac felly y bu yn 1904–5.[35]

A'r un doethineb sy'n nodweddu'r trafod ar ei hyd.

Sylfeini

Yn sylfaen i bopeth a luniodd ac a wnaeth Tudur erioed oedd yr argyhoeddiadau Cristionogol a etifeddodd gan ei deulu, a feddiannodd drosto'i hun yn ddyn ifanc ac a feithrinodd yng nghanol amrywiol brofiadau bywyd. 'Fel pawb arall sy'n ysgrifennu', meddai unwaith, 'y mae gennyf safbwynt. A'r un Cristionogol yw hwnnw'.[36] O'i ysgrifau cynharaf hyd at y pethau olaf a luniodd ar gyfer y wasg, yr un athrawiaeth sy'n clymu popeth ynghyd. Daeth hyn i'r amlwg mewn gwedd ddigon milwriaethus, os cwrtais hefyd, mor gynnar â 1948 pan adolygodd gyfrol ysgrifau Iorwerth C. Peate *Ym Mhob Pen* yn y cylchgrawn *Y Fflam* a gosod rhagdybiau deistaidd Peate yn y glorian a'u cael yn brin. Daeth yn hysbys fod llenor galluog wedi codi a oedd yn medru amddiffyn y Gristionogaeth glasurol yn ddeheuig dros ben. Wrth ysgrifennu ymhen blynyddoedd at gyfaill iddo, y Parchedig Edwin Pryce Jones, Llwyncelyn, mynegodd ei weledigaeth fel hyn:

Mae'r 'meddwl Cristionogol' wedi mynd yn beth prin iawn yng Nghymru – yn waeth felly na gwledydd cylchynol, rwy'n credu. Fe geisiais ddadansoddi agwedd neu ddwy arno yn y bennod olaf yn *Ffydd yn y Ffau*, ond nid wyf yn credu imi lwyddo i wneud y pwynt yn ddigon eglur. Yn y bôn yr wyf yn argyhoeddedig mai gwreiddyn y chwerwder yw dauddyblygrwydd meddwl.

Yr ydych chwi . . . yn amlwg iawn yn gweithio gyda'r thema fawr sy'n ganolog yn y Beibl – Creu, Cwymp i bechod, adferiad trwy Grist yng nghymundeb yr Ysbryd Glân. Fe gredaf mai dyma'r cymhelliad gwaelodol a dynamig i'r bywyd Cristionogol yn ei holl agweddau. Hon yw'r thema ddirfodol sy'n diogelu undod bywyd yn Nuw trwy Grist. Mae hi'n golygu na ellir gosod y Cread a Chadwedigaeth, na Natur na Gras, na byd nac Eglwys, mewn gwrthgyferbyniad â'i gilydd. Yng Nghrist, a thrwy Grist, yn Nuw, y maent wedi eu cymwys gysylltu. Ac mae'n thema sy'n agor y drws inni weld ein gwaith diwylliannol fel y moddion a roes Duw inni ufuddhau i'w orchymyn i 'ddarostwng' y ddaear ac i 'arglwyddiaethu' drosti. Fel gweithgarwch diwylliannol, mae gwleidyddiaeth wedyn yn cymryd ei lle fel ffordd – un ymhlith llawer – i fynegi'n ffydd. A daw'r Beibl yn fyw yn ein llaw oherwydd ei fod yn agor y ffenestr inni weld ein byd o bersbectif ffydd. Ond mae'r cwbl yma'n golygu ein bod yn meithrin meddwl unplyg – meddwl heb ddeuoliaeth ynddo.[37]

vydd y weledigaeth hon, er mor seml
'i dieithrwch cymharol, yn gwneud Tudur
: y sbectrwm diwinyddol. Roedd rhai ar
ludiad Efengylaidd yn ei ddrwgdybio'n arw
niad enwadol ystyfnig, ehangder ei gyd-
,wneud diymddiheuriad â materion cym-
yddol a oedd, yn eu tyb hwy, yn perthyn i
hwn'. Roedd eraill mwy rhyddfrydol eu
safbwyn. ᵧ   iael hi'n anodd cysoni Calfiniaeth uniongred
Tudur â'i basiffistiaeth radicalaidd a'i wleidyddiaeth wrth-
sefydliadol. Ond enghreifftiau oedd y rhain o'r union ddau-
ddyblygrwydd a oedd yn atgas ganddo. Roedd gweithiau
cynnar fel *Egwyddorion Cenedlaetholdeb: y frwydr dros urddas
dyn yng Nghymru* (1959) ac ysgrifau diweddarach fel 'Crist,
gobaith cenedl' (1972), 'Y gwyll ar hanner dydd' (1972), 'Byw
yn y dyddiau diwethaf' sef pennod olaf *Ffydd yn y Ffau* (1974),
holl gynnwys ei lyfr Saesneg *The Desire of Nations* (1975),
'Christian nationalism' (1979) a llawer mwy, yn gosod allan ei
athroniaeth yn eglur iawn. A does dim amheuaeth am yr effaith
a gafodd ar Gristionogion Cymraeg ifainc a oedd yn eirias o
blaid cyplysu'u ffydd â gweithgarwch cymdeithasol a 'brwydr yr
iaith' a oedd ar ei hanterth ar y pryd. Rhwng y ralïau torfol, yr
ymgyrchoedd darlledu ac arwyddion ffyrdd a'r gwysio mynych
gerbron y llysoedd, roedd Bangor yn y 1970au yn lle diddorol
dros ben, a bywyd myfyriwr diwinyddol yn gynhyrfus a dweud
y lleiaf! Nid rhywbeth ar wahân i'n Cristionogaeth oedd y
pethau hyn ond rhan hanfodol ohoni. Ac roedd Prifathro Coleg
Bala-Bangor yn cymeradwyo'r cwbl.

Yn y cynllun athrawiaethol uchod, roedd i gredu ei le
allweddol. Roedd hyn yn wir am y gorffennol yn ogystal â'r
presennol, am ddoe yn ogystal ag am heddiw:

> Pan edrychwn felly ar dair canrif a hanner o hanes yr Annibynwyr,
> fe welwn thema'n rhedeg drwyddo. Y thema yw fod credu'n
> angerddol bwysig – credu'n rhydd heb orfodaeth gan na thywysog
> nac amgylchiadau – a bod gwrthrych y credu hwn, Iesu Grist, yn
> cynull ei bobl at ei gilydd yn gymdeithas neilltuedig oddi wrth y byd
> a'i holl fawredd a'i ogoniant. Yn y gymdeithas, fodd bynnag,
> ysbrydolir dynion i fentro allan i'r un byd i gyfieithu eu gwel-
> edigaeth yn ufudd-dod i'w Harglwydd ac yn wasanaeth i ddynion.

Os oes siarad i fod am 'gyfraniad yr Annibynwyr' – dyma fo. Ac os dywed Cristionogion eraill mai dyma'n gymwys eu cyfraniad hwythau, gorau'n y byd![38]

Mynnai Tudur o hyd mai trwy gredu y cafodd pobl o hyd i ystyr eu byw, ac os oedd ystyr i fyw, roedd ystyr i hanes hefyd. Gallu creadigol mewn cymdeithas a gwareiddiad oedd y credu hwn, a greodd egni, ysbrydiaeth a gwefr yn ogystal â chadernid yn helbulon bywyd a chysur yn wyneb angau. Un o'r atgofion dwysaf sydd gan rai a'i hadnabu oedd ei bregeth angladd i'w gyfaill a'i gyd-weithiwr John Alwyn Charles yng nghapel Pen-dref, Bangor, ym mis Ebrill 1977. 'I Dduw y byddo'r diolch, yr hwn sydd yn rhoddi i ni fuddugoliaeth trwy ein Harglwydd Iesu Grist' (1 Cor.15:57) oedd y testun, ac roedd ei draethiad o fudd-ugoliaeth yr Atgyfodiad ar y gelyn diwethaf yn ddim llai nag ysgubol y bore hwnnw.[39] Roedd yr efengyl yn golygu ymwared, a'r ymwared yn esgor ar obaith a llawenydd:

> Mewn cyfnod pan yw pesimistiaeth yn ffasiynol a llawer o Gristionogion yn gwneud digalondid yn esgus dros ddiogi, mae'n fater o gryn bwys i ail-ddarganfod ystyr 'llawenydd' y Beibl ac i weld ei gynefin ym mhatrwm gwaith grasol Duw. Wrth edrych o'n cwmpas gwelwn bobl lawer sy'n Gristionogion digon diledryw mewn llawer ffordd yn suddo i dristwch. Gwelir arweinwyr Cristionogol yn esgeuluso eu gwaith ac aelodau eglwysig yn gwbl fflat a di-wefr . . .
>
> Anghofiodd Cristionogion i ormod graddau nad ffrwyth penderfyniadau pwyllgorau na chynnyrch nosweithiau llawen yw'r llawenydd Cristionogol. Mae'n un o ffrwythau yr Ysbryd Glân.[40]

Ac roedd yr Ysbryd Glân yn rhodd gan Dduw i bwy bynnag a fentrai gredu yng Nghrist: 'Edifarhewch, a bedyddier pob un ohonoch yn enw Iesu Grist er maddeuant eich pechodau, ac fe dderbyniwch yr Ysbryd Glân yn rhodd' (Actau 2:38). Roedd y rhodd ynghlwm wrth y waredigaeth a'r waredigaeth honno'n ffaith:

> Y mae a wnelo Cristionogaeth . . . â chyhoeddi fod ymwared. Nid syniad moel yw Crist iddi, ond y Gwaredwr. Mae'r Creawdwr hefyd yn Dduw'r achubydd. A thrwy eu pregethu, eu sacramentau, eu hoedfeuon, eu gwaith bugeiliol . . . mae'r eglwysi'n gwahodd pobl yn ôl o'u dryswch i'r 'rhyfeddol oleuni' sy'n nodweddu Teyrnas Dduw.

Dichon i'r eglwysi gloffi gyda'r gwaith hwn . . . Ond ffolineb fyddai
honni bod y goleuni wedi diffodd ar eu canhwyllau . . . Ni phallodd
y weledigaeth fod cynghanedd ac undod a gorfoledd ac ystyrlonedd
i'w cael eto i bobl Cymru yng Nghrist.
A lle bo gweledigaeth, nid pallu a wna'r bobl.[41]

Yng nghanol y cilio a'r chwalu a'r dilorni ar grefydd a ddaeth yn
fwyfwy hyglyw fel yr aeth y blynyddoedd yn eu blaen, parhâi i
edmygu tystiolaeth dawel y 'ddau neu dri' a oedd yn dal i gwrdd
yn enw Iesu Grist. 'Y mae dyled Cymru i'r "praidd bychain"
yn fwy nag y sylweddolai yn ystod y chwedegau', meddai, 'ac yn
fwy nag y mae hi'n sylweddoli heddiw'.

> Dioddefodd y cnewyllyn ffyddlon yn ein heglwysi feirniadu a goganu
> didrugaredd ers blynyddoedd. Tybiai pob ffŵl fod ganddo drwydded
> i'w brifo. Ond y gwir amdani yw fod y dosbarth yma yn ein
> heglwysi'n cynrychioli miloedd lawer o wir saint Duw . . . Oni bai am
> bobl o fath y 'praidd bychan' hwn, darfuasai ers blynyddoedd am ein
> treftadaeth Gristionogol Gymraeg.[42]

Nid gwrthwynebwyr yr efengyl oedd yr unig rai i farnu'n
crefydda ddirywedig ond yn aml iawn roedd credinwyr an-
oddefgar ymhlith y beirniaid mwyaf llym. Ond ni allai Tudur
fyth ymuno yn y goganu hwn. 'I remember a heated discussion',
meddai un o fyfyrwyr Bala-Bangor yng nghanol y 1970au,

> in which some rejected the church as moribund, citing a tiny
> congregation of well-to-do women in hats. Tudur listened quietly as
> the conversation grew more intense. He then began to describe
> vividly chapels he knew in rural Wales, through his weekly itinerant
> preaching, where the few elderly women seemed to be there just for
> appearances. One woman, an elderly relative, Tudur attended at her
> bedside shortly before she died. Movingly he told us that in those
> moments he glimpsed a rich, strong, humbling faith which only God
> could see in all its glory. 'Who are we to judge by appearances?'
> Tudur asked, in that imperious way which was so formidable to
> those with whom he took issue. 'Our task is to share the Gospel.
> God has most certainly not asked us to judge!'[43]

Trwy ffydd ac nid wrth yr ymddangosiad allanol roedd y

Cristion i rodio, ac os oedd y ffydd honno yn esgor ar ystyr, gobaith a llawenydd, roedd y Beibl wrth ei sylfaen.

Mae athrawiaeth Tudur am y Beibl yn ddiddorol iawn. Nid oedd ganddo amheuaeth yn y byd am ei ysbrydoliaeth, ei awdurdod na'i natur drwyadl ddibynadwy fel cyfrwng y datguddiad Cristionogol. Yn hynny roedd yn sefyll yn sgwâr yn nhraddodiad canolog yr eglwys ar hyd y canrifoedd. Credai hefyd fod a wnelo'r ysbrydoliaeth ddwyfol â thestun yr Ysgrythur yn ogystal â'i chynnwys hanesyddol ac athrawiaethol. Ni fynnai ddweud fod y Beibl *yn cynnwys* Gair Duw er nad y Beibl *oedd* Gair Duw. Ni fynnai ychwaith, yn wahanol i Pennar Davies, fynd y tu ôl i'r Ysgrythur er mwyn dod o hyd i'r gwir ddatguddiad hanesyddol y tu hwnt i'r geiriau. 'Bu'n arfer gan Gristionogion . . . ystyried y Beibl nid fel casgliad o syniadau dynion am Dduw', meddai, 'ond fel neges oddi wrth Dduw a dyna pam yr oeddent yn ei alw yn "Air Duw"'.[44] Ni welai Tudur unrhyw reswm i roi'r gorau i'r arfer hwn. A chan fod yr Arglwydd Iesu yn ymostwng i'r datguddiad yn yr Hen Destament ac yn dehongli'i weinidogaeth yn ei goleuni – yn wahanol eto i Pennar, ni chredai Tudur mai cynnyrch myfyrdod y Cristionogion cynnar oedd y darlun hwn o Grist ond iddo adlewyrchu'r gwir ffeithiau hanesyddol – roedd yr eglwys dan rwymau i'w wneud yr un peth: 'Oddi wrth y defnydd helaeth a wna Iesu Grist o'r Hen Destament fe ddysgwn ei fod yn edrych arno fel datguddiad Duw ohono'i hun.'[45] Roedd yr Ysgrythur, felly, yn Hen Destament a Thestament Newydd, yn rhan o'r datguddiad roedd Duw wedi'i ddarparu ar gyfer ei bobl: 'Ystyr hyn i gyd yw y gallwn ddarllen ein Beibl yn hyderus. Nid yw'n methu yn y bwriad a ymgorfforodd Duw ynddo. Gallwn ymddiried ein heneidiau i'w dystiolaeth . . . [a] chymer y Beibl ei le ym mhatrwm gwaith gwaredigol Duw.'[46]

Ond mae Tudur yn ofalus, serch hynny, i beidio â dehongli proses yr ysbrydoli mewn termau statig na phrennaidd. Wrth drafod y dadleuon ynghylch ysbrydoliaeth yr Ysgrythur a ddigwyddodd ymhlith deallusion Cymru Oes Victoria, mae'n cymeradwyo'r safbwynt a roes y flaenoriaeth i ffydd ac nid i reswm. 'Mae tuedd amlwg yma i anghofio mai argyhoeddiad ffydd yw'r gred bod y Beibl yn Air Duw a cheisio'n hytrach ei droi'n egwyddor esboniadol', meddai. 'O ganlyniad, yn lle yr ymchwil esboniadol yn mynd rhagddo yng ngoleuni argyhoeddiad ffydd,

fe ddefnyddir yr argyhoeddiad i roi taw ar y drafodaeth.'[47]
Roedd yn amheus o'r dehongliad sgolastigaidd o'r Beibl a
fynnai fygu pob ymchwil feirniadol, a'r ysbryd agored hwn a
barodd iddo gydweithio'n hapus am ddegawdau gydag
ysgolheigion llai ceidwadol eu safbwynt nag ef. 'Prin y byddai
neb yn dweud fod fy mhwyslais i a phwyslais Tudur yn union yr
un fath', meddai Gwilym H. Jones adeg ymddeoliad Tudur o'i
waith yn Ysgol Diwinyddiaeth Bangor, 'ond yr ydym wedi
cydweithio'n esmwyth ers deng mlynedd ar hugain heb yr un
gair croes'.[48] Uniongred oedd ei athrawiaeth am y Beibl ac nid
ffwndamentalaidd, ac amcan achubol oedd i'r Gair ac nid un
rhesymoliaethol.

> Wrth inni fyw'n ufudd i ofynion Teyrnas Dduw mewn hyn o fyd yng
> Nghymru, fe'n tywysir gan yr Ysgrythurau i weithredu'n berth-
> nasol, yn iachusol ac yn fentrus, yn ôl ewyllys Duw.
>   Tystiolaeth y Beibl yw fod Gair Duw'n allu nerthol. Trwyddo ef y
> lluniwyd y bydoedd. Mae'n rymus – fel gordd yn dryllio creigiau. A
> Gair Duw sy'n cynnal ac yn ceryddu ac yn bywiogi'r Eglwys.
> Pwysigrwydd y Beibl yw mai ef yw'r rhan eiriol o Air Duw.
> Trwyddo mae Duw'n ein cyfarch a than dywyniadau'r Ysbryd Glân
> yn ein harwain. Nid bod y Beibl ei hun yn ddwyfol. Ei odidogrwydd
> yw ei fod yn ein harwain y tu hwnt iddo'i hun.[49]

Pan ddeuai'r rhyddfrydwyr o hyd i awdurdod diwinyddol yn y
gydwybod oleuedig neu'r profiad crefyddol a'r rhesymol-
iaethwyr yn ofni mentro y tu hwnt i lythyren y Gair, bu'r
athrawiaeth oleuedig hon yn llewyrch i lwybr cynifer ohonom a
oedd yn chwilio am ffordd grediniol o ddehongli'r Beibl mewn
oes sgeptigaidd a beirniadol.

Newyddiadura

Byth oddi ar ei ddyddiau fel myfyriwr israddedig pan
ddechreuodd ymwneud o ddifrif â materion gwleidyddol, nid
pethau ar wahân iddo oedd ffydd a'r bywyd cyhoeddus. Hyn,
ynghyd â'i ddawn lenyddol barod, a barodd iddo fwrw ymlaen
fwyfwy â newyddiadura fel cyfrwng trosglwyddo'i weledigaeth.
Yn y golofn 'Y Dyddiadur' yn y cylchgrawn chwarterol
Y Genhinen, gallai sylwi, weithiau'n grafog, weithiau'n graff, ar

fwrlwm y bywyd cyhoeddus yng Nghymru o'r tu ôl i'r ffugenw 'Sodlau Segur'. Gwnaeth hyn rhwng 1956 a 1967 tra ar yr un pryd yn golygu, am ysbeidiau, ddau newyddiadur Plaid Cymru sef *Y Ddraig Goch* a'r *Welsh Nation* a, rhwng Chwefror 1963 a Rhagfyr 1965, cyfrannodd hefyd golofn i gylchgrawn Alwyn D. Rees *Barn*. Datblygodd yn ystod y cyfnod hwnnw i fod ymhlith newyddiadurwyr bywiocaf a mwyaf egnïol Cymru, ffaith a gydnabuwyd gan olygydd y *Daily Express* a geisiodd ganddo ymrestru, yn 1968, fel colofnydd Cymreig y papur hwnnw!

Erbyn hynny roedd ei golofn wythnosol 'Tremion' wedi dechrau yn *Y Cymro*, ac erbyn iddo roi'r gorau i'r golofn ddylanwadol honno yn 1997 lluniasai 1,508 o erthyglau iddi hi ar y rhychwant ehangaf posibl o bynciau. Mae sylwi, ar hap, ar rai o'r teitlau yn awgrymu sut y gallai blethu ynghyd y lleddf a'r llon, y difrif a'r digrif: 'Beatrix Potter', 'Bwyta cnau', 'Bys ar ddolur', 'Canmolwn yn awr ein gwŷr dinod', 'Coed', 'Darogan diweddglo', 'Diarddel hereticiaid!', 'Druan â'r byd', 'Edrych ar i fyny', 'Golchi llestri', 'Gwenallt', 'Ioan Madog', 'Karl Barth', 'Mao Tse Tung', 'Marshall McLuhan', 'Miss Byd', 'Mozart', 'Mwyara', 'Myned sy raid i minnau', 'Luther', 'Pechu'n wyddonol', 'Stalin', 'Trin gwallt' a channoedd, gannoedd o rai eraill. Cafwyd detholiad o 39 ohonynt yn y gyfrol hylaw *Darganfod Harmoni* (1982). Fel Annibynnwr roedd mewn olyniaeth anrhydeddus o newyddiadurwyr galluog a gynhwysai Ieuan Gwynedd, S.R. Llanbrynmair, Gwilym Hiraethog a David Rees ac yn nes at ei gyfnod ei hun, Dyfnallt ac Iorwerth Jones. Fel hwythau ni chydnabyddai fod hollt rhwng y seciwlar a'r sanctaidd a mynnai fod ymladd o blaid iawnderau dynol yn rhan anhepgor o'r ddisgyblaeth Gristionogol. Ond eto, o ran ehangder ei weledigaeth ac union natur ei seiliau diwinyddol heb sôn am gryfder anarferol ei gyneddfau deallusol, safai ar wahân iddynt i gyd. 'Newyddiadurwr crefyddol yw ef sydd, ymddengys i mi', meddai Bobi Jones, 'yn fwy o ysgolhaig o lawer na'r un a gafwyd o'r blaen yn Ynysoedd Prydain'.[50]

Un o'r ychydig rai y gellid ei gymharu'n synhwyrol ag ef, fel yr awgrymodd Bobi Jones eto, oedd y gwladweinydd Calfinaidd o'r Iseldiroedd Abraham Kuyper (1834–1920) a fu, ymhlith pethau eraill, yn weinidog yr efengyl, yn athro prifysgol, yn arweinydd plaid wleidyddol, yn olygydd papurau newydd, yn llenor toreithiog ac yn brif-weinidog ei wlad.

Am dros hanner can mlynedd, sef rhwng 1865 a 1917, bu'n un o
arweinwyr pennaf yr Iseldiroedd ym myd gwleidyddiaeth, addysg
(ef a sefydlodd Brifysgol Rydd Amsterdam) a'r eglwys. Cododd
nifer o ysgolheigion disglair yn ddisgyblion ar ei ôl, megis
Dooyweerd mewn athroniaeth ('Tremion', 28 vi 77), Berkouwer
mewn diwinyddiaeth, a Rookmaaker yn hanes celfyddyd . . . Ysgol
Kuyper yw'r cyd-destun mwyaf priodol . . . i amgyffred gwreiddiau
diweddar Tudur Jones o ran ei safbwynt ymarferol. [51]

Er bod argyhoeddiadau Tudur wedi'u hen ymsefydlu cyn iddo
ddod yn gyfarwydd â Chalfiniaid yr Iseldiroedd, yr hyn a
wnaethant oedd cadarnhau'r weledigaeth a oedd ganddo eisoes
a'i helpu i gyfundrefnu'i feddwl a'i osod mewn cyd-destun
Ewropeaidd. Mae ôl eu hieithwedd – 'deddfau'r greadigaeth',
'sofraniaeth cylch' ac yn y blaen – i'w weld ar fwy a mwy o'i
gynnyrch o ganol y 1960au ymlaen, ac mae'n defnyddio'u
harfau i ddadansoddi hanes ac argyfwng ei wlad ei hun. Fel hyn
y mae'n sôn am Kuyper:

> Mae tebygrwydd rhwng gwead ei feddwl, a naws ei ddefosiwn, ac
> eiddo Dr George Lewis, neu Thomas Charles, neu Thomas Jones o
> Ddinbych, neu Gwilym Hiraethog, yn cyffroi diddordeb cynnes yn
> yr hyn yr oedd yn ceisio ei wneud . . . [gan fod] ganddo rai pethau
> sy'n hynod berthnasol i'r sawl sydd â diddordeb mewn darganfod
> sut mae'n briodol inni gysylltu ein brwydr ddiwylliannol yng
> Nghymru â'n gwaddol Gristionogol ac efengylaidd.[52]

Ond eto, ategu'r syniadaeth a oedd ganddo eisoes a wnaeth
Kuyper a'i ddisgyblion, ac ni fu Tudur erioed yn slafaidd
ddyledus iddynt. Meddwl synthetig oedd ganddo a chwaeth,
a chydymdeimlad, catholig ei naws. Uwchlaw popeth,
Annibynnwr Cymraeg o radical ydoedd, yn gadarn ei ffydd yng
ngras Duw a'i arglwyddiaeth dros ei fyd.

Ac roedd y byd hwnnw yn cynnwys Cymru, yn enwedig y
Gymru Gymraeg, a'i phobl. 'Rhyfedd mor aml', meddai
unwaith

> – yn enwedig yng Nghymru – y siaredir fel petai gwasanaethu Crist
> yn golygu ymwrthod â chyfrifoldeb am fywyd y genedl. Daeth
> llawer i dybio fod cyffredinolrwydd rhyngwladol mewn rhyw fodd

yn fwy Cristionogol nag arddel ein Cymreictod. Ond sentiment-
aliaeth yw hyn a gwelir hynny'n ddigon clir ond sylwi mai amcan ei
bwysleisio yng Nghymru yw ei gwneud yn haws i'r wladwriaeth
Seisnig ddyfnhau ei gafael arnom . . . I'r Cymro sydd hefyd yn
Gristion, mae cyfrifoldeb dwys ar ei ysgwyddau i barchu'r
etifeddiaeth, i beri iddi ffrwythloni a thyfu.[53]

Yn ei ysgrifeniadau gwleidyddol dangosai ddawn eithriadol i
amrywio'i nodau. Byddai weithiau'n ddigrif ac yn ysgafn ac yn
gwneud sbort am ben ei wrthwynebwyr; dro arall byddai'n
grafog ac yn finiog ac yn ddeifiol; dro arall drachefn byddai'n
ddirif-ddwys, yn fanwl ei ymresymu ac yn tynnu oddi ar ei
adnoddau ysgolheigaidd. Ac yntau wedi sefyll yn ymgeisydd
dros Blaid Cymru ym Môn yn etholiadau cyffredinol 1959 a
1964, aeth i'r afael yn hwyliog ag ymgeisydd y Torïaid, y llenor
medrus a'r newyddiadurwr poblogaidd John Eilian:

> Yn ddiweddar bu Mr John Eilian Jones, darpar ymgeisydd y Blaid
> Geidwadol ym Môn, yn cyhoeddi ei argyhoeddiadau ynghylch
> dyfodol Cymru. Gan fod y fath wahaniaeth rhwng De a Gogledd y
> mae am rannu Cymru'n ddarnau. Ac yna wedi ei naddu fel hyn y
> mae am asio Môn a'r Gogledd yn gyffredinol â Gogledd-Orllewin
> Lloegr. Dyma'r genedl newydd y mae ef am fod yn dadmaeth iddi.
> Ni bydd neb mwyach yn sôn am Gymru 'o Gaergybi i Gaerdydd',
> ond am Lannau Merswy 'o Bentreucha i Batricroft' . . . Yr ydym yn
> edmygu John Eilian fel bardd celfydd. Ai darn o farddoniaeth yn y
> dull rhamantaidd yw hwn? . . . Ond posibl mai hiwmor Mr Jones
> sy'n mynd yn drech nag ef a'i fod yn tybio nad oes fawr o
> wahaniaeth rhwng llwyfan gwleidyddol a llwyfan noson lawen.[54]

Nid ymgeiswyr seneddol y pleidiau Seisnig oedd yr unig rai
i ddod dan yr ordd ganddo. Gallai fod yn ddeifiol wrth drin
y Cymry hynny a roesant fod yn rhan o lywodraeth y dydd yn
uwch na'u dyletswydd at eu cyd-genedl. 'Aeth dydd cym-
rodeddu heibio', meddai gan gyfeirio at Cledwyn Hughes ac
Elystan Morgan, dau yr oedd ganddo gryn feddwl ohonynt er
gwaethaf popeth. Ond eto:

> Nid yw cyfrwystra gwleidyddol sy'n troi'n fantais bersonol i'r
> gwleidydd ei hun ac yn ddolur i'r achos y mae'n honni ei gynnal yn

tycio dim. Cawsom hen ormod o'r cyfrwystra yma yng Nghymru eisoes. Daeth dydd diffinio ffiniau. Daeth dydd ynysu byddin Gideon. Safed pawb sydd dros Gymru; eistedded y gweddill i fwynhau canmoliaeth llywodraeth Loegr . . . Byddai'n hyfryd iawn petai Mr Cledwyn Hughes a Mr Elystan Morgan wedi penderfynu ochri gyda'u pobl. Ond nid felly y bu hi. Ac felly rhaid eu hymladd hwythau a'u symud allan o fyd y cymrodeddu i'r ardal ddeoledig honno lle mae gwleidyddion di-sedd yn yfed gwin y gorffennol.[55]

Nid oedd y siarad plaen hwn yn mynd i blesio pawb, wrth reswm, ac roedd hi'n arwydd o'r pegynu a ddigwyddodd yng Nghymru'r 1960au. Magodd Tudur yr enw o fod yn ddadleuwr miniog, yn wrthwynebydd peryglus ac yn un nad oedd ganddo flewyn ar ei dafod pan oedd egwyddor bwysig yn y fantol. Er bod ganddo hoffter personol o George Thomas hyd yn oed – Ysgrifennydd Gwladol Cymru yng nghabinet Llafur Harold Wilson, gan rannu llwyfan ag ef fwy nag unwaith mewn ymgyrchoedd moesol a chrefyddol – ymosododd yn hallt arno pan welai angen.

Pan fyddai gynt yn sefyll o flaen dosbarth o blant fel ysgolfeistr, diau mai ei ddawn fawr oedd dweud y drefn . . . Ac ysgolfeistr ydyw o hyd. Cyn gynted ag y daw cyfle y mae'n estyn ei wialen fedw ac yn ymroi ati i golbio'r Cymry Cymraeg a Phlaid Cymru . . . Y mae ef yn gallu cyhoeddi Plaid Cymru'n euog o'r ffrwydriadau [yng Nghaerdydd a Llyn Fyrnwy] heb gynnull yr un llys i eistedd, heb chwilio am gymaint ag un blewyn o dystiolaeth, heb groesholi neb. Y mae ef yn llys, yn farnwr, yn rheithgor ac yn ddienyddiwr ynddo'i hun. Pa bryd y gwisgwyd George â'r hollalluowgrwydd hwn?[56]

Ac yntau'n ergydio mor galed, nid oedd yn rhyfedd i lawer adweithio yn ei erbyn yn bur chwyrn, yr un mor chwyrn ag yr ymosodai ef ar eraill! Cyfeiriodd unwaith at y llythyrau cas a dderbyniai gan bobl a gythruddwyd gan ei sylwadau:

Yn od iawn, ar ôl imi fod yn annerch Cymdeithas yr Iaith Gymraeg gerllaw'r Tŷ Mawr, man geni'r Esgob Morgan, cefais bentwr o lythyrau pur ffyrnig . . . Mynnai rhai eu bod yn teimlo 'cywilydd mawr' fy mod wedi annerch ar yr achlysur. Sut y mae ateb rhywun sy'n mynd i'r drafferth i ddweud wrthych fod arno gywilydd ohonoch? Ac ymhlith y rhain y mae'r cyfeillion sy'n galw arnoch i ymddiswyddo. Yr wyf wedi cael y cais yma droeon. Y tro cyntaf oedd ar ôl imi annerch cyfarfod heddwch yng Nghaerdydd pan oeddwn yn fyfyriwr. Yr ail dro oedd ar ôl imi annerch Cymdeithas Ddirwest Gogledd Ceredigion pan oeddwn yn weinidog yn Aberystwyth. A'r trydydd tro oedd yn union ar ôl y ffrwgwd honno yn Suez, am imi ddweud pethau go siarp yn Llangefni am bwy bynnag oedd yn Brifweinidog yr adeg honno. Ar ôl hynny, byddaf o leiaf yn cael un bob blwyddyn. Ond nid yw'r cyfeillion hyn yn sylweddoli y byddwn yn llawer mwy anystywallt pe na bawn yn athro mewn coleg diwinyddol![57]

Nid llipryn o ddyn oedd Tudur Jones ond ymladdwr caled â thafod, ac ysgrifbin, chwim dros ben. Gallai godi dychryn ar bobl yn gwbl ddidrafferth, ac ni fyddai neb yn meiddio bod yn hy arno. Ond eto cuddiai yr ymarweddiad hwn sensitifrwydd mawr a theimladrwydd anarferol, a does dim amheuaeth i'r nodweddion tra, tra dynol hyn gyfrannu at ei fawredd.

Er mai cyfrwng i'w genadwri a'i argyhoeddiadau oedd newyddiadura iddo, roedd ynddo holl reddf y llenor mawr. 'Llenor medrus yw Tudur Jones', meddai Bobi Jones, 'un o'r bywiocaf a gawsom yn y ganrif hon'.[58] Byddai ef ei hun yn gwadu hyn. 'Nid wyf erioed wedi caniatáu i neb fy ngalw'n llenor', meddai. 'Rhyw fath o rybelwr ymhlith geiriau, nid crefftwr, ydwyf.'[59] O feddwl am swmp aruthrol ei waith a'i allu i'w gynhyrchu mewn dull mor llyfn a diymdrech, gellid maddau yr ychydig rodres hwn mae'n debyg, ond y gwir yw iddo fod ymhlith pencampwyr rhyddiaith Gymraeg yr ugeinfed ganrif. Ac mae hyn i'w weld nid yn unig yn ei gyfrolau pwysfawr a sylweddol ond yn ei ysgrifau gwibiog, achlysurol yn ogystal. Y mae ymhlith ysgrifau *Ffydd yn y Ffau* emau gyda'r ceinaf heb sôn am rai a fydd yn peri i ddarllenydd chwerthin yn braf, ac roedd *Darganfod Harmoni*, yn ôl Bobi Jones, yn 'un o'r casgliadau hyfrytaf o ysgrifau Cymraeg a gyhoeddwyd ers dyddiau gorau Parry-Williams'.[60] O ran ei ddefnydd o drosiad ac ymddiddan, lleihad a choegni, gwrthuchafbwynt, ffansi, rhythm a sigl brawddegau, dangosodd y 'rybelwr' hwn gymaint feistr ydoedd ar ffurf yr ysgrif. A gallai rhai o'i ddisgrifiadau fod yn gyfareddol hudolus:

Gyda'r nos oedd hi. Gyda'r nos yn nechrau Medi. Pa flwyddyn? Ni wn pa flwyddyn. Nid llynedd na'r flwyddyn cynt. Chwarter canrif yn ôl, efallai. Ond gallai'n hawdd fod yn neithiwr, oni bai mai mis Mawrth yw hi. Oherwydd nid oes a wnelo amser ddim â'r peth. Rhan bwysig o'r stori yw nad yw'n bosibl angori'r peth wrth ddiwrnod ac almanac.

Ond gyda'r nos ym mis Medi oedd hi, serch hynny. Noson lonydd heb ddeilen yn siffrwd. Y math gyda'r nos pan yw'r haul yn hongian yn goch a phetrus uwchben y gorwel ac wrth ohirio'i fachlud yn ein hargyhoeddi ninnau mai trist o beth yw gweld diwedd y diwrnod arbennig hwn. Ac arogl gwair diweddar yn hongian yn yr awyr a'r llwyni mieri'n ddu gan ffrwyth. Bref fuwch yn gymysg â su mân bryfetach . . . [61]

Fe'n tywysir ganddo yng ngweddill yr ysgrif i mewn i eglwys Penmynydd ym Môn ac oddi yno yn ôl i gyfnod machlud y mynachlogydd gan ddisgrifio un o'r eiliadau tragwyddol hynny a ddaw i bawb o dro i dro. Ond dim ond meistr a allai fod wedi gwneud hynny mewn ffordd mor effeithiol, swynol a chofiadwy.

Y gweinidog

Wrth gael ei gyfweld gan y Dr Gwyn Davies ar gyfer *Y Cylchgrawn Efengylaidd* yn 1991 dywedodd Tudur: 'I'r weinidogaeth y'm galwyd. Dyna fy nghred, ac y mae'n gywir dweud mai mewn gwasanaethu'r efengyl trwy bregethu a hyfforddi myfyrwyr y cefais y boddhad dyfnaf.'[62] Cyfweliad dwys, nid hwyrach *rhy* ddwys ac ystyried yr hwyliogrwydd a'r hiwmor a berthynai iddo ac oedd mor barod i frigo i'r wyneb yn ei ysgrifennu ac yn ei sgwrs. Pan gyrhaeddodd Richard Cleaves Goleg Bala-Bangor o Goleg Iesu, Rhydychen, yn nhymor yr hydref 1974 i baratoi ar gyfer gweinidogaeth Ffederasiwn Cynulleidfaol Lloegr, ni wyddai beth i'w ddisgwyl. 'At first encounter, and to those who did not get to know him better, R. Tudur Jones could appear dry and reserved, austere even.' Ond buan iawn y daeth tro ar fyd. 'Nothing was further from the truth, as might be suspected from the guffaws of laughter emerging from the staff room at coffee time at Coleg Bala-Bangor as Principal Tudur Jones and Professor Alwyn Charles met for their regular, much loved break together.'[63] Nid nad oedd y dwyster yn ddiffuant: gŵr o ddifrif oedd Tudur ymhopeth a wnaeth. Ond roedd yn dduwiol heb fod yn sychdduwiol, a gallai ef (ac Alwyn Charles) wneud sbort am ei ben ei hun ac am ben ei gyd-bregethwyr hefyd. 'Fe'm ganwyd mewn coler a thei', meddai unwaith, 'neu o leiaf, dyna fy amheuaeth':

> Nid oes neb yng Nghymru wedi fy ngweld heb goler a thei. Mae'n wir fod ambell un wedi fy ngweld yn Rennes neu Limoges heb dei, ond gŵyr pawb sydd wedi ei fagu'n oleuedig, nad yr un safonau sy'n dal yn Ffrainc ag sydd yng Nghymru. Ond wrth edrych o'm cwmpas, sylwaf fod pobl hynod gyfrifol bellach yn medru wynebu'r cyhoedd heb na choler na thei. Yn wir, mae rhai heb grysau. Y mae'r clwyf wedi lledu hyd yn oed i geyrydd parchusrwydd. Fe'm dysgwyd pan nad oeddwn ond pregethwr ifanc iawn na ddylid esgyn i bulpud heb esgidiau duon gloywon am fy nhraed. Cedwais y safon hwnnw'n ddifwlch hyd y dydd hwn.
>
> Yr wyf yn cofio'n dda gymaint o sioc oedd gweld pregethwr, ac un adnabyddus hefyd, yn eistedd yn y sedd fawr ac esgidiau dal adar am ei draed. Holais yn gynnil pa fath esgidiau oedd y rhain, ac esboniwyd imi mai'r enw masnachol arnynt oedd *Hush Puppies*. Aeth rhyw ias drwof. Pa gancr sydd wedi taro safonau'r weinidogaeth Gymraeg fod pregethwr efengyl yn esgyn i bulpud mewn *Hush Puppies*! Yr oedd yn gymaint ysgytwad imi fel fy mod yn cofio'r flwyddyn i'r dim. Y flwyddyn oedd 1967. Gellwch roi yn eich dyddiadur fel y flwyddyn y dechreuodd safon pregethwyr ddirywio.[64]

Dim ond rhan o waith y gweinidog a gafodd ei wneud mewn pulpud neu wrth baratoi ysgrifau ar gyfer y wasg. Yn ei ymwneud beunyddiol â phobl daeth yr agweddau eraill i'r golwg. Nid ar unwaith ychwaith, oherwydd i'r sawl nad oedd yn ei adnabod gallai ei bersonoliaeth gref a'i alluoedd meddyliol anghyffredin fod yn bur frawychus. Meddai Martin Conway, prifathro Colegau Selly Oak yn Birmingham, ar ôl oes o wasanaethu yng Nghyngor Eglwysi'r Byd, mai Tudur oedd yr arweinydd Cristionogol mwyaf pwerus iddo gyfarfod erioed ac yn ôl y Tad Deiniol o'r Eglwys Uniongred, roedd gan Tudur fwy o awdurdod cynhenid na'r un archesgob! Nid oedd hi'n syndod i bobl wywo ym mhresenoldeb un fel hwn. Ond y tu ôl i'r ymddangosiad nerthol roedd gofal mawr a charedigrwydd dihafal. Un o blith llawer a brofodd y caredigrwydd hwn oedd

Richard Cleaves a'i deulu, hwythau ymhlith arweinwyr y Ffederasiwn Gynulleidfaol newydd na fynnent ymuno â'r Eglwys Ddiwygiedig Unedig pan ffurfiwyd hi yn Lloegr yn 1972: 'In moments of despondency and heartache Tudur was a constant source of encouragement and strength to my father . . . in more ways than one.'[65] Yr un oedd profiad Derwyn Morris Jones, gweinidog eglwys y Gellimanwydd, Rhydaman gynt, ac ysgrifennydd Undeb yr Annibynwyr Cymraeg:

> Dawn arbennig yw honno i fugeilio trwy lythyr, ac y mae Tudur Jones ar ei orau yn ei lythyrau . . . Rwy'n cofio'n dda teimlo rhyw bethau'n pwyso'n drwm iawn arnaf un gaeaf, ac i mi ysgrifennu ato ar drothwy'r Nadolig i arllwys fy ngofid. Daeth llythyr gyda'r troad yn cyrraedd gyda phost olaf noswyl y Nadolig, a hwnnw'n llawn gofal a synnwyr cyffredin, ac yn gymorth o'r mwyaf i mi ar y pryd. Ymhen ychydig wythnosau dyma lythyr arall yn peri i mi chwerthin uwchben fy nhipyn gofid, ac yn help i ddod yn rhydd ohono.[66]

Pan wahoddodd Siôn Alun, gweinidog Annibynwyr Sgeti, Abertawe, Tudur i bregethu yng nghapel Bethel mewn 'noson codi calon' yn 1997, roedd ar ei befriog orau gerbron cynulleidfa ddisgwylgar a lluosog gan eu sicrhau o'r fuddugoliaeth sydd wedi'i haddo i Eglwys Crist yn y byd. 'Un argyhoeddiad y glynais wrtho trwy'r blynyddoedd', meddai mewn man arall,

> yw fod y Drindod Sanctaidd wrth y llyw, ni waeth beth ddywed arwyddion yr amserau. Ni thâl siarad fel petai Duw wedi ymddeol . . . Ni adawodd Duw ei hun yn ddi-dyst yn ein heglwysi a'n hardaloedd. Y mae gweddill sylweddol iawn yng Nghymru na phlygodd i dduwiau poblogaidd ein cenhedlaeth ac a arhosodd yn ffyddlon i'r efengyl. Diolch i Dduw amdanynt! Ac y mae arwyddion gwanwyn yn y tir.[67]

Ac ategu'r neges a wnaeth uwchben te yn y festri ac mewn sgwrs ag unigolion trwy gydol yr ymweliad gan fugeilio praidd y Sgeti mewn modd cofiadwy iawn. 'Os oedd perygl i Robert Tudur Jones dorri calon ambell un o'r plant prinnach eu hadnoddau nag ef yn y Rhyl gynt', meddai Derwyn Morris Jones,

> codi'n calonnau a wnaeth drwy ei bregethu grymus. Gwir ei fod yn dinoethi'n hargyfwng personol fel pechaduriaid, a chyhoeddi'r farn sydd arnom fel eglwysi, ond dygodd adref i ni ras Duw ar gyfer pob

gofyn, gan beri i ni, fel yntau, ryfeddu at drugaredd anhygoel Duw a'i ogoniant yn yr Arglwydd Iesu Grist.[68]

Calon y bugail oedd gan y pregethwr hwn.

Tarddai'r gofal bugeiliol hwn o fywyd defosiynol disgybledig iawn. 'I ni'r myfyrwyr', meddai Arfon Jones, 'roedd Dr Tudur yn gyfaill ac yn fugail . . . O glosio ato, fe gaech ryw gipolwg ar ddyfnder ei berthynas â'r Arglwydd Iesu Grist, ei fod yn ddyn oedd yn gwybod yn iawn beth oedd "cau'r drws a mynd i'w ystafell"'.[69] Cafwyd argoel o hyn yn ei ysgrifau ar hanes duwioldeb ymhlith y Piwritaniaid a'r Methodistiaid, yn ei gyfres 'Adnewyddu nerth' a ymddangosodd yn *Y Tyst* yn ystod y 1980au ac mewn dau waith a welodd olau dydd yn 1972 sef ei esboniad gloyw ar gyfer Cyngor Ysgolion Sul Cymru *Yr Ysbryd Glân*, a'r llawlyfr defosiwn na chafodd ddim sylw gan odid neb, am a wn i, sef rhifyn Hydref–Rhagfyr yn y gyfres fuddiol *O Ddydd i Ddydd*. Llyfr arbennig iawn yw *Yr Ysbryd Glân*; ar un wedd mae'n dra gwahanol i *Cudd fy Meiau* Pennar Davies i'r graddau ei fod yn fwy athrawiaethol ei naws, yn esboniadol ei gynnwys ac yn wrthrychol ei bwyslais. Os cymuno cyfriniol â pherson hanesyddol Iesu o Nasareth yw hanfod y bywyd ysbrydol i Pennar, undod â Christ yn ôl patrwm y ddiwin-yddiaeth Bawlaidd glasurol a arddelir gan Tudur: 'Oblegid y rhai a ragwybu a ragluniodd Efe . . . a'r rhai a ragluniodd Efe, y rhai hynny hefyd a alwodd Efe, y rhai hynny hefyd a gyfiawn-haodd Efe, y rhai hynny hefyd a ogoneddodd Efe' (Rhuf. 8:29–30). Ond mae'r ddau waith gan ddau brifathro colegau'r Annibynwyr yn mynegi'r un ymdeimlad ag agosrwydd y dwyfol a gwefr y bywyd newydd yng Nghrist. 'Yr wyf yn credu mai *Yr Ysbryd Glân* yw'r llyfr y cefais y pleser mwyaf cyson wrth ei ysgrifennu,'[70] meddai, a hawdd deall hynny. Mae rhyw eneiniad arno o hyd, ac nid yw'n syndod i Bobi Jones ei ddisgrifio fel 'y gwaith defosiynol llawnaf a phrydferthaf yn y Gymraeg yn y ganrif hon'.[71] Mae naws tebyg yn hydreiddio'i gyfraniad i'r gyfres *O Ddydd i Ddydd*. 'Fe'i bwriadwyd fel arweiniad i'r bywyd defosiynol', meddai. 'Ceisir ynddo awgrymu mewn ffordd syml iawn beth yw hanfodion addoli, beth yw cynnwys gweddi a mawl, a sut yr ydym i adnabod Duw fel gwrthrych ein haddoliad. Y cyswllt bywiol hwn â Duw yw'r ddisgyblaeth gyfrin a fu bob amser yn guddiad cryfder Cristionogaeth.'[72]

Dyma hefyd y gwreiddyn byw dan bopeth a wnaeth Tudur ar hyd ei oes.

Canol y blynyddoedd

Erbyn y 1980au daeth amryw anrhydeddau i Tudur, yn rhyng-wladol, yn Brydeinig ac yn genedlaethol. Bu'n llywydd Cynghrair Annibynwyr y Byd rhwng 1981 a 1985, yn gymed-rolwr Cyngor Eglwysi Rhyddion Lloegr a Chymru 1985–6 ac yn nes adref yn llywydd Cyngor Eglwysi Rhyddion Gogledd Cymru yn 1986, yn llywydd Undeb yr Annibynwyr Cymraeg yn 1986–7 ac fe'i gwahoddwyd i draddodi Darlith Pantyfedwen yn 1994. Manteisiodd ar y cyfle yn ei anerchiadau i rannu'i weled-igaeth – yr hen weledigaeth er bod y cyd-destun erbyn hyn yn newydd. Ond os newydd oedd yr hinsawdd, o'r un man y deuai'r waredigaeth. 'Gan fod Duw yn ei hollallu wedi gweld yn dda ganiatáu'r cilio mawr oddi wrth ffydd Crist yn ein dyddiau ni, fe wyddom ei fod yn gwau trychinebau moesol, cymdeithasol a diwylliannol ein cenhedlaeth i batrwm mawreddog yr achub,'[73] meddai. A sut y câi'r patrwm hwnnw ei fynegi ym mywydau pobl? 'Sôn yr ydys am y grym sy'n meddiannu'r galon; y cyswllt ffydd â'r Duw a greodd bopeth ac sy'n ein gwaredu oddi wrth drychineb ein pechod trwy aberth Crist ac sy'n ein sancteiddio trwy eneiniad yr Ysbryd Glân. A dyma felly sydd i reoli ein popeth.'[74]

Cryn loes iddo yn ystod y cyfnod hwn oedd yr orfodaeth ar i Fala-Bangor ymuno â choleg Coffa'r Annibynwyr a symudasai eisoes o Abertawe i Aberystwyth er mwyn ffurfio coleg yr Annibynwyr Cymraeg. Datgelodd ei deimladau yn yr ysgrif gampus 'Etifeddiaeth Michael' (1988) sy'n defnyddio'n ddeifiol iawn ei wybodaeth drylwyr o hanes yr hen rwyg rhwng plaid Michael D. Jones a fynnai warchod hawliau coleg Annibynnol y Bala yn y bedwaredd ganrif ar bymtheg a phlaid John Thomas, Lerpwl, a fynnai ganoli hyfforddiant gweinidogaethol mewn un coleg yn Aberhonddu. 'Gallwn ni yn hawdd osod yr *extinguisher* ar ben eich coleg chwi', meddai John Thomas mewn pwyllgor mwy poethlyd na'i gilydd yn 1863. Ni chafodd y gwladweinydd Annibynnol hwnnw mo'i ffordd fodd bynnag, a gwasanaethodd coleg Michael D. Jones genedlaethau lawer yn y

Bala ac ar ôl ei symud i Fangor yn 1886. Wedi crynhoi hanes canrif a mwy o wasanaeth clodwiw mewn chwe thudalen sydd ymhlith y rhai pereiddiaf iddo'u llunio erioed, fel hyn mae'r ysgrif yn cael ei chloi: 'Bellach daeth y stori i ben. Y mae Coleg Bala-Bangor i gau. Daeth teulu'r *extinguisher* i'r maes eto, a llwyddasant lle methodd Dr John Thomas. Diffoddwyd y gannwyll.'[75] Ofer dweud nad oedd yr ergyd yn un galed iddo. Peth cysur oedd y ffaith i Goleg y Brifysgol gamu i'r adwy trwy ei benodi'n Athro Anrhydeddus yn yr adran Astudiaethau Crefyddol a sicrhau cartref academaidd parhaol iddo ac fel y digwyddodd roedd deng mlynedd olaf ei oes yn rhai ffrwythlon dros ben.

Gwewyr arall yn ystod y cyfnod hwn, fodd bynnag, oedd marwolaeth Rhys, ei fab hynaf, a oedd fel yntau a'r ddau fab arall, Geraint ac Alun, yn weinidog ordeiniedig gyda'r Annibynwyr. Ond fel y nododd R. Geraint Gruffydd yn gynnil iawn, cafodd Tudur a theulu Rhys 'eu cynnal yn rhyfeddol yn y prawf tanllyd hwnnw'.[76] Roedd Tudur yn flaenllaw erbyn hyn mewn llawer iawn o symudiadau eglwysig yng Nghymru a'r tu hwnt. Bu'n gefn i Ffederasiwn Gynulleidfaol Lloegr a Chymru ac er 1995 yn llywydd y Cynghrair Efengylaidd yng Nghymru.[77] Pan wahoddwyd ef yn un o ugain arweinydd Cristionogol i gymryd rhan mewn ymgynghoriad ar fater cynhenus 'Bendith Toronto' yn 1992, dyma a ddywedwyd:

> Roedd y dadlau'n chwyrn, a phawb gyda'i ddadleuon beiblaidd a hanesyddol o blaid neu yn erbyn 'y fendith', a Dr Tudur yn eistedd yn dawel yn y canol, ond fe ddaeth cyfle iddo ddweud gair. Meddai un oedd yno, 'He just quietly poured oil on troubled waters, with an unique combination of scholarship, pastoral care and personal integrity'.[78]

Tyfasai erbyn hynny yn arweinydd o bwys yn eu plith.

Roedd pob argoel fod bywyd yn mynd ymlaen yn ôl ei arfer pan ddaeth y newydd yng Ngorffennaf 1998 iddo gael ei lorio gan drawiad calon sydyn a brawychus. Ychydig ddiwrnodau ynghynt buom yn trafod cyfraniad ei gyd-Annibynnwr Pennar Davies yn sgil yr ailargraffiad o *Cudd fy Meiau* yr oedd Tudur, ar wahoddiad Gwasg John Penri, newydd ei baratoi. Er gwaethaf y gwahaniaeth yn eu safbwyntiau, roedd ei ragymadrodd helaeth a'i ddadansoddiad disglair o syniadaeth Pennar yn arwydd o raslonrwydd ymwneud y naill a'r llall ar hyd y blynyddoedd. Roedd ganddo weithiau eraill ar y gweill: cyfres o destunau Anghydffurfiol ar gyfer Gwasg Prifysgol Caeredin a chyfrol ar hanes Cristionogaeth yng Nghymru o'r cyfnod cynnar hyd y presennol. Cyrhaeddodd ddetholiad o rai o'i ysgrifau pwysicaf, *Grym y Gair a Fflam y Ffydd*, o'r wasg, yn brudd ddigon, ar ddydd ei angladd. Yn wahanol i Pennar a fu'n clafychu'n hir, cipiwyd Tudur yng nghanol ei nwyf a'i brysurdeb. Mawr fu'r galar ar ei ôl. Ond er gwaethaf y golled erys yr achos y bu'n ymladdwr mor lew drosto ar hyd ei oes, sef eglwys Crist ac achos yr efengyl yn ein gwlad. Fel y mynnai ddweud dro ar ôl tro, 'gan Dduw mae'r gair olaf'.[79]

Nodiadau

Pennod 1

1   Robert Graves, *Goodbye To All That* (London, 1929 (ail ar-graffiad, 1957)), t.168.

2   Siegfried Sassoon, *Memoirs of an Infantry Officer* (London, 1930), t.169.

3   Gw. Rupert Hart-Davis (gol.), *The Diaries of Siegfried Sassoon* (London, 1983), tt.227, 260, 272–3.

4   Frank Richards, *Old Soldiers Never Die* (London, 1933), tt.85–6, 301.

5   Gw. John Smyth, *In This Sign Conquer: the Story of the Army Chaplains* (London, 1968), pennod 10; Stuart Mews, 'Religion and English society in the First World War', traethawd anghyhoeddedig Ph.D., Prifysgol Caer-grawnt, 1973, pennod 8; Alan Wilkinson, *The Church of England and the First World War* (London, 1978), pennod 6; Michael Moynihan, *God on Our Side: the British Padres in World War One* (London, 1983).

6   Mae Dewi Eirug Davies yn crybwyll gwaith rhai ohonynt yn *Byddin y Brenin: Cymru a'i Chrefydd yn y Rhyfel Mawr* (Abertawe, 1988), pennod 3.

7   Am hanes y gatrawd a'r rhaniad rhwng bataliynau'r llinell, sef y milwyr proffesiynol, y bataliynau cadw a'r rhai newydd a grëwyd yn ystod y Rhyfel Byd Cyntaf, gw. Michael Glover, *That Astonishing Infantry: Three Hundred Years of the History of the Royal Welsh Fusiliers, 1689–1989* (London, 1989), pennod 6–8.

8   Ll. Wyn Griffith, *Up To Mametz* (London, 1931 (ail argraffiad 1988)), tt.213, 215.

9   Adroddir hanes y 38fed Adran (Cymru) yn 1916 yn fanwl gan Colin Hughes yn *Mametz: Lloyd George's 'Welsh Army' and the Battle of the Somme* (Orion Press, 1979 (ail argraffiad 1990)).

10 Ll. Wyn Griffith, *Up To Mametz*, t.213.

11 Gw. G. Dewi Roberts, *Witness These Letters: Letters from the Western Front, 1915–18* (Denbigh, 1983), tt.104–5.

[12] J. H. Lloyd-Williams, 'Y Parch. D. Cynddelw Williams BA, MC, Llandudno', *Y Goleuad*, 6 Ionawr 1943, t.5.

[13] J. T. W. yn *Blwyddiadur y Methodistiaid Calfinaidd* (Caernarfon, 1944), t.139.

[14] *Y Goleuad*, 6 Ionawr 1943, t.5.

[15] *Blwyddiadur y Methodistiaid Calfinaidd*, t.140.

[16] Mudiad yn tarddu o'r rhyfel oedd 'Toc H'; fe'i sefydlwyd gan gaplan milwrol arall, sef y Parchedig Philip 'Tubby' Clayton, a'i amcan oedd meithrin yr ymdeimlad o frawdgarwch a chymdeithas a ffynnodd ymhlith y milwyr ar y ffrynt; gw. Alan Wilkinson, *The Church of England*, tt.145–6, 307–9.

[17] Yn helaethach o lawer na 'Dyddiadur Milwr' Lewis Valentine (gw. John Emyr (gol.), *Dyddiadur Milwr a Gweithiau Eraill* (Llandysul, 1988)) ac yn fwy treiddgar na dyddiaduron tebyg megis un J. Dyfnallt Owen (gw. LlGC Casgliad J. Dyfnallt Owen), deil ei gymharu â rhyddiaith ryfel Gymraeg fwyaf arbennig y cyfnod 1914–18. Am y Llsg. gw. *Adroddiad Blynyddol* Llyfrgell Genedlaethol Cymru, 1946, t.29.

[18] Braidd yn afreolaidd yw trefn rhifo'r tudalennau. Mae'n cychwyn ar t.313 gan fynd ymlaen at t.377 ac yn neidio wedyn i t.310 a chan weithio tuag yn ôl at t.48. Cedwais sillafu'r dyddiadur a defnydd yr awdur o hirnodau, collnodau a.y.y.b. fel y mae.

[19] Gw. Huw Llewelyn Williams, *Thomas Charles Williams* (Caernarfon, 1964). Cyfeirir at y rhan a chwaraewyd yn yr ymgyrch ymrestru gan Clive Hughes, 'Army recruitment in Gwynedd, 1914–16', traethawd anghyhoeddedig MA, Prifysgol Cymru, Bangor, 1983, 262.

[20] Gw. Colin Hughes, *Mametz, passim*; cf. David A. Pretty, *Rhyfelwr Môn: Y Brigadydd-Gadfridog Syr Owen Thomas, AS, 1858–1923* (Dinbych, 1989), tt.63–94.

[21] Brodyr o Faesteg oedd George a Stephen Jeffreys, ac yn efengylwyr teithiol enwog yn y blynyddoedd yn dilyn Diwygiad 1904–5; gw. Desmond Cartwright, *The Great Evangelists: the Remarkable Lives of George and Stephen Jeffreys* (Basingstoke, 1976).

[22] Y Parchedig D. Cynddelw Williams BA, 'Ffrainc', *Y Goleuad*, 31 Mawrth 1916, tt.9–10 (9).

[23] *Blwyddiadur y Methodistiaid Calfinaidd*, 1944, t.139.

[24] Y Parchedig D. Cynddelw Williams BA, 'Y Cymry yn Ffrainc', *Y Goleuad*, 4 Awst 1916, tt.4–5 (5).

[25] Diwinydd ceidwadol oedd J. Cynddylan Jones (1860–1930), a'i ddiwinyddiaeth sustematig *Cysondeb y Ffydd* yn dra phoblogaidd;

cyhoeddwyd y bedwaredd gyfrol, 'Person yr Ysbryd a'i Waith', yn 1916. Arno gw. *Y Bywgraffiadur Cymreig* (Llundain, 1953), t.455, a'i *Atodiad* (1970), t.10.

[26] 'Anrhegu caplan', *Y Goleuad*, 27 Hydref 1916, t.10.

[27] Ibid.

[28] Y Parchedig D. Cynddelw Williams, 'Y Cymry yn y frwydr fawr', *Y Goleuad*, 30 Mawrth 1917, t.10.

[29] Gw. C. R. M. F. Cruttwell, *A History of the Great War, 1914–18* (London, 1934 (argraffiad 1982)), pennod 16 ('regimental histories, memoirs, and novels all write of the Somme as having imprinted upon its actors a frightful and ineffaceable impression', t.277); am hanes catrawd Cynddelw yn ystod yr ymladd, gw. Michael Glover, *That Astonishing Infantry*, tt.128–48.

[30] Y Parchedig D. Cynddelw Williams BA, 'Y Cymry yn Ffrainc', *Y Goleuad*, 21 Medi 1917, t.6.

[31] Ibid.

[32] Y Parchedig D. Cynddelw Williams BA, 'Gair o Ginmel', *Y Goleuad*, 18 Ionawr 1918, t.6.

[33] T. Rhondda Williams (1860–1945) a oedd yn weinidog yn Brighton ar y pryd; gw. *Y Bywgraffiadur Cymreig 1941–51* (Llundain, 1970), t.62.

[34] *Y Goleuad*, 10 Medi 1915, t.10.

[35] Eric Jones, '"On Active Service" the war diary of a Caernarfonshire quarryman', *Trafodion Cymdeithas Hanes Sir Gaernarfon, 52–3* (1991–2), 87–102 (98–9).

[36] Morgan Watcyn-Williams, *From Khaki to Cloth: the Autobiography of Morgan Watcyn-Williams MC, Merthyr Tydfil, 1891–1938* (Caernarfon, 1949), t.54.

[37] O bapur newydd anhysbys a gedwir y tu mewn i glawr dyddiadur Cynddelw Williams yn Llyfrgell Genedlaethol Cymru.

[38] Morgan Watcyn-Williams, *From Khaki to Cloth*, t.84.

[39] Ibid., t.82.

[40] Ibid., t.78.

[41] E. Beynon Davies, *Ar Orwel Pell* (Llandysul, 1965), tt.37, 38; am Geoffrey Studdert-Kennedy (1883–1929), gw. William Purcell, *'Woodbine Willie': (G. A. Studdert-Kennedy)* (London, 1962).

[42] Ymhlith y caplaniaid Cymreig a enillodd naill ai'r DSO neu'r Groes Filwrol am ddewrder ar faes y gad yr oedd yr Anglicaniaid W. T. Havard, curad Llanelli (esgob Llanelwy wedyn) a W. J. Williams, curad Ystumllwynarth, Abertawe; y Bedyddiwr A. Rhys Morgan, gweinidog New Park Street, Caergybi; y Methodistiaid

Calfinaidd C. L. Perry, Casnewydd, a D. Morris Jones (athro yng Ngholeg Diwinyddol Aberystwyth wedyn), ac eraill. Ceir cymeradwyaeth fynych mewn deunydd cyfoes am gaplaniaid fel yr Annibynwyr Peris Williams ac Evan Mathias, y Bedyddwyr Hugh Jones, Glanwydden a W. E. Jones, Tyddyn-siôn, a'r Methodistiaid Llewelyn Lloyd, Pennal, a'r Athro David Williams, Aberystwyth; am ymdriniaeth â chrefydd Cymru yn ystod y Rhyfel Mawr gw. Morgan, *Span*, tt.41–77.

[43] Gw. sylw Ll. Wyn Griffith yn nodyn 11 uchod; cf.C. E. Montague, *Disenchantment* (London, 1922), tt.67–74.

[44] Beynon Davies, *Ar Orwel Pell*, t.82; cf. T. Hughes Jones, *Amser i Ryfel* (Aberystwyth, 1944), t.181.

Pennod 2

[1] R. Tudur Jones, *Hanes Annibynwyr Cymru* (Abertawe, 1966), t.264.

[2] R. Tudur Jones, *Ffydd ac Argyfwng Cenedl*, Cyf.2 (Abertawe, 1982), t.231; am fanylion y frwydr a'i harwyddocâd, gw. K. O. Morgan, *Freedom or Sacrilege?* (Penarth, 1966); P. M. H. Bell, *Irish and Welsh Disestablishment* (London, 1969); Roger L. Brown, 'Traitors and compromisers: the shadow side of the Church's fight against disestablishment', *The Journal of Welsh Religious History* 3 (1995), 34–53.

[3] J. Lambert Rees, *Timothy Rees of Mirfield and Llandaff: a Biography* (London, 1945), tt.10–11.

[4] Gw. David Walker (gol.), *A History of the Church in Wales* (Penarth, 1976), tt.144–163; A. Tudno Williams, *Mudiad Rhydychen a Chymru* (Dinbych, 1983); ac E. T. Davies, *A New History of Wales: Religion and Society in the Nineteenth Century* (Llandybïe, 1981), tt.78–97.

[5] D. T. W. Price, *A History of Saint David's University College, Lampeter* Cyf.1 (Cardiff, 1977), t.159.

[6] Eluned E. Owen, *The Early Life of Bishop Owen, a Son of Lleyn* (Llandysul, 1957), tt.129–30.

[7] Gw. Roger L. Brown, *The Welsh Evangelicals* (Tongwynlais, 1986), tt.105–27.

[8] J. Lambert Rees, *Biography*, t.25.

[9] *Y Llan*, 4 Ebrill 1931, t.1.

[10] Dyfynnwyd gan Owain W. Jones, *Saint Michael's College Llandaff, 1892–1992* (Llandaf, 1992), t.47.

[11] Gw. A. M. Allchin, *The Silent Rebellion: Anglican Religious Communities, 1845–1900* (London, 1958).

[12] J. Lambert Rees, *Biography*, t.29.

[13] Gw. Alan Wilkinson, *The Community of the Resurrection: A Centenary History* (London, 1992), tt.38–128.

[14] 'Letter from the Rev. C. Fitzgerald', *The Community of the Resurrection Quarterly (CRQ)* 31 (1910), 38–9 (39).

[15] 'Letter from the Rev. Fr. Rees', *CRQ* 32 (1910), 39–41(40).

[16] Ibid., 41.

[17] 'Letter from Father Rees', *CRQ* 33 (1911), 27–9 (28).

[18] Ibid., 29.

[19] J. Lambert Rees, *Biography*, t.69.

[20] 'Letters from Fr. Rees', *CRQ* 45 (1914), 31–7 (32).

[21] Ibid., 34

[22] Ibid., 36.

[23] J. Lambert Rees, *Biography*, t.75.

[24] Ibid., t.76.

[25] Timothy Rees, 'The Church in Wales', *CRQ* 35 (1911), 6–13 (6).

[26] Ibid., 10–11.

[27] Ibid., 9.

[28] Un o'r ychydig eithriadau oedd y lleygwr John Arthur Price a gyfunai ucheleglwysyddiaeth â chenedlaetholdeb gwleidyddol radicalaidd ac a ymunodd, maes o law, â Phlaid Genedlaethol Cymru, gw. Frances Knight, 'Welsh nationalism and Anglo-Catholicism: the politics and religion of J. Arthur Price', yn Robert Pope (gol.), *Religion and National Identity: Wales and Scotland, c.1700–2000* (Cardiff, 2001) tt.103–22; ac E. Morgan Humphreys, *Gwŷr Enwog Gynt* (Llandysul, 1950), tt.75–84.

[29] Timothy Rees, 'The Church in Wales', 10.

[30] Ibid.

[31] Ibid., 11.

[32] Ibid.

[33] Ibid., 13.

[34] Gw. Alan Wilkinson, *Centenary History*, tt.129–51.

[35] 'Letters from Fr. Rees', *CRQ* 49 (1915), 33–5 (33–4).

[36] Ibid., 34.

[37] 'Letters from Fr. Rees', *CRQ* 52 (1915), 19–21 (20).

[38] Gw. Alan Wilkinson, *Centenary History*, tt.74–7.

[39] J. Lambert Rees, *Biography*, t.47.

[40] 'Letter from Fr. T. Rees', *CRQ* 55 (1916), 34–5 (34).

[41] 'From Fr. T. Rees', *CRQ* 56 (1916), 23–5 (23).

42 Ibid., 24.
43 Ibid.
44 Gw. Alan Wilkinson, *Centenary History*, tt.133–46.
45 'From Fr. F. King', *CRQ* 55 (1916), 35–7 (35).
46 J. Lambert Rees, *Biography*, t.49.
47 Ibid., t.50.
48 Ibid., t.51.
49 Ibid.
50 Ibid.
51 J. Lambert Rees (gol.), *Sermons and Hymns by Timothy Rees, Bishop of Llandaff* (London, 1946), t.110.
52 Ibid., t.123.
53 J. Lambert Rees, *Biography*, t.60.
54 John S. Peart-Binns, *Ambrose Reeves* (London, 1973), t.23.
55 Alan Wilkinson, *Centenary History*, t.289.
56 Timothy Rees, 'Some stray thoughts on vocation', *CRQ* 98 (1927), 10–14 (11); cf. J. Lambert Rees (gol.), *Sermons and Hymns*, tt.70–5 (72).
57 Timothy Rees, 'The blessed habit of intensity', *CRQ* 69 (1920), 1–7 (1) ; cf. J. Lambert Rees (gol.), *Sermons and Hymns*, tt.54–8 (54).
58 Timothy Rees, 'The blessed habit of intensity', 6; J. Lambert Rees (gol.), *Sermons and Hymns*, t.57.
59 J. Lambert Rees, *Biography*, tt.91–3.
60 Timothy Rees, 'The passion narrative,' *CRQ* 85 (1924), 1–7 (7); cf. J. Lambert Rees (gol.), *Sermons and Hymns*, tt.43–7 (47).
61 Timothy Rees, 'The sins of good people,' *CRQ* 93 (1926), 1–8 (2); cf. J. Lambert Rees (gol.), *Sermons and Hymns*, tt.64–9 (65); cf. Timothy Rees, 'Growth', *CRQ* 110 (1930), 1–8 ; cf. J. Lambert Rees (gol.), *Sermons and Hymns*, tt.48–53.
62 J. Lambert Rees (gol.), *Sermons and Hymns*, tt.125–6.
63 Nicholas Mosley, *The Life of Raymond Raines* (London, 1961), t.27.
64 Am ei yrfa ddadleuol yno, gw. Alan Wilkinson, *Centenary History*, tt.256–75.
65 'Letter from Fr. Rees', *CRQ* 106 (1929), 24–6 (25).
66 J. Lambert Rees, *Biography*, t.79.
67 'Letter from Fr. Rees', *CRQ* 107 (1929), 24–6 (25).
68 Ibid., 26.
69 Ibid., 26.
70 J. Lambert Rees, *Biography*, t.87.
71 Ibid.

72 Ibid., t.88.

73 Ibid., t.89.

74 Ibid., t.90.

75 LlGC. Llsg. 22685 A, tt.36–7.

76 Ibid., t.35; cf. yr anerchiad 'The New Life' yn J. Lambert Rees (gol.), *Sermon and Hymns*, tt.79–84.

77 *Y Llan*, 17 Ebrill 1931, t.4.

78 Ibid.

79 *Church Times*, 2 April 1931, t.8.

80 J. Lambert Rees (gol.), *Sermons and Hymns*, t.8.

81 Ibid., t.12.

82 Ibid.

83 Ibid., t.13.

84 *CRQ* 114 (1931), 32.

85 J. Lambert Rees, *Biography*, t.107.

86 J. Lambert Rees (gol.), *Sermons and Hymns*, t.99.

87 Ibid., t.107.

88 H. Elvet Lewis, *Caniadau Elfed* (Caerdydd, 1909), t.174.

89 Esgob Llandaf, *Trwy'r Oesau* (d.ll., 1937), t.6.

90 Ibid., t.11.

91 Ibid.

92 *The Times*, 2 Chwefror 1937, t.8.

93 Keble Talbot, 'Timothy Rees C.R., Bishop of Llandaff', *CRQ* 114 (1939), 1–3 (1).

94 Ibid., 2.

95 Ibid., 3.

Pennod 3

1 'Llandudno', *Y Deyrnas,* cyfres 2, 8 (Medi 1936), 3.

2 Lewis Valentine, 'Araith Llywydd yr Undeb', *Seren Gomer* 54 (1962), 37–53 (37); gw. hefyd Lewis Valentine, *Dyddiadur Milwr a Gweithiau Eraill*, John Emyr (gol.) (Llandysul, 1988), tt.191–209 (191); cf. hefyd y cyfeiriad yn y sgwrs rhyngddo a Raymond Edwards a ddarlledwyd yn 1968, gw. John Emyr (gol.), *Dyddiadur Milwr*, t.256.

3 Ibid., t.257.

4 Ibid.

5 Gw. J. Gwynn Williams, *The University College of North Wales: Foundations, 1884–1927* (Cardiff, 1985), t.333.

6   LlGC, papurau Lewis Valentine 23.

7   Cf. Alan Wilkinson, *The Church of England and the First World War* (London, 1975); a Dewi Eirug Davies, *Byddin y Brenin: Cymru a'i Chrefydd yn y Rhyfel Mawr* (Abertawe, 1988).

8   Gw. D. Densil Morgan, '"Christ and the War": some aspects of the Welsh experience, 1914–18', *Journal of Welsh Religious History* 5 (1997), 73–91; ac idem., *Span*, tt.41–77.

9   LlGC, papurau Lewis Valentine 23.

10   LlGC, papurau Lewis Valentine 24.

11   'Yr eglwys yn y "witness box"', *Y Deyrnas* 59 (Gorffennaf 1928), 3.

12   LlGC, llythyrau Lewis Valentine 2/6.

13   LlGC, papurau Lewis Valentine 25.

14   LlGC, llythyrau Lewis Valentine 1/1, 11 Ionawr 1921.

15   J. Gwynn Williams, *Foundations*, t.395.

16   'Cyflwyniad', *Y Deyrnas* 1 (Tachwedd 1923), 2.

17   Mae Robert Pope yn trafod dylanwad COPEC ar Ymneilltuwyr Cymru yn *Building Jerusalem: Labour, Nonconformity and the Social Question in Wales, 1906–39* (Cardiff, 1998), tt.195–9; am 'yr efengyl gymdeithasol' yng Nghymru rhwng y rhyfeloedd, idem., *Seeking God's Kingdom: The Nonconformist Social Gospel in Wales, 1906–1939* (Cardiff, 1999).

18   'COPEC', *Y Deyrnas* 14 (Rhagfyr 1924), 4.

19   Ibid.

20   LlGC, llythyrau Lewis Valentine 2/6, llythyr diddyddiad at gyfaill anhysbys.

21   'COPEC', *Y Deyrnas* 14 (Rhagfyr 1924), 4.

22   'Llais y proffwyd', *Y Deyrnas* 56 (Mehefin 1928), 2; am arwyddocâd Sheppard yn ei gyd-destun gw. Alan Wilkinson, *Dissent or Conform? War, Peace and the English Churches, 1900–45* (London, 1986), tt.112–25.

23   Gw. Robert Pope, 'Corwynt gwyllt ynteu tyner awel? Helynt Tom Nefyn yn y Tymbl', *Y Traethodydd* 152 (1997), 150–62.

24   'Y Parchedig Tom Nefyn Williams', *Y Deyrnas* 59 (Medi 1928), 3.

25   'Prifathro newydd i Gaerdydd', *Y Deyrnas* 60 (Hydref 1928), 3.

26   Gw. Robert Pope, 'Lladmerydd y Deyrnas: Herbert Morgan (1875–1946)', *Trafodion Cymdeithas Hanes Bedyddwyr Cymru* (1994), 47–65.

27   'Tipyn o bopeth', *Y Deyrnas* 29 (Ionawr 1926), 2.

28   'Cefnu ar y Bedyddwyr', *Y Deyrnas* 63 (Ionawr 1929), 2.

29   'Cymanfa Bedyddwyr Arfon', *Y Deyrnas* 68 (Mehefin 1929), 2.

30   *Y Deyrnas* 79 (Gorffennaf–Awst 1930), 2; am gyflwr isel

Ymneilltuaeth ar y pryd, gw. Morgan, *Span*, tt.162–72.

31 'Tipyn o bopeth', *Y Deyrnas* 15 (Ionawr 1925), 2; John Roberts, 'Hanes Bedyddwyr Llandudno', *Y Deyrnas* 32 (Mehefin 1926), 2.

32 *Y Deyrnas* 14 (Rhagfyr 1924), 5.

33 Gw. Morgan, *Seiliau,* tt.9–91 a phennod 4 isod.

34 'Nodiadau golygyddol', *Y Deyrnas* 78 (Mai–Mehefin 1930), 2.

35 Ibid.

36 'Tipyn o bopeth', *Y Deyrnas* 3 (Ionawr 1924), 3.

37 'Achub iaith Cymru', *Y Deyrnas* 4 (Medi 1927), 2.

38 LLGC, llythyrau Lewis Valentine 3/2, 11 Chwefror 1936.

39 Am fwriad y llywodraeth i godi ysgol fomio ym Mhenyberth, Penrhos, ger Pwllheli, a'r ymgyrch yn ei erbyn a arweiniodd at y tân a charchariad Saunders Lewis, Valentine a D. J. Williams gw. Dafydd Jenkins, *Tân yn Llŷn* (Caerdydd, argraffiad 1975); ac O. M. Roberts, *Oddeutu'r Tân* (Caernarfon, 1994).

40 'Y llythyr misol', *Y Deyrnas* cyfres 2, 9 (Awst 1936), 2.

41 Ibid.

42 Lewis Valentine a Saunders Lewis, *Paham y Llosgasom yr Ysgol Fomio* (Caernarfon, 1937), t.23.

43 John Emyr (gol.), *Dyddiadur Milwr a Gweithiau Eraill*, tt.250–1.

44 LLGC, llythyrau Lewis Valentine 1/82.

45 Ibid.

46 LLGC, llythyrau Lewis Valentine 1/97, 21 Rhagfyr 1946.

47 Ibid.

48 LLGC, llythyrau Lewis Valentine 1/113, 22 Rhagfyr 1947.

49 Gw. Morgan, *Span*, tt.205–13.

50 O sgwrs rhyngddo a Raymond Edwards a ddarlledwyd Sul y Pasg 1968, *Seren Gomer* 60 (1968), 1–7 (4); a John Emyr (gol.), *Dyddiadur Milwr a Gweithiau Eraill*, tt.258–62 (258).

51 Gw. B. G. Owens, 'Golygyddiaeth *Seren Gomer*, 1951–74', *Seren Gomer* 70 (1978), 2–11, 46–54 (6).

52 Lewis Valentine, 'Nodiadau'r golygydd', *Seren Gomer* 45 (1953), 113–17 (115).

53 Ibid., 116.

54 Ibid., 117.

55 Lewis Valentine, 'Nodiadau'r golygydd', *Seren Gomer* 46 (1954), 1–5 (3).

56 Ibid., 4.

57 Ibid., 5.

58 Lewis Valentine, 'Nodiadau'r golygydd', *Seren Gomer* 51 (1959), 81–3 (82).

[59] Lewis Valentine, 'Araith Llywydd yr Undeb', *Seren Gomer* 54 (1962), 37–53 (42); cf. John Emyr (gol.), *Dyddiadur Milwr a Gweithiau Eraill*, tt.191–209 (197).

[60] Lewis Valentine, 'Nodiadau'r golygydd', *Seren Gomer* 45 (1953), 41–8 (42).

[61] Ibid. (Mae'r llythrennau italig yn y gwreiddiol).

[62] Lewis Valentine, 'Pregethu', *Seren Gomer* 46 (1954), 76–83 (79).

[63] Ibid., 78.

[64] Ibid., 81.

[65] Lewis Valentine, 'Nodiadau'r golygydd', *Seren Gomer* 49 (1957), 77–81(80).

[66] Lewis Valentine, 'Araith Llywydd yr Undeb', 38, 47; cf. John Emyr (gol.), *Dyddiadur Milwr a Gweithiau Eraill*, tt.192, 202.

[67] LLGC, llythyrau Lewis Valentine 3/26.

[68] Dafydd Ifans (gol.), *Annwyl Kate, Annwyl Saunders: Gohebiaeth 1923–83* (Aberystwyth, 1992), tt.197–8; cyhoeddwyd peth o'r sgwrs rhyngddi a Valentine yn *Seren Gomer* 55 (1963), 101–8.

[69] Sgwrs â Raymond Edwards, *Seren Gomer* 60 (1968), 5; John Emyr (gol.), *Dyddiadur Milwr a Gweithiau Eraill*, t.259.

[70] Dyfynnwyd gan Miss Einwen Jones, Glyn-ceiriog, yn ei phapur anghyhoeddedig 'Lewis Valentine yn ei gymanfa'.

[71] Lewis Valentine, 'Nodiadau'r golygydd', *Seren Gomer* 52 (1960), 81–7 (84).

[72] Lewis Valentine, 'Nodiadau'r golygydd', *Seren Gomer* 50 (1958), 33–6 (35).

[73] Ibid.

[74] Lewis Valentine, 'Y wyrth a sut y digwyddodd', *Seren Gomer* 60 (1968), 31–42 (36).

[75] Lewis Valentine, 'Nodiadau'r golygydd', *Seren Gomer* 44 (1952), 73–7 (77).

[76] Lewis Valentine, 'Rhwng tri', *Seren Gomer* 53 (1961), 77–82 (79).

[77] Lewis Valentine, 'Nodiadau'r golygydd', *Seren Gomer* 45 (1953), 1–5 (3).

[78] Ibid., 4.

[79] Lewis Valentine, 'Nodiadau'r golygydd', *Seren Gomer* 49 (1957), 77–81 (78).

[80] Lewis Valentine, 'Y wyrth a sut y digwyddodd', 34.

[81] Ibid., 37.

[82] Dyfynnwyd gan Einwen Jones, 'Lewis Valentine yn ei gymanfa'.

[83] Ibid.

84 Sgwrs â Raymond Edwards, *Seren Gomer* 60 (1968), 5; John Emyr (gol.), *Dyddiadur Milwr a Gweithiau Eraill*, t.259.
85 John Emyr (gol.), *Lewis Valentine yn Cofio* (Dinbych, 1983), t.52.
86 Ibid.

Pennod 4

1 Gwenallt 'John Edward Daniel', *Y Coed* (Llandysul, 1969), t.20; cf. Donald Allchin a D. Densil Morgan, *Sensuous Glory: the Poetic Vision of D. Gwenallt Jones* (Norwich, 2000), tt.83–4.
2 Am ei yrfa gw. Morgan, *Seiliau*, tt.9–91.
3 Erbyn hyn yr astudiaeth fwyaf cyhwysfawr o'r symudiad hwn yw Robert Pope, *Seeking God's Kingdom: the Nonconformist Social Gospel in Wales, 1906–39* (Cardiff, 1999).
4 Am ddadansoddiad manwl o syniadaeth Edwards gw. Robert Pope, *Seeking God's Kingdom*, tt.38–55.
5 J. E. Daniel, 'Diwinyddiaeth Cymru', *Yr Efrydydd* 6 (1930), 118–22, 173–5, 197–203 (121).
6 Ibid., 174.
7 Ibid., 175.
8 Gw. D. Densil Morgan, *Barth* (Dinbych, 1992), tt.46–66.
9 J. E. Daniel, 'Pwyslais diwinyddiaeth heddiw', yn John Wyn Roberts (gol.), *Sylfeini'r Ffydd Ddoe a Heddiw* (Llundain, 1942), tt.81–92 (91).
10 J. E. Daniel, *Dysgeidiaeth yr Apostol Paul* (Abertawe, 1933), t.74.
11 D. Miall Edwards, *Bannau'r Ffydd* (Wrecsam, 1929), t.372.
12 J. E. Daniel, *Dysgeidiaeth yr Apostol Paul*, t.101.
13 J. E. Daniel, 'Diwinyddiaeth Cymru', 201.
14 Ibid.
15 Ibid., 197.
16 J. E. Daniel, 'Hanfodion diwinyddiaeth', *Adroddiad Cyfarfodydd Undeb Caernarfon 1949* (Abertawe, 1950), tt.77–8 (77).
17 J. E. Daniel, 'Diwinyddiaeth Cymru', 198.
18 J. E. Daniel, 'Hanfodion diwinyddiaeth', t.78.
19 PCB, Llsg. Bala-Bangor 202, 1.
20 Ibid., 3.
21 Ibid., 4.
22 Gw. Morgan, *Span*, tt.130–7.
23 J. E. Daniel, 'Ymddiddanion Malines', *Yr Efrydydd* 4 (1928), 183–6, 229–31, 256–9 (185).
24 W. J. Gruffydd, 'Nodiadau'r golygydd', *Y Llenor* 19 (1940), 168.

25 J. E. Daniel, 'Karl Barth', *Y Dysgedydd* 125 (1945), 7–10 (9).

26 J. E. Daniel, 'John Morgan Jones', *Y Tyst*, 21 Mawrth 1946, t.3.

27 Gw. D. Densil Morgan, 'J. E. Daniel a'r Ffydd Gatholig', *Yr Aradr: Cylchgrawn Cymdeithas Dafydd ap Gwilym, Rhydychen*, 7 (1996), 61–5.

28 J. E. Daniel, 'Ymddiddanion Malines', 229.

29 Ibid.

30 J. E. Daniel, 'Diwinyddiaeth Cymru', 175.

31 J. E. Daniel, 'Pwyslais diwinyddiaeth heddiw', 89.

32 J. E. Daniel, 'Eglwys Crist yn hanfodol i Efengyl Crist', *Adroddiad Cyfarfodydd Undeb Caernarfon 1930* (Abertawe, 1930), tt.107–111 (111).

33 J. E. Daniel, 'Yr Eglwys: teulu Duw (ii)', *Y Tyst*, 14 Hydref 1948, t.6.

34 J. E. Daniel, *Dysgeidiaeth yr Apostol Paul*, t.112.

35 J. E. Daniel, 'Karl Barth', 10.

36 J. E. Daniel, 'Yr Eglwys: teulu Duw (i)', *Y Tyst*, 7 Hydref 1948, t.6.

37 Ibid.

38 Ibid.

39 Ibid.

40 J. E. Daniel, 'Yr Eglwys: teulu Duw (ii)', t.6.

41 Ibid.

42 Ibid.

43 Am yr ymateb i hyn gw. Trystan Owain Hughes, *Winds of Change: the Roman Catholic Church and Society in Wales, 1916–62* (Cardiff, 1999), tt.115–24.

44 J. E. Daniel, 'Llythyr agored at W. J. Gruffydd', *Baner ac Amserau Cymru*, 5 Mawrth 1941, t.8.

45 J. E. Daniel, *Welsh Nationalism: What It Stands For* (London, 1937), t.17.

46 Ibid., t.36.

47 Ibid., t.40.

48 J. E. Daniel, 'Ahab a gwinllan Naboth', *Y Ddraig Goch*, Chwefror 1932, t.5.

49 J. E. Daniel, 'Cyfrifoldeb Lloegr', *Y Ddraig Goch*, Mai 1934, t.5.

50 J. E. Daniel, 'Esbonio helynt Sbaen', *Y Ddraig Goch*, Medi 1936, t.5.

51 Ibid.

52 J. E. Daniel, 'Cenedlaetholdeb a'r wladwriaeth', *Y Ddraig Goch*, Medi 1939, t.4.

53 J. E. Daniel, *Welsh Nationalism*, t.60.

54 *Y Ddraig Goch*, Mawrth 1962, t.5.

55 Gwilym Davies, 'Cymru gyfan a'r Blaid Genedlaethol Gymreig', *Y Traethodydd* cyfres 3, 11 (1942), 97–111 (107).

56 *Y Ddraig Goch*, Mai 1938, t.10.

57 Ibid.

58 Ibid., t.11.

59 Ibid.

60 Ibid.

61 Ibid.

62 W. J. Gruffydd, 'Nodiadau'r golygydd', *Y Llenor* 19 (1940), 58.

63 J. E. Daniel, 'Nodiadau'r mis', *Y Ddraig Goch*, Awst 1940, t.2.

64 W. J. Gruffydd, 'Nodiadau'r golygydd', *Y Llenor* 19 (1940), 167.

65 Am gefndir yr ymryson a dadansoddiad ohono o du Gruffydd, gw. T. Robin Chapman, *W. J. Gruffydd* (Caerdydd, 1993), tt.170–1.

66 J. E. Daniel, 'Llythyr agored at W. J. Gruffydd', t.8.

67 Ibid.

68 Ibid.

69 J. E. Daniel, 'Y syniad secwlar am ddyn', *Cynllun a Sail* (d.ll, 1946), tt.12–20 (12).

70 Ibid., t.16.

71 Ibid.

72 Ibid., t.17.

73 Ibid., t.18.

74 Ibid., t.20.

75 J. E. Daniel, 'Gwaed y teulu', yn S. B. Jones ac E. Lewis Evans (goln.), *Sylfeini Heddwch* (Llandysul, 1944), tt.11–15 (13).

76 Ibid., t.12.

77 Ibid., t.13.

78 Ibid., tt.11–12.

79 Ibid., t.13.

80 Ibid., t.15.

81 Ibid.

82 Gw. D. Densil Morgan, 'Basel, Bangor a Dyffryn Clwyd: mater y genedl yng ngwaith Karl Barth ac eraill', yn Gareth Lloyd Jones (gol.), *Cenadwri a Chyfamod: Cyfrol Deyrnged i Gwilym H. Jones* (Dinbych, 1995), tt.149–72; yr ysgrifau yng nghyfrolau Dewi Eirug Davies (gol.), *Gwinllan a Roddwyd* (Llandybïe, 1972); R. Tudur Jones, *The Desire of Nations* (Llandybïe, 1975); Bobi Jones, *Crist a Chenedlaetholdeb* (Pen-y-bont ar Ogwr, 1994), *passim*.

83 R. Tudur Jones (gol.), *Credu a Chofio: Ysgrifau Edwin Pryce Jones* (Abertawe, 1991), t.39.

[84] R. Geraint Gruffydd, 'Atgof am J. E. Daniel', *Y Cylchgrawn Efengylaidd* 18 (1979), 104–5 (104).

[85] R. M. Jones, *Llenyddiaeth Gymraeg 1902–36* (Barddas, 1987), t.504.

[86] R. Tudur Jones, 'J. E. Daniel', yn Pennar Davies (gol.), *Athrawon ac Annibynwyr* (Abertawe, 1971), tt.128–42 (132).

[87] R. M. Jones, *Llenyddiaeth Gymraeg 1902–36*, t.504.

[88] Yn Ambrose Bebb, *Yr Argyfwng* (Llandybïe, 1955), t.84.

Pennod 5

[1] PCB, papurau Ivor Oswy Davies, 'Karl Barth', 1–9 (1).

[2] Ceir cyfieithiad o ddatganiad Barmen yn H. G. Link, *Apostolic Faith Today* (Geneva, 1985), tt.147–50.

[3] PCB, papurau Ivor Oswy Davies, 'Karl Barth', 1.

[4] Ibid.

[5] Gw. Eberhard Busch, *Karl Barth: His Life from Letters and Autobiographical Texts* (London, 1976), tt.199–262.

[6] J. D. Vernon Lewis, 'Diwinyddiaeth Karl Barth', *Yr Efrydydd* 3 (1927), 254–8, 281–7 (254).

[7] Keri Evans, 'Karl Barth: y proffwyd', *Y Tyst*, 16 Awst 1928, t.1; a Keri Evans, 'Karl Barth: y diwinydd a'r athronydd', *Y Tyst*, 23 Awst 1928, t.1.

[8] Gw. uchod, pennod 4.

[9] PCB, papurau Ivor Oswy Davies, 'Schleiermacher in relation to the modern theological movement in Germany', 1–78 (3).

[10] Ibid., 36.

[11] Ibid., 41.

[12] Ibid., 51.

[13] Ibid., 56.

[14] Ibid., 72.

[15] Ibid., 73.

[16] Ibid., 77.

[17] Ibid.

[18] Ivor Oswy Davies, 'Adlais o'r Swistir', *Y Goleuad*, 17 Ionawr 1934, t.8.

[19] Ibid.

[20] Ibid.

[21] Ibid.

[22] Ibid., t.9.

[23] PCB, papurau Ivor Oswy Davies, 'Karl Barth', 1.

24 Gw. D. Densil Morgan, *Barth* (Dinbych, 1992), tt.22–7, 46–66.

25 Gw. Klaus Scholder yn ei ddwy gyfrol *The Churches and the Third Reich* (London, 1987–8) *passim*.

26 H. G. Link, *Apostolic Faith Today*, t.148.

27 PCB, papurau Ivor Oswy Davies, 'Karl Barth', 2.

28 Ivor Oswy Davies, 'Karl Barth: y Dyn', *Y Goleuad*, 27 Tachwedd 1934, t.2.

29 Ibid.

30 Ibid.

31 Ibid., t.3.

32 PCB, papurau Ivor Oswy Davies, 'Karl Barth', 2.

33 Ibid., 3.

34 Ibid., 5.

35 Cyhoeddwyd y myfyrdodau hyn yn Karl Barth, *The Great Promise: Luke 1* (New York, 1956).

36 PCB, papurau Ivor Oswy Davies, 'Karl Barth', 5–6.

37 Ibid., 6.

38 Ibid., 7.

39 Ibid., 7–8.

40 Ibid., 8–9.

41 Ivor Oswy Davies, 'Mudiad Karl Barth', *Y Goleuad*, 22 Medi 1937, t.9.

42 Ibid., t.10.

43 Ibid.

44 Ibid.

45 Ibid.

46 Ibid.

47 Ibid.

48 PCB, papurau Ivor Oswy Davies, 'God in History', 1–8 (3).

49 R. Buick Knox, *Voices from the Past: a History of the English Conference of the Presbyterian Church of Wales, 1889–1938* (Llandysul, 1969), t.54.

50 PCB, papurau Ivor Oswy Davies, 'Sermon on Psalm 22:29', 1–6 (3, 6).

51 Ibid.

52 PCB, papurau Ivor Oswy Davies, 'A message from the Dutch Calvinists', 1–5 (2).

53 Ibid.

54 PCB, papurau Ivor Oswy Davies, 'Fel hyn y dywed yr Arglwydd', 1–4 (2).

55 Ibid.

[56] PCB, papurau Ivor Oswy Davies, 'Some aspects of the theology of Karl Barth', 1–17 (5).

[57] Ibid., 6.

[58] Ibid., 10.

[59] Ibid., 12.

[60] PCB, papurau Ivor Oswy Davies, 'Christian experience for Barth and the founders of Welsh Calvinism', 1–6 (5).

[61] PCB, papurau Ivor Oswy Davies, 'The meaning of preaching: its centrality in the Protestant conception of the Church', 1–16 (10).

[62] Ibid., 12.

[63] Ibid., 16.

[64] Ibid.

[65] Gw. Morgan, *Span,* tt.205–13.

[66] PCB, papurau Ivor Oswy Davies, 'The Christian task and message for the Free Churches today, or, whither the Free Churches?', 1–3 (1).

[67] Ibid., 3.

[68] PCB, papurau Ivor Oswy Davies, 'Karl Barth's doctrine of the Trinity', 1–17.

[69] Mewn teyrnged yn *Y Goleuad,* 9 Rhagfyr 1964, t.4. Cafwyd teyrngedau eraill gan W. D. Jones yn yr un rhifyn a chan H. V. Morris Jones yn *Y Drysorfa* 135 (1965), 37–9 yn ogystal.

Pennod 6

[1] Pennar Davies, *Gwas y Gwaredwr* (Abertawe, 1991), t.9.

[2] Pennar Davies, 'Cychwyn', *Taliesin* 63 (1988), 27–36 (31).

[3] Pennar Davies, *Cudd fy Meiau* (Abertawe, 1957 (adargraffiad 1998)), t.131.

[4] Pennar Davies yn Meic Stephens (gol.), *Artists in Wales* (Llandybïe, 1971), tt.119–30 (123).

[5] W. T. Pennar Davies, 'Y daith o Aberpennar dlawd', *Barn* 77 (1969), vi–vii (vii).

[6] Ibid., vi.

[7] Cyhoeddodd ffrwyth ei ymchwil yn W. T. Davies, 'A Bibliography of John Bale', *Oxford Bibliographical Society Proceedings and Papers*, 5 (1940), 201–79.

[8] Pennar Davies, *Gwynfor Evans* (Abertawe, 1976), t.9; Archesgob Cymru yn 1976 oedd y Tra Pharchedig Gwilym O. Williams a Gwynfor, wrth gwrs, oedd Llywydd Plaid Cymru.

9   Pennar Davies, *Naw Wfft* (Dinbych, 1957), t.22.
10 'Pibau hud' yn Davies Aberpennar, *Cinio'r Cythraul* (Dinbych, 1946), tt.7–9; 'Cymundeb: i Angelo', *Naw Wfft*, t.15.
11 'Pedair diweddeb', *Cinio'r Cythraul*, tt.14–17.
12 'I Barbara', *Cinio'r Cythraul*, t.18.
13 Pennar Davies, 'Crefydd yng Nghymru', yn Frank Price Jones et al., *Y Chwedegau* (Caerdydd, 1970), tt.33–46 (43).
14 Dewi Eirug Davies (gol.), *Cyfrol Deyrnged Pennar Davies* (Abertawe, 1981), tt.9–10.
15 Pennar Davies, *Naw Wfft*, t.17 (22 Gorffennaf 1931 yw'r dyddiad arni).
16 Pennar Davies, *Y Brenin Alltud* (Llandybïe, 1974), tt.174–5.
17 Serch hynny rhannodd lwyfan â hwy yn ddiweddarach yng nghyfrol Keidrich Rhys (gol.), *Modern Welsh Poetry* (London, 1944), gw. tt.13–18.
18 W. T. Pennar Davies, 'Y daith o Aberpennar dlawd', vi.
19 Pennar Davies yn Meic Stephens (gol.), *Artists in Wales*, t.125.
20 Am y tensiynau gw. hunangofiant Nathaniel Micklem, *The Box and the Puppets* (London, 1957), a phennod 4 'Historia calamitatum', tt.71–86, yn arbennig.
21 W. T. Pennar Davies, *Mansfield College Oxford 1886–1947* (Oxford, 1947), t.47.
22 R. Tudur Jones, rhagymadrodd i *Cudd fy Meiau* (argraffiad 1998), t.9.
23 Nathaniel Micklem, *The Box and the Puppets*, t.121.
24 Ceir amryw gerddi serch i Rosmarie yn *Cinio'r Cythraul*, yn eu plith 'Dieithriaid', t.12, a'r olaf o'r 'Pedair diweddeb', t.17.
25 Pennar Davies, 'The social tradition of Christian Wales' yn Pennar Davies et al., *The Welsh Pattern* (1945), tt.7–14 (7).
26 Ibid., t.9.
27 Ibid., t.13.
28 Ibid., t.12.
29 Gw. R. Tudur Jones, *Ffynonellau Hanes yr Eglwys: Y Cyfnod Cynnar* (Caerdydd, 1979), tt.135–6 am enghraifft o'r peth ac esboniad arno.
30 Davies Aberpennar, *Cinio'r Cythraul*, t.5.
31 'Golud', *Cinio'r Cythraul*, t.11.
32 'Trioled: pwy biau'r ias', *Cinio'r Cythraul*, t.20.
33 'Aletheia', *Naw Wfft*, t.26.
34 Pennar Davies et al., *Cerddi Cadwgan* (Abertawe, 1953), t.28.
35 'Naw Wfft', *Naw Wfft*, tt.9–10.

[36] W. T. Pennar Davies, 'Iachawdwriaeth gymdeithasol y byd', *Y Dysgedydd* 129 (1949), 285–8 (286); ailgyhoeddwyd yn Pennar Davies, *Y Brenin Alltud*, tt.47–52.

[37] Ibid., t.287.

[38] Ibid., t.288.

[39] W. T. Pennar Davies, 'Dyfodiad Mab y Dyn', *Y Dysgedydd* 130 (1950), 13–17 (15); ailgyhoeddwyd yn Pennar Davies, *Y Brenin Alltud*, tt.53–7.

[40] Ibid.

[41] Ibid., 13–14.

[42] Ibid., 16–17.

[43] W. T. Pennar Davies, 'Y gobaith cymdeithasol a syniadau cyfoes', *Y Dysgedydd* 130 (1950), 33–5 (35); Pennar Davies, *Y Brenin Alltud*, tt.65–8.

[44] Ibid.

[45] Gw. W. T. Pennar Davies, 'Pelagius y Brython', *Diwinyddiaeth* 10 (1959), 33–6; dywed am Awstin, gwrthwynebydd Pelagius a phencampwr uniongrededd eglwys y Gorllewin, 'y byddai llawer ohonom yn dal bod agweddau ar ei athrawiaeth sy'n cablu dyn a Duw', 33.

[46] W. T. Pennar Davies, *Y Ddau Gleddyf: y Berthynas rhwng Eglwys a Gwladwriaeth* (Lerpwl, 1951), t.9.

[47] Ibid., t.13.

[48] Ibid., t.19.

[49] Ibid., t.14.

[50] Ibid., tt.14–15.

[51] Ibid., t.25.

[52] Ibid., t.71.

[53] Ibid., t.72.

[54] Ibid.

[55] Pennar Davies, *Geiriau'r Iesu* (Abertawe, d.d.), t.20.

[56] Ibid.

[57] Ibid.

[58] Ibid., t.21.

[59] Ibid., tt.22–3.

[60] Ibid., t.19.

[61] Ibid.

[62] Ibid.

[63] Ibid., t.60.

[64] Ibid., t.24.

[65] Ibid., t.13.

[66] Ibid., tt.26–7, 32–5, 28–9.

67 Ibid., t.61.
68 Ibid., t.25.
69 Pennar Davies (gol.), *Athrawon ac Annibynwyr* (Abertawe, 1971), t.18.
70 Elaine Kaye, *Mansfield College Oxford, its Origin, History and Significance* (Oxford, 1996), t.221.
71 W. T. Pennar Davies, 'Gair dros y bardd', *Y Dysgedydd* 127 (1947), 145–7; Davies Aberpennar, 'D. Gwenallt Jones' yn Aneirin Talfan Davies (gol.), *Gwŷr Llên* (Llundain, 1947), tt.43–70;'Clasuriaeth, rhamantiaeth a serch', yn Pennar Davies (gol.), *Saunders Lewis, ei Feddwl a'i Waith* (Dinbych, 1950), tt.163–75; Pennar Davies, 'The young Milton', *The Congregational Quarterly* 33 (1955), 160–71 ac amryw o rai eraill yn ogystal.
72 Pennar Davies, *Naw Wfft*, t.44.
73 Pennar Davies, *Cudd fy Meiau* (Abertawe, 1957 (adargraffiad 1998)), tt.119, 31; codir pob dyfyniad o'r adargraffiad.
74 Ibid., tt.52, 53, 54, 64, 104, 195.
75 Ibid., t.49.
76 Ibid., t.75.
77 Ibid., tt.136, 79.
78 Ibid., tt.69, 166.
79 Ibid., t.175.
80 Ibid., t.166.
81 Ibid., tt.143, 37.
82 Ibid., t.33.
83 Ibid., t.71.
84 Ibid., t.67.
85 Ibid., t.159.
86 R. M. Jones, *Llenyddiaeth Gymraeg 1936–72* (Llandybïe, 1974), t.309.
87 Saunders Lewis, 'Welsh writers of today' (1961) yn Gwyn Thomas ac Alun R. Jones (goln.), *Presenting Saunders Lewis* (Cardiff, 1973), tt.164–70 (169, 170).
88 Pennar Davies, *Anadl o'r Uchelder* (Abertawe, d.d. ond 1958), t.5.
89 Pennar Davies, *Cudd fy Meiau*, t.63.
90 Pennar Davies, *Anadl o'r Uchelder*, tt.30, 9.
91 Pennar Davies, *Cudd fy Meiau*, t.171.
92 R. M. Jones, *Llenyddiaeth Gymraeg 1936–72*, t.310.
93 Pennar Davies, *Anadl o'r Uchelder*, tt.87, 110.
94 Pennar Davies, *Cudd fy Meiau*, tt.72, 97.

[95] Pennar Davies, *Episodes in the History of Brecknockshire Dissent* (Brecon, 1959), t.9.

[96] Pennar Davies, *Anadl o'r Uchelder*, t.9.

[97] Ibid., t.82.

[98] Ibid., t.199.

[99] Ibid., tt.187, 196.

[100] Ibid., t.199.

[101] Saunders Lewis, 'Welsh writers of today', t.310.

[102] John Rowlands, 'Pennar Davies: y llenor enigmatig', *Ysgrifau ar y Nofel* (Caerdydd, 1992), tt.219–40 (228).

[103] Pennar Davies, *Anadl o'r Uchelder*, t.174.

[104] Pennar Davies, *John Penry (1563–93)* (London, 1961), t.17.

[105] Geoffrey F. Nuttall, 'Pennar Davies (12 Nov.1911–29 Dec.1996): *complexio oppositorum*', *Journal of the United Reformed Church Historical Society* 5 (1997), 574–5 (575).

[106] Pennar Davies, *John Penry*, t.3.

[107] Pennar Davies, *Rhwng Chwedl a Chredo* (Caerdydd, 1966), t.3.

[108] Ibid., t.42.

[109] Ibid., t.25.

[110] Ibid., t.54; myn Ariaeth nad yw Iesu yn rhannu cyflawn dduwdod â'r Tad ac yn ôl Sabeliaeth tair gwedd ar yr un Duw yw'r Tad, y Mab a'r Ysbryd yn hytrach na thri pherson dwyfol ar wahân. Credai'r Gnosticiaid a'r Manicheaid fod y greadigaeth yn ddrwg yn ei hanfod tra bod Awstiniaeth, sef y gyfundrefn sy'n deillio o syniadaeth Awstin Fawr (oc 354–430), yn pwysleisio sofraniaeth Duw yn y gwaith o achub dyn tra bod Pelagiaeth, a enwyd yn ôl y Brython Pelagius (oc fl.380–420), yn pwysleisio gallu dyn i gyd-weithio â Duw a chyfrannu at ei achubiaeth ei hun.

[111] Ibid., tt.57, 65, 114–15.

[112] *Llên Cymru* 10 (1968), 126–31 (127).

[113] *Y Traethodydd* 122 (1967), 140–1 (140); cf. R. M. Jones, *Llên Cymru a Chrefydd* (Llandybïe, 1977), tt.178–80.

[114] W. T. Pennar Davies, 'The fire in the thatch', yn R. Brinley Jones (gol.), *Anatomy of Wales* (Peterston-super-Ely, 1972), tt.105–16 (115–16).

[115] Pennar Davies, 'Crefydd yng Nghymru', tt.45, 40.

[116] Pennar Davies, 'God's Universe', yn Roger Tomes (gol.), *Christian Confidence: Essays on a Declaration of Faith of the Congregational Church in England and Wales* (London, 1970), tt.88–104 (102).

[117] Ibid.

[118] Cf. ei sylwadau ar wendidau'r hen ryddfrydiaeth ddiwinyddol yn ei ysgrif ragarweiniol 'Athro' yn Davies (gol.), *Athrawon ac Annibynwyr*, tt.11–19.

[119] Pennar Davies, 'Y genedl yn y Testament Newydd', yn Dewi Eirug Davies (gol.), *Gwinllan a Roddwyd* (Llandybïe, 1971), tt.98–111.

[120] Pennar Davies, *Y Pethau Nid Ydynt* (Abertawe, 1973), t.6.

[121] Ibid., t.5.

[122] Ibid., t.12.

[123] Ibid., t.7.

[124] Ibid., t.14.

[125] Ibid., t.12.

[126] Ibid., t.13.

[127] Ibid., t.17.

[128] Pennar Davies, *Y Chwedegau*, t.40.

[129] Ceisiais ddarlunio'r effaith a gafodd hyn ar grefydd Cymru ar y pryd yn *Span*, tt.220–30.

[130] Pennar Davies, *Y Chwedegau*, t.43, cf. Pennar Davies, *Duw Ysbryd Glân* (Abertawe, 1970), tt.20–1.

[131] Ibid., t.45.

[132] Pennar Davies, *Y Brenin Alltud*, t.148.

[133] Ibid.

[134] Gw. sylwadau craff R. Tudur Jones yn ei ragymadrodd i adargraffiad 1998 o *Cudd Fy Meiau*, tt.15–16.

[135] Pennar Davies, *Y Brenin Alltud*, tt.174–5.

[136] Ibid., tt.11–41; pennawd yr ysgrif ar ei hyd yw 'Y Brenin Diarwybod'.

[137] Ibid., t.13.

[138] Ibid., t.14.

[139] Ibid., t.16.

[140] Ibid., t.17.

[141] Ibid., t.18.

[142] Ibid., t.19.

[143] Ibid., t.24.

[144] Ibid., tt.37, 27.

[145] Ibid., t.28.

[146] Ibid., t.29.

[147] Ibid., t.36.

[148] Ibid., t.37.

[149] Ibid., t.38.

[150] Ibid., tt.37, 38.

[151] Ibid., t.175.

[152] Ibid., t.14 (fi sy'n italeiddio).

[153] Gw. Karl Barth, *The Theology of Schleiermacher: Lectures at Göttingen 1923–4* (Edinburgh, 1982), t.103.

[154] Pennar Davies, *Y Brenin Alltud*, t.175.

[155] Ibid., t.176.

[156] Ibid., t.152.

[157] Ibid., t.177.

[158] Yr ymdriniaeth safonol â'r syniad o undod â Duw yn llenyddiaeth Cymru yw R. M. Jones, *Cyfriniaeth Gymraeg* (Caerdydd, 1994); mae'n crybwyll defnydd Pennar Davies o'r dychymyg ar tt. 6–9.

[159] Pennar Davies, *Yr Efrydd o Lyn Cynon a Cherddi Eraill* (Llandybïe, 1961), tt.11, 9, 10.

[160] Alan Llwyd, *Barddoniaeth y Chwedegau* (Cyhoeddiadau Barddas, 1986), tt. 317–8; Bobi Jones yn Robert Rhys (gol.), *Y Patrwm Amryliw*, cyfrol 1 (Cyhoeddiadau Barddas, 1997), tt.214–22; M. Wynn Thomas, 'Yr efrydd a'r almonwydden' yn Hywel Teifi Edwards (gol.), *Cwm Cynon* (Llandysul, 1997), tt.309–28.

[161] John Rowlands, 'Pennar Davies: y llenor enigmatig', t.238.

[162] M. Wynn Thomas, *Corresponding Cultures: the Two Literatures of Wales* (Cardiff, 1999), t.95.

[163] Bobi Jones yn Robert Rhys (gol.), *Y Patrwm Amryliw*, tt.219–22.

[164] Pennar Davies, *Y Tlws yn y Lotws* (Llandybïe, 1971), t.73.

[165] Ibid., tt.12–13.

[166] Siân Megan, 'Astudiaeth feirniadol o weithiau llenyddol Pennar Davies' yn J. E. Caerwyn Williams (gol.), *Ysgrifau Beirniadol 9* (Dinbych, 1976), tt.312–51 (346).

[167] Pennar Davies, *Mabinogi Mwys* (Abertawe, 1979), t.29.

[168] Am Rees Howells a'i goleg gw. Norman Grubb, *Rees Howells, Intercessor* (Guildford, 1973).

[169] Pennar Davies, *Mabinogi Mwys*, t.77.

[170] Ibid., t.93.

[171] Ibid., t.161.

[172] Pennar Davies, *Gwas y Gwaredwr*, t.9.

[173] Ibid., tt.64–5.

[174] Ibid., t.133.

[175] Pennar Davies, 'A disservice to Welsh scholarship' yn Oliver Davies a Fiona Bowie (goln.), *Discovering Welshness* (Llandysul, 1992), tt.110–13.

[176] 'Cyfarchiad', R. Geraint Gruffydd (gol.), *Cerddi Saunders Lewis* (Caerdydd, 1986), t.56.

177 Dewi Eirug Davies, *Cyfrol Deyrnged Pennar Davies*; cyfrannwyd iddi gan Gwynfor Evans, J. Gwyn Griffiths, Gilbert Ruddock a John Rowlands ynghyd â'r golygydd.

178 Pennar Davies, 'Cynulleidfaoliaeth', *Diwinyddiaeth* 32 (1981), 2–9 (7).

179 Pennar Davies, *E. Tegla Davies* (Cardiff, 1983); Pennar Davies, 'Luther a'r Ysgrythur Lân', *Diwinyddiaeth* 35 (1984), 40–9; Pennar Davies, *Llais y Durtur* (Abertawe, 1985).

180 W. T. Pennar Davies, 'Y Weinidogaeth', yn E. Stanley John (gol.), *Y Gair a'r Genedl: Cyfrol Deyrnged i R. Tudur Jones* (Abertawe, 1986), tt.95–111 (111).

181 Pennar Davies, 'Methodistiaeth ac Ymneilltuaeth', yn Elfed ap Nefydd Roberts (gol.), *Corff ac Ysbryd: Ysgrifau ar Fethodistiaeth* (Caernarfon, 1988), tt.15–31 (25).

182 Ibid.

183 Pennar Davies, *Gwas y Gwaredwr*, t.164.

184 *Blwyddiadur yr Annibynwyr* (Abertawe, 1998), tt.108–9.

185 Geoffrey Nuttall, 'Pennar Davies . . . *complexio oppositorum*', t.575.

Pennod 7

1 Bobi Jones, 'R. Tudur Jones fel llenor a newyddiadurwr', *Cristion* 83 (1997), 15–17 (17).

2 Geraint H. Jenkins, 'R. Tudur Jones fel ysgolhaig a hanesydd', *Cristion* 87 (1997), 21–2 (21).

3 Gw. R. Tudur Jones, 'Haul trwy'r gwydr du', yn Desmond Healy (gol.), *Y Rhyl a'r Cyffiniau* (Llandybïe, 1985), tt.130–41 a'r atgofion bywiog yn ei ysgrif 'A fair haven', *Planet* 52 (1985), 78–80.

4 R. Tudur Jones, *Darganfod Harmoni* (Penygroes, 1982), tt.60–2.

5 R. Tudur Jones, 'Haul trwy'r gwydr du', t.136.

6 Derwyn Morris Jones, 'R. Tudur Jones fel pregethwr a gweinidog', *Cristion* 83 (1997), 18–20 (18).

7 R. Tudur Jones, *Darganfod Harmoni*, t.94.

8 Am bregethu deffroes a llym T. Glyn Thomas, yn enwedig yn ystod ei flynyddoedd cynnar, gw. Emlyn G. Jenkins (gol.), *Gwennol yn y Tir: Cyfrol Goffa T. Glyn Thomas* (Porthmadog, 1976), tt.28–35 yn arbennig.

9 Gw. Derwyn Morris Jones, 'R. Tudur Jones fel pregethwr a gweinidog', 18.

10 R. Tudur Jones, 'Hanner canrif yn ôl', *Y Bangoriad* (1991), 15–17 (15).

[11] R. Tudur Jones', 'Yr hen athrawon (1)', *Y Bangoriad* (1992), 21–3 (22).

[12] R. Tudur Jones, 'Yr hen athrawon (2)', *Y Bangoriad* (1993), 16–18 (16).

[13] Ibid., 18.

[14] R. Tudur Jones, *Darganfod Harmoni*, t.90.

[15] Ibid., t.92.

[16] 'Holi'r Prifathro R. Tudur Jones', *Cristion* 17 (1986), 14–16 (14).

[17] R. Tudur Jones, 'J. E. Daniel, 1902–62', yn Pennar Davies (gol.), *Athrawon ac Annibynwyr* (Abertawe, 1971), tt.128–42 (142).

[18] R. Tudur Jones, 'Yr ysfa ysgrifennu', *Llais Llyfrau* (Gaeaf 1982), 8.

[19] Geraint H. Jenkins, 'R. Tudur Jones fel ysgolhaig a hanesydd', 21.

[20] Geraint H. Jenkins, *Protestant Dissenters in Wales 1639–89* (Cardiff, 1992), t.7.

[21] R. Geraint Gruffydd, 'Hanesydd y Piwritaniaid a'r hen Anghydffurfwyr yng Nghymru', yn E. Stanley John (gol.), *Y Gair a'r Genedl: Cyfrol Deyrnged i R. Tudur Jones* (Abertawe, 1986), tt.19–27 (23).

[22] Geraint H. Jenkins, 'R. Tudur Jones fel ysgolhaig a hanesydd', 21.

[23] R. Tudur Jones, *Grym y Gair a Fflam y Ffydd*, D. Densil Morgan (gol.) (Bangor, 1998), tt.126, 127.

[24] Geraint H. Jenkins, 'R. Tudur Jones fel ysgolhaig a hanesydd', 22.

[25] Geraint H. Jenkins, *Protestant Dissenters in Wales 1639–89*, t.7.

[26] R. Tudur Jones, *Yr Undeb: Hanes Undeb yr Annibynwyr Cymraeg, 1872–1972* (Abertawe, 1975), tt.17–18.

[27] Geraint H. Jenkins, 'R. Tudur Jones fel ysgolhaig a hanesydd', 22.

[28] Ceir gweledigaeth Tudur ynghylch natur eglwys ar ei chliriaf yn ei lyfryn *Yr Eglwys: Cymdeithas Iesu Grist* (Abertawe, 1960).

[29] Geraint H. Jenkins, 'R. Tudur Jones fel ysgolhaig a hanesydd', 22.

[30] R. Geraint Gruffydd yn ei gyflwyniad siaced lwch i R. Tudur Jones, *Ffydd ac Argyfwng Cenedl*, cyfrol 1 (Abertawe, 1981).

[31] R. Tudur Jones, *Ffydd ac Argyfwng Cenedl*, cyfrol 1, t.15.

[32] Ibid., t.18.

[33] R. Tudur Jones, *Ffydd ac Argyfwng Cenedl*, cyfrol 2 (Abertawe, 1982), t.222.

[34] Ibid., t.281.

[35] Ibid., t.211, cf. R. Tudur Jones, *Tân yn Eifionydd* (Cyngor Sir Gwynedd, 1990), *passim*.

[36] 'Yr ysfa ysgrifennu', Tremion, *Y Cymro*, 12 Mawrth 1997, t.6.

[37] Llythyr at Edwin Pryce Jones, 25 Mehefin 1980, ym meddiant y teulu; copi trwy garedigrwydd y Parchedig Euros Wyn Jones.

[38] R. Tudur Jones, *Hanes Annibynwyr Cymru* (Abertawe, 1966), t.323, cf. R. Tudur Jones, *Yr Ysbryd Glân* (Caernarfon, 1972), tt.68–71.

[39] Lluniodd ysgrif-bortread o Alwyn Charles (1924–77), athro Athrawiaeth Gristionogol yng Ngholeg Bala-Bangor, yn *Porfeydd* 9 (1977), 68–73.

[40] R. Tudur Jones, *Yr Ysbryd Glân*, t.110.

[41] R. Tudur Jones, *Ffydd ac Argyfwng Cenedl*, cyfrol 2, tt.285–6.

[42] R. Tudur Jones, *Ffydd yn y Ffau* (Abertawe, 1974), t.117.

[43] Richard Cleaves, 'A man of the Word and the nation: a personal tribute to the Revd Dr R. Tudur Jones', *Congregational History Circle* 4 (1999), 56–65 (63).

[44] R. Tudur Jones, *Yr Ysbryd Glân*, t.40.

[45] Ibid., t.42.

[46] Ibid., tt.46–7.

[47] R. Tudur Jones, 'Astudio'r Hen Destament yng Nghymru, 1860–90', yn Gwilym H. Jones (gol.), *Efrydiau Beiblaidd Bangor 2: Cyfrol Deyrnged i Dafydd Ap-Thomas* (Abertawe, 1977), tt.150–78 (160).

[48] Cf. ei sylwadau cynharach, 'Rhaid imi fynegi diolch i'm cyfaill a'm cydweithiwr y Dr Tudur Jones o Goleg Bala-Bangor am ei gymwynas barod yn darllen trwy'r traethiadau gwreiddiol ac am ei anogaeth i wneud llyfryn ohonynt', Gwilym H. Jones, *Gwirionedd y Gair: Pum Trafodaeth ar y Beibl* (Caernarfon, 1974), t.8.

[49] R. Tudur Jones, *Ffydd yn y Ffau*, tt.124–5.

[50] Bobi Jones, 'R. Tudur Jones fel llenor a newyddiadurwr', 15.

[51] Ibid.

[52] R. Tudur Jones, 'Abraham Kuyper', yn Noel Gibbard (gol.), *Ysgrifau Diwinyddol* 2 (Penybont ar Ogwr, 1988), tt.105–22 (116).

[53] R. Tudur Jones, 'Crist – gobaith cenedl', yn Dewi Eirug Davies, *Gwinllan a Roddwyd* (Llandybïe, 1971), tt.96–110 (102).

[54] R. Tudur Jones, 'John Eilian yn malu awyr', *Y Ddraig Goch*, Ebrill 1964, t.6.

[55] R. Tudur Jones, 'Methiant tacteg yr ymdreiddio', *Y Ddraig Goch*, Mai 1968, t.2.

[56] R. Tudur Jones, 'Diplomyddiaeth yr ysgrifennydd gwladol', *Y Ddraig Goch*, Mehefin 1968, t.2.

[57] R. Tudur Jones, 'Diolch am eich llythyr', Tremion, *Y Cymro*, 20 Chwefror 1969, t.6.

[58] Bobi Jones, 'R. Tudur Jones fel llenor a newyddiadurwr', 16.

[59] 'Yr ysfa ysgrifennu', *Y Cymro*, 12 Mawrth 1997, t.6.

[60] Bobi Jones, 'R. Tudur Jones fel llenor a newyddiadurwr', 17.

[61] R. Tudur Jones, *Darganfod Harmoni*, t.5.

62 'Y Gair a'r Genedl: cyfweliad ag R. Tudur Jones', *Y Cylchgrawn Efengylaidd* 28 (1991), 7–9 (8).

63 Richard Cleaves, 'A man of the Word and the nation', 56.

64 R. Tudur Jones, 'Ffwrdd-a-hi', Tremion, *Y Cymro*, 12 Mawrth 1985, t.6.

65 Richard Cleaves, 'A man of the Word and the nation', 57.

66 Derwyn Morris Jones, 'R. Tudur Jones fel pregethwr a gweinidog', 19.

67 'Y Gair a'r Genedl: cyfweliad ag R. Tudur Jones', 7–8.

68 Derwyn Morris Jones, 'R. Tudur Jones fel pregethwr a gweinidog', 20.

69 Arfon Jones, 'R. Tudur Jones (1921–1998)', *Y Cylchgrawn Efengylaidd* 35 (1998), 10.

70 'Y Gair a'r Genedl: cyfweliad ag R. Tudur Jones', 8.

71 Bobi Jones, 'Yr etifeddiaeth deg', *Y Cylchgrawn Efengylaidd* 29 (1992), 19.

72 R. Tudur Jones, *O Ddydd i Ddydd: Hydref–Rhagfyr 1972* (Cyngor Eglwysi Cymru, 1972), rhagair.

73 R. Tudur Jones, *Teyrnas Crist a'r Tywyllwch yng Nghymru* (Abertawe, 1994), t.40.

74 Ibid., t.24; cf. R. Tudur Jones, *Radicaliaeth Crist a Chlefyd Cymru: Anerchiad y Llywydd yng Nghyfarfodydd Blynyddol Undeb yr Annibynwyr Cymraeg, Y Bala* (Abertawe, 1986), *passim*; ac R. Tudur Jones, *Goleuo'r Tywyllwch: Anerchiad o Gadair Cyngor Eglwysi Rhyddion y Gogledd yn Nolgellau* (d.ll., 1986), *passim*.

75 R. Tudur Jones, 'Etifeddiaeth Michael', *Taliesin* 65 (1988), 94–100 (100).

76 R. Geraint Gruffydd, 'R. Tudur Jones: 28 Mehefin 1921–23 Gorffennaf 1998', *Y Traethodydd* 153 (1998), 198–202 (199).

77 Gw. R. Tudur Jones, *Pwy yw'r Bobl Efengylaidd?* (Caerdydd, 1996).

78 Arfon Jones, 'R. Tudur Jones (1921–1998)', 9.

79 Cf. ibid. 10; R. Geraint Gruffydd, 'R. Tudur Jones: 28 Mehefin 1921–23 Gorffennaf 1998', 202.

Mynegai